8° La 33 152

Paris
1858

Rapetti, Pierre-Nicolas [Louis-Nicolas]

La Défection de Marmont en 1814, ouvrage suivi d'un grand nombre de documents inédits ou peu connus, d'un

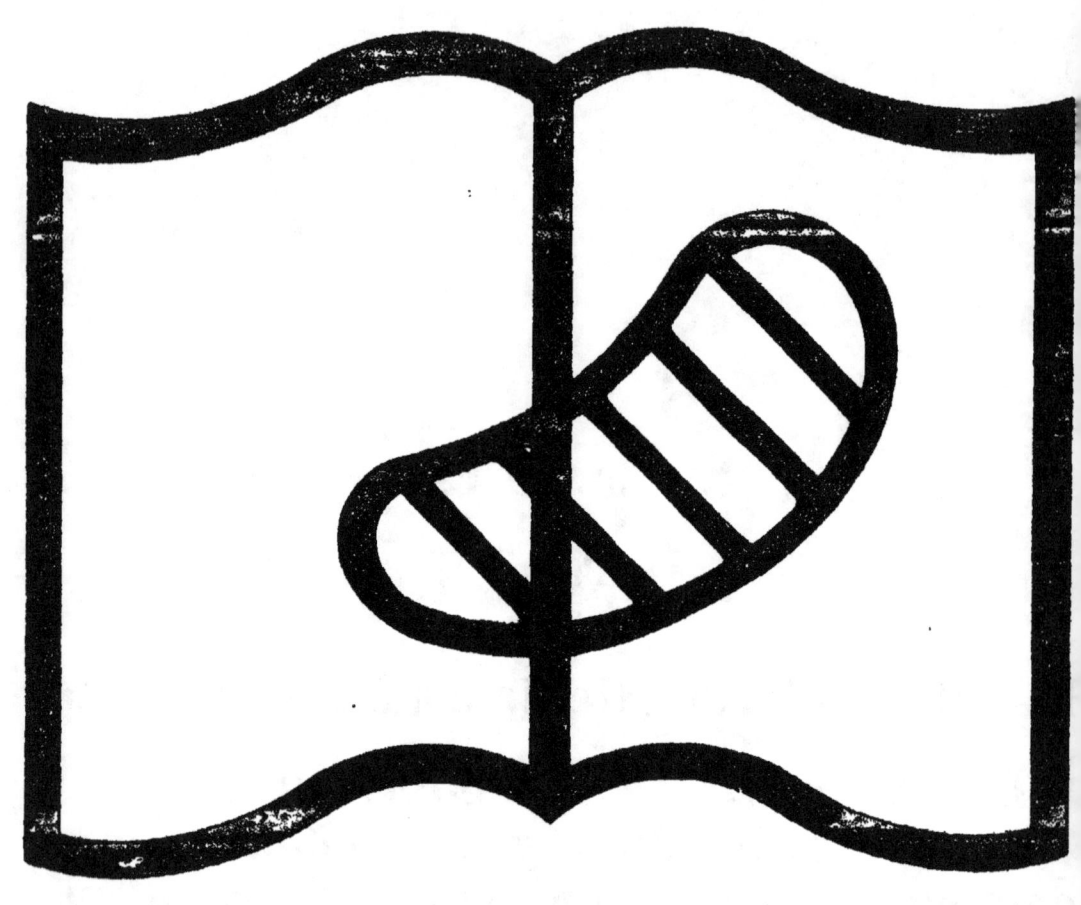

Symbole applicable
pour tout, ou partie
des documents microfilmés

Original illisible

NF Z 43-120-10

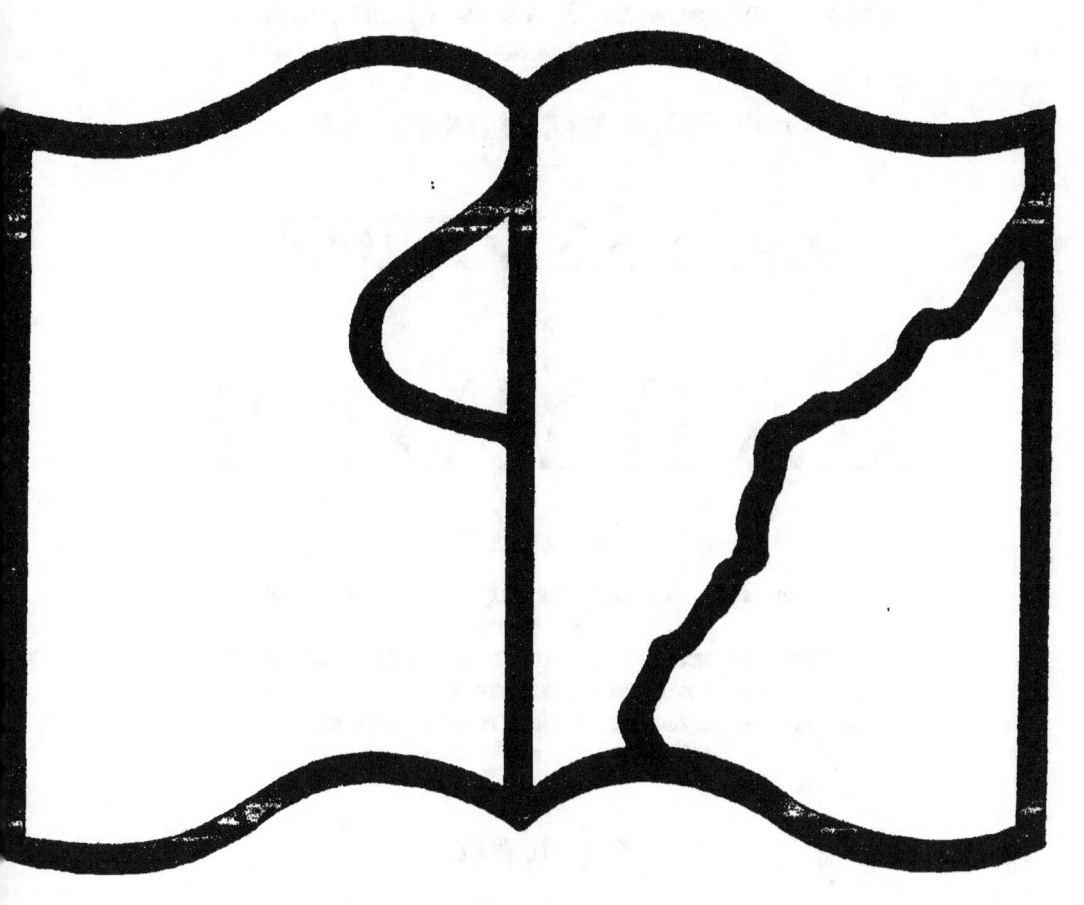

**Symbole applicable
pour tout, ou partie
des documents microfilmés**

Texte détérioré — reliure défectueuse

NF Z 43-120-11

LIBRAIRIE POULET-MALASSIS ET DE BROISE
4, rue de Buci.

POUR PARAITRE LE 20 JANVIER 1858

LA DÉFECTION
DE
MARMONT
EN 1814

OUVRAGE SUIVI D'UN GRAND NOMBRE DE DOCUMENTS INÉDITS
OU PEU CONNUS
D'UN PRÉCIS DES JUGEMENTS DE NAPOLÉON 1er SUR LE MARÉCHAL MARMONT
D'UNE NOTICE BIBLIOGRAPHIQUE
AVEC EXTRAITS DE TOUS LES OUVRAGES PUBLIÉS SUR LE MÊME SUJET
ETC. ETC.

PAR

RAPETTI

Un fort volume in-8°. — Prix : 6 francs

PROSPECTUS

La bataille et la capitulation de Paris ;
La première abdication de Fontainebleau ;
Les hésitations des souverains alliés entre le maintien de Napoléon II et les Bourbons ;
L'événement si décisif de la défection d'Essonne :
Tels sont les principaux épisodes racontés dans

cette histoire des derniers événements de 1814, que l'auteur a traitée avec la pieuse ardeur d'un patriote et la curiosité patiente, infatigable, d'un érudit.

Mais ce qui distingue éminemment cette publication, c'est l'abondance, la plénitude, la nouveauté des informations : ouvrages historiques, mémoires du temps déjà publiés, dépôts de nos archives, bibliothèques particulières, documents connus, rares ou inédits, l'auteur a tout consulté, tout comparé, tout mis à contribution.

Qu'il nous suffise d'indiquer ici parmi les pièces inédites seulement :

Une nouvelle relation de ce qui s'est passé au palais des Tuileries, du 28 au 29 mars 1814, lors du départ de Paris de l'Impératrice régente et du Roi de Rome;

Une relation, par un témoin oculaire, le général baron Pelet, des impressions de l'armée à cette célèbre allocution de l'Empereur : « *Soldats, l'ennemi nous a dérobé trois marches...* »

Une enquête, par les généraux Gourgaud et Fabvier, sur les faits relatifs à la défection d'Essonne;

Une lettre du duc de Wellington sur les circonstances politiques de 1815, pendant les Cent-Jours.

Nous n'indiquons pas ici un grand nombre d'autres lettres inédites; nous n'indiquons pas les documents rares ou curieux qui abondent dans cette publication, où l'on trouve, après un récit vif, dramatique, attachant des événements, le recueil de toutes les pièces à l'appui.

Ce n'est pas à nous qu'il appartient de faire l'éloge du talent de l'auteur; M. Rapetti a fait ses preuves dans le haut enseignement, et l'on sait que l'étude des législations est, comme la pratique du gouvernement, la grande école de l'histoire.

Nous n'avons pas dit encore que ce livre, ainsi que son titre l'indique, est la démonstration d'un des actes les plus graves de la vie politique et militaire du maréchal Marmont. Cependant l'on se tromperait beaucoup si l'on croyait y trouver seulement les passions d'un parti. L'histoire, la morale, l'amour de la vérité ont seuls inspirés l'auteur. Tant pis pour les temps et les hommes auxquels l'histoire et la morale ne peuvent pas s'appliquer, sans que l'histoire ne semble être un pamphlet et la morale un châtiment.

La défection de Marmont en 1814 rétablit les faits défigurés pour les besoins d'une cause spéciale; les rétablit, les caractérise et les démontre, non par des assertions arbitraires, mais à l'aide d'authentiques documents : les *Mémoires du maréchal Marmont duc de Raguse* ont désormais en cet ouvrage, pour l'époque de 1814, leur rectification et leur complément nécessaires.

ALENÇON. — IMP. DE POULET-MALASSIS ET DE BROISE.

LA DÉFECTION

DE

MARMONT

EN 1814

Les Éditeurs de cet Ouvrage se réservent le droit de le faire traduire dans toutes les langues. Ils poursuivront, en vertu des Lois, Décrets et Traités internationaux, toutes contrefaçons faites au mépris de leurs droits.

Toutes les formalités prescrites par les Traités ont été remplies dans les divers États avec lesquels la France a conclu des Conventions littéraires.

Alençon — Imprimerie de Poulet Malassis et De Broise.

LA DÉFECTION

DE

MARMONT

EN 1814

OUVRAGE SUIVI D'UN GRAND NOMBRE DE DOCUMENTS INÉDITS
OU PEU CONNUS
D'UN PRÉCIS DES JUGEMENTS DE NAPOLÉON 1er SUR LE MARÉCHAL MARMONT
D'UNE NOTICE BIBLIOGRAPHIQUE
AVEC EXTRAITS DE TOUS LES OUVRAGES PUBLIÉS SUR LE MÊME SUJET
ETC. ETC.

PAR

RAPETTI

La trahison du duc de Raguse livra la capitale
et désorganisa l'armée.
NAPOLÉON, le 1er mars 1815.
La postérité flétrira justement sa vie.
NAPOLÉON à *Sainte-Hélène*.

PARIS
POULET-MALASSIS ET DE BROISE
LIBRAIRES-ÉDITEURS
4 rue de Buci

—

1858

PRÉFACE

Je dois dire tout d'abord pourquoi j'ai eu le pénible courage de faire un livre contre un homme.

Quand j'ai commencé à publier ces pages dans *Le Moniteur*, l'opinion était encore indécise sur Marmont et sur l'accueil qu'il convenait de faire à ses *Mémoires*. On ne doutait pas que Marmont n'eût déserté la cause impériale en 1814; mais on croyait qu'il y avait eu à cette défection des circonstances qui, jusqu'à un certain point, pouvaient lui servir d'excuse. On se souvenait qu'en 1852 les restes mortels de Marmont avaient été portés en France presque triomphalement; qu'à Châtillon-sur-Seine, où ils devaient reposer d'après la volonté du défunt, il y avait eu pour les recevoir et leur faire honneur, une députation officielle, une cérémonie publique, un concours d'autorités et de personnages.

On avait lu dans un journal, *Le Moniteur de l'Armée*, du 16 mai 1852 :

« Les restes du maréchal Marmont sont arrivés le

lundi 3 mai, à huit heures du soir, à Châtillon-sur-Seine. Pendant deux jours, son cercueil a été exposé dans une chapelle ardente, où le public s'est empressé de le visiter, en attendant le jour des obsèques, qui avait été fixé au jeudi 6.

» L'enceinte de l'église était trop étroite pour contenir une minime fraction de la foule accourue pour assister à la funèbre cérémonie . . . .
. . . .

» A dix heures, trois coups de canon annoncent le commencement de la cérémonie. A droite du catafalque et près de l'autel sont les autorités administratives et municipales; à gauche, le barreau et les fonctionnaires de l'ordre judiciaire. En face de l'autel et derrière le catafalque, à gauche, M. le commandant de Franconière, aide-de-camp du ministre de la guerre et son délégué, le drapeau du 7ᵉ régiment d'infanterie de ligne et les autorités militaires; à droite, M. le général de division Delarue, M. Komierowski et M. Testot-Ferry, anciens aides-de-camp du duc de Raguse, M. Grimaux de Caux, membre de l'Institut. . . . . .

» Des salves d'artillerie se succèdent de trois minutes en trois minutes pendant la cérémonie religieuse.

» A midi, le funèbre cortège s'est mis en marche vers le cimetière; M. le commandant de Franconière, représentant le ministre de la guerre, M. le général Delarue, le colonel Komierowski tenaient les cordons du poêle.

» Le corps du maréchal arrivé à sa dernière demeure, une salve d'artillerie a annoncé la fin de la cérémonie.

» Des discours ont été prononcés sur la tombe par M. Lapérouse, par M. le général Delarue et par M. Grimaux de Caux.... »

Le journal ne rapportait que la fin d'un de ces trois

discours, celui de M. le général Delarue, où l'on avait notamment remarqué ces paroles, qui venaient après une brillante esquisse des exploits militaires du duc de Raguse :

« *Et c'est après de si beaux faits que la calomnie, dans son aveuglement, a essayé de ternir une si belle vie ! mais la postérité lui rendra justice.* »

L'honorable général allait plus loin encore dans l'expression de ses pieux sentiments : il mettait son appréciation des événements de 1814 sous l'autorité d'une personne trop élevée au-dessus de nos débats, que nul n'a le droit de faire intervenir en sa faveur dans une thèse historique, et qui nous protége tous dans la liberté de nos jugements.

Nous professons, pour les affections privées, un respect absolu. L'amitié, la reconnaissance, la piété ont, à nos yeux, des droits indépendants de ceux de l'histoire. Quand ces nobles sentiments viennent à se produire en public, quel qu'en soit l'objet, ils n'offensent jamais rien de sacré ; ils honorent ceux qui les expriment ; ils honorent le temps qui en permet la libre manifestation.

Mais malheureusement la cérémonie qui avait eu lieu, le 6 mai 1852, à Châtillon-sur-Seine, ne s'était pas tenue dans le cercle respectable et restreint d'une solennité de famille ; elle avait affecté une apparence officielle et publique, et l'on avait profité de l'occasion pour amnistier, au nom même de la France, le maréchal duc de Raguse.

Or, aucun journal n'avait protesté contre ces démonstrations d'une excessive indulgence historique et contre ces honneurs publiquement rendus à la mémoire de l'homme qui, en 1814, avait livré à l'ennemi un corps d'armée, l'avant-garde de l'armée impériale. Il y a plus : un des journaux officieusement placés sous la direction de l'administration, *Le Constitutionnel*, avait précédemment publié, en avril 1852, sur la vie et les écrits de Marmont, une étude aussi remarquable par le talent exquis et habituel de l'auteur, que par les jugements et les appréciations politiques qui y étaient exprimés. Dans cette étude faite évidemment sur le manuscrit des *Mémoires* de Marmont, dont il était donné des extraits et une habile analyse, l'auteur semblait admettre avec faveur toutes les circonstances atténuantes et même les justifications que Marmont a imaginées pour sa défense.

Cette étude se terminait ainsi :

« Les restes seuls de Marmont vont rentrer en France et reposer dans le cimetière paternel de Châtillon, où un tombeau l'attend. Que les haines, s'il en était encore, se taisent; *que les préjugés daignent achever de s'éclairer et de se dissiper ; que la justice et la générosité descendent, au nom de l'Empereur même, sur cette rentrée funéraire du dernier les grands lieutenants de l'Empire; que les armes de nos soldats l'honorent et la saluent*, et il y aura dans le cercueil de Marmont quelque chose qui tressaillera. »

L'auteur ajoutait dans une note placée à la suite d'une seconde édition de son étude :

« Le vœu que nous exprimions s'est accompli. Les restes du maréchal Marmont arrivés à Châtillon-sur-Seine le 3 mai 1852, y ont été reçus avec tous les honneurs militaires dus à son rang, et avec des témoignages unanimes d'affection et de sympathie de la part d'une population qui ne l'avait jamais oublié, ni méconnu (1). »

---

(1) En effet, cette sympathie date de loin. Après la défection du maréchal

PRÉFACE

On sait par ce qui vient d'être dit plus haut que les honneurs rendus à la mémoire de Marmont avaient même dépassé ce que l'on devait peut-être à un homme mort en possession de son titre de maréchal de France. Un des membres de la députation chargée de recevoir les restes du duc de Raguse, avait accompli pour sa part, autant du moins qu'il était en lui, ce vœu de l'éloquent biographe : « *Que la justice et la générosité descendent, au nom de l'Empereur même, sur cette rentrée funéraire.* »

Il y avait donc un accord dans les régions semi-officielles, entre les fidélités les plus affirmées et les interprètes les plus autorisés de la pensée publique, pour amnistier et même pour glorifier la conduite tenue en 1814 par le maréchal duc de Raguse.

Je l'ai cru du moins, comme tout le monde, et c'est, je l'avoue, avec une espèce de parti pris de me mettre au diapason de cette conspiration d'indulgence que j'ai

---

Marmont en avril 1814, quelques habitants de Châtillon-sur-Seine s'étaient réunis pour signer entre eux une lettre de félicitation ainsi conçue :

« Châtillon-sur-Seine, 16 avril 1814.

« Les membres du conseil municipal de la ville de Châtillon-sur-Seine, à monseigneur le duc de Raguse, maréchal de France.

« Monseigneur,

« Depuis longtemps votre gloire militaire fixait les regards de la France; elle faisait l'admiration des Châtillonnais, enorgueillis d'être vos concitoyens.

« Mais, monseigneur, vous venez d'ajouter à vos nobles travaux, à votre bonté paternelle pour le soldat, un bienfait qui sera éternellement gravé dans les cœurs des pères de familles. Oui, monseigneur, vous avez sauvé la France en préservant sa capitale des maux de la guerre, par l'invasion meurtrière des armées ! La négociation que vous avez si habilement conclue avec les puissances alliées a fait cesser l'effusion du sang humain; elle a été l'aurore du retour à un gouvernement légitime que réclamait le vœu des Français; grâces vous en soient rendues.

« Nous vous prions, monseigneur, d'agréer l'assurance du plus profond respect; etc. » Suivent treize signatures fort lisibles.

Nous ignorons si ces treize signataires ont dûment demandé à la patriotique population de Châtillon-sur-Seine, le droit de la représenter et de parler en son nom en cette occasion.

accepté la tâche honorable et difficile de rendre compte, dans le journal du Gouvernement, de cette nouveauté si curieusement attendue : les *Mémoires de Marmont*.

Mais je n'avais pas lu les premières pages du premier volume de ces *Mémoires* que j'ai éprouvé une singulière surprise ; je ne saurais rendre autrement mon impression qu'en disant que je me suis tout d'un coup senti en présence de l'ennemi. Il y a, si l'on peut s'exprimer ainsi, une nature propre aux hommes de la France nouvelle. Or, la nature de Marmont est tout autre. Ses idées, ses sentiments, ses dispositions habituelles n'offrent rien de cette faculté d'enthousiasme, de dévouement et même d'utopie qui constitue en quelque sorte le caractère moderne. Il est bien entendu que je ne parle pas ici des froids spéculateurs, des habiles de tous les régimes, mais bien seulement des hommes actifs, utilement mêlés aux œuvres de leur temps. Or, Marmont montre, il est vrai, de l'esprit, de l'ardeur, du courage ; mais il ne vit point de la vie de son époque, il n'a point les illusions de ses contemporains ; il ne participe en rien à leur passion pour le bien public et pour la cause de l'humanité ; il est uniquement préoccupé de lui-même ; il n'a qu'un froid dédain pour tout ce qui n'est pas sa propre affaire. La plus haute et la plus forte raison de ce siècle, Bonaparte, n'a pas traversé notre ère de destruction et de régénération sans en avoir les colères, les préjugés même et surtout les sublimes projets. Mais Marmont ne ressent rien de ce dont la France et l'Europe sont agitées. Il vit en solitaire. Et malgré moi, je me souvenais de cette parole d'Aristote : « L'homme qui peut vivre seul, en lui-même et par lui-même, est un monstre ou un dieu. » Bientôt je faisais une autre découverte : c'est que Marmont est, dès le début, un gentilhomme, un de ces gentilshommes comme il y en a tant en ce pays où la noblesse a, depuis longtemps, perdu la conscience du devoir, mais non pas celle d'un droit privilégié.

A Dieu ne plaise que je méconnaisse ici la gloire historique inhérente à certains noms ! Je ne voudrais pas non plus paraître ignorer qu'il est toujours des familles qui ne se croient pas dispensées de vivre noblement. La distinction personnelle, la bienfaisance, l'héroïsme au besoin, le patronage des petits et des faibles, l'initiative périlleuse des mesures utiles à tous sont encore l'apanage d'un ordre que la Révolution a dépossédé de sa puissance officielle, mais non pas de la force instinctive et morale de ses traditions et de ses vertus héréditaires. Je ne voudrais pas surtout paraître juger en passant, avec les préventions de mon époque, une institution comme celle de la noblesse qui, jusqu'ici, s'est retrouvée partout, à l'origine et à l'épanouissement de toutes les sociétés, et dont la suppression, décrétée pour la première fois par la société moderne, semble être encore un problème à résoudre. Toutefois, il est trop vrai de le dire, un ordre puissant ne tombe jamais que par sa faute, et si les destinées de la noblesse ont changé en France, c'est que trop souvent, depuis les Bourguignons et les Armagnacs, elle a compté dans ses rangs de ces gentilshommes comme Marmont, qui n'avaient guère, de leur condition et de leur naissance, que de la vanité et de l'orgueil. Pour ces gentilshommes-là, race indisciplinée, prétentieuse, avide, servile au besoin, tout ce qu'ils avaient appris à la suite de la longue et dure éducation qui leur fut infligée par la main de la royauté, c'est que le Roi, le premier des gentilshommes, était le symbole unique du droit, du devoir, de la patrie. Le symbole ôté, plus de patrie, plus de service général obligé, plus d'objet de dévouement. Le gentilhomme rentre dans la plénitude de son droit individuel, et il reste libre de faire de son épée ce qu'il lui plaît, un instrument de conquête et de fortune.

Tel est Marmont dès le début; il sert la Révolution, mais comme un condottiere, sans l'aimer, sans se passionner pour elle, sans se soucier de son droit, avec indifférence et pour en tirer parti. Il avance en grade, il obtient des honneurs, des distinctions, des prééminences, par là il se confirme dans la bonne opinion qu'il a de lui-même, et la vanité et l'orgueil prennent en lui des proportions énormes.

Il n'est pas nécessaire d'être un moraliste de profession pour savoir que l'orgueil est dûment le principe de perturbations qui ne s'arrêtent à aucune limite de la perversité et de la folie. Comme l'orgueilleux est tout d'abord condamné à se tromper sur lui-même, sur ses qualités qu'il s'exagère, sur ses défauts dont il fait des qualités, il en vient nécessairement à ne point se méfier de ses suggestions quelles qu'elles soient; quoiqu'il fasse, quoiqu'il soit, il est fier de sa manière d'être; il est incorrigible; il ne connaît point le remords. Mais la punition de l'orgueilleux ne se borne pas à cette illusion qui le fait le jouet de ses moindres passions : en dehors de lui, il y a d'autres mérites, d'autres compétitions, d'autres succès que les siens; s'il ne peut pas les méconnaître et se soustraire à la comparaison, s'il est même obligé d'en subir les conflits, toute la joie qu'il recevait de lui-même se flétrit et se change en amertume; il se croit sacrifié à d'indignes rivaux; il lui semble qu'on lui dérobe les avantages dont il ne jouit point; l'envie et la haine s'emparent de son âme, et le voilà qui entre en lutte contre ce monde extérieur qu'il voudrait en vain soumettre à sa personne. Tout devient obstacle et déception pour l'orgueilleux ; il échoue dans ses entreprises, tantôt parce qu'il a une fausse mesure de ses forces et qu'il calcule mal, tantôt parce que, avec les dispositions antipathiques qui lui sont propres, il provoque et suscite autour de lui l'hostilité.

On a dit que Marmont était un général malheureux. Ce défaut de bonheur doit être attribué, je n'hésite pas à le croire, aux vices dont Marmont avait en lui-même la cause. Il était fastueux, adonné aux plaisirs : il manquait donc d'activité et de puissance pour le travail. La vie luxueuse est une ruine continue ; toujours en proie aux besoins, il ne maniait pas les deniers publics sans que ses mains ne fussent suspectes : cet élément essentiel d'une bonne renommée, une intégrité certaine, faisait ainsi défaut à l'autorité morale de son commandement. Y avait-il lieu de stipuler un concours, de traiter avec des administrations rivales ? Sa hauteur faisait naître des conflits : il n'avait pas, il avait mal le concours nécessaire. Recevait-il un ordre ? Il s'appliquait moins à le comprendre pour le bien exécuter, qu'à le juger avec dénigrement pour faire étalage de sa propre supériorité, et ses opérations ne se combinaient pas, se combinaient imparfaitement avec l'ensemble du plan d'une campagne. Quand il exerçait un commandement, ce n'était pas sans laisser voir à ses subordonnés qu'il se méfiait de leur capacité, qu'il n'avait de foi qu'en lui-même et qu'il était prêt d'avance à se faire la plus large part dans les mérites de l'événement accompli, et sous lui l'obéissance était sans émulation. Il n'en faut pas tant pour affliger un général de toutes sortes de surprises, de mécomptes et de mésaventures.

Mais je n'ai pas dit encore le trait auquel j'ai deviné

trop aisément que Marmont était en possession du démon de l'orgueil. On a prétendu, Marmont prétend lui-même qu'il a aimé Napoléon Bonaparte. Cela n'est pas. Il serait peut-être inexact d'affirmer qu'il n'a eu pour lui que de la haine. Mais l'admiration que Napoléon lui inspire est involontaire et forcée; elle lui est surtout pénible; il voudrait se la dissimuler à lui-même; il cherche des défauts à cet incomparable génie; il accueille comme autant de vérités tous les bruits qui lui sont contraires. En vain il reçoit de lui de grandes faveurs; la reconnaissance lui semblerait un aveu d'infériorité; elle lui est impossible, il s'en défend comme d'une humiliation. En cette âme qui n'ose pas se reconnaître dans l'excès de sa vanité et de son ambition, il y a cette conviction arrêtée qui la tourmente : c'est que la destinée de Marmont n'aurait pas eu de limites, si Napoléon n'avait pas existé, si ce favori de la fortune n'avait pas pris à tâche de maintenir dans un rang secondaire le seul homme qui fût en état de lui disputer la première place.

Je défie le lecteur le moins attentif de s'inscrire en faux contre cette vérité, à savoir que, d'après les récits de Marmont, Napoléon Bonaparte n'offre pas la réunion des qualités constitutives d'un vrai grand homme : il est extraordinaire, il n'est pas grand; ce qu'il a été dans le monde, ne procède pas de lui-même; il est le produit de circonstances exceptionnelles, monstrueuses; quand les circonstances lui ont fait défaut, tout lui a manqué, et le météore est rentré dans sa nuit.

Dès qu'il me fut évident que tel était le but des démonstrations historiques de Marmont, je ne m'arrêtai pas à m'étonner de ce que tant de personnes animées des meilleures intentions, se montraient si favorables à la réhabilitation de l'homme qui avait été en 1814 un des accidents les plus décisifs de la chute de l'Empire. Mais je formai le dessein de m'opposer autant qu'il était en moi à cette réhabilitation posthume; non point, qu'on veuille bien le croire, que je fusse ému d'un autre sentiment que celui de la pitié envers un homme que ses vices et les travers de son esprit avaient rendu si malheureux; mais parce que j'ai cru la moralité, la stabilité même de mon temps intéressées en cette occasion à un acte de sévère justice.

L'indulgence que nous avons pour les transactions et les erreurs politiques, date de loin; elle sied d'ailleurs à une société troublée comme la nôtre. Il y a plus : les vaines criailleries des partis ont dégoûté les gens de bien de ces rigueurs d'après lesquelles il n'est point de constance et point de vertu en dehors d'un asservissement sans fin aux passions de quelques coteries. Toutefois, ce serait pousser trop loin cette tolérance sage et décente, que de la faire dégénérer en une secrète faveur pour certaines fautes trop graves. Nous n'avons point le droit, je l'accorde malgré moi, de jeter beaucoup de pierres à la femme adultère; mais nous n'avons pas le droit non plus, de décerner à l'adultère les honneurs dus à la fidélité.

Qu'est-ce que Marmont? un homme qui a fait pleurer des larmes de sang à toute une génération d'héroïques soldats, ses compagnons d'armes. Et cet homme revenu de l'exil, dans un livre où il a déposé toutes les rancunes et les vengeances de son impénitence finale, allait surgir de nouveau parmi nous, non pas comme un supplicié pour qui l'on demande une tombe, le pardon, l'oubli, mais bien comme un accusateur, un juge de l'histoire contemporaine; cet étrange et suprême triomphe des coupables passions et des trahisons de 1814, se serait accompli sans être autrement accueilli au milieu de nous que par le discret murmure d'une approbation réparatrice !

Certes, les personnes distinguées, éminentes, qui ont fait entendre les premières paroles d'indulgence, ne s'étaient pas représenté toutes ces considérations; les unes avaient cédé à ces sentiments d'amitié et de piété, qui ont le droit de se tromper en histoire et même en politique et qui ne cessent jamais d'être respectables; les autres s'étaient placées dans une de ces régions plus philosophiques que pratiques, plus littéraires que philosophiques, d'où l'on prend à tâche d'étudier les données morales d'un homme et de le faire revivre dans une peinture saisissante pour la plus grande gloire de ce précepte poétique :

Il n'est point de serpent, ni de monstre odieux,
Qui, par l'art imité, ne puisse plaire aux yeux.

Mais avant les satisfactions de la piété et de la psychologie littéraire, il y a le bon sens public à sauvegarder. Cette société n'est pas assez affermie dans ses conditions intellectuelles, elle n'a pas une conscience assez nette des raisons d'être du fait par lequel elle a été préservée, pour qu'il soit sans danger d'excuser devant elle, mieux que cela, d'honorer le souvenir d'un homme qui, comme Marmont, a cru qu'il pouvait être expédient, dans un moment critique, de déserter la cause de l'Empire et de la Révolution.

D'ailleurs, l'acte de Marmont n'est pas seulement une erreur politique : c'est un de ces forfaits que tous les partis, s'il en est plusieurs encore, doivent, d'un commun accord, flétrir du même nom. Malheur à nous si la trahison peut ajouter à ces profits par lesquels il est dans sa nature de se laisser tenter, cette chance et cet espoir de s'abriter sous une équivoque et de n'avoir pas à redouter une réprobation universelle, une honte irrémissible !

Je n'en dirai pas davantage pour expliquer les motifs qui m'ont déterminé, autant qu'il était en moi, à faire justice de Marmont et de ses *Mémoires*. Mais entre autres obstacles qui s'opposaient à mes intentions, il y avait cet état de l'opinion dont j'ai parlé plus haut. Je me renseignai de mon mieux, et tout ce que j'apprenais ne me permettait pas d'ignorer que mon entreprise était hardie, téméraire; qu'elle ne manquerait pas d'être sottement interprétée de la part d'un écrivain admis à l'honneur de placer ses attaques dans le journal du Gouvernement; que la liberté de ma pensée serait suspecte et que je ferais en vain acte de courage et d'indépendance.

Je n'en persistai pas moins dans ma résolution; je m'établis dans cette idée qu'il fallait faire mon devoir; je ne songeai plus qu'à ne pas être indigne de la généreuse hospitalité accordée par le journal officiel à toutes les opinions sincères et loyales; et je publiai mes deux premiers articles sur les *Mémoires du maréchal Marmont, duc de Raguse*. Pour ménager, autant que possible, les préventions favorables à cet illustre défectionnaire, j'avais pris à tâche de mêler beaucoup de louanges à mes critiques. Déterminer les traits généraux du caractère de Marmont; faire ressortir de cette constatation des aperçus d'une vérité accablante; retenir l'expression de mon propre jugement, mais de manière à obliger le lecteur à conclure plus sévèrement que je ne le faisais moi-même : tel fut le but que je me proposai dans mes deux premiers articles, où je ne mis au reste que des observations générales et mes préparatifs d'attaque.

Je m'attendais à subir le sort réservé aux importunités de la vérité historique. Je réussis, au contraire, au-delà de ces espérances secrètes qui n'abandonnent jamais les écrivains ; et je fus convaincu de mon succès parce qu'il m'arriva, de plusieurs côtés, des reproches de faiblesse, de timidité, d'irrésolution ; de plus quelques injures anonymes.

Mais je n'ai pas la vanité de croire qu'un pareil changement dans l'opinion ait été uniquement dû à mes articles, où je m'efforçais de provoquer l'indignation publique sans la formuler moi-même. Une découverte était venue à mon secours.

Marmont, dans ses *Mémoires*, a eu l'imprudence de ne pas se borner à traiter fort mal l'histoire de Napoléon Bonaparte : il a encore accumulé les outrages sur les noms les plus illustres de l'ère impériale. Quoiqu'on ne lise plus aujourd'hui dans le grand monde, toutefois on y eut connaissance de ces calomnies, et les familles intéressées ont fait entendre de toutes parts d'ardentes réclamations. On s'est agité dans les salons. Les journaux ont eu à publier de violents démentis. Il ne s'est plus trouvé de défenseurs pour Marmont dans cette explosion de colères suscitées par ses vengeances posthumes.

Reconnaissons-le avec humilité, ce ne sont pas les atteintes portées à la gloire du fondateur de l'ordre nouveau, ce sont les représailles de la piété et de la vanité de quelques familles qui ont déterminé ce brusque retour au respect de l'histoire, de la vérité et de la moralité publique.

J'étais désormais libre d'infliger à Marmont le châtiment qui lui est dû, et j'en profitai pour le juger à mon aise dans la mesure d'une exacte justice.

Il y a dans la vie de Marmont bien des péripéties, des mérites incertains, des mésaventures et des défaillances ; mais il n'y a qu'un acte grave, important, décisif. En

Egypte, en Dalmatie, en Allemagne après Wagram, en Espagne, dans la campagne de France même, sous la Restauration, à Paris, en juillet 1830, il a diversement manqué, dans des circonstances particulières, d'énergie, d'habileté, de clairvoyance ou de bonheur. Mais, dans toutes ces circonstances, il n'a failli qu'à se tirer avec plus ou moins d'avantage de positions au reste subordonnées à des actions générales dont il n'avait pas eu l'initiative. Un seul jour, il lui fut donné de l'exercer, cette initiative des événements : ce fut en 1814, à Essonne. Je crus devoir ne pas m'occuper de toutes ces fautes secondaires qui, même prouvées, ne suffisent pas à condamner un homme, pour m'attacher uniquement à l'acte qui, seul, fait de Marmont, non pas un général d'une habileté intermittente, un administrateur d'une probité suspecte, un politique contestable, un historien inspiré par l'envie et la haine, mais bien un traître, un homme dégradé par la défection la plus coupable, au moment d'un péril extrême pour l'indépendance nationale. Otez l'événement d'Essonne, et il restera de Marmont un de ces personnages comme il y en a tant dans nos annales contemporaines, qui joignent à de brillantes qualités et à des aptitudes même éminentes, l'imbécillité de l'intelligence, du caractère et du sens moral. Mais l'événement d'Essonne fait à Marmont une figure à part; il en est d'autres qui, en 1814, ont manqué de courage, de fidélité, de pudeur; il n'en est pas un autre qui, placé dans un poste de confiance, ait livré à l'ennemi l'avant-garde de l'armée impériale, et autant qu'il dépendait de lui, l'armée impériale elle-même, toutes les forces défensives de la nationalité française en danger. Si, comme l'animadversion de tous les contemporains l'affirme, l'événement d'Essonne est imputable à Marmont, prouver la vérité de ce point historique, c'est tout prouver contre la mémoire de Marmont.

Bien convaincu que cette unique démonstration était nécessaire et suffisante pour le but que je voulais atteindre, je laissai là les reproches particuliers et divers qu'on peut adresser notamment au gouverneur des provinces Illyriennes, au général en chef du 6ᵉ corps en Espagne, au commandant des troupes royales en 1830, et je concentrai tous mes efforts sur l'étude des circonstances qui ont accompagné et constitué la négociation et l'exécution du trop fameux traité de Chévilly.

Suis-je parvenu à porter une complète lumière dans ce drame obscur qui s'est accompli en quelques jours au milieu d'intrigues presque impénétrables ? Ai-je présenté les faits dans cette succession naturelle qui seule intéresse, parce que, seule, elle rend en quelque sorte sensible l'importance de toutes les phases d'une action ? Les témoignages dont je me suis servi, sont-ils tous dignes de confiance, du moins dans la mesure où quelques-uns d'entre eux ont été admis par moi ? Les conclusions auxquelles je suis arrivé, sont-elles péremptoires et doivent-elles faire partager ma conviction au lecteur ? Sera-t-il bien évident qu'en insistant comme je l'ai fait, pour démontrer la culpabilité d'un homme, je n'ai pas cédé aux suggestions d'une haine impossible, mais bien seulement au désir de préserver d'une surprise la vérité de l'histoire et d'une indulgence trop inconcevable la moralité politique de mon temps ? Les marques de bienveillante approbation que j'ai reçues, ne me font pas illusion à ce point de me permettre de répondre moi-même à de pareilles questions.

J'ai ajouté à l'étude historique dont se compose ce volume, un *Appendice* contenant un assez grand nombre de pièces, les unes peu connues, les autres entièrement inédites, toutes destinées à servir de pièces à l'appui ou à éclaircir des points particuliers que j'ai dû négliger dans le cours de mon récit principal. On trouvera, en outre, dans cet *Appendice*, un précis des jugements de Napoléon Ier sur Marmont, et, de plus, une liste analytique des ouvrages relatifs au sujet dont je me suis occupé. Je n'indiquerai pas ici, quelque tentation que j'en aie, certains documents inédits sur lesquels j'ai eu la bonne fortune de mettre la main. Mais j'ose espérer que cette partie de mon livre intéressera vivement plus d'un de mes lecteurs, ceux du moins qui se plaisent à étudier une époque dans ses documents originaux.

Ce n'est pas une ambition interdite au travail consciencieux, que de prétendre fournir à l'histoire la découverte de quelques matériaux utiles, et ce qu'on nomme aujourd'hui une monographie étudiée avec soin. Telle est toute ma prétention. Je voudrais pouvoir en avouer une autre, et c'est que je serais récompensé de mes peines au-delà de ce qu'elles valent, si quelqu'un, en lisant ce livre, se sentait confirmé dans son attachement au devoir, dans sa haine et son mépris pour l'intrigue et ses faveurs d'un jour.

CONSIDÉRATIONS GÉNÉRALES

SUR

MARMONT ET SES MÉMOIRES

CONSIDÉRATIONS GÉNÉRALES
SUR
MARMONT ET SES MÉMOIRES

I

Il y a eu, sans doute, dans la vie de Marmont, une période innocente, heureuse ; et l'on s'attend à la trouver au début de ses récits, où l'on voit les années d'études, les rêves d'ambition et de gloire, les premières armes au versant des Alpes, puis le siége de Toulon et l'attention méritée du commandant Bonaparte. A partir de ce moment, le jeune Marmont est emporté dans l'orbite de la grande fortune ; il suit le général Bonaparte en Italie comme aide-de-camp ; il commande sous lui en Egypte ; il l'accompagne à son retour sur le continent, aux approches du 18 brumaire. Marmont eut ce bonheur d'assister à toutes les premières phases de la destinée de l'homme qui se levait pour la France. Il le vit combattant, administrant, subvenant à tout par les ressources de son génie; il le vit même dans l'intimité, à ces heures d'isolement, de commencement incertain, de commune épreuve, pendant lesquelles les âmes généreuses s'attachent d'ordinaire entre elles par d'indissolubles liens.

Mais on cherche en vain les impressions de la jeunesse au début de cette œuvre posthume.

Le duc de Raguse dit lui-même de ses *Mémoires* qu'il a commencé à les écrire lorsque « déjà il se voyait aux portes de la vieillesse. » Une note nous avertit qu'il faut se référer ici à la date de 1828. Cette indication n'était pas tout à fait nécessaire; en lisant ces *Mémoires,* on sent trop qu'ils ne traduisent pas les sympathiques illusions du premier âge; l'influence sous laquelle ils ont été composés est bien celle des tristes jours, tristes surtout pour le duc de Raguse; d'âpres jugements, de perfides louanges, d'amères représailles, des vengeances universelles, une résignation sans sérénité, le parti pris implacable de l'orgueil, un homme opposant sa conscience à l'arrêt de tout un temps, et cette conscience se montrant elle-même pleine de malaise et de trouble, ce sont là les traits qui trahissent à tout propos cet effort obstiné d'apologie personnelle, et qui, à tout propos, en font ressortir de graves, d'involontaires aveux. Cet homme ne raconte pas; il combine des moyens de défense, et, chemin faisant, il satisfait ses haines.

II

Certes, on ne peut se méprendre à l'intérêt attaché à la lecture de ces *Mémoires*. Marmont a vécu dans l'intimité des grandes choses. Il abonde en précieux renseignements. Comme il a écrit à une époque où déjà il s'était produit sur la Révolution et sur l'ère impériale de nombreux documents, il a eu soin d'élaguer de ses récits les détails et les faits trop connus; de là une nouveauté toute particulière répandue sur cette importante publication. Et il est juste de le reconnaître, ces *Mémoires* n'empruntent pas seulement leur valeur aux choses dont Marmont a été le témoin; l'auteur est lui-même un narrateur habile, ingénieux, élégant. Il excelle dans l'art de faire des portraits; cet art, il ne l'applique pas toujours, il s'en faut, à mettre en relief le mérite des hommes. Marmont est un détracteur, et sait même faire servir la louange à ses intentions malveillantes; mais la malignité publique, sinon l'histoire, trouve son compte à ce ton satirique, d'autant plus acéré qu'il est calme, correct, souvent spirituel, et toujours exempt de déclamation. Ces *Mémoires* sont donc, à plusieurs titres, une œuvre digne d'attention. Le succès qu'ils obtiennent n'a rien qui doive surprendre : il s'explique par la grandeur des annales contemporaines, par le talent de l'auteur, et puis encore par sa position exceptionnelle d'accusé de l'histoire moderne. Nous ne voulons pas manquer à l'impartiale équité, et nous avouerons qu'il est dans ces *Mémoires* des pages où Marmont se montre parfois à la hauteur des destinées que lui avait faites l'Empire. Intelligent, actif, distingué en Italie, il commande avec éclat en Egypte. L'arme de l'artillerie lui a dû et lui doit encore de notables améliorations organiques. Quand il parle de l'art de la guerre, il le fait comprendre, il le fait admirer. L'homme est là tout entier dans sa vocation et l'emploi de ses éminentes facultés. Il y aurait à faire un recueil de toutes les pensées émises par Marmont sur le génie militaire, la stratégie, l'administration et le gouvernement des armées. Nous ne savons si ce recueil serait utile aux hommes spéciaux, nous sommes tentés de le croire; mais ce que nous savons, c'est qu'il serait à coup sûr précieux pour des écrivains, des politiques, des moralistes (1). Encore un trait nécessaire à la justice

(1) Ce recueil existe; il a été publié sous le titre suivant : *De l'Esprit des institutions militaires*, par le maréchal Marmont, duc de Raguse. Paris, chez Dumaine. Nous en avons sous les yeux la 2e édition revue et augmentée par l'auteur et donnée en 1846. Le maréchal Bugeaud, consulté par M. Dumaine sur le mérite de cet ouvrage, a écrit à l'éditeur une lettre dans laquelle

que l'on doit à Marmont. L'auteur rapporte, dans ses *Mémoires*, l'anecdote suivante, qui se place au retour du général Bonaparte en France, après la campagne d'Italie (1) : « Nous arrivâmes à Chambéry, et la population entière reçut le général Bonaparte avec transport. C'étaient des cris incessants de *Vive Bonaparte ! Vive le héros vainqueur ! Vive la République !* Bonaparte me dit : « Je parie que vous ne savez pas distinguer celui de tous les cris dont j'ai été le plus touché. » — Un petit groupe avait crié *Vive le père du soldat !* Je l'avais remarqué et je le lui dis ; c'était effectivement ces voix amies qu'il préférait. » Marmont n'était pas indigne de deviner cette préférence du général Bonaparte pour le cri de *Vive le père du soldat !* Chargé de commander en Hollande un corps d'armée, il montra pour les hommes et le pays confiés à ses soins une diligence ingénieuse et touchante. Le mémorialiste s'arrête avec complaisance sur cette période de sa vie militaire et politique. Accordons-lui le droit de se donner à lui-même des louanges : ces louanges ne sont pas usurpées ; elles sont méritées.

on remarque un témoignage d'approbation que nous croyons devoir rapporter ici. « Ce livre est si bien fait, a dit M. Bugeaud, que chaque officier devrait toujours l'avoir dans sa poche. » Nous tenons cette citation d'une bienveillante communication de M. Dumaine.

(1) *Mémoires*, tome Ier, p. 308.

III

Mais Marmont n'a pas été toujours en Hollande à la tête de son premier commandement d'un corps d'armée ; il y a eu d'autres phases dans sa vie. A la vérité, il n'en est pas encore question à la date de 1805. Toutefois, comme nous l'avons déjà remarqué, on n'ouvre pas les premières pages de ces *Mémoires* sans se sentir en quelque sorte sous une impression pénible. Le brillant général, l'habile administrateur, l'écrivain élégant et plein de feu, n'est pas tout entier aux émouvants souvenirs de ses glorieux commencements ; il se débat contre l'obsession d'une nécessité qui l'attend, la nécessité d'une justification suprême. On voudrait ne rien prévoir et ne rien préjuger. Toutefois, il serait difficile de ne point constater que déjà dans ces premiers récits, composés de ce qu'on pourrait appeler les pièces à l'appui de l'appel interjeté par Marmont, une prémisse d'innocence manque jusqu'ici à ses préparatifs de démonstration ; nous voulons parler de cette incontestable clairvoyance de l'esprit, de cette droiture certaine des sentiments, qui, seules, peuvent mettre, entre un homme et une trop grande faute, une incompatibilité absolue. On ne saurait douter de l'esprit de Marmont ; mais son esprit n'a ni étendue ni fermeté. On ne saurait nier qu'il ait des aspirations élevées; mais le sens moral n'est pas vivant en lui. C'est un homme comme il s'en trouve dans les révolutions où bien peu assistent au spectacle d'une instabilité universelle, sans que tout ne meure en eux, la foi, les principes, l'estime, la sympathie, la faculté même de conjecturer, de vouloir, de se passionner pour quelque chose de général; l'ambition survit seule à cette mort, une ambition âpre et déréglée; mais cette convoitise excessive n'est elle-même qu'un danger de plus. Qu'il se présente des circonstances difficiles, des événements à dominer, une décision à prendre entre des provocations contraires et violentes, un homme comme Marmont sera surpris; il n'y a rien en lui qui puisse le défendre contre les sophismes et les entraînements d'une intrigue : il deviendra le jouet de quelque misérable fatalité.

IV

Viesse de Marmont est né à Châtillon-sur-Seine, le 20 juillet 1774, d'une famille vouée depuis longtemps au service militaire. Son père le destinait à la judicature. Il préféra la carrière des armes. En janvier 1792, il subissait, à Châlons, devant le célèbre Laplace, un examen à la suite duquel il fut promu au grade d'élève sous-lieutenant d'artillerie. Dès cette époque, on rencontre une preuve de l'inconsistance d'esprit du jeune Marmont. Il avait été élevé par son père, grand partisan de Necker, dans les principes de la Constituante pour la monarchie constitutionnelle. Mais il vint à connaître à Châlons une jeune dame dont le mari avait émigré, et tout aussitôt le constitutionnel Marmont fut tenté d'épouser les passions politiques de cette femme, qui restait ainsi fidèle, à sa manière, à la cause des royalistes absents. « Alors, dit-il, il ne s'en est pas fallu de beaucoup que ce sentiment ou cette influence ne m'ait précipité dans les chances hasardeuses et incertaines de l'émigration (1). » Des hasards, des incertitudes, est-ce là toute l'émigration? Qui ne sent ici l'habile homme et, pour mieux dire, le *condottiere* indifférent aux principes des partis politiques, les jugeant seulement d'après l'éventualité du succès? Notons que cette initiation au pur royalisme par l'adultère n'a rien qui provoque sous la plume du mémorialiste écrivant « aux portes de la vieillesse » un mot d'excuse ou de regret. Le même homme dira plus tard de sa propre femme : « Ses torts envers moi ont été sans mesure et de toute nature; » et il la rendra presque responsable des écarts de sa destinée *contrariée*, *obscurcie* par elle,

---

(1) *Mémoires*, tome 1ᵉʳ, p. 24.

ajoute-t-il (1). Etrange aveu, procédé plus étrange encore de la part d'un soldat qui se venge ainsi de sa femme et de sa propre faiblesse, en dénonçant et affichant l'une et l'autre dans un livre ! Voici encore une aventure galante ; c'est la dernière que nous citerons : Marmont, déjà marié et chef d'un corps d'armée, avait des difficultés avec un homme investi d'une autorité civile ; mais il en eut moins avec sa femme : « Sa femme, dit-il, charmante personne, me plut beaucoup ; je lui donnai des fêtes, etc. » Le récit se termine par cette plaisanterie de mauvais goût : « Le *** (il y a les noms dans le livre) ne put plus m'accuser de manquer de soins et de compter mes visites avec lui (2). » Mais nous n'insisterons pas ici sur le défaut du sens moral en Marmont ; pour le moment nous ne voulons relever en lui que l'atonie ou la nullité d'une autre de ses facultés.

V

Ces *Mémoires* ont la prétention d'être une histoire contemporaine ; à ce titre, on y trouve non seulement des récits de batailles, d'administration et d'organisation militaires, mais encore des anecdotes, des

(1) *Mémoires*, tome Ier, p. 348-349.
(2) *Mémoires*, tome II. p. 385.

appréciations de personnes, des jugements sur les grands événements de la politique. C'est dans cette partie de son œuvre que Marmont voudrait paraître supérieur. Il se sert de cette expression à propos d'un personnage dont il calomnie la conduite : « Je reparlerai de lui, dit-il, de manière à *fixer l'opinion de la postérité* sur son compte (1). » Marmont voudrait intervertir les rôles, et d'accusé se poser en juge. Voyons s'il en a du moins les conditions requises d'intelligence; suivons-le dans les occasions qu'il a eues de faire preuve d'esprit politique.

La République remplace en France la Monarchie. Marmont ne s'occupe même pas de cet immense et prodigieux événement. Il se borne à déplorer, en deux lignes, « le meurtre du roi (2). »

Il vient prendre part au siége d'une malheureuse cité française qu'une commission municipale infidèle, d'un coup de main, avait livrée à l'ennemi et rendue coupable d'un crime de lèse-nationalité. Il s'agit d'une trahison devant l'étranger. Une fibre va-t-elle tressaillir en son cœur? « Les habitants de Toulon, dit-il, dans leur détresse, ne virent de salut qu'en se jetant dans les bras des étrangers (3). » Et c'est tout.

Au 13 vendémiaire, deux partis armés, la mo-

---

(1) *Mémoires*, tome II, p. 372.
(2) *Mémoires*, tome Ier, p. 30.
(3) *Mémoires*, tome Ier, p. 35.

narchie émigrée, la république terroriste, se disputaient la succession de la Convention tombée dans l'impuissance. Dans cette crise extrême, Bonaparte allait sauver la révolution, que plus tard il devait régulariser. Marmont, que rien n'avertit de la gravité des questions qui s'agitent, n'a pas d'attention pour ce grand débat. Seulement, il trouve à dire quelques mots sur l'emploi de la force militaire dans les troubles civils, des mots faisant allusion à son rôle dans les rues de Paris pendant les journées de juillet 1830 (1).

Au 18 fructidor, même antagonisme entre l'Émigration et la Révolution. Bonaparte, alors en Italie, vient en aide à la Révolution menacée, et, sans prendre part aux rigueurs qui furent alors exercées, il rend du moins possible le triomphe de la Révolution. Marmont avait là une belle occasion d'arborer ses couleurs politiques. Il n'en fait rien; il s'emploie lui-même à la confusion du parti des émigrés, et tout ce qu'il voit dans la politique de son général, c'est un calcul, une prévoyance ambitieuse, une habile temporisation, le Directoire conservé en attendant mieux; comme s'il n'était pas évident que Bonaparte, alors vainqueur, près de signer le traité de Campo-Formio, maître de la situation, était déjà le seul homme qui pût profiter de la

---

(1) *Mémoires*, tome Ier, p. 82-84.

chute du Directoire et prendre à sa place le gouvernement (1).

La république de Venise est sacrifiée par le traité de Campo-Formio. Cet acte peut être diversement jugé ; mais quel qu'il soit, il s'explique par des circonstances du temps et surtout par des données ultérieures de la politique du Consulat et de l'Empire. En présence de cet acte, Marmont se livre à des réflexions vaines et creuses sur les causes de la décadence morale et politique de Venise (2). Ce qu'il y a d'étrange, c'est que, quelques pages plus bas, il nous montre lui-même le général Bonaparte s'efforçant d'apaiser la douleur d'un patriote vénitien, disant à Dandolo « de se reposer sur lui, de se résigner aux circonstances et d'attendre (3). » Dandolo n'est pas convaincu ; il prend avec ses amis une résolution qui inquiète le général français et peut compromettre la conclusion de la paix. Arrêté, amené devant le général, qui lui reproche vivement son peu de confiance, Dandolo répond avec dignité et parle le langage du patriotisme. Le général français va-t-il sévir contre cet homme qui le gêne et le brave? Non, il n'a point de colère contre le droit qui proteste ; il pardonne ; il fait plus, il s'attendrit et place dès ce moment Dandolo au nombre de ceux

---

(1) *Mémoires*, tome Ier, p. 285-286.
(2) *Mémoires*, tome Ier, p. 279-281.
(3) *Mémoires*, tome Ier, p. 303.

que n'oubliera jamais sa faveur (1). Marmont raconte tout cela, mais il ne comprend pas ; il ne comprend pas que rien n'est mort de l'Italie dans le cœur du général français.

Nous nous abstenons de relever des jugements exprimés au sujet de l'expédition d'Égypte et sur le 18 brumaire. Marmont mêle ici à ses aperçus politiques des accusations dont nous ne croyons pas devoir nous occuper. Il est d'ailleurs permis à un prévenu de prendre ses précautions, de préparer ses moyens de défense. Ce ne sera pas assez pour Marmont d'une habile plaidoirie; il lui faut la calomnie de l'histoire. Mais cette gloire qu'il voudrait atteindre n'est pas à la portée de ses coups. Passons sur les incriminations de cet homme, qui croit d'avance se justifier en accusant la politique dont il est lui-même resté, jusqu'au jour des revers, un des principaux acteurs.

(1) Voici quelques mots de cette scène grande et touchante. Dandolo et ses amis viennent d'être arrêtés, à main armée, par Duroc; ils sont conduits à Milan : « J'étais, dit Marmont, dans le cabinet du général en chef quand celui-ci les y reçut; on peut deviner la violence de sa harangue. Ils l'écoutèrent avec calme et dignité, et, quand il eut fini, Dandolo répondit..... La force de ses raisonnements, sa conviction, sa profonde émotion, agirent sur l'esprit et sur le cœur de Bonaparte, au point de faire couler des larmes de ses yeux. Il ne répliqua pas un mot, renvoya les députés avec douceur et bonté, et, depuis, a conservé pour Dandolo une bienveillance, une prédilection qui jamais ne s'est démentie..... » (*Mémoires*, tome Ier, p. 306-307.)

Après le 18 brumaire, Marmont est nommé conseiller d'État ; en cette qualité, il lui est donné d'assister à un merveilleux spectacle, la France administrativement organisée en quelques mois telle que nous la voyons aujourd'hui. On pense, sans doute, que ce travail d'un puissant génie attirera un moment son attention. Il n'en est rien ; Marmont voit, comme tout le monde, les résultats, la rente qui hausse, les contributions qui rentrent au trésor, la confiance, l'activité qui renaissent ; mais son esprit, fermé aux préoccupations politiques, ne saurait se rendre compte du détail des institutions qui se posent et se développent tout d'abord, appropriées à la fois aux circonstances, au temps et au génie de la France. L'œuvre d'organisation lui échappe tout entière. Il peut dire, en parlant du créateur de cette œuvre, qu'il a été « un météore(1) » : il a vu l'homme ; il n'a pas vu l'ensemble des institutions, dont la régularité et la force ont survécu aux désastres et se sont imposées à de prétendus vainqueurs.

Cependant, il est quelques établissements sur lesquels Marmont croit devoir donner son avis. Qu'on juge de sa clairvoyance politique.

Marmont loue beaucoup la rédaction du Code civil et la part prise par le Premier Consul aux discus-

1) *Mémoires*, tome Ier, p. 16

sions du conseil d'État. Mais il ajoute : « Le Code pèche par quelques désaccords entre les dispositions qu'il présente et le principe de notre ordre politique ; on l'a fait sous une république, et il devait servir à une monarchie ; si on l'eût fait trois ans plus tard, il serait parfait (1). » Les désaccords auxquels il est fait ici allusion se réfèrent aux dispositions qui, dans le Code civil, règlent la matière des successions, les restrictions mises au pouvoir de tester, les substitutions prohibées, l'égalité de partage sans distinction de priviléges de masculinité ou de primogéniture. Or, les principes consacrés par le Code sur ces divers sujets ne sont pas plus républicains qu'ils ne sont monarchiques ; mais, à vrai dire, ils sont contraires à l'établissement d'une aristocratie, et ils constituent le fondement civil nécessaire à une société démocratique. Tout cela est élémentaire, et ce qui ne l'est pas moins, c'est que ces principes du Code sur les successions convenaient parfaitement au régime politique institué par le Consulat, complété et confirmé par l'Empire, ce régime n'étant et ne pouvant jamais être qu'une démocratie organisée. D'où vient l'erreur de Marmont en cette matière ? Il croit que monarchie est synonyme d'aristocratie, et république, de démocratie ; il ne sait pas que la monar-

---

(1) *Mémoires*, tome II, p. 201-203.

chie est une des formes de la démocratie et qu'il n'y a pas encore eu de république sans une aristocratie. Il a traversé l'histoire moderne sans la comprendre ; il n'a pas pris garde à la grande nouveauté inaugurée par l'époque qui l'a fait général, conseiller d'État, maréchal et duc : il n'a pas vu que l'Empire était une démocratie.

Au reste, cette erreur de Marmont ne lui est point propre ; bien des hommes de ce temps n'ont pas assisté au rétablissement du pouvoir héréditaire sans s'attendre à la résurrection d'un système aristocratique analogue à celui qui accompagnait jadis la monarchie française. Cette illusion était le partage d'un petit groupe d'hommes qui gardaient discrètement pour l'ancien régime, sous les faveurs du nouveau, de secrètes sympathies. Mais ceux-ci, du moins, peu opposants de leur nature, ne s'opposaient pas surtout aux mesures réparatrices ; quand vint notamment le Concordat, leur joie fut grande. Or telle ne fut pas l'impression de Marmont : cet homme, qui a servi la Révolution sans l'aimer, qui a vu ses combats sans croire à sa puissance, qui assiste à son régulier établissement et qui ne la comprend pas encore, ce partisan prédestiné de l'ancien régime pousse l'ardeur révolutionnaire jusqu'à ne pas vouloir du Concordat, du rétablissement du culte en France.

« A cette époque, dit-il (en 1800), le premier

consul s'occupa du rétablissement du culte; il vit mieux et de plus haut que tout le monde; car (qu'on remarque cette raison) car son succès fut complet; et cependant il fut presque seul de son avis; tout ce qui avait marqué dans la Révolution, et les militaires en particulier, reçurent fort mal le projet... J'avais été frappé de l'irritation de quelques-uns de mes camarades, et quoique je n'aie jamais été porté à l'irréligion..., je partageais leurs préventions... J'en parlai au premier consul et lui exprimai mes doutes. Il eut avec moi une conversation fort longue sous les grands arbres de la Malmaison; il me démontra que la France était religieuse et catholique. Il ajouta (parlant du rétablissement du culte): « Quand cela sera fait..., j'aurai pris racine dans le cœur du peuple (1). »

Marmont n'est pas sensible, et pour cause, aux considérations de l'ordre moral. Il ne se rend pas à la démonstration; il se *rabat*, comme il dit, sur d'autres arguments, et donne à son interlocuteur une leçon d'économie politique, dont « le premier consul, ajoute-t-il, s'était peu occupé. » L'infatuation n'est pas un des moindres caractères du personnage.

Marmont s'inquiétait de ce que l'admission des jours fériés du culte catholique pouvait diminuer le

1 *Mémoires*, tome II, p. 199-200.

travail national et la somme de ses produits. C'était là son objection économique.

A partir du Concordat, il est vrai de le reconnaître, Marmont cesse de se poser en contradicteur. L'œuvre de reconstruction suit son cours en plein succès. Marmont ne résiste pas au succès ; il est sincèrement séduit ; il approuve l'institution de la Légion d'honneur ; il approuve l'établissement de l'Empire héréditaire ; il approuve les cérémonies du Couronnement ; le Sacre ravit d'admiration ce ci-devant adversaire du Concordat. Certes, il fait çà et là des réserves, pour se ménager la possibilité d'un autre rôle ; toutefois, ces réserves, il ne les tire pas d'une critique de la politique et des institutions actuelles ; il prévoit les temps à venir, il pressent les erreurs futures, il s'attend à des excès d'ambition, d'entreprise, etc...

Mais, soit qu'il approuve, soit qu'il blâme, Marmont ne s'élève jamais dans ses jugements politiques à des considérations originales. Il n'approfondit rien. Il n'y a pas même de lien logique entre ses assertions. On dirait des fragments de discours détachés. En effet, les pensées qu'il exprime ne lui appartiennent pas ; il les emprunte à des phases diverses d'une opinion tour à tour républicaine, absolutiste, libérale. On croirait lire une gazette ; il en a la redondance prétentieuse, la vulgarité, et, qu'on nous permette ce mot, l'à-peu-près superficiel et faux en toutes choses. Sans nul doute, il faut faire ici la part des embarras d'une position exceptionnelle. Toutefois, on peut résolument calomnier, mais on n'est pas à volonté et de son gré inintelligent. Marmont éprouve manifestement le désir de paraître à la hauteur d'idées et de combinaisons politiques interdites à la plupart des hommes. S'il en est autrement, s'il se montre insuffisant et banal, c'est qu'il ne saurait jouer avec le langage du publiciste et de l'homme d'Etat, comme il le fait avec la vérité de certaines histoires. Il est foncièrement indifférent, étranger aux matières politiques, il n'a pas pour ces matières un sens faux ou borné, il manque absolument du sens spécial qui leur est propre.

On attribue ce mot à un personnage du temps de Louis XIII : « Il y a deux morales, une grande et une petite; celle-ci pour les sujets, l'autre pour les gouvernants. » Mais il ne suffit pas d'admettre cette maxime et de s'affranchir de la morale pour être habile en politique. Disons-le même à l'honneur du genre humain, cette maxime est radicalement erronée et fausse. La politique se compose bien d'un ensemble d'observations sur les faits, les conditions, les forces, les besoins de la société, et, à ce titre, elle est indépendante de la morale, comme le pourrait être une statistique. Mais ce qui donne l'âme à cette science de la vie sociale, ce n'est pas l'ambition de prévaloir, c'est un sentiment plus noble, c'est la volonté et la passion du bien public. La politique comme la morale se réchauffe ainsi au même foyer ; elles partent du même centre pour décrire des circonférences d'une inégale étendue ; seulement, comme c'est la politique qui comprend la sphère la plus grande, c'est à elle aussi qu'il appartient de s'alimenter à une flamme plus intense et plus vive des éternelles vérités.

On peut le dire sans courir le risque de paraître détracteur, Marmont a manqué de ce feu sacré de la morale qui fait tout à la fois les honnêtes gens et les éminents politiques. S'il était nécessaire d'invoquer une preuve à l'appui d'une allégation aussi modérée, nous nous bornerions à citer cette masse de méchantes anecdotes à l'aide desquelles Marmont accumule l'outrage sur les noms les plus illustres de l'ère impériale. Les imputations d'incapacité, d'improbité, de lâcheté, des imputations plus odieuses encore sont prodiguées par lui à tout propos. On ferait aisément la liste des généraux qui, au dire de Marmont, n'étaient ni lâches, ni ineptes, ni voleurs, etc., etc. Mais nous ne saurions entrer dans l'examen de pareilles assertions, pas plus que nous ne voudrions démontrer la fausseté d'autres assertions dont l'injure tente de monter plus haut encore. L'égoïsme, la préoccupation perpétuelle de soi, l'infatuation de son propre mérite, ont fait passer Marmont de l'envie, de la haine du mérite et de la fortune d'autrui, au besoin de nier, d'éteindre, de souiller autour de lui toutes les gloires.

Qu'il nous soit permis de faire une dernière réflexion sur ce pénible sujet : quand Marmont écrivait dans la solitude ces *Mémoires*, où tant d'accusations s'entassaient sur des hommes qui ne sont plus, il ne devait pas même affronter les représentants et les héritiers de ces hommes ; il projetait une publication posthume, défendue contre toute correction par une clause expresse de son testament. Il en a été, il en a dû être comme il l'a voulu ; les offenses se sont produites, et l'accusateur s'est dérobé aux représailles de la vérité historique et de la piété filiale ; Marmont a pu mourir avec la conscience du succès et de l'impunité de son œuvre malfaisante.

VI

Avant d'aller plus loin, disons quelques mots de deux assertions particulières qu'il ne sera pas sans intérêt pour l'histoire de relever.

Marmont raconte à deux reprises qu'en Italie il fut chargé par Napoléon Bonaparte de s'emparer, pour le compte de l'armée, d'un trésor, et qu'il reçut du général en chef lui-même des reproches ironiques pour la probité scrupuleuse dont il avait fait preuve dans ces deux missions. Cela est-il bien croyable? Marmont est-il un de ces hommes qui outragent sciemment la vérité? N'est-il pas trop orgueilleux, trop assuré de lui-même pour avoir recours au mensonge, cet aveu tacite d'une âme qui ne saurait se dérober à la conscience de sa bassesse? Mais, comme tous les orgueilleux, Marmont se fait aisément illusion. En cherchant dans sa vie quelques actions honorables, il en a rencontré deux notamment, peut-être dignes de louange dans les mœurs publiques du temps. Toutefois un homme de quelque distinction ne se vante pas de n'avoir point volé. Il faut relever d'un trait un pareil mérite. Il y avait sans doute alors bien des aventures, des mots en circulation sur les hommes de guerre et leurs habitudes à l'endroit du bien d'autrui. Le brave La Hire avait coutume de dire au 15ᵉ siècle : « Si Dieu le Père devenait gens d'armes, il se ferait pillard. » Marmont prit sans doute un de ces mots dont s'égayait, s'étourdissait la conscience de quelque compagnon, et l'attribuant au général Bonaparte, il accommoda d'une calomnie, pour le rendre présentable à la postérité, le souvenir de sa probité deux fois attestée.

Mais c'est manquer d'habileté que d'attribuer un de ces mots au sévère héros qui, dès ses premiers pas, marcha dans l'idéal des grands hommes de Plutarque. Le général Bonaparte n'a pas attendu la souveraine puissance pour être intraitable aux hommes qui faisaient marchandise de la chose publique. Il était encore à la merci du Directoire lorsque, déjà, on le voit déclarer « aux fripons » cette guerre qui n'eut jamais de trêve. Il les surveille et punit dans son armée ; il les suit, du fond de l'Italie, à Paris même où ils confinent aux ministères ; il les dénonce en des termes d'une vulgarité terrible, et ne craint pas de tourner contre sa fortune naissante les représailles d'hommes puissants, corrompus et corrupteurs. Nous en avons entre les mains des preuves nombreuses, vives, éclatantes. Qu'il nous suffise de citer, parmi les documents déjà imprimés, ces paroles qu'on lit dans les instructions données en 1805 au vice-roi d'Italie :

« Enfin, soyez inflexible pour les fripons. C'est une victoire gagnée pour l'administration que la découverte d'un comptable infidèle. »

Voici encore un trait. Au nombre des hommes particulièrement poursuivis par l'indignation du général Bonaparte, il y en avait un dont nous ne dirons pas le nom, parce qu'il est porté de nos jours par une famille honorable. Plus tard, au temps de l'Empire, Napoléon, revoyant sa première correspondance, en effaça ou laissa effacer ce nom chargé par lui de trop graves qualifications. Mais, dans un autre moment de suprême révision, à Sainte-Hélène, Napoléon s'arrêta devant le souvenir de cet acte d'indulgence ; il s'en accusa comme d'une faiblesse excessive, et commanda, par une mention expresse, de replacer sous la vindicte de l'histoire ce nom qui devait y rester comme un des témoignages de la haine que l'organisateur de notre moderne régularité administrative avait vouée à l'improbité.

Le second récit prouve encore mieux combien les passions ordinaires au duc de Raguse le soumettaient à de singulières illusions. Ici, il ne s'agit plus de trouver une circonstance, un mot pour donner du relief à un acte fort simple en soi, dont on veut à tout prix conserver et transmettre le souvenir. Il s'agit de poser devant la postérité en homme supérieur, savant, devinant tout d'abord l'avenir d'une découverte aux immenses résultats. Le général Bonaparte était de l'Institut depuis sa première campagne d'Italie. Marmont n'en était pas encore ; il ne fut que plus tard, sous la Restauration, membre libre de l'Académie des sciences. Mais il lui importait de prouver qu'il s'était adonné aux sciences, lui aussi, avec sa supériorité habituelle, de manière à pouvoir, mieux que Napoléon, apprécier une grande vérité physique ; et c'est ce qu'il démontre à l'aide de l'anecdote suivante.

C'était en 1804. Napoléon organisait le camp de Boulogne. Un homme vint à lui, offrant de supprimer, pour la flotte française et l'armée d'invasion, les vents contraires, les tempêtes, l'espace. Cet homme se nommait Fulton. Écoutons le récit de M. de Raguse :

« En ce moment, dit-il, Fulton, Américain, avait eu la pensée (après plusieurs personnes, qui, depuis cinquante ans, l'avaient imaginé sans y donner suite) et vint proposer d'appliquer à la navigation la machine à vapeur, comme puissance motrice. La machine à vapeur, invention sublime, qui donne la vie à la matière, et dont la puissance équivaut à l'existence de millions d'hommes, a déjà beaucoup changé l'état de la société, et modifiera encore puissamment tous ses rapports ; mais appliquée à la navigation, ses conséquences étaient incalculables. Bonaparte, que ses préjugés rendaient opposé aux innovations, rejeta les propositions de Fulton. Cette répugnance pour les choses nouvelles, il la devait à son éducation de l'artillerie... Mais une sage réserve n'est pas le dédain des améliorations et des perfectionnements. Toutefois j'ai vu Fulton solliciter des expériences, demander de prouver les effets de ce qu'il appelait son invention. Le premier consul traita Fulton de charlatan, et ne voulut entendre à rien. J'intervins deux fois sans pouvoir faire pénétrer le doute dans l'esprit de Bonaparte. Il est impossible de calculer ce qui serait arrivé s'il eût consenti à se laisser éclairer... C'était le bon génie de la France qui nous envoyait Fulton. Le premier consul, sourd à sa voix, manqua ainsi sa fortune (1). »

Ainsi, Napoléon « devait à son éducation de l'artillerie des préjugés qui le rendaient opposé aux innovations. » Marmont était aussi de l'artillerie; mais il n'avait point d'étroites préventions. Dès le premier moment, il ne ferma point les yeux à la lumière d'une grande idée, comme le fit Napoléon, « qui traita Fulton de charlatan et ne voulut entendre à rien. » L'homme supérieur ne s'en tint pas là : « il intervint deux fois, sans y réussir, pour faire pénétrer le doute dans l'esprit de Bonaparte. » Celui-ci « ne consentit pas à se laisser éclairer, et il manqua ainsi sa fortune. »

Tel est le récit de Marmont.

Voici la vérité.

Dès qu'il eut connaissance du projet de Fulton, Napoléon, l'esprit envahi par une divination lumineuse, se hâta d'écrire à M. de Champagny, alors ministre de l'intérieur, la lettre suivante :

« Monsieur de Champagny, je viens de lire le pro-
» jet du citoyen Fulton, ingénieur, que vous m'avez
» adressé beaucoup trop tard, en ce qu'il peut chan-
» ger la face du monde. Quoi qu'il en soit, je désire
» que vous en confiiez immédiatement l'examen à

---

(1) *Mémoires*, tome II, p. 210-212.

» une commission composée de membres choisis
» par vous dans les différentes classes de l'Institut.
» C'est là que l'Europe savante doit chercher des
» juges pour résoudre la question dont il s'agit. Une
» grande vérité, une vérité physique, palpable, est
» devant mes yeux. Ce sera à ces messieurs de la voir
» et de tâcher de la saisir. Aussitôt le rapport fait,
» il vous sera transmis et vous me l'enverrez.
» Tâchez que tout cela ne soit pas l'affaire de plus
» de huit jours, car je suis impatient. Sur ce, etc.

» NAPOLÉON

» De mon camp de Boulogne, 21 juillet 1804. »

Ainsi, Napoléon ne se méprend pas ; il voit tout d'abord que le projet de Fulton « peut changer la face du monde. » Il ne se laisse pas aller à l'enthousiasme des résultats promis par l'inventeur ; il juge en elle-même l'invention, et l'apprécie tout d'abord dans sa réalité : « Une grande vérité physique, palpable, est devant mes yeux. » Dans son impatience, il lui faut « en huit jours » le rapport de la commission chargée par lui d'examiner le projet de Fulton.

Il nous resterait à dire, pour répondre à la trop légitime curiosité du lecteur, ce qu'il advint de l'examen confié à une commission de savants de l'Institut. Mais c'est là un sujet que notre respect pour les corps constitués ne nous permet pas de traiter. Il y a une vingtaine d'années à peine, un savant très-justement illustre, membre de l'Institut, prononçait, à la tribune de la chambre des députés, un discours contre les dangers pouvant résulter d'une application prématurée de l'invention imparfaite encore des chemins de fer. Vers la même époque et plus récemment encore, un ministre, membre aussi de l'Institut, déclarait dans une lettre qui a été rendue publique, que l'invention de la télégraphie électrique, fort ingénieuse d'ailleurs, n'était pas susceptible d'une application en grand. On ne doit pas s'étonner de ces méprises; il ne faudrait pas surtout rien en conclure contre le mérite des personnes en particulier. Les corps savants, et c'est là leur vertu la plus éminente, sont essentiellement conservateurs; ils sont en garde contre l'esprit d'aventure; de là, une sage méfiance, sage surtout quand elle ne se trompe pas, avec laquelle ils accueillent les innovations n'offrant pas tout d'abord cette garantie d'avoir été produites par des savants formés au milieu des académies à l'habitude de la prudence et de la circonspection. On ne sait pas trop ce que fit la commission académique de 1804; mais il paraît bien qu'il n'y eut point de dissidence et qu'elle se trompa à l'unanimité; elle tomba d'accord pour repousser les propositions de Fulton (1).

(1) Nous avons cherché à nous éclairer sur cette question his-

VII

Revenons à notre examen général.

Marmont comprend en un volume, le 3ᵉ de ses *Mémoires*, la période de 1805 à la fin de 1813; sept

torique dans un ouvrage récent, accueilli avec beaucoup de faveur par le public, l'*Exposition et l'histoire des principales découvertes scientifiques modernes,* par M. Louis Figuier. Mais dans cet ouvrage, dont nous avons sous les yeux la 4ᵉ édition (Paris, 1855, 3 vol. in-12), nous n'avons rien trouvé qu'un récit conforme aux rites académiques et tout à fait favorable à la gloire de l'Institut. « L'Académie des Sciences de Paris, dit M. Figuier, n'entra pour rien dans le refus qu'éprouva la requête de Fulton. Elle ne fut point appelée à donner son avis sur ses travaux; par conséquent elle ne put, comme on le répète chaque jour, qualifier d'erreur grossière et d'absurdité l'idée de la navigation par la vapeur. *L'Académie comptait alors dans son sein des savants qui s'étaient particulièrement occupés de ce sujet,* entre autres Constantin Périer, qui avait exécuté l'un des premiers des expériences de ce genre (il n'en faut pas tant pour décider une commission académique contre un savant étranger). Il était donc impossible (c'est M. Figuier qui reprend la parole), qu'elle portât sur cette question le *jugement ridicule qu'on n'a pas craint de lui imputer.* » (Tome Iᵉʳ de l'ouvrage précité, 4ᵉ édition, p. 233.) M. Figuier fait mieux que d'innocenter l'Institut dans cette affaire, il rend le premier consul *seul* responsable du rejet de l'invention de Fulton, et il lui prête même à ce sujet un petit discours dont nous voudrions bien connaître la source authentique; mais nous craignons que cette source ne se cache dans les documents fort problématiques où M. Figuier a découvert que l'*Académie des sciences de Paris n'entra pour rien dans le refus qu'éprouva la requête de Fulton.* Toutefois, hâtons-nous de le reconnaître, il y a mieux que cette erreur dans l'ouvrage de M. Figuier. Des juges très-compétents nous ont assuré que cet écrivain excelle à mettre à la portée des gens du monde, avec beaucoup d'exactitude, les inventions les années à peine, tout un siècle pour la plénitude des choses accomplies, la succession rapide des prodiges de puissance, l'éclat merveilleux et sinistre des événements. Pendant cet espace de temps, Marmont ne cesse pas d'être occupé à la direction des armées. Après la bataille d'Austerlitz, il est chargé du gouvernement de la Dalmatie. Il exécute là de mémorables travaux, qui montrent en lui tour à tour le général, l'administrateur, le savant, le digne représentant de cette civilisation moderne, dont les conquêtes sont toujours des bienfaits imposés aux populations. Toutefois des échecs traversent le cours de ses prospérités. Ainsi, il manque à gagner à la cause de la France le Montenegro et son vladika. Pourquoi? Napoléon, qui devine de loin les causes, lui écrit, de Paris, dans une lettre du 9 février 1808 : « ... Comment arrive-t-il que vous ne me parlez » jamais des Monténégrins? *Il ne faut pas avoir le* » *caractère roide...* (1) » Marmont manque encore

---

plus éminentes de la science moderne. Nous y trouvons notamment ce détail plaisant : le petit bateau que Fulton avait fait naviguer sur la Seine, en 1803, avec une pompe à feu, au grand ébahissement des Parisiens, resta assez longtemps amarré en face du palais Bourbon, près du pont Louis XV. Il est vrai de dire que les savants ne passaient pas par là pour se rendre à l'Institut.

Voir dans l'*Appendice*, sur le travail de la commission chargée d'examiner le projet de Fulton, un historique fait, avec la haute autorité qui lui appartient, par M. le baron Charles Dupin.

(1) *Mémoires*, tome III, p. 160.

à s'opposer aux Anglais dans les îles Ioniennes. Mais, malgré ces insuccès partiels, il se montre dans la Dalmatie actif, ingénieux, puissant pour le bien, comme, au reste, il se charge lui-même de nous l'apprendre ; nous nous en tiendrons à ce passage, concernant ses grands travaux de viabilité : « L'empereur d'Autriche, visitant cette province en 1817 ou 1818, les vit avec admiration : il dit naïvement au prince de Metternich, qui me les a répétées, ces propres paroles : « Il est bien fâcheux que le maréchal Marmont ne soit pas resté en Dalmatie deux ou trois ans de plus (1). »

En 1809, appelé à prendre part aux opérations nécessitées par la coalition de cette époque, Marmont sortit de la Dalmatie, en remontant vers le nord, au milieu de combats, de succès presque continuels, qui font honneur à son courage, à sa science militaire. Cependant, toujours inséparable de la mauvaise fortune, il ne sut pas arriver à temps à Gratz, et il manqua à y couper l'armée ennemie. Napoléon lui écrivait de Schœnbrun, 28 juin 1809 : « Monsieur le duc de Raguse, le 27, vous n'étiez pas à Gratz. Vous avez fait la plus grande faute militaire qu'un général puisse faire. Vous auriez dû y être le 23 à minuit ou le 24 au matin... Il faut plus d'activité et plus de mouvement qu'il ne paraît que

(1) *Mémoires*, tome III, p. 65-66.

vous vous en donnez pour faire la guerre. — Vous aurez peut-être, enfin, battu aujourd'hui Giulay... (1) » Giulay ne fut pas battu, pas même atteint. Le 29 juin, le major général écrivait à Marmont, par ordre et sous la dictée de l'Empereur : « ...Ainsi vous manquez le corps du général Giulay comme vous manquez celui du général Chasteler... (2) »

Marmont vint prendre sa place dans l'immense mouvement stratégique qui se décida à Wagram. Toutefois, son corps d'armée assista seulement à cette gigantesque bataille. Mais, après Wagram, il reçut l'ordre de faire l'avant-garde de l'armée française poursuivant l'ennemi. Ici, nous rencontrons un de ces accidents que dans le langage militaire on attribue au malheur, à la mauvaise fortune, mais qui en réalité sont les conséquences et la punition de certains vices du caractère (3).

(1) *Mémoires*, tome III, p. 294.
(2) *Mémoires*, tome III, p. 301-302.
(3) C'est ce que Marmont a reconnu lui-même dans ses *Institutions militaires*, où il traite, avec sa compétence particulière, ce point curieux de la fortune considérée comme une des qualités qu'un bon général doit réunir. Il s'exprime ainsi : « La fortune peut bien accabler une ou deux fois de ses faveurs un homme qui n'en est pas digne ; elle peut trahir les plus hautes combinaisons du génie, humilier un noble front, mais quand la lutte se prolonge, quand les événements se multiplient, l'homme complet l'emporte infailliblement ; et si des revers continuels se succèdent, concluez hardiment que, malgré un esprit supérieur et des qualités qui vous ont ébloui, un défaut d'harmonie dans

On était en doute sur la direction qu'avait prise l'armée autrichienne. Toutefois cette direction ne pouvait pas s'étendre au-delà d'un certain rayon. Comprenant dans sa poursuite toutes les lignes possibles de cette direction, l'armée française divisa ses corps sur trois routes; et comme l'armée autrichienne se formait de débris fort considérables, les corps français devaient entretenir entre eux des communications telles qu'il fût toujours possible, au moment nécessaire, de réunir sur un point donné des forces suffisantes pour consommer la défaite de l'ennemi.

Dans cet état des dispositions, Marmont devait marcher dans la direction de Wolkersdorf à Nikolsbourg, ayant pour appui le corps du maréchal Davout. Marmont apprit en marchant que l'ennemi se rabattait, non sur Nikolsbourg, mais bien à gauche, vers Laah. Il changea de route, prit sur Laah, se confirma dans cette voie par diverses rencontres qu'il y fit, et arriva ainsi au lieu désigné. Mais l'ennemi n'était plus à Laah; il était à Znaïm, « point, dit Marmont, sur lequel toutes les colonnes de l'armée ennemie se dirigeaient (1). »

---

ces facultés en détruit la puissance. » (*Esprit des Institutions militaires*, 2e édition, page 281.) On ne saurait mieux dire; mais ces sages paroles s'appliquent bien à Marmont presque toujours malheureux dans ses opérations.

(1) *Mémoires*, tome III, p. 246.

Puisqu'il en était ainsi, puisque Znaïm était, comme il le répète plus bas, « le lieu de réunion et de passage de toutes les colonnes de l'armée ennemie, » le moment était venu, pour Marmont, de se conformer à ses instructions, d'exécuter l'ordre reçu, et d'appeler à coopérer avec lui le corps du maréchal Davout. Le 8 juillet 1809, le major général lui avait écrit de la part de l'Empereur : « Dans quelque direction que vous soyez, donnez de vos nouvelles au duc d'Auerstadt, » dont la position lui était indiquée par la même lettre (1).

Mais Marmont ne se conforma pas à ces instructions, il n'exécuta pas l'ordre reçu, il n'appela pas à lui le corps du maréchal Davout.

Qu'arriva-t-il ? Quand Marmont se trouva en présence de l'armée ennemie, qu'il décrit ainsi : « une immense quantité de troupes, d'artillerie et de bagages (2), » tout ce qu'il put faire, ce fut de se retrancher dans une forte position, sur une hauteur en face de Znaïm, où il se tint à grand'peine sur la défensive, attendant Masséna, Davout, l'Empereur qui accouraient à son secours.

Au reste, il est juste de le reconnaître, Marmont, qui est avare de ces sortes d'aveux, confesse en ces termes la faute commise par lui : « Je fis mal, dit-il ; la destruction de l'armée autrichienne, et par

---

(1) *Mémoires*, tome III, p. 314.
(2) *Mémoires*, tome III, p. 249.

suite celle de la monarchie, ont peut-être tenu à cette circonstance (1). » Marmont, qui ne saurait persister dans l'attitude de l'humilité, s'exagère ici les conséquences de sa faute; il la fait réellement trop grande, et il attribue beaucoup trop d'importance à la bataille qu'il aurait pu gagner à Znaïm.

L'Empereur qui poursuivait la paix sur le continent, qui voulait l'alliance avec l'Autriche, et qui, en arrivant à Znaïm, au lieu de profiter de ses avantages, épargna l'ennemi et lui accorda un armistice, l'Empereur ne manifesta pas beaucoup de ressentiment de la faute de Marmont; il se borna à la constater dans une lettre datée de Laah, 11 juillet 1809, à deux heures du matin (2).

Mais il importe pour notre sujet de rechercher les motifs de cette faute trop manifeste. Marmont en indique deux, l'un pour le faire admettre et l'autre pour l'éloigner de l'esprit du lecteur : « On concevra mes motifs, dit-il, et ils paraîtront excusables. Je n'avais réellement devant moi que des forces inférieures (3). » Mais quelques lignes plus haut, au moment où il écrit à Davout pour repousser son secours, il vient d'affirmer que Znaïm était « le point sur lequel *toutes les colonnes de l'armée ennemie se dirigeaient*, et où je craignais, ajoute-t-il, de ne plus

---

(1) *Mémoires*, tome III, p. 246-247.
(2) *Mémoires*, tome III, p. 316.
(3) *Mémoires*, tome III, p. 24.

trouver qu'une arrière-garde... Je l'informai (Davout) du mouvement que j'allais faire sur Znaïm, *lieu de réunion et de passage de toutes les colonnes de l'armée ennemie*; je me contentai de lui exposer les faits, sans l'appeler à moi... » S'attendre à rencontrer *toutes les colonnes* d'une armée qu'on savait très-nombreuse, très-puissante encore et pourvue de son matériel, *craindre de ne plus trouver qu'une arrière-garde*, ce n'est pas penser *n'avoir réellement devant soi que des forces inférieures.* » Marmont se contredit formellement lui-même. Ce n'est donc pas à ce dernier motif qu'il faut s'arrêter.

On peut se demander comment il se fait que Marmont fournisse lui-même la preuve de sa contradiction. Cette preuve et les documents qui la contiennent existent ailleurs que dans le recueil du mémorialiste. Marmont a dû les citer dans leur teneur, d'abord par respect pour la vérité, et puis pour ne pas s'exposer inutilement à la honte d'avoir sciemment altéré des documents dont les originaux ou les doubles authentiques se trouvent au dépôt des archives de la guerre.

Passons au second motif, à celui que Marmont voudrait éloigner de l'esprit du lecteur. « Je ne parle pas, dit-il, de la conséquence qu'aurait eue pour moi l'arrivée de Davout (1), qui, par son grade m'aurait

(1) M. de Raguse écrit, par erreur, *Davoust*, ainsi que la plu-

commandé ; jamais pareille pensée n'est venue à mon esprit (1)... »

Nous n'avons rien à opposer à cette allégation, rien que le fait dont nous allons bientôt parler (2).

VIII

Après la campagne de 1809, Marmont fut nommé gouverneur des provinces illyriennes, où il resta jusqu'à la fin de 1810, époque à laquelle il fut envoyé en Espagne, pour succéder à Masséna dans le commandement du 6ᵉ corps, dit armée de Portugal (Avril 1811).

part des historiens. La signature autographe du prince d'Eckmühl et tous les documents authentiques portent *Davout*.

(1) *Mémoires*, tome III, p. 247.

(2) Marmont est revenu sur cette justification dans ses *Institutions militaires*, 2ᵉ édition, p 195. Mais ici il a mieux arrangé les faits. Au lieu de parler de cette masse des troupes ennemies qu'il savait devoir rencontrer, il se borne à dire : « J'avais trouvé peu de résistance de la part de l'ennemi (dont il n'avait encore rencontré que quelques traînards) et rien ne m'autorisait à penser qu'un secours fût urgent. » Plus loin, il ajoute : A Znaïm, je *croyais* ne rencontrer qu'une arrière-garde. » Dans ses *Mémoires*, il avait dit : « A Znaïm, je *craignais* de ne plus trouver qu'une arrière-garde. » Mais quels que soient ces changements, plus ou moins habiles, des faits, Marmont s'exécute dans ses *Institutions militaires*, et il y fait des aveux ; seulement il associe Davout à sa faute : « Je n'en sentis pas moins, dit-il, la faute que j'avais *faite*, de ne pas appeler à moi Davout, et celle, que lui-même avait *commise*, de ne pas venir spontanément à mon soutien. »

Dans la Péninsule, les circonstances étaient terribles; et si nous pouvions nous permettre d'exprimer un avis sur des sujets de guerre, nous dirions volontiers que le duc de Raguse a bien mérité, dans ses premières opérations et pendant plus d'une année, de la France et de l'Espagne. Les succès d'un chef d'armée se mesurent surtout aux difficultés qui sont à vaincre et aux moyens dont il a la disposition. Mal secondé, contrarié dans ses combinaisons, privé des ressources nécessaires, marchant à travers un pays ennemi et appauvri, ayant devant lui des forces toujours supérieures, Marmont maintint son armée, exécuta des marches rapides et hardies, épargna les populations indigènes, obtint quelques avantages et ne subit aucun échec, jusqu'au jour de la bataille des Arapilès, sous Salamanque.

Ce qui avait multiplié les péripéties et les incertitudes dans la guerre d'Espagne, c'était la division et les rivalités des commandements. L'Empereur, partant pour le nord de l'Europe, ne pouvait plus imprimer, de Paris, par ses instructions, la direction et l'unité. Pour mettre de l'ensemble dans les diverses opérations qui se poursuivaient au nord, au centre, au midi, il se décida à placer toutes ses armées en Espagne sous le commandement de S. M. Catholique (mars 1812).

Mais cette mesure ne subvint pas à tous les inconvénients; elle apaisa quelques rivalités; elle n'assura pas l'obéissance; elle ne suscita pas le génie nécessaire au retour de la victoire.

Marmont, dont le corps d'armée couvrait Madrid contre les forces anglaises commandées par Wellington, était devenu, du mois de juin au mois de juillet 1812, l'objet de toutes les préoccupations. Le 16 juin, il se trouvait à Salamanque, n'ayant à opposer qu'un peu plus de 30,000 hommes à l'armée anglaise, presque double et soutenue en outre par l'arrivée prochaine du corps de Hill, de 15,000 hommes. D'après l'état des choses et les instructions reçues, Marmont devait attaquer, s'il trouvait occasion de le faire avec une chance presque certaine de succès. Si cette chance ne s'offrait pas à lui, il devait se contenter de contenir l'ennemi, de l'arrêter dans sa marche, et d'attendre de l'armée française du nord, de celle du midi, de Joseph en personne, des secours promis, annoncés, qui tardaient d'arriver, mais pour lesquels il y avait des ordres réitérés, et qui ne pouvaient manquer d'apparaître. Marmont manœuvra avec habileté dans le sens de ses instructions jusqu'au 22 juillet 1812. Il ne trouva pas l'occasion de battre l'ennemi; il le surveilla, le contint et l'arrêta. Mais, le 22 juillet, les deux armées s'étant postées très-près l'une de l'autre, sur deux mamelons opposés, les Arapilès, la bataille s'engagea.

Arrêtons-nous un moment sur cet événement.

Quand ce combat avait lieu, les secours promis,

accouraient de l'armée du nord; ils arrivèrent le lendemain, dans la matinée du 23 ou le soir même du 22, et le 24, la veille du combat, Joseph partait de Madrid pour venir se joindre à Marmont avec un renfort, ainsi qu'il le lui avait fait savoir par des courriers lancés sur toutes les routes. Encore deux ou trois jours de cette habile temporisation dont Marmont usait depuis un mois, et, pour mieux dire, depuis le commencement de la campagne, et le combat des Arapilès pouvait se changer en une très-importante victoire.

Pourquoi tout d'un coup cette précipitation à engager le combat?

On a deviné que deux ou trois jours plus tard l'affaire aurait eu lieu, non sous le commandement de Marmont, mais bien sous celui du roi d'Espagne en personne.

Il est vrai que, depuis plus d'une année, Marmont était en butte à des reproches que l'Empereur lui adressait en des termes comme ceux-ci : « ... Par mes dépêches des 18 et 20 février (c'est l'Empereur qui parle par l'organe de son major général), je vous prescrivais les mesures nécessaires pour prendre l'initiative et donner à la guerre un caractère convenable à la gloire des armées françaises, en lui ôtant ce tâtonnement et cette fluctuation actuels, qui sont déjà le présage d'une armée vaincue. Mais, au lieu d'étudier et de chercher à saisir l'esprit des instructions générales qui vous étaient données, vous vous êtes plu à ne pas les comprendre et à prendre justement le contre-pied de leur esprit... » (Lettre du major général au maréchal Marmont, de Paris, 16 avril 1812) (1).

Il est vrai qu'après tant de reproches faits à son inertie, il eût été bien dur, pour un homme glorieux comme Marmont, de remporter son premier avantage, grand et décisif, le jour même où son corps d'armée aurait passé sous le commandement d'un autre, cet autre fût-il le roi d'Espagne, le frère de l'Empereur. « On a supposé, dit Marmont, que, instruit de sa marche (de Joseph venant à son secours), c'est avec connaissance de cause que j'ai précipité mon mouvement, afin de ne pas me trouver sous ses ordres le jour de la bataille. C'est étrangement méconnaître mon caractère, et, je le dis avec confiance et orgueil, mon amour du bien public et le sentiment de mes devoirs (2)... »

Marmont s'est efforcé de se justifier de cette accusation qui l'atteignait pour la seconde fois dans des circonstances différentes.

Mais il ne semble pas que cette justification ait été admise par l'Empereur, qui s'exprime ainsi dans une lettre terrible adressée au ministre de la guerre.

(1) *Mémoires*, tome IV, p. 371.
(2) *Mémoires*, tome IV, p. 444.

« Ghiast, le 2 septembre 1812.

« Monsieur le duc de Feltre, j'ai reçu le rapport
» du duc de Raguse sur la bataille du 22. Il est im-
» possible de rien lire de plus insignifiant ; il y a plus
» de fatras et plus de rouages que dans une horloge,
» et pas un mot qui fasse connaître l'état réel des
» choses.

» Voici ma manière de voir dans cette affaire et
» la conduite que vous devez tenir.

» Vous attendrez que le duc de Raguse soit arrivé,
» qu'il soit remis de sa blessure et à peu près entiè-
» rement rétabli. Vous lui demanderez alors de
» répondre catégoriquement à ces questions :

» Pourquoi a-t-il livré bataille sans les ordres de
» son général en chef ?

. . . .

» Pourquoi n'a-t-il pas pris ses ordres sur le
» parti qu'il devait suivre, subordonné au système
» général sur mes armées d'Espagne ?

» Il y a là *un crime d'insubordination* (1) qui est
» la cause de tous les malheurs de cette affaire... »

L'Empereur poursuit ses questions et démontre que
le duc de Raguse était à la veille de recevoir un secours de 40,000 hommes. La lettre se termine ainsi :

---

(1) Dans les *Mémoires et Correspondance du Roi Joseph*, publiés par M. Du Casse, où cette lettre est reproduite, on lit : « Il y a là *un fait* d'insubordination. » Nous avons consulté la pièce originale : c'est bien *crime* et non *fait* qu'il faut lire.

« En faisant coïncider ces deux circonstances,
» d'avoir pris l'offensive sans l'ordre de son général
» en chef et de n'avoir pas retardé la bataille de
» deux jours pour recevoir 15,000 hommes d'in-
» fanterie que lui menait le roi, et 1,500 chevaux
» de l'armée du nord, on est fondé à penser que
» le duc de Raguse a craint que le roi ne par-
» ticipât au succès, et qu'il a sacrifié à la vanité
» la gloire de la patrie et l'avantage de mon service.

» ... Vous ferez connaître au duc de Raguse, en
» temps opportun, combien je suis indigné de la
» conduite inexplicable qu'il a tenue, n'attendant
» pas deux jours que les secours de l'armée du
» centre et de l'armée du nord le rejoignissent.
» — J'attends avec impatience l'arrivée du général
» aide de camp pour avoir des renseignements
» précis ; ce qu'il a écrit ne signifie pas grand'
» chose.

» Napoléon. »

Pour nous, nous n'admettrions volontiers qu'une excuse en faveur de la conduite si fortement incriminée dans la lettre qu'on vient de lire : c'est qu'au début du combat des Arapilès, le duc de Raguse tomba comme foudroyé d'un éclat d'obus qui lui fracassa le bras droit et lui laboura tout un côté du corps. Le général en chef cru mort, le général Bonnet, qui le remplaça, blessé à son tour, l'armée, livrée à elle-même, combattant au hasard, se trouva sans direction, malgré les vaillants efforts du général Clausel, qui ne put exercer qu'à la dernière heure le commandement.

M. de Raguse prétend aussi qu'aux Arapilès il avait un général qui ne pouvait pas se trouver près de l'ennemi, sans qu'aussitôt il ne chargeât; ce fut ce téméraire, cet impatient qui engagea la bataille sans le commandement de son chef. Mais ces aventures n'arrivaient qu'à Marmont; en 1809, à l'époque où il manqua, à deux ou trois reprises, d'une promptitude nécessaire de mouvement, ce fut aussi parce qu'alors il avait sous ses ordres un autre général, d'un naturel opposé, qui n'était jamais prêt pour aller en avant.

Quoiqu'il en soit, M. de Raguse dit que de sa couche de souffrance, à la fin de la bataille des Arapilès, il put prononcer ce vers de Mithridate :

Et mes derniers regards ont vu fuir les Romains.

Les *Romains* dont il est ici question *fuyaient* vers Madrid, qu'il s'agissait de couvrir, et où ils entrèrent vingt jours après.

IX

Nous ne traiterons pas davantage des opérations militaires. Notre défaut absolu de compétence nous effraye, et nous ne suivrons pas M. de Raguse en Allemagne, dans la campagne de 1813 qu'il fit sous les ordres de l'Empereur. Nous nous abstiendrons d'autant plus de parler de cette partie de ses *Mémoires*, qu'il nous serait très-difficile de le faire sans avoir à défendre l'Empereur contre plusieurs sortes d'accusations. En effet, la haine de Marmont s'est assez bien déguisée sous une apparente impartialité mêlée d'admiration, jusqu'à l'année 1809. Mais à cette époque, il est appelé à faire partie de la grande armée : « Que je me trouvai petit ! » dit-il avec un sentiment dont on devine la nature ; il subit immédiatement l'initiative de l'homme supérieur ; sa conduite à Gratz, à Znaïm lui attire des reproches ; atteint dans ce qu'il y a en lui de plus vivant, l'orgueil et l'envie, Marmont ne peut plus garder de mesure. En Espagne, sa circonspection, poussée trop loin au gré de l'Empereur, lui vaut une correspondance qui le tient au régime d'un reproche continu d'inertie, de désobéissance et de timidité. Un succès éclatant aurait pu relever et calmer cette âme où toute remontrance se résolvait en fiel ; Marmont n'eut pas en Espagne de succès éclatant ; au moment où il lui fut donné de changer d'un coup, dans la Péninsule, la face des affaires, aux Arapiles, il n'eut qu'un échec. Nous venons de voir comment cette affaire a été jugée. A partir de ce temps, M. de Raguse n'est plus même un mécontent : c'est un ennemi. Placé devant le péril, le soldat sera encore emporté par l'ardeur du sang, l'honneur du drapeau; il combattra vaillamment à Lutzen, à Bautzen, à Wurtzen, à Dresde, à Leipsick, etc.; mais le général, l'homme politique ayant en propre un jugement, une résolution, n'appartient plus à l'Empereur; il est tout entier contre lui, aux invectives, aux murmures, aux feints désespoirs de la défection, aux vaines promesses libérales de la coalition. Il n'a jamais trop compris la Révolution, l'ordre nouveau, l'Empire; mais au moment suprême des catastrophes, il est tout-à-fait aveuglé; il n'entend plus parler que de l'ambition monstrueuse d'un homme; il répète le mot sous toutes les formes, comme s'il y croyait; soyons justes, il y croit; car, cet homme à qui l'on ne voudrait pas au moins contester l'avantage de l'esprit, en était là, de 1809 à 1813, à faire sa conviction, sa croyance de tout ce qui pouvait s'échapper des sots commérages des salons et des hâbleries gagées des scribes des chancelleries. L'intelligence que ne soutiennent pas les nobles passions et qui est à la merci des mauvaises, n'est pas l'intelligence; c'est l'instrument des plus grossières illusions.

Voici quelques traits pris au hasard parmi ceux que l'on peut citer, pour achever de faire connaître cette conscience désormais sans sauvegarde contre les sophismes et les faux calculs.

Marmont termine le récit des choses exécutées par lui dans son gouvernement de Dalmatie, des premiers mois de 1806 à la fin de 1807. Il s'en loue beaucoup, non sans quelque raison, et il conclut en ces termes : « En somme, ces travaux eussent été l'objet des plus grands éloges officiels, s'ils avaient été faits par suite d'ordres du gouvernement... » Qui ne croirait, après avoir lu ces mots, que le *gouvernement*, jaloux de la gloire de Marmont, oublia de la constater officiellement? il n'en est rien : huit lignes plus bas, Marmont, presque sans interrompre sa plainte contre l'ingratitude et la jalousie du *gouvernement*, reprend ainsi : « A cette époque (fin de 1807), je fus élevé à la dignité de duc. Le nom qui me fut donné (de Raguse) rappelant les services rendus (en Dalmatie), ajouta encore à la valeur de cette récompense (1).

En 1809, Marmont est nommé maréchal, après une conversation dans laquelle l'Empereur lui avait démontré ses diverses fautes pendant la campagne. Cette haute récompense survenant après une leçon d'art militaire faite par un grand homme sur le ton de l'amitié, devait pénétrer une âme ordinaire de toutes les émotions de la reconnaissance. Mais Marmont ne cède pas ainsi à l'ascendant du génie et de la bonté; il se roidit contre l'une et contre

(1) *Mémoires*, tome III, p. 69-70.

l'autre : « Chose incroyable, dit-il, je n'en éprouvai pas alors une joie très-vive... Je fus content, mais sans être transporté... » Ce qui empêche son cœur de prendre l'élan, c'est le souvenir de la leçon. Mais bientôt la vanité l'emporte, rien que la vanité, et le contentement de Marmont est tel, qu'il en oublie de s'exprimer en bon français : « Quelques jours après, ajoute-t-il, je reconnus l'immense pas fait, comme existence, à la différence des manières des généraux avec moi; et comme occasion de gloire, par l'importance des commandements que ma nouvelle position m'assurait pour l'avenir (1). »

Toutefois, cette grande joie est de courte durée; elle s'abat tout d'un coup et fait place à un noir accès de chagrin. Pourquoi? « A cette époque, dit-il (août 1809), l'Empereur donna beaucoup de récompenses, et entre autres il fit princes Masséna et Davout, et leur donna d'énormes dotations... Pourvu du titre de duc et de maréchal d'Empire, l'ambition semblait devoir être satisfaite; *mais il fallait à l'instant voir le néant de ce que l'on possédait...* » Suit une diatribe contre le système d'émulation pratiqué par l'Empereur. Marmont, qui subissait à sa manière les effets de ce système, les décrit comme il les ressentait : « Pour tout le monde, dans toutes les situations, c'étaient

---

(1) *Mémoires*, tome III. p. 255-256.

des accès d'une fièvre dont chaque jour augmentait l'activité (1). »

Il arrive parfois à Marmont de se comparer à l'Empereur, et, dans ces occasions, il ne manque pas de se donner l'avantage. On n'en finirait pas si l'on citait tous les passages où il oppose la supériorité de ses vues aux combinaisons stratégiques de l'Empereur. Il gagna la bataille de Gospich, les 21 et 22 mai 1809, et il se plaît à rappeler qu'à ces dates se livrait la bataille d'Essling, qu'il appelle un revers, comme les gazettes. Quand il arrive à la Grande Armée, c'est un peu en sauveur : « La nouvelle de l'approche de l'armée de Dalmatie, dit-il, fit à la Grande Armée une heureuse diversion aux chagrins causés par les malheurs d'Essling. On fit valoir ses succès, et on parla de ce corps, avec raison, comme d'une troupe d'élite, et de son arrivée comme d'un renfort puissant (2). » Pour se faire une idée de tout ce qu'il y a d'illusion personnelle dans ces assertions, il faut se rappeler que d'après des chiffres officiels rapportés dans l'ouvrage même de M. de Raguse, l'armée française à Wagram était de 187,000 hommes présents sous les armes (3), et que l'armée de Dalmatie, le *ren-*

---

(1) *Mémoires*, tome III, p. 265.
(2) *Mémoires*, tome III, p. 152 et 218.
(3) *Mémoires*, tome III, p. 225.

fort puissant, se composait de 10,000 hommes (1). M. de Raguse dit plus vrai lorsqu'il parle de son armée de Dalmatie comme d'une *troupe d'élite;* mais il ajoute : « Au surplus, toutes les troupes que j'ai commandées... ont toujours été bonnes (2)... »

Une panique a lieu, après Wagram, parmi quelques hommes dispersés et près d'être surpris; le quartier général où se trouve l'Empereur en est un moment troublé : « Les paniques, reprend tout aussitôt M. de Raguse, sont un triste symptôme de l'état moral d'une armée... Jamais les troupes que j'ai commandées, n'ont présenté un pareil spectacle (3). Le trait par lequel M. de Raguse termine toute cette histoire de panique appartient à ce genre qui arrive tout droit au ridicule sans passer par le sublime : « (Après la panique), l'Empereur me donna ordre de déployer mes troupes et de les faire camper en carré autour de sa tente; (voici le trait :) ainsi gardé, il pouvait reposer avec sécurité. »

Il n'en a pas toujours été ainsi de la garde de M. de Raguse.

Nous avons négligé de revenir sur les preuves de l'inintelligence politique de Marmont. Nous avons pensé qu'il était désormais superflu d'insister sur une démonstration pareille. Au reste, dans

---

(1) *Mémoires*, tome III, p. 294.
(2) *Mémoires*, tome III, p. 154-155.
(3) *Mémoires*, tome III, p. 241-242.

ces *Mémoires*, à partir de 1809, nous aurions été bien empêchés de trouver un argument quelconque relatif à des vues politiques. Marmont n'en a plus; il se borne à se tromper sur les faits, à n'en point savoir les causes, à se perdre dans cette fantasmagorie d'accusations et de calomnies qui défrayera plus tard les pamphlets de 1814 à 1817. Cependant nous trouvons sur l'histoire de l'Empereur un jugement d'ensemble qui mérite d'être considéré; ce jugement peut se résumer ainsi : l'Empereur n'a pas fait son élévation; mais il a fait sa chute :
« La grandeur de Napoléon a été, dit M. de Raguse, *en partie* son ouvrage; mais les circonstances ont singulièrement favorisé son élévation. Son arrivée au pouvoir a été l'expression des besoins de la société d'alors; mais sa chute, c'est lui seul qui l'a causée (1). » M. de Raguse revient ailleurs sur cette appréciation politique (2). Il est presque superflu de faire remarquer qu'en parlant de ce qui a causé la chute de l'Empire, il oublie toujours de faire une part à la trahison.

(1) *Mémoires*, tome III, p. 449.
(2) *Mémoires*, tome V, p. 2.

X

Marmont a fait son plaidoyer; il en a du moins établi les précédents : il ne lui reste plus qu'à s'expliquer sur le fond même de l'accusation. Quelle sera cette défense? Nous n'avons nulle envie de la prévoir. Mais s'il nous était permis de continuer à nous servir des métaphores du langage de la justice criminelle, nous dirions que M. de Raguse se dispose déjà, moins à contester les faits qu'à plaider vaillamment les circonstances atténuantes. C'est du moins ce que l'on peut conjecturer d'après une étrange conversation rapportée par lui en ces termes.

« Cette conversation, dit-il, une des plus longues que j'aie jamais eues tête à tête avec Napoléon, car elle dura plus de cinq heures... varia beaucoup dans son objet... Il fit la distinction de ce qu'il appela l'homme d'honneur et l'homme de conscience, en donnant la préférence au premier, parce que, avec celui qui tient purement et simplement sa parole et ses engagements, on sait sur quoi compter, tandis qu'avec l'autre, on dépend de ses lumières et de son jugement... Puis il ajouta : «Vous, par exemple,
» si, l'ennemi ayant envahi la France et étant sur
» la hauteur de Montmartre, vous croyiez, même

» avec raison, que le salut du pays vous comman-
» dât de m'abandonner et que vous le fissiez, vous
» seriez un bon Français, un brave homme, un
» homme de conscience, et *non un homme d'hon-*
» *neur.* » Ces paroles prononcées par Napoléon et
adressées à moi le 11 octobre 1813 (à Düben)...
n'ont-elles pas quelque chose de surnaturel et de
prophétique? Elles sont revenues à ma pensée après
les événements d'Essonne (1)... »

Admettons le récit, même avec les atténuations
extrêmes appliquées par le narrateur au rôle équivoque de *l'homme de conscience*. Ne semble-t-il pas
que M. de Raguse est d'avance résigné à reconnaître
qu'il n'a pas eu, en 1814, l'attitude d'un homme
d'honneur?

XI

On éprouve quelque regret à sévir contre un
homme en particulier entre tous ceux que l'on
pourrait prendre presque au hasard dans cette
époque néfaste. Mais tous ne se sont pas révoltés
contre l'histoire; tous n'ont pas prétendu à faire
d'une heure d'égarement et d'affaissement le moment radieux de leur vie. D'ailleurs, il est des êtres

---

(1) *Mémoires*, tome V, p. 275-276.

spécialement responsables. Que les causes générales des catastrophes, quand elles viennent à s'épandre, courbent, emportent les faibles, et qu'elles plongent les lâches dans leur limon natif de bassesse et de trahison : à cela il n'est rien d'extraordinaire et de surprenant. Mais les hommes doués par Dieu de cette distinction de nature qui est une royauté morale, sont tenus de résister et de rester visiblement debout pour tous dans ces tourmentes de la vie humaine. Quand ces hommes manquent à leur mission, quand au lieu d'être un exemple de constance, le martyre vivant et vaillant de la morale, ils offrent aux consciences chancelantes le scandaleux spectacle de leur propre défaillance, ces hommes-là sont coupables entre tous. Et si, par un dernier égarement, ils gardent au milieu de leur faute l'attitude de l'orgueil, c'est à bon droit que l'histoire se préserve, comme d'une faiblesse, de toute pitié, et leur demande un compte sévère de ce qu'ils ont été, du haut de ce qu'ils auraient dû être.

Avant de commencer l'examen spécial des événements de 1814, nous devons confesser ici la surprise que nous avons éprouvée à la lecture de ce qui, dans cette posthume justification, se réfère à la conduite de M. de Raguse aux derniers jours de l'Empire. Pas un fait nouveau, pas un argument qui déjà ne soit connu. On s'attendait à quelque révélation, on se trouve devant une redite. M. de Raguse aurait pu changer le fond de cette triste histoire, en nous renseignant sur les intrigues dont il a été la dupe et le jouet : mais la vanité ne lui a pas permis cet aveu, et pour vouloir rester un héros incompris, il se condamne lui-même à se priver de la seule excuse qui plaiderait en sa faveur, de l'excuse qu'il aurait pu tirer de son inaptitude politique, de sa vivacité d'impression, de sa faiblesse morale au milieu de trop forts entraînements. Toutefois la vérité se fait jour; sans le savoir peut-être, M. de Raguse nous indique comment, par qui, à quel moment précis le venin de la trahison est entré dans son âme, sous la forme d'un hommage rendu à son importance, à l'élévation de ses sentiments. Et quand il hésite encore à s'abandonner à l'acte auquel le sollicitent son orgueil trompé, l'égarement de ses vues, la médiocrité de son cœur en butte aux prestiges, M. de Raguse laisse échapper de sa conscience à moitié vaincue et déjà douloureusement inquiète, ce cri, cette plainte : « Il est facile à un homme d'honneur de remplir son devoir quand il est tout tracé; mais qu'il est cruel de vivre dans des temps où l'on peut et où l'on doit se demander : Où est le devoir? Et ces temps, je les ai vus, ce sont ceux de mon époque ! trois fois dans ma vie, j'ai été mis en présence de cette difficulté ! Heureux ceux qui vivent sous l'empire d'un gouvernement régulier, ou qui, placés dans une situation obscure, ont échappé à cette cruelle épreuve! Qu'ils s'abstiennent de blâmer; ils ne peuvent être juges d'un état de choses inconnu pour eux (1). » Voilà des paroles vraies et touchantes. Si M. de Raguse s'était maintenu sur ce ton, il aurait peut-être désarmé de sa sévérité la justice de l'histoire. Mais heureusement ou malheureusement, nous ne savons trop, il ne tarde pas à prendre ou plutôt à reprendre un tout autre langage, et ce langage, qu'il conserve avec une arrogance désormais constante, est tel qu'il changerait en colère tout ce qu'on peut ressentir pour cette histoire de 1814 dont M. de Raguse a été un des entremetteurs décisifs, la pitié, le dégoût.

XII

En 1815, l'Empereur datait du golfe Jouan, 1er mars, une proclamation au peuple français, dans laquelle il était dit :

« ..... Les victoires de Champ-Aubert, de Montmirail, de Château-Thierry, de Vauchamp, de Mormans, de Montereau, de Craonne, de Reims, d'Arcis-sur-Aube et de Saint-Dizier; l'insurrection des braves paysans de la Lorraine, de la Cham-

(1) *Mémoires*, tome VI, p. 256.

pagne, de l'Alsace, de la Franche-Comté, de la Bourgogne, et la position que j'avais prise sur les derrières de l'armée ennemie, en la séparant de ses magasins, de ses parcs de réserve, de ses convois et de tous ses équipages, l'avaient placée dans une situation désespérée. Les Français ne furent jamais sur le point d'être plus puissants, et l'élite de l'armée ennemie était perdue sans ressource; elle eût trouvé son tombeau dans ces vastes contrées qu'elle avait si impitoyablement saccagées, lorsque la trahison du duc de Raguse livra la capitale et désorganisa l'armée. La conduite inattendue de ces deux généraux (1), qui trahirent à la fois leur patrie, leur prince et leur bienfaiteur, changea les destins de la guerre. La situation désastreuse de l'ennemi était telle qu'à la fin de l'affaire qui eut lieu devant Paris, il était sans munitions, par la séparation de ses parcs de réserve..... (2). »

M. de Raguse crut devoir se défendre contre cette accusation de trahison. Dans ce moment-là,

(1) Il s'agit ici du maréchal Marmont duc de Raguse et du maréchal Augereau duc de Castiglione également accusé de trahison pour sa conduite à Lyon en mars et avril 1815, dans une autre partie de la proclamation étrangère à notre sujet et que nous ne rapportons pas.

(2) *Moniteur* du 21 mars 1815. Dans une autre proclamation, de la même date, l'Empereur disait en s'adressant à l'armée : « Soldats! nous n'avons pas été vaincus; deux hommes sortis de nos rangs ont trahi nos lauriers, leur pays, leur prince, leur bienfaiteur.... » (Même numéro du *Moniteur*.)

c'était pourtant une fortune qu'une trahison. Mais le sort des événements était encore incertain. Aussi bien pour constater l'importance de l'acte que pour en atténuer le caractère trop odieux et pour en faire tomber, en partie, la responsabilité sur quelques généraux qui se trouvaient encore dans l'armée de Napoléon, M. de Raguse composa, à tout hasard, une *Réponse à la proclamation datée du golfe Jouan, le 1er mars 1815*; cette *Réponse* qui parut naturellement à Gand, le 1er avril, fut en outre insérée, le 18 du même mois, dans le second numéro du *Moniteur* spécial publié dans cette ville. M. de Raguse s'empressa d'envoyer son manifeste apologétique à tous les souverains de la coalition. Ceux-ci, en accusant réception de l'envoi, ne manquèrent pas de témoigner que M. de Raguse avait mis une grande loyauté dans sa manière de servir, sinon les intérêts de la France et de l'Empereur, du moins ceux de la coalition. Tout ce qui est éloge flatte la vanité. M. de Raguse triompha. Toutefois, il est à remarquer que, dans ses *Mémoires*, on ne trouve aucun de ces certificats de loyauté qui lui furent alors délivrés. Mais nous pouvons, en partie, suppléer à cette omission; un hasard a fait tomber entre nos mains la lettre écrite par un des principaux souverains coalisés. Nous donnons ci-après ce document, parce qu'il est inédit et qu'il intéresse l'histoire.

« Je viens, monsieur le duc, de recevoir la
» lettre que vous m'avez adressée, en date du
» 6 avril, pour me communiquer la réponse que
» vous avez cru devoir faire à la proclamation de
» Buonaparte (1). Vous connaissez trop bien les sen-
» timents que je vous porte pour que j'aie besoin de
» vous dire combien j'ai partagé l'indignation que
» les assertions avancées dans cette pièce sur votre
» compte ont généralement excitée. Informé mieux
» que personne des circonstances auxquelles ces
» calomnies se rapportent, je n'ai cessé de rendre

(1) En 1814 certaines gens contestaient à l'Empereur sa qualité de Français, ce que l'on signifiait en mettant un U devant la
seconde lettre du nom de *Bonaparte*; et dans la conversation il
était selon le goût du temps de faire bien sentir cette lettre U
que l'on prononçait de son mieux à l'italienne, avec un arrêt.
C'était là une des habitudes de l'émigration, que M. le vicomte
de Châteaubriand a fait connaître et adopté un des premiers, dans
sa fameuse brochure, sur *Buonaparte et les Bourbons*. On ne
s'attend pas à rencontrer quelque chose d'aussi ridicule sous la
plume d'un prince comme Alexandre Ier, qui, à Erfurth, dans une
salle de spectacle, s'était tourné avec ostentation vers Napoléon
et l'avait salué, à ce vers d'une tragédie :

L'amitié d'un grand homme est un bienfait des dieux !

Mais nous nous hâtons de le dire, ce trait de mauvais goût n'est
pas imputable à Alexandre : la signature seule de la lettre que
nous rapportons ici, est de la main de ce prince. Le reste est le
fait d'un secrétaire plus ou moins au courant des usages. Cette
observation s'applique encore aux deux fautes d'orthographe
qu'on remarquera dans la même lettre et que nous avons cru devoir conserver par un excès de respect pour l'exactitude de cette
citation.

» justice à la conduite pleine de valeur et de fran
» chise qui, à cette époque, a particulièrement ca-
» ractérisé toutes vos démarches. Mon opinion à
» votre égard n'a point varié depuis, et rien ne
» pouvait la justifier d'avantage (sic) que le zèle et
» le dévouement que vous avez montré (sic) au roi
» pendant les événements malheureux qui viennent
» d'accabler votre Patrie.

» Recevez, monsieur le duc, l'assurance renou-
» velée de toute mon estime.
« ALEXANDRE.
« Vienne, le 24 avril 1815. »

La caution n'est pas bourgeoise. — L'empereur Alexandre, quelle que fût la droiture naturelle de ses sentiments, n'était pas placé au point de vue qu'il faut pour bien apprécier la conduite d'un homme qui ne pouvait mériter son estime qu'en ne cessant point d'être son ennemi. Mais, quoi qu'il en soit de ce témoignage de *valeur et de franchise* accordé à M. de Raguse, la *Réponse* qui en avait été l'occasion contenait déjà l'historique et les arguments reproduits par Marmont dans le tome VI de ses *Mémoires*. Toutefois, nous devons noter quelques variantes assez importantes.

Dans sa *Réponse* de 1815, M. de Raguse motive ainsi le parti, auquel il s'arrêta tout d'un coup, d'agir contre l'Empereur : « En ce moment, dit-il (1er avril 1814), la résolution de sacrifier à sa vengeance le reste de l'armée fut prise ; il ne connut plus rien qu'une attaque désespérée, quoiqu'il n'y eût plus une seule chance de succès en sa faveur avec les seuls moyens qui lui restaient ; c'étaient seulement de nouvelles victimes offertes à ses passions. Dès lors, tous les ordres, toutes les instructions, tous les discours furent d'accord avec ce projet, dont l'exécution était fixée au 5 avril... » M. de Raguse ajoute plus bas que « le moment était pressant, puisque nous étions au 4 avril, et que c'était le 5 que devait avoir lieu cette action désespérée, dont l'objet était la destruction du dernier soldat et de la capitale. »

Ainsi, Napoléon voulait se venger de son armée héroïque et fidèle ; il voulait se venger de la capitale dont l'immense majorité protestait par son attitude morne contre les saturnales impies d'une infime minorité d'intrigants et de traîtres. Napoléon, pendant qu'il négociait pour maintenir son fils sur le trône, voulait détruire, au 5 avril, le dernier soldat et la capitale de la France ! Marmont ne reproduit pas cet argument principal dans le tome VI de ses *Mémoires*. Mais à ce qu'il change dans le récit explicatif de sa conduite, il joint, entre autres choses étrangement curieuses, deux choses qui ne sont contradictoires qu'en apparence.

La première, c'est une profession de l'affection tendre et profonde qui l'unissait à l'Empereur, affection telle que, tout en le trahissant, il formait, dit-il, le projet de s'attacher à sa personne et de se consacrer à le servir dans l'exil (1).

La seconde, c'est la diatribe la plus haineuse et la plus venimeuse qui ait jamais été lancée contre Napoléon, son génie, ses sentiments, ses habitudes, sa personne physique elle-même, une diatribe qui se compose avec un art presque diabolique, des traits les plus propres à motiver, contre un être si grand qu'il soit, une implacable aversion (2).

Et cet être odieux est pourtant « cet ami, ce bienfaiteur » (3) au sujet duquel, au moment même où il va le trahir, Marmont dit « : Les malheurs qui l'accablaient réveillaient en moi cette vive et ancienne affection qui autrefois dépassait tous mes autres sentiments » (4); jusqu'à ce point qu'il ajoute : « Je rédigeai la lettre qui devait être envoyée à l'Empereur quand tout serait convenu et arrêté (la trahison); dans cette lettre, je lui annonçais qu'après avoir rempli les devoirs que m'imposait le salut de la patrie, j'irais lui apporter ma tête et consacrer, s'il voulait l'accepter, le reste de ma vie au soin de sa personne (5). »

(1) *Mémoires*, tome VI, p. 260.
(2) *Mémoires*, tome VI, p. 275.
(3) *Mémoires*, tome VI, p. 256.
(4) *Mémoires*, tome VI, p. 255.
(5) *Mémoires*, tome VI, p. 260. « Cette lettre ne s'est pas retrouvée, » dit l'éditeur dans une note.

Ainsi Marmont aime l'Empereur et veut se consacrer à le servir, au moment même qu'il le trahit. Faut-il révoquer en doute la vérité d'une contrariété aussi violente de sentiments? Nous ne le croyons pas; mais il y a ici un cas de pathologie morale dont il n'est pas sans importance et sans intérêt d'essayer au moins une explication.

Ceux qui ont examiné de près les consciences des coupables, savent qu'il se passe en elles d'étranges phénomènes. Il est rare que la volonté du mal s'établisse sous son vrai nom dans une âme. Pour l'honneur de notre nature, il y faut tout d'abord une forte illusion. Mais dans ce commencement de folie, qui précède toujours le crime, il est encore au plus intime de notre être moral, une voix qui proteste. De là une lutte entre la conscience et la tentation. Si cette lutte se termine par le triomphe du bien, l'âme humaine, trop meurtrie pour être déjà heureuse, éprouve du moins ce calme avant-coureur des sérénités paisibles auxquelles on arrive par les voies honnêtes. Mais si la lutte se termine par le triomphe du mal, il en est tout autrement : ce qui l'envahit alors, c'est le trouble, l'inquiétude, l'agitation; l'ordre n'est plus en elle; elle ne s'appartient plus; elle est à la merci des circonstances, d'un hasard, d'une dernière provocation. Dans cet état, ce qui trompe surtout les coupables, c'est qu'ils ressentent très-vivement, quoique d'une manière fugitive, des émotions opposées à l'acte qu'ils vont commettre. Mais quand la tentation, qui entraîne au mal, a son principe dans l'orgueil, le coupable n'est pas averti par ce suprême effort de la conscience; il y trouve seulement une raison de plus pour ne point se méfier et même pour se glorifier de la nature des mobiles qui le sollicitent; il en prend acte, comme M. de Raguse, pour témoigner de la noblesse et de la pureté des sentiments qui l'ont dirigé. Et l'orgueil fait plus encore : le remords, cet aveu instinctif de la faute commise, le remords est inextinguible sous la faute; mais l'orgueil, qui ne saurait se départir de la conviction de son infaillibilité, ne souffre pas le remords; il s'en irrite, et, ne pouvant sévir contre lui-même, il tourne sa rage contre le souvenir et l'objet de son fatal emportement.

Si M. de Raguse n'avait pas été coupable, si, au lieu d'un crime, il n'avait commis qu'une erreur, il eût ainsi composé ses *Mémoires*. Après avoir consacré les premiers volumes à montrer tout ce qu'il y avait de grand et de bon dans la personne et l'œuvre de Napoléon Bonaparte, il eût ajouté : En 1814, j'ai cru devoir abandonner cet homme si grand et si bon que j'aimais et que j'admirais. Comment! pourquoi me suis-je imposé ce dur sacrifice? Que les hommes me plaignent et ne me condamnent pas; que Dieu me pardonne si je me suis trompé! Mais, quel que soit le sort qui m'attend devant l'histoire et devant un juge bien autrement infaillible, je puis dire que je suis mort ayant au cœur une image sacrée entre toutes, celle de mon ami et de mon Empereur. Vous m'entendez et vous me croirez, ô vous qui n'avez jamais trahi !

Le duc de Raguse tient-il ce langage d'un homme en qui peut toujours protester, contre une erreur de sa vie, sa conscience égarée, mais non coupable? Nullement; le voici, en peu de mots, tel qu'il s'est montré en ses *Mémoires*. Il a suivi pas à pas la fortune de Napoléon, comme un démon familier; il n'a pas négligé une seule occasion de travestir un acte, de défigurer un sentiment, de donner le change sur une parole, de mettre une calomnie à la place de l'histoire. La grandeur de Napoléon lui est importune; il lui porte envie et le hait; il s'irrite même des bienfaits qu'il reçoit, car il les compare à d'autres faveurs plus considérables dont d'autres que lui sont l'objet. L'infortune arrive; il n'est pas désarmé : pas un désastre qu'il n'impute à l'imprévoyance, à un excès d'ambition, à une défaillance du génie. N'ayant point cessé de voir en Napoléon une grandeur qui l'offusque, une générosité qui l'offense, une visée ambitieuse qui est la cause de tous les malheurs publics, il s'écrie tout d'un coup, au moment d'effectuer une trahison depuis longtemps consommée dans son cœur : « Je l'aimais, cet ami, ce bienfaiteur! » Mais la trahison s'accomplit, et voilà cet homme, à qui le moindre sentiment des convenances impose de respecter l'être supérieur envers qui il a failli d'une manière si grave, voilà cet homme qui s'emporte en un dithyrambe de haine, de calomnie et d'outrage ! Qu'est-ce que cela? Le remords changé en fureur par le délire de l'orgueil.

Quand des juges criminels voient devant eux un accusé qui passe subitement de l'attendrissement à des transports de rage, des larmes aux imprécations, à ce spectacle d'une conscience qui se dénonce par son trouble et son désordre même, ils ne manquent pas de se dire : « la faute parle en cet homme : *Habemus reum fatentem.* »

Mais nous nous sommes déjà trop longuement arrêtés à des considérations générales; il est temps que nous entrions dans l'examen des faits.

ÉVÉNEMENTS DE 1814

PREMIÈRE PARTIE

—

BATAILLE ET CAPITULATION DE PARIS

Nous voici en présence des événements de 1814. Saluons d'abord cette douloureuse et glorieuse histoire que nous pouvons rappeler aujourd'hui avec une tristesse fière : car rien n'a vaincu de ce qui avait triomphé, et rien n'est tombé de ce qui avait été abattu.

C'était une épreuve : l'épreuve que la Providence impose aux œuvres qu'elle veut faire siennes. Elle les montre ainsi indépendantes du génie d'un homme, animées de sa propre force.

Mais ces œuvres-là que la Providence expose et n'abandonne pas à la perversité d'un temps, tuent les téméraires qui osent porter la main sur elles. Nous allons voir si le duc de Raguse n'a pas été un de ceux qui sont morts justement dans l'histoire pour avoir eu, en 1814, cette audace impie.

I

L'Empereur avait dit en chassant les alliés de Saint-Dizier : « Je suis plus près de Munich que les alliés ne le sont de Paris » (22 mars). En ce moment, un plan sublime occupait l'esprit de l'Empereur. Gagner le Rhin dont la route lui était ouverte, rallier une partie des garnisons françaises d'entre le Rhin et la Meuse, appeler à lui les 60 à 70,000 soldats français encore enfermés dans les places du Haut-Weser et de l'Elbe; puis, tandis que l'insurrection des départements de l'est et du centre tiendrait, assiégées en France, les immenses armées ennemies, démoralisées par leurs récentes défaites, embarrassées de leur nombre, privées de leurs communications, parcourir en victorieux l'Allemagne vide de ses défenseurs, s'emparer de ses capitales, dicter, commander, de Berlin ou de Vienne, la paix, la délivrance du sol français : tel était le plan qu'impliquait, dans la pensée de l'Empereur, le mouvement sur Saint-Dizier, cette improvisation du génie, hardie mais sûre.

Une lettre du major général au duc de Tarente, laissant entrevoir ce plan, fut interceptée et portée, dans la nuit du 23 au 24 mars, à l'Empereur Alexandre, qui se leva effrayé, fit éveiller le prince de Schwartzenberg et lui enjoignit d'envoyer sur-le-champ aux plénipotentiaires l'ordre de renouer les négociations interrompues et de signer la paix *à quelque prix que ce fût*. L'Empereur François, plus effrayé encore, venait de quitter précipitamment, presque seul, Bar-sur-Aube, pour se réfugier à Dijon, suivi de sa chancellerie en désordre (1). Les souverains étrangers se voyaient alors dans cette position si bien décrite par un général anglais attaché à leur état-major, sir Robert Wilson, auteur d'un écrit sur la campagne de 1814 : « Les alliés se trouvaient dans un cercle vicieux d'où il leur était impossible de se tirer, *si la défection ne fût venue à leur secours*. Ils étaient hors d'état d'assurer leur retraite, et cependant ils étaient obligés de se retirer. Cette défection, favorable à leur cause, fut consommée au moment où le *succès de Bonaparte semblait hors des atteintes de la fortune*. Le mouvement de Saint-Dizier, qui devait lui assurer l'Empire, lui fit perdre la couronne. »

Les souverains alliés et leurs chefs d'armée tinrent conseil à Pougy. Ils reconnurent tous, d'un commun accord, que la retraite leur était coupée,

(1) *Mémoires tirés des papiers d'un homme d'Etat sur les causes secrètes qui ont déterminé la politique des cabinets dans les guerres de la Révolution* — (Tome XII, p. 379-380). On peut en croire cet homme d'Etat anonyme, au reste fort instruit, fort partial et voué avec beaucoup de gravité à tous les intérêts de la coalition.

qu'il leur était impossible de revenir en arrière. Il fallait donc aller en avant, marcher sur Paris, dont l'occupation pouvait avoir sur les événements une influence décisive. Mais il était à craindre que Paris ne fût pourvu d'une force de défense. Or, avec les progrès de l'insurrection des départements, il était certain que « *la moindre résistance aux portes de Paris devait sérieusement compromettre l'armée alliée* (1). »

Les souverains tirèrent alors de leurs portefeuilles des lettres par lesquelles ils étaient assurés que Paris ne ferait point de résistance; qu'un puissant parti anti-napoléonien y attendait, y appelait les alliés, tout prêt à se soulever à leur approche, en mesure de leur promettre, au lieu d'un combat, une réception triomphale (2).

On discuta la valeur de ces assurances; et comme il n'y avait pas à hésiter beaucoup entre le danger de se porter, à travers une insurrection générale, à

(1) *Mémoires tirés des papiers d'un homme d'Etat*, etc., t. XII, p. 382.
(2) On connaît surtout cette lettre adressée aux souverains : « Vous pouvez tout. Vous n'osez rien. Osez donc! » Mais, sur ce sujet, nous nous bornerons à citer les aveux cyniques qui suivent : « .... On avait poussé l'attention jusqu'à pourvoir à notre avenir, s'il eût été compromis par les événements. . Nous nous réunissions plusieurs fois par jour... Nous n'avons pas laissé passer un jour sans miner, sans ébranler la domination de l'Empereur, et sans chercher ce qu'il fallait lui susciter au jour de sa chute... » M. de Pradt, *Restauration de la royauté*, p. 30, 32, etc.

la rencontre de Napoléon sur le Rhin, et les chances que pouvait offrir une facile reddition de Paris, le mouvement en avant sur Paris fut décidé (1).

Les armées alliées, en se réunissant, rencontrèrent les deux petits corps de Mortier et de Marmont, qui avaient reçu l'ordre de rejoindre l'Empereur, les enveloppèrent de leurs masses immenses et profondes à Fère-Champenoise, et, les refoulant toujours devant elles, les jetèrent elles-mêmes, le 29 au matin, à ces portes de Paris qui, sans ce hasard et le désastre du second combat de Fère-Champenoise, ne devaient pas avoir de défenseurs.

L'Empereur, devant qui l'ennemi, pour le tromper et le faire croire à son immobilité, avait laissé un rideau de troupes, l'Empereur apprit le mouvement des alliés du 26 au 27 mars. Ce mouvement, il l'avait prévu, annoncé; il avait obligé, condamné son cœur à s'y résigner. Mais, au dernier moment, il se sentit trop ému à ce spectacle, que son imagination lui représentait, de Paris occupé par les étrangers! Lui qui avait dit : « Un souverain doit avoir son cœur dans sa tête, » il ne résista pas à son émotion; il ne consulta plus que son cœur (2). Le

---

(1) *Mémoires tirés des papiers d'un homme d'État*, tome XII. p. 385 et suiv.

(2° Fain, *Manuscrit de 1814*, page 194. — Mais sur ce point il faut entendre l'Empereur lui-même, comme il s'exprime dans

28, sa résolution fut prise : il partit de Saint-Dizier avec son armée; à cheval, à pied, se mêlant à ses soldats, leur communiquant son ardeur, partageant leurs fatigues, il marcha au secours de Paris.

II

Mais à Paris, dans la nuit du 28 au 29 mars,

le *Mémorial de Sainte-Hélène* : « L'Empereur regrettait beaucoup, lors de sa position à Saint-Dizier et Doulevant, d'avoir cédé aux diverses considérations dont il se trouvait entouré, aux nombreuses suggestions dont il se vit assailli, lesquelles le ramenèrent contre son gré sur Paris. « Je manquai de caractère, disait-il; je devais poursuivre imperturbablement toute ma pensée, continuer vers le Rhin, me renforçant de toutes mes garnisons, m'entourant de toutes les populations insurgées; j'eusse eu bientôt une armée immense, Murat me serait aussitôt revenu, et lui et le vice-roi eussent été me donner Vienne, si les alliés eussent osé me prendre Paris. Mais non, les ennemis eussent frémi bien plutôt du péril où ils se trouvaient engagés, et les souverains alliés eussent reçu comme une grâce que je leur eusse accordé leur retraite. Et là se fût éteint tout-à-fait le volcan des étrangers contre nous. On eût conclu la paix, et on l'eût observée sincèrement. Chacun demeurait si fatigué! on avait tant de blessures à soigner!... on ne se fût plus au dehors occupé d'autre chose. Quant au dedans, un tel dénouement détruisait à jamais toutes les illusions, toutes les malveillances, et fusionnait pour toujours toutes les opinions, toutes les vues, tous les intérêts. Je me rasseyais triomphant, entouré de mes invincibles bandes. Les populations héroïques et fidèles eussent servi de diapason à celles qui avaient chancelé. Ceux qui avaient tant montré le besoin du repos en eussent été prendre; une génération nouvelle de chefs eût retrempé notre existence; nous ne nous serions plus occupés que du bonheur intérieur; nous aurions encore eu d'heureux jours.... »

un grave événement s'était accompli : le départ de la régence avait été décidé.

Ce départ était peut-être une nécessité dans le plan dont le mouvement sur Saint-Dizier était un commencement de réalisation, et il avait été prescrit par l'Empereur : en effet, si l'on ne pouvait pas défendre Paris, il fallait du moins ne laisser prendre qu'une ville et non le siége du gouvernement.

Mais l'abandon du plan qu'impliquait le mouvement sur Saint-Dizier changeait les circonstances : il fallait désormais défendre Paris; la présence du gouvernement était nécessaire pour animer la population, contenir les intrigants, donner une direction aux défenseurs.

Malheureusement, quand le conseil de régence se réunit, on ignorait le changement survenu dans le plan de campagne; chacun avait eu confidence de la lettre de l'Empereur, du 16 mars, exprimant un ordre positif, absolu de départ, dès que l'ennemi se rapprocherait de Paris; tout ce que l'on savait en outre, c'est que les Cosaques étaient en vue, et que déjà les populations des campagnes voisines accouraient en foule cherchant un refuge dans la capitale.

Honorons toutefois d'un souvenir les hommes dont la désobéissance glorieuse a failli conserver à la défense de Paris sa garantie la plus nécessaire.

La séance du conseil s'ouvrit à neuf heures du

soir au palais des Tuileries, sous la présidence de
l'impératrice-régente. Après le roi Joseph qui posa
la question, après le duc de Feltre qui déclara, en sa
qualité de ministre de la guerre, qu'il n'y avait aucun
préparatif, aucune ressource de défense, la discussion commença, et M. Boulay de la Meurthe, président au conseil d'État, fut appelé à exprimer le
premier son avis. Inspiré par la circonstance, excité par le danger même qui abattait tant d'autres
courages, M. Boulay de la Meurthe prononça avec
une haute éloquence de sages et héroïques paroles,
car, dans les occasions extrêmes, la sagesse, c'est
l'héroïsme. L'impératrice fut visiblement émue,
l'éclair d'une résolution anima son pâle visage, lorsqu'elle entendit M. Boulay de la Meurthe lui conseiller de prendre son enfant dans ses bras, de traverser les quartiers les plus populeux et de se
rendre à l'Hôtel-de-Ville, comme une autre Marie-
Thérèse. M. le duc de Cadore appuya fortement
l'avis de M. Boulay de la Meurthe, qui fut au reste
adopté par la majorité de l'assistance, M. le duc de
Gaëte, M. le duc de Rovigo, M. le duc de Massa,
M. Daru, M. Defermon, M. Mollien et un huitième
personnage que nous ne nommerons pas en ce moment, ne voulant pas le placer en cette compagnie
de gens de bien (1).

(1) Celui-ci dit plus tard : « On se méfiait de moi : on devait décider

La délibération n'était que consultative. Le départ fut prescrit d'autorité, en vertu de la lettre du 16 mars. On se sépara après minuit. Alors le palais des Tuileries s'emplit de trouble, de deuil, d'incertitude, de préparatifs aussitôt abandonnés qu'entrepris. Et l'on remarqua les effets de cet esprit supérieur à la prudence des hommes, qui, d'après l'antique croyance des Germains, parle aux femmes et aux enfants. Les femmes délibérèrent à leur tour. La reine Hortense s'opposa au départ avec des paroles d'une énergie toute prophétique. Le roi de

contrairement à mon avis; je voulais qu'on partît, j'opinai pour qu'on restât. » Ce personnage se vantait ; à cette époque, indécis encore sur ce qu'il devait être, il avait un triple jeu et menait trois intrigues à la fois, pour Napoléon I, pour Napoléon II, pour les Bourbons, sans négliger d'avoir l'œil sur une quatrième intrigue qui s'ourdissait timidement, disait-on, en faveur des d'Orléans. L'Empereur l'avait ainsi défini : « L'homme qui profite le mieux des faits accomplis, et qui fait ou veut faire le moins pour influer sur leur direction. » — Au sortir du conseil dont nous parlons, le personnage vint, les bras ouverts, à M. Boulay de la Meurthe, en disant : « Permettez qu'on vous embrasse pour les belles paroles que vous venez de prononcer. » Mais M. Boulay de la Meurthe, qui savait à quoi s'en tenir sur la sincérité de cette émotion, l'écarta de son passage d'un geste qui n'avait pas besoin de commentaire pour couper court à l'accolade. Napoléon, en recevant le rapport fait sur la délibération du 29 par le duc de Rovigo, ministre de police, dit plus tard : « Boulay avait raison. » — Sur la part prise par l'archichancelier Cambacérès dans cette délibération, on peut voir quelques pages empreintes d'une grande honnêteté, insérées par le duc de Cambacérès, neveu de l'archichancelier, dans le tome II de *Bourrienne et ses erreurs*, p. 194 et suivantes de la 2ᵉ édition.

Rome ne voulait pas sortir des Tuileries; il s'échappait des mains qui le gardaient, il se cramponnait aux meubles, il luttait, il appelait son père...

La régente, le roi de Rome, et presque toutes les personnes composant le gouvernement quittèrent Paris dans la matinée du 29 mars et se dirigèrent vers la Loire, sur Blois.

En ce moment, les corps de Mortier et de Marmont apparaissaient, harcelés sur leurs derrières par une nuée de Cosaques qui annonçaient et précédaient la grande armée des alliés.

Le lieutenant général de l'Empereur, qui était tenu d'accompagner la régente, resta toutefois à Paris un jour encore, avec son frère le roi Jérôme, ainsi que le ministre de la guerre, le ministre de la marine et le ministre directeur de l'administration de la guerre.

III

La défense fut confiée au duc de Raguse et au duc de Trévise. Le corps du premier couvrait Paris depuis Charenton jusqu'à la Villette exclusivement. Le corps du second tenait la ligne depuis la Villette inclusivement jusqu'à la Seine, à Saint-Ouen. La garde nationale, sous le commandement du maréchal duc de Conegliano, quelques troupes de ligne, devaient faire le service intérieur de Paris, garder les barrières et défendre les parties de l'enceinte que les ducs de Raguse et de Trévise ne couvraient pas. Les forces françaises étaient en tout de 21 à 23,000 hommes, dont 11 à 13,000 composant les deux corps des maréchaux. Les étrangers attaquaient Paris avec 70 à 80,000 hommes, soutenus par une autre armée de 100,000 hommes qui arrivaient successivement à leur renfort.

Dès ce moment, on avait pu remarquer chez le duc de Raguse, au milieu du courage véritablement désespéré dont il a fait preuve, nous ne savons quelle insouciance hautaine, quelle impatience, qui semblaient aller au-devant d'une catastrophe, et presque la désirer comme la délivrance d'un rôle impossible. Le 29, quand le lieutenant-général et les deux ministres de la guerre combinaient à la hâte et beaucoup trop tard des moyens de défense, le duc de Raguse négligea de se rendre auprès d'eux, de s'éclairer de leurs avis, de leur faire part de sa propre expérience : « Je rentrai à Paris, dit-il, et je ne pus jamais joindre Joseph Bonaparte. Le ministre de la guerre ne fut accessible qu'à dix heures du soir (1). » Voici une anecdote que nous tenons d'un témoin oculaire tout à fait digne de foi. Le matin, M. de Raguse était arrivé à cheval, suivi

(1) *Mémoires*, tome VI, p. 244.

d'un seul domestique, dans la cour de l'hôtel du ministre de la guerre. Là, apercevant sur le perron de l'hôtel un officier d'ordonnance de l'Empereur, M. Zœpffel, il lui avait dit : — « J'ai hâte de voir le ministre, annoncez-moi. — Il n'y est pas, répondit l'officier d'ordonnance; Votre Excellence le trouvera, en conseil, auprès du roi Joseph; on délibère, je crois, sur la défense de Paris; la présence de Votre Excellence sera sans doute bien venue en ce moment. — Non, je n'irai pas, répliqua tout aussitôt M. de Raguse avec humeur; non, je n'irai pas; je ne suis pas fait pour courir après les gens. »

Le 30, avant le jour, commença la bataille de Paris, où M. de Raguse fit du moins magnifiquement son devoir de soldat.

IV

La bataille continuait avec les chances les plus diverses, car elle consistait en d'innombrables combats particuliers, lorsque le roi Joseph, cédant à une sollicitation dont nous allons parler, écrivit à M. de Raguse et à M. de Trévise cette lettre :

« Si M. le maréchal duc de Raguse et M. le maréchal duc de Trévise ne peuvent plus tenir, ils sont autorisés à entrer en pourparler avec le prince de Schwartzenberg et l'empereur de Russie, qui sont devant eux.

« Ils se retireront sur la Loire.

« JOSEPH. »

La lettre du roi Joseph avait été écrite dans un conseil de défense tenu à Montmartre, à la suite d'un avis malheureusement unanime et conforme.

M. de Raguse, qui voudrait bien rejeter sur le roi Joseph toute la responsabilité de cette initiative de soumission et qui parle de la lettre précédente comme d'un acte imprévu, subit, presque dicté en fuyant par la peur, a soin d'omettre dans son récit que lui-même avait provoqué cette lettre et que dès le matin, dans une note tracée au crayon, « il avait informé le roi Joseph qu'il était impossible de prolonger la résistance au delà de quelques heures et qu'on devait préserver Paris des malheurs inséparables d'une occupation de vive force. »

La citation que nous venons de faire est textuellement extraite de la page 67 d'une brochure intitulée : *Les Événements de 1814, Bataille de Paris*, etc., par un ancien officier attaché à l'état-major du roi Joseph ; Paris, 1844. Nous trouvons la même assertion à la page 69 d'une *Biographie de Joseph Bonaparte*, etc., Paris, 1832, écrit d'une origine peu suspecte : « Le maréchal Marmont déclara qu'il ne pouvait tenir.... il demandait à être autorisé à traiter pour la conservation et la sûreté intérieure de la capitale. » Même récit dans les *Mémoires du général Belliard* (t. 1ᵉʳ. p. 326). Nous trouvons encore cette assertion dans les *Mémoires et Correspondance du roi Joseph*, par M. Du Casse (t. X, p. 23). Nous la trouvons encore dans les *Mémoires* de Bourrienne, si favorable à tout ce que fait M. le duc de Raguse (t. X, p. 15). Et cette assertion, si elle avait besoin d'être confirmée davantage, le serait par le récit que le duc de Rovigo fait, dans ses *Mémoires*, de la bataille de Paris : « Une plus longue résistance fut jugée impossible ; Marmont fit connaître ce fâcheux état de choses à Joseph, qui lui répondit par le billet suivant... » Suit la lettre autorisant les pourparlers (1).

Nous venons de surprendre M. de Raguse en flagrant délit d'inexactitude sur l'initiative de l'idée d'arrangement. Il n'est pas superflu d'ajouter quelques mots sur la date de la lettre du roi Joseph pendant la bataille de Paris. M. de Raguse dit : « Montmartre, le 30 mars 1814, à *dix heures du matin.* » Or cette lettre est de *midi un quart*. On lit : *midi un quart* dans l'*Histoire des deux Restaurations*, par M. Achille de Vaulabelle, tome 1ᵉʳ, p. 259 ; — *midi un quart* dans le récit de la bataille de Paris par un ancien officier attaché à l'état major du roi

---

(1) *Mémoires du duc de Rovigo*, tome VII. p. 12.

Joseph (p. 67); — *midi un quart* dans la *Correspondance du roi Joseph* (tome X, p. 24); — *midi un quart* dans les *Mémoires du duc de Rovigo* (tome VII, p. 12); — *midi un quart* dans les *Mémoires de Bourrienne* (tome X. p. 15). La date de *dix heures du matin*, choisie par M. de Raguse, est probablement celle de la note au crayon que lui-même avait adressée au roi Joseph pour lui demander l'autorisation de traiter. Mais l'impartialité nous force à déclarer que nous avons trouvé cette date de *dix heures* dans les *Mémoires tirés des papiers d'un homme d'Etat*, etc. (tome XII, p. 387); l'homme d'Etat anonyme dit même plus commodément encore : « *Dès dix heures du matin.* » Et nous ajouterons, toujours contraints par l'impartialité, qu'un récit presque textuellement conforme à celui de M. de Raguse se lit, page 69, dans le *Journal des opérations du 6ᵉ corps pendant la campagne de France en 1814*, par le colonel Fabvier, un aide de camp de M. de Raguse.

« Vers midi, dit M. de Raguse, je reçus du roi Joseph l'autorisation d'entrer en arrangement... Mais déjà les affaires étaient en partie rétablies, et j'envoyai le colonel Fabvier pour dire à Joseph que, si le reste de la ligne n'était pas en plus mauvais état, rien ne pressait encore. J'avais alors l'espérance de pousser la défense jusqu'à la nuit (1)... »

(1) *Mémoires*, tome VI, p. 244.

Mais vers trois heures et demie, acculé à la barrière de Belleville, malgré la défense la plus héroïque, par le nombre toujours croissant des ennemis, il envoya au prince de Schwartzenberg des parlementaires chargés de demander une suspension d'armes. Les premiers qui partirent ne purent pas franchir la grêle de balles qu'il fallait traverser, et tombèrent morts en route. Enfin un d'eux put arriver jusqu'au prince de Schwartzenberg. Une suspension d'armes de deux heures fut accordée.

Les combats continuèrent sur tous les points entre les soldats. Il n'y avait de trêve que pour les généraux.

V

Cependant, une nouvelle qui devait changer les dispositions de ces derniers venait de parvenir à Paris. Cette nouvelle, que nous connaissons déjà en partie, c'était le départ de l'Empereur, de Saint-Dizier, le 28 ; c'était le soulèvement des départements du centre et de l'est, séparant les alliés de leurs dépôts, de leurs communications avec l'Allemagne. Le 29 au matin, l'Empereur était à Dolencourt, en marche sur Troyes. On sut depuis qu'à Troyes, où il arriva le 29 au soir, l'Empereur s'était jeté dans une voiture, presque seul, pour arriver plus tôt de sa personne à Paris ; son armée le suivait. A Dolencourt, d'où le message avait été expédié, l'Empereur s'était ainsi résumé : « Dites que l'on tienne et que j'arrive. » Le général Dejean, aide de camp de l'Empereur, avait porté ces nouvelles à Paris dans la journée du 30, vers midi.

Le duc de Trévise, qui n'avait pas encore reçu la lettre du roi Joseph, tant les communications étaient difficiles, reçut dans ses retranchements la visite et le message du général Dejean. Fidèle à la consigne, combinant pour gagner du temps le combat et la négociation, il ne cessait point d'opposer à l'ennemi une fière attitude, et il écrivait au prince de Schwartzenberg une lettre sans trop de conclusion, sur la paix, la guerre, l'honneur, la gloire, le besoin de s'entendre, etc. Il s'agissait de faire perdre à l'ennemi quelques heures. Mortier en demandait vingt-quatre pour arrêter un arrangement et il terminait fièrement sa lettre en disant : « *Nous sommes résolus à nous défendre jusqu'à la dernière extrémité....* » Mais il eut avis de la suspension d'armes conclue par le duc de Raguse ; il dut adhérer à la trêve et se réunir à son collègue pour traiter d'une convention : Marmont avait le commandement sur Mortier (1). Mais le

(1) Lettre du chef d'état major de l'Empereur, d'Epernay, 17 mars 1814, à six heures du soir.

duc de Trévise ne se soumit pas sans laisser éclater sa surprise et sa colère. Il croyait possible de continuer la défense de Paris. Il ne comprenait pas que l'on ne fît pas les derniers efforts pour résister jusqu'à l'arrivée de l'Empereur, qui était annoncée (1).

Pendant que les deux maréchaux, dans un cabaret de la Villette, à l'enseigne du *Petit-Jardinet*, conféraient avec les comtes de Nesselrode, Orloff, de Paer et le capitaine Peterson, les soldats ne cessaient point de combattre, et l'on entendait toujours le pétillement des fusillades, le bruit grave du canon.

A cinq heures du soir (30 mars), après une vive discussion, on convint d'un nouvel armistice de quatre heures, mais à des conditions qui déjà livraient Paris. Les hauteurs de Belleville, de Montmartre et toutes les positions qui dominent Paris, devaient, dès six heures du soir, être occupées par l'ennemi.

(1) Marmont, qui raconte fort bien les belles choses accomplies par lui, a soin d'amoindrir, et de beaucoup, la part des maréchaux qui ont concouru comme lui à la bataille de Paris. Dans son récit, il n'est que peu ou point mention du maréchal de Conegliano, Moncey, resté si populaire dans les imaginations des Parisiens notamment pour sa défense de la barrière de Clichy. Quant au duc de Trévise, « il n'avait eu aucun engagement sérieux; il vit tout à coup ses troupes repoussées... Un peu plus tard, Montmartre fut enlevé après une très-faible résistance. » (Tome VI. p. 248.) La défense de Montmartre méritait un plus équitable récit.

VI

L'obscurité, le silence, une anxiété sombre avaient envahi la ville où chacun était incertain de l'état des choses, lorsqu'il se passa, à quelques lieues des barrières, un événement qui, s'il eût été connu, eût réveillé les cœurs et tout remis en mouvement.

Dans la nuit, vers dix heures, une chaise de poste, lancée à fond de train, s'arrêtait à Fromenteau, devant la Cour de France, près les fontaines de Juvisy. Trois personnages cachant leurs insignes militaires sous des manteaux en descendaient. Un de ces personnages, l'Empereur lui-même, se hâte d'interroger autour de lui. On ne sait rien. On s'est battu ; on ne se bat plus. Des feux rouges sont répandus dans la plaine de Villeneuve-Saint-Georges. Quels sont ces feux ? Ces feux sont ceux des bivouacs des ennemis qui sont descendus des hauteurs de Vincennes et ont forcé le pont de Charenton. L'Empereur envoie le duc de Vicence à Paris ; il attend des nouvelles, ainsi placé près des lignes des ennemis qui ne se doutent pas de sa présence. A quatre heures du matin, un piqueur expédié par le duc de Vicence arrive enfin ; il vient annoncer que la capitulation et la reddition ont été définitivement signées, dans la nuit, à deux heures; les étrangers entreront à Paris dans la journée du 31 (1).

VII

Le roi Joseph avait écrit aux maréchaux : « Vous êtes autorisés à *entrer en pourparler*. » M. de Raguse avait tout d'abord ainsi interprété ces mots : « l'autorisation d'entrer en arrangement pour la *remise de Paris aux étrangers* (2). »

Les circonstances ne permettaient-elles pas de faire mieux ? Le duc de Trévise, qui avait rejoint le duc de Raguse à la Villette, lui avait fait part des nouvelles transmises par le général Dejean et annonçant l'arrivée prochaine de l'Empereur et de son armée. Il ne s'agissait pas de faire avec succès une défense réellement impossible, mais bien de résister quelque temps encore. On était dans la soirée du 30 ; l'Empereur ne pouvait pas manquer d'être sous Paris avec son armée le lendemain 31, dans la nuit. Un seul jour gagné, et les événements étaient conjurés. Paris comptait une nombreuse population qui demandait des armes et qui n'en re-

(1) Fain, *Manuscrit de 1814*, p. 191-201. — *Marche de l'Empereur sur Fontainebleau*, par le baron Gourgaud, dans le tome II, p. 325, de *Bourrienne et ses erreurs*, 2ᵉ édition.
(2) *Mémoires*, tome VI, p. 244.

cevait point ; or, il y avait des fusils à distribuer (1).
Les étrangers ne devaient pas avoir l'impru-

(1) Dans les diverses justifications que nous avons lues au sujet de ce qui s'est passé avant et après la bataille de Paris, nous trouvons cette assertion souvent répétée : *Il n'y avait pas d'armes!* — Il y en avait. D'après M. Achille de Vaulabelle, il y avait à Paris 400 pièces d'artillerie de gros calibre et 20,000 fusils neufs. *Hist. des deux Restaurations*, t. I, p. 243.—M. Elias Regnault répète les mêmes chiffres dans son *Histoire de Napoléon*, tome IV, p. 281) D'après des lettres du roi Joseph, le 8 février 1814 il y avait à Vincennes 11,000 fusils en état et 30,000 fusils en réparation ; les ouvriers de Charleville et de Saint-Etienne avaient été appelés à Paris pour activer les travaux ; le 7 mars, le roi Joseph donnait au maréchal Moncey, sur sa cassette, un à-compte de 50,000 francs pour se procurer dans Paris 2,000 fusils. — Il est vrai que le 11 mars les ministres s'assemblaient et que celui de la guerre produisait des états desquels il résultait que, loin d'avoir 30,000 fusils, on n'en avait pas 6,000 ; mais c'est ce même ministre qui avait oublié dans le champ de Mars 200 pièces de canon réclamées pour l'armement de Montmartre (*Mémoires du duc de Rovigo*, tome VII, p. 10); c'est ce même ministre qui avait oublié à Meulan 80 pièces du plus fort calibre, venant de Cherbourg et du Havre (Achille de Vaulabelle, I, 243*)*; qui de concert avec les autorités civiles, exigeait des gardes nationaux à qui l'on *confiait* des piques, un dépôt préalable de 10 à 20 francs (Achille de Vaulabelle, I, 264, Elias Regnault, IV. 285); qui, à la veille de la bataille de Paris ne distribua que dans la nuit à la garde nationale 4,000 fusils.

Mais voici un témoignage tout à fait péremptoire :

« Il y avait plus d'un mois, dit le duc de Rovigo, que la garde nationale demandait avec instance qu'on lui délivrât des fusils de munition, au lieu de ces piques ridicules avec lesquelles on l'avait en grande partie armée ; elle avait renouvelé plusieurs fois sa demande sans pouvoir rien obtenir. J'en écrivis à l'Empereur, qui me répondit : Vous me faites une demande ridicule; *l'arsenal est plein de fusils : il faut les utiliser.* » *(Mémoires du duc de Rovigo*, VII, 9.)

dence de s'engager dans les rues de Paris, qu'on pouvait aisément hérisser de barricades, et où leurs masses et leur ignorance des lieux les auraient livrés à la confusion, à un massacre en détail. Des barricades s'élevaient déjà spontanément dans la rue de Clichy; les femmes, les enfants portaient de gros pavés dans l'intérieur des maisons. Un ordre, un mot, un appel au désespoir, et l'impression hideuse que l'on avait des hordes les plus barbares du Nord, à défaut d'un autre sentiment sur lequel on avait aussi droit de compter, changeait en combattants furieux les 700,000 habitants de Paris (1).

(1) Cette noble cité était déjà toute prête à se lever, comme on peut le voir par une proclamation populaire qui se trouva affichée sur les murs dès le 30 mars au matin. Nous citerons quelques mots seulement de cette proclamation ainsi intitulée : « NOUS LAISSERONS-NOUS PILLER? NOUS LAISSERONS-NOUS BRULER?.... Non, nous ne nous laisserons pas piller; nous ne nous laisserons pas brûler! défendons nos biens, nos femmes, nos enfants, et laissons le temps à notre brave armée d'arriver pour anéantir sous nos murs les barbares qui venaient les renverser.... Nous avons des canons, des baïonnettes, des piques, du fer ; nos faubourgs, nos rues, nos maisons, tout peut servir à notre défense. Établissons des barricades; faisons sortir nos voitures et tout ce qui peut obstruer les passages ; crénelons nos murailles, creusons des fossés, montons à tous nos étages les pavés des rues, et l'ennemi reculera d'épouvante. — Qu'on se figure une armée essayant de traverser un de nos faubourgs au milieu de tels obstacles, à travers le feu croisé de la mousqueterie qui partirait de toutes les maisons, des pierres, des poutres qu'on jetterait de toutes les croisées! Cette armée serait détruite avant d'arriver au centre de Paris. Mais non! le spectacle des apprêts d'une telle défense, la forcera à renoncer à ses vains projets, et elle s'éloi-

Les étrangers devaient se borner à canonner la ville ; le malheur était grand ; mais des hommes de guerre pouvaient et devaient prendre sur eux de le braver pendant un jour ; et ce malheur même n'était pas tout à fait à craindre, la population valide de la capitale, armée pendant la nuit, pouvant se joindre aux soldats qui avaient survécu et subvenir à une seconde bataille de Paris.

Il paraît bien que tel était le sentiment de l'armée. Nous avons dit que les soldats continuaient à combattre pendant que les maréchaux conféraient à la Villette avec les plénipotentiaires des coalisés. La conférence terminée, l'armistice conclu, il fallait faire cesser le feu. Marmont courut aux siens ; quand il arriva, une charge du 30ᵉ de dragons, conduite par le colonel Ordener, venait d'écraser trois bataillons russes formés en carré dans les vignes d'une des buttes Chaumont ; comme on criait à Ordener : « Arrêtez, il y a armistice, » celui-ci, s'adressant au général Bordesoulle, qui accompagnait Marmont, répondit sans cesser de charger : « Vous feriez mieux

---

gnera à la hâte pour ne pas se trouver entre l'armée de Paris et l'armée de l'Empereur. » Qui le croirait, cette pièce, désapprouvée par les hommes d'ordre qui y ont vu un appel au désordre, à des *procédés d'un autre temps*, a été *reprochée* à la police, alors absente de Paris, à l'Empereur lui-même qui n'avait plus alors à Paris un seul agent en possession de quelque courage et de quelque fidélité. *Voir* dans l'*Appendice* une chanson des hommes d'ordre pour engager les parisiens à ne point se défendre.

de me donner votre réserve de cuirassiers. » Le général Chastel, bien que blessé, avait voulu prendre part à la bataille, et il commandait une colonne de partisans formée de détachements isolés de toutes armes; à peine eut-il entendu les mots d'armistice conclu, qu'il s'écria impétueusement, en présence même de M. de Raguse : « C'est une trahison ! » L'exaspération des soldats était telle, que M. de Raguse dut s'éloigner pour ne point voir méconnaître son autorité et sa dignité de maréchal.

D'après un historien, témoin des événements, on ne put même pas décider nos troupes à quitter les hauteurs de Romainville et de Montmartre promises à l'ennemi. Mais on les trompa et on leur dit « qu'il s'agissait d'aller défendre la barrière du Maine, par où l'ennemi semblait vouloir envahir la capitale (1). »

Une découverte d'une grande importance avait été faite le matin.

Un officier de l'état-major de la garde nationale, M. Peyre, avait été chargé par le commandant de Paris de rejoindre un parlementaire ennemi renvoyé précédemment de nos avant-postes (2). M. Peyre

---

(1) Pons, de l'Hérault, page 262, *De la bataille et de la capitulation de Paris*, Paris, in-8, 1828.

(2) Sur cette expédition de M. Peyre, peu connue et mal appréciée par quelques historiens, voir dans l'*Appendice* une explication spéciale résultant de documents authentiques.

avait vu l'empereur Alexandre vers dix heures du matin, le 30, au commencement de la bataille. Il résultait du rapport de cet officier, revenu de Bondy à Paris au milieu du jour, que l'empereur Alexandre s'était montré à lui dans une agitation qu'il ne se donnait pas la peine de dissimuler. L'annonce que Paris était décidé à se défendre paraissait lui causer non-seulement de la surprise, mais encore une vive inquiétude. Alexandre avait insisté pour que M. Peyre dît dans son rapport que les hautes puissances avaient nommé un parlementaire, M. Barclay de Tolly; que ce parlementaire se tiendrait à la portée des avant-postes, attendant une proposition : « Ajoutez, avait-il dit, qu'on sera toujours à même de traiter, même quand on se battrait dans les faubourgs. »

L'empereur qui avait fait brûler sa Moscou-la-Sainte ne devait pas beaucoup s'intéresser à l'intégrité de notre capitale. Pour qui donc avait-il peur?

Nous le savons; séparés de leurs parcs de réserve, de leurs communications avec l'Allemagne, harcelés par l'insurrection de plus en plus générale des départements de l'est et du centre, avertis d'ailleurs de l'arrivée prochaine de l'Empereur, les alliés, qui ne s'étaient rapprochés de Paris que sur l'assurance d'une trahison promise, se sentaient perdus si Paris, au lieu de se livrer, résistait. La découverte de ces impressions des alliés était assez significative ; on n'en tint point compte.

Un témoin des événements, homme d'un grand sens et de beaucoup d'esprit, le duc de Rovigo, dans ses *Mémoires,* apprécie ainsi la capitulation de Paris : « On ne peut se faire une idée de l'impression que cette nouvelle fit sur l'Empereur. Il avait prévu la marche que les ennemis pouvaient faire sur Paris ; il l'avait dit au corps des officiers de la garde nationale avant de partir lui-même pour l'armée. Il les avait prévenus qu'il ne leur demandait de se défendre que quelques jours, pour lui donner le temps d'accourir. Il avait tenu parole, puisque Paris n'était attaqué que depuis le matin et qu'avant la fin du jour il était déjà aux portes, suivi de l'armée entière. Mais, au lieu de se défendre quelques jours, on ne se défendit pas quelques heures. En effet, midi n'était pas sonné qu'on avait déjà pris la résolution de capituler... Si Paris s'était défendu seulement deux jours, l'Empereur y entrait avec son armée, et on sait comme il menait les choses. Il n'aurait pas craint de faire ouvrir les arsenaux au peuple ; sa présence eût enflammé la multitude ; il eût imprimé une direction convenable à son élan, et l'on eût vu sans doute se renouveler l'exemple de Saragosse, ou plutôt les ennemis n'auraient rien tenté ; car, indépendamment de ce que l'Empereur était pour eux une tête de Méduse, on sut plus tard que dans le combat qui avait précédé la reddition de la capitale, ils avaient brûlé la presque totalité de leurs munitions. Il y a de quoi verser des larmes de sang au souvenir de pareilles choses (1). »

Comment M. de Raguse s'est-il décidé à capituler ?

VIII

Depuis qu'il était à Paris, depuis le 29, Marmont avait cessé de respirer l'air pur et fort des champs de bataille ; il avait été entouré de gens pour qui la chute de l'Empire n'était pas un malheur ; et ces gens-là, suivant l'usage des partis, se représentaient l'état des choses conformément à leurs désirs. La chute de l'Empire était inévitable. Tout ce qu'on pouvait faire pour retarder la catastrophe devait aboutir seulement, après une effusion inutile de sang, à livrer la France, épuisée et plus vaincue qu'elle ne l'était déjà, à la merci de la coalition. Pourquoi ne pas profiter de l'apparence de force que l'on avait encore et des assurances bienveillantes que mettaient en avant les envahisseurs, pour obtenir un traitement moins indigne de la France ? Rien dans le cœur de Marmont, ni dans son intelligence

(1) *Mémoires du Duc de Rovigo*, t. VII. 60.

politique, ne défendait l'Empire et la personne de l'Empereur contre ces coupables sophismes. Mais les honneurs, les hautes distinctions, les gros appointements, qui les garantissait ? A cet égard, la réponse était facile : ne suffisait-il pas de montrer parmi les plus ardents à désespérer, à semer le découragement, à se préparer à un ordre nouveau, ceux qui avaient le mieux l'instinct de la conservation, les personnages qui tenaient le plus aux honneurs, aux distinctions, aux gros appointements? Impressionnable comme il l'était, Marmont subit fortement cette influence délétère. Quand le 30 il se battait très-bravement à Belleville, c'était pour l'acquit de son honneur de soldat. Mais déjà la veille, dans la journée du 29, il avait négligé de s'entendre avec le lieutenant-général pour mettre à profit et combiner les moyens de défense qu'offrait Paris.

Ce qui restait à Marmont de fidélité et de constance fut vaincu dans une réunion qui eut lieu chez lui, dans la soirée du 30, après la bataille, lorsque déjà la suspension d'armes était conclue, mais que la capitulation n'était pas encore officiellement signée. Nous avons plusieurs relations de cette réunion mémorable : d'abord le récit de M. de Raguse lui-même (1); puis ceux des contemporains, comme

---

(1) *Mémoires.* tome VI, p. 249. etc.

le duc de Rovigo (1), le comte Lavalette (2) et Bourrienne (3); enfin, un récit fait sans doute d'après des souvenirs du temps, et que M. Achille de Vaulabelle a consigné dans un journal (4) et dans son *Histoire des deux Restaurations* (5). Ces relations, si diverses qu'elles soient en apparence, s'accordent entre elles pour le fond des choses ; elles se complètent mutuellement plus qu'elles ne se contredisent, et nous allons tâcher d'en dégager quelques traits d'une vérité significative.

Assistons d'abord à l'entrée de M. de Raguse. Il est six heures. Une vingtaine de personnes attendent dans le *salon vert* de l'hôtel du maréchal, situé rue du Paradis-Poissonnière ; les unes curieuses, toutes effrayées ; quelques-unes inquiètes, réservées, cherchant la direction du vent. Le maréchal paraît : « Il est tout à fait méconnaissable, dit Bourrienne ; sa barbe a huit jours ; le manteau qui recouvre son uniforme est en lambeaux ; de la tête aux pieds, il est noir de poudre. » Ajoutons que le maréchal portait le bras gauche en écharpe depuis les Arapiles, et que, depuis Leipsick, il avait deux doigts

---

1) *Mémoires du duc de Rovigo*, t. VII, p. 68-72.
2) *Mémoires et souvenirs du comte Lavalette*, t. II, p. 92.
3) *Mémoires de Bourrienne*, t. X, p. 17-24.
4) *National* du 8 août 1844, article reproduit au t. VI p. 351 des *Mémoires de M. de Raguse*.
5) T. I, p. 265.

7.

de la main droite mutilés. « L'armistice est conclu, » dit-il en entrant; c'était une nouvelle. — « C'est bien pour l'armée, s'écrie-t-on autour de lui; mais pour Paris! Paris, qui le sauvera? — Je n'ai pas de pouvoirs pour traiter au nom de la capitale; je ne la commande pas, je ne suis pas le gouvernement. » C'était une manière de poser la question et de la faire discuter, décider pour l'assistance. Le maréchal fut servi à souhait. Quelques mots, avant de passer outre, sur l'esprit des gens qui remplissaient le *salon vert*. Là « on parlait avec abandon de la situation des choses et du remède à apporter. En général, tout le monde semblait d'accord en ce point que la chute de Napoléon était le seul moyen de salut. » C'est M. de Raguse qui résume ainsi les paroles des familiers de sa maison, et il ne sent pas tout d'abord que ce langage insulte aux braves morts à ses côtés pour d'autres vœux. Il a le courage du combat; il n'a pas cette sainte conscience du dévouement à quelque chose de juste et de sacré, qui, seule, fait du courage la plus haute vertu, et non pas un accident de tempérament. Parmi les assistants, il y avait un banquier depuis fameux, et celui-ci disait tout haut qu'il voyait dans nos malheurs publics une renaissance pour nos libertés; les rois qui allaient venir étaient tels, selon lui, qu'on en aurait aisément, pour nos libertés, des garanties, d'autant plus assurées, ajoutait-il avec enthousiasme, qu'elles seront écrites. Ce banquier n'avait pas les qualités de son état, la prudence, le bon sens; il fit toutefois illusion à M. de Raguse : « Quand je vis un homme de la bourgeoisie, un simple banquier, exprimer une pareille opinion, je crus entendre la voix de la ville de Paris tout entière. »

Tous ces gens-là insistaient, suppliaient; ils demandaient à M. de Raguse de prendre sur lui de sauver la France, de signer la capitulation de Paris.

Mais ce qu'ils ne savaient pas, c'est que la chose qu'ils demandaient était déjà fort avancée, le duc de Raguse, par une des clauses de la suspension d'armes, ayant accordé aux ennemis d'occuper toutes les avenues, toutes les hauteurs de Paris.

Le maréchal voulait être séduit, vaincu par les obsessions de l'opinion parisienne; il le fut au gré de tout ce que, déjà, il avait accordé aux alliés.

Nous avons oublié de dire que l'on dîna dans l'hôtel de la rue Paradis-Poissonnière; M. de Raguse eut ce jour-là à sa table le comte Orloff et quelques autres officiers russes de l'état-major du prince de Schwartzenberg.

Cependant, l'on allait et l'on venait dans le *salon vert*, qui ne désemplissait pas. Sans plus insister sur ce qui se passa dans la soirée, nous dirons seulement quelques mots de deux ou trois incidents qui en marquèrent les fluctuations et la conclusion.

On souhaitait, on demandait, on craignait de ne pas obtenir du maréchal, qui demeurait impénétrable, la capitulation de Paris, lorsque survint l'aide de camp de l'Empereur, le général Dejean : « L'Empereur arrive, » dit-il (il était arrivé, de sa personne, à Fromenteau, précédant son armée); et le général ajoutait : « Capituler en ce moment, ce serait trahir. » Nous laissons imaginer la mêlée qui s'ensuivit. Le général tint bon, et comme le nom de l'Empereur était encore magique, on put remarquer quelque hésitation parmi les plus hardis, qui ne reprirent point courage lorsqu'ils entendirent le maréchal déclarer que le lendemain dans la matinée il se replierait sur Fontainebleau, à la rencontre de l'Empereur.

Une autre visite bien alarmante fut celle d'un homme non moins connu pour sa fidélité à l'Empereur, le comte Lavalette, directeur des postes à Paris. Celui-ci demanda à parler au maréchal en particulier et l'on se retira dans un cabinet. M. Lavalette dit à M. de Raguse se défendant de pouvoir refuser de signer la capitulation, qu'il savait par ses courriers que l'Empereur était, devait être près de Paris; qu'il s'agissait de gagner douze heures; de braver les menaces des alliés, d'attendre, etc. : « Le maréchal fut inflexible, dit M. Lavalette; il s'était engagé trop avant pour reculer. » Toutefois, le maréchal sortit tout soucieux de cet entretien, et les gens du salon étaient consternés.

Si inflexible qu'eût été M. de Raguse, M. Lavalette conservait encore quelque confiance en sa fidélité; il comptait même revenir le matin pour partir avec le maréchal et se rendre avec lui auprès de l'Empereur. Mais en sortant de l'hôtel de la rue Paradis-Poissonnière, M. Lavalette aperçut deux hommes qui se glissaient plus qu'ils n'entraient dans une pièce à un étage supérieur. L'un de ces hommes était Bourrienne, l'autre, un personnage dont nous allons parler; tous les deux « en trahison ouverte. » — « Tout fut dit pour moi, » ajoute M. Lavalette, qui ne revint pas le matin pour prendre M. de Raguse et se rendre avec lui auprès de l'Empereur.

Bourrienne vint ou revint au salon, où il se mêla à la conversation. L'autre attendit que la foule se fût écoulée et, quand M. de Raguse fut à peu près seul, descendit, d'un pas inégal, assourdissant sur l'escalier le bruit sec de son pied-bot.

Quel était cet homme qui venait livrer un dernier assaut à la pauvre raison de M. de Raguse?

Il y avait alors un personnage qu'environnait une redoutable réputation de corruption, d'esprit et d'astuce. D'après l'opinion commune, il recelait en lui le dernier mot des situations sinistres; tous les effrois, toutes les anxiétés lui assignaient un rôle décisif dans l'événement qui s'avançait; et lui se plaisait dans cette auréole de soupçons, de mépris et de terreurs que lui faisait la crédulité publique. Il parlait peu et d'une voix douce; il clignait des yeux; il boitait en marchant comme Méphistophélès.

C'était l'ancien évêque d'Autun, devenu depuis, sous l'Empire, prince de Bénévent, et alors investi d'une des plus hautes charges de l'État, celle de Vice-Grand-Électeur.

Quand Marmont vit venir à lui ce personnage, il sentit qu'il allait être question de trahison.

Mais le personnage était trop habile pour prendre ainsi les choses par le vilain côté; il savait trop d'ailleurs à quel homme il s'adressait. A un misérable vulgaire on parle tout d'abord sac en main; on offre un marché et l'on promet de payer comptant; un misérable vulgaire tient surtout à n'être point dupé. Mais on aborde autrement un homme tout pétri d'orgueilleuses illusions sur son importance et sur la noblesse de ses sentiments. Ce que dit le personnage à M. de Raguse, celui-ci ne le rapporte point. Tout ce que nous savons par son récit, c'est qu'il ne fut rien entrepris de trop violent sur sa vertu. On se borna à l'entretenir « longuement des malheurs publics. » — « J'en convins avec lui, » reprend tout aussitôt M. de Raguse, qui ne se connaît pas assez pour se méfier en toute occasion de la sincérité. Dans quel sens était faite cette exposition des malheurs publics? pour quelle conclusion avait-elle été arrangée? On le devine aisément par ce qui suit. M. de Raguse se vante de ne s'être point prêté à des propositions qu'on cherchait à lui faire : « Je voulais faire loyalement mon métier, » dit-il; il s'agissait donc de ne pas faire loyalement son métier : la chose qui ne fut point dite avait donc été entendue? Il est presque plaisant de voir ainsi se terminer le récit de cette scène de séduction : « Ayant échoué dans sa tentative, Talleyrand se retira (1). » Non, la tentative n'avait pas échoué; car on était tombé d'accord pour envisager de la même manière l'état des choses; de là à une conclusion identique, il n'y avait pas grand effort. L'âme faible et vaine de M. de Raguse avait aspiré tous les venins de cette conversation.

IX

Et ce qui l'a bien prouvé, c'est l'acte qui a immédiatement suivi la visite du prince de Bénévent.

(1) « Il n'avait rien obtenu, » dit aussi M. de Rovigo dans ses *Mémoires* (VII. 72). Le duc de Rovigo, étant ministre de la police, avait eu le tort de ne pas éloigner de Paris cet artisan d'intrigues, et il était porté à croire que cette faute n'avait pas eu pour conséquences, entre autres dangereuses menées, la séduction de M. de Raguse, dès le 30 mars au soir; mais c'était une illusion.

Marmont, resté seul, passa dans une autre pièce où se trouvaient le comte Orloff, un de ses commensaux de la soirée, ses aides-de-camp, les divers personnages nécessaires à son opération ; et là, sans plus hésiter, il procéda à la conclusion de l'acte connu sous le nom de *Capitulation de Paris*.

Il était deux heures du matin, la journée du 31 mars 1814 commençait, lorsque les dernières signatures furent apposées à cet acte fatal.

X

Un général commandant en chef un corps d'armée a le droit dans certaines circonstances, de consentir, sous sa responsabilité, une capitulation comprenant les hommes, le matériel de guerre, la position stratégique de son corps d'armée.

Mais un commandant en chef, quelles que soient les circonstances qui le pressent, n'a jamais le droit de comprendre dans sa capitulation des hommes non placés sous son commandement, un matériel de guerre non remis à sa garde, une position stratégique autre que celle qu'il est chargé d'occuper et de défendre.

De plus, il y a des règles particulières pour le cas où, de la position stratégique occupée par un corps d'armée, dépend la conservation d'une ville, d'un grand centre de population; dans ce cas, le droit de capituler est fort restreint; il y a toujours lieu d'examiner, non pas s'il est possible de continuer la résistance sans sacrifier un corps d'armée, mais bien s'il ne convient pas de s'exposer même à sacrifier un corps d'armée pour retarder seulement la reddition de la place à défendre.

Or, si l'on soumet à ces principes qui sont incontestables dans les usages de la guerre, la convention signée le 31 mars pour la capitulation de Paris, on trouve dans cette convention des particularités bien étranges et bien pénibles.

Voici d'abord le texte de cette convention qu'il importe d'avoir sous les yeux.

CAPITULATION.

« L'armistice de quatre heures dont on est
» convenu pour traiter des conditions de l'occu-
» pation de la ville de Paris, et de la retraite des
» corps français qui s'y trouvaient, ayant conduit
» à un arrangement à cet égard, les soussignés
» dûment autorisés par les commandants respectifs
» des forces opposées, ont arrêté et signé les articles
» suivants :

Article I

» Les corps des maréchaux ducs de Trévise et
» de Raguse évacueront la ville de Paris le 31
» mars, à sept heures du matin.

Art. II

» Ils emmèneront avec eux l'attirail de leur
» corps d'armée.

Art. III

» Les hostilités ne pourront recommencer que
» deux heures après l'évacuation de la ville, c'est-
» à-dire le 31 mars, à neuf heures du matin.

Art. IV

» Tous les arsenaux, ateliers, établissements et
» magasins militaires seront laissés dans le même
» état où ils se trouvaient avant qu'il fût question
» de la présente capitulation.

Art. V

» La garde nationale ou urbaine est totalement
» séparée des troupes de ligne; elle sera conservée,

» désarmée ou licenciée, selon les dispositions des
» puissances alliées.

Art. VI

» Le corps de la gendarmerie municipale par-
» tagera entièrement le sort de la garde nationale.

Art. VII

» Les blessés et maraudeurs restés après sept
» heures à Paris, seront prisonniers de guerre.

Art. VIII

» La ville de Paris est recommandée à la géné-
» rosité des hautes puissances alliées. »
» Fait à Paris, le 31 mars 1814, à deux heures
» du matin. »

Ont signé :

Le colonel comte Orloff, aide-de-camp de Sa Majesté l'Empereur de toutes les Russies ;

Le colonel comte Paer, aide-de-camp général de Son Altesse le maréchal prince de Schwartzenberg ;

Le colonel baron Fabvier, attaché à l'état-major de Son Excellence le maréchal duc de Raguse ;

Le colonel Denys, premier aide-de-camp de Son Excellence le maréchal duc de Raguse. »

Examinons en peu de mots quelques-unes des dispositions de cet acte.

Marmont, pour ce qui le concerne, lui et son corps d'armée, est assez ménagé; il fait une capitulation qui, s'il eût été seul et s'il eût traité en rase campagne, pourrait paraître honorable. Il quitte, il est vrai, ses positions; mais il reste libre de se rendre où il lui plaît; il sauve tout son monde; il ne donne pas un ôtage; il ne laisse pas un prisonnier; il emmène avec lui tout son matériel de guerre, et il ne s'astreint qu'à une trêve de deux heures, de sept heures du matin à neuf. On ne saurait avoir plus d'égards pour la juste susceptibilité du courage malheureux.

Toutefois il n'est même pas nécessaire de ne point s'arrêter à la surface des choses pour voir tout ce qu'il y a d'irrégularités honteuses et coupables dans cette convention du 31 mars.

Ainsi, Marmont n'avait pas été seul à défendre Paris; cette défense, il l'avait notamment partagée avec Mortier et Moncey, et il appartenait à ces deux maréchaux de prendre part à l'acte de capitulation.

Or, ni Moncey, ni Mortier n'interviennent dans cet acte. Ont-ils été appelés? Appelés, ont-ils voulu se tenir éloignés de conférences qu'ils soupçonnaient être sans liberté, sans dignité, sans bonne foi? Venus aux conférences, ont-ils refusé de ratifier des conditions qui leur semblaient contraires à l'honneur, à la loyauté et non suffisamment imposées par les circonstances? On est autorisé à admettre une de ces hypothèses. Mais tout ce que l'on sait avec certitude, c'est que les signatures des délégués du maréchal duc de Raguse figurent seules au bas de stipulations où l'on dispose, sans le maréchal duc de Trévise, du corps commandé par le maréchal duc de Trévise, et sans le maréchal duc de Conegliano, de la garde nationale de Paris commandée par le maréchal duc de Conegliano.

Il y a plus : avant la bataille de Paris on avait refusé des armes à ceux qui s'offraient pour combattre, et pendant la bataille, les munitions avaient manqué, sur plusieurs points, à nos défenseurs. Pourquoi ce refus d'armes et de munitions? doit-on l'imputer à une disette réelle ou à la trahison? s'il y a eu trahison, qui, sinon les traîtres, pouvait avoir intérêt à faire passer sous la main des étrangers, leurs complices et leurs protecteurs, les magasins, les dépôts militaires de Paris et le secret de l'état réel des approvisionnements?

On pouvait stipuler que ces magasins et dépôts seraient enlevés par les corps d'armée battant en retraite; on pouvait stipuler qu'ils seraient détruits; on pouvait stipuler qu'ils seraient inventoriés et placés sous les scellés pour une destination à déterminer ultérieurement.

Mais Marmont ne s'est pas arrêté à un de ces

partis ; comme s'il fût entré tout d'un coup dans la complicité de ceux qui, par leur trahison, avaient rendus inutiles ses efforts de défense, il a consenti, par une clause ambiguë formant l'article IV de la capitulation, à l'abandon, entre les mains des étrangers, de tous les arsenaux, ateliers, établissements et magasins militaires de la ville de Paris.

Les étrangers ne tenaient pas seulement à sauver ceux qui les avaient secondés parmi les nôtres : ils tenaient encore à se procurer des munitions dont ils manquaient, et cela de manière à dissimuler à la fois le dénuement dans lequel ils se trouvaient et à n'avoir pas à faire un compte régulier de ce qu'ils auraient pris. Marmont favorisa tous ces calculs par l'article IV de la capitulation.

Ce n'est pas assez. Quand Marmont faisait sa capitulation, il traitait en réalité du sort de la ville de Paris. La capitale de la France avait le droit d'intervenir, par ses représentants, dans une convention où l'on disposait de sa dignité, de sa sûreté, de son existence. Marmont n'appela pas auprès de lui les représentants de la ville de Paris. Dans la position abusive qu'il s'arrogeait, a-t-il au moins pris à tâche d'obtenir pour Paris les garanties que les représentants de cette cité n'auraient pas manqué de réclamer ? Non, et c'est ici que l'on voit l'égarement manifeste qui a présidé à cette convention du 31 mars.

Tout ce que le duc de Raguse stipule pour la ville de Paris, c'est qu'elle sera désarmée, privée de force publique, même de simple police, remise sans défense à la merci des étrangers, et comme il a osé l'écrire, *recommandée à la générosité des hautes puissances alliées*. Article Ier : « Les corps des maréchaux évacueront la ville de Paris... Art. V : .... La garde nationale ou urbaine sera conservée, désarmée ou licenciée, selon les dispositions des puissances alliées. Art. VI : Le corps de la gendarmerie municipale partagera entièrement le sort de la garde nationale. Art. VIII : La ville de Paris est recommandée à la générosité des hautes puissances alliées. »

Or, pendant que le duc de Raguse livrait ainsi à discrétion la ville de Paris, les représentants de cette cité étaient sur la route de Bondy, se hâtant d'arriver au quartier-général des souverains étrangers, et ils obtenaient aisément de ceux-ci des conditions de sûreté intérieure que le duc de Raguse n'avait pas songé à stipuler et dont, autant qu'il avait été en lui, par ses concessions excessives, il avait déjà rendu l'octroi plus restreint, plus difficile et plus humiliant.

XI

D'après une ancienne croyance des Romains, quand un général mettait en péril la République par quelque défaite désastreuse ou par quelque traité plus funeste encore, les divinités protectrices de la ville éternelle s'emparaient de l'homme fatal, suscitaient autour de lui les Euménides et le frappaient de vertige. Tel qu'il nous apparaît après avoir conclu la capitulation de Paris, Marmont semble vérifier cette fable antique du patriotisme romain.

A partir de ce moment, une idée l'a envahi : c'est que l'opinion, la France réclament un changement. Il a vu les soldats tomber près de lui en criant *Vive l'Empereur!* Il n'en croit pas ces vrais représentants du pays; il en croit davantage un banquier étourdi, un roué qui le flatte, des fonctionnaires éperdus de peur, des conspirateurs sortant de l'ombre. Déjà il s'apprête à justifier ce qu'il dira trois jours plus tard, au début de sa négociation secrète avec le prince de Schwartzenberg : « L'opinion publique a toujours été la règle de ma conduite. » Et cette opinion lui paraît irrévocablement hostile à l'Empereur. Reconnaissant plus tard la vérité, il dira, dans un moment de calme, cette mémorable et juste parole : « Le grand capitaine s'est retrouvé en 1814; mais il n'y avait plus d'armée; *l'opinion seule combattait alors pour lui* (1). » En 1814, Marmont, égaré, voit partout contre l'Empereur cette *opinion qui seule combattait alors pour lui.* » Le 31 mars, à l'entrée des coalisés, des scènes à jamais honteuses éclatent sur le passage des souverains étrangers; mais le peuple partout ailleurs ne cache pas sa surprise, sa douleur, son indignation. Les hommes à cocardes blanches sont maltraités, arrêtés dans les rues où ils se risquent à jeter des cris insolites. Ils ne se montrent impunément que dans le voisinage et sous la protection des baïonnettes étrangères. « Pourquoi tairais-je, dit un agent royaliste, organisateur de la manifestation, pourquoi tairais-je que dans les rues de Paris l'opinion se prononça absolument en sens contraire? (Dans les faubourgs on criait : *Vive l'Empereur!* pendant que les alliés défilaient sur les boulevards!) Pourquoi tairais-je qu'ayant voulu moi-même étendre l'impulsion du côté de la place des Victoires, je fus arrêté vers les onze heures du matin (31 mars) avec deux de mes amis? Pourquoi ne dirais-je pas encore que la patrouille de garde nationale qui se saisit de nous au moment où nous

---

(1) Page 149 de l'ouvrage publié en 1846 par Marmont sous le titre d'*Esprit des institutions militaires.*

8.

répandions des cocardes blanches... nous conduisit au poste des Petits-Pères, au milieu des vociférations du peuple (1). » Un autre témoin intéressé et moins suspect encore, a écrit que les royalistes qui s'ameutaient autour des souverains alliés « ne s'élevaient pas à moins de douze à quinze cents, mais qu'ils formaient une masse multipliée par ses rapides mouvements (2). » On trouve ce qui suit dans une relation des événements de 1814 faite en quelque sorte sous la dictée de la police étrangère : « Lors de l'entrée des alliés, il y eut des provocations à la résistance. Des gens à cheval couraient dans le quartier du Louvre, criant de fermer les boutiques, de barricader les maisons, de chasser l'ennemi, et que Napoléon allait attaquer par le dehors. Les premiers cosaques qui parurent furent assaillis, vers la Grève, de cris forcenés de *Vive l'Empereur*, accompagnés de gestes menaçants. L'inquiétude les gagnait et ils allaient se mettre en défense quand la garde nationale, qui se portait partout avec activité, apaisa ces tumultes et dissipa leurs malveillants ou insensés excitateurs (3). »

---

(1) *Révélations* de Morin, etc.
(2) *Mémoires tirés des papiers d'un homme d'État*, etc., t. XII. p. 389.
(3) *Campagne de Paris en* 1814, etc., par P.-F.-J. Giraud, Paris, 1814, in-8°; 6° édition chez A. Eymery. (P. 98).
C'est ici le cas peut-être de relever une dernière fois une erreur historique remise de nouveau et tout récemment en circulation par

M. de Raguse pouvait et devait connaître ces faits, le véritable état de l'opinion parisienne; il n'importe: pour lui, Paris tout entier accueille avec joie, avec enthousiasme le triomphe des ennemis. Dès qu'il apprend que l'Empereur est à la Cour-de-France, il se hâte de lui expédier un aide-de-camp chargé de lui porter la nouvelle de cette ovation et de n'en rien omettre, rien que la vérité tout entière. Ce malheureux officier crut de son devoir d'obéir; il

---

la publication d'un ouvrage au reste fort curieux et intéressant, les *Souvenirs militaires* du général Pelleport. Ce général rapporte que, blessé à Belleville, le 30 mars, et transporté presque mourant dans l'intérieur de Paris, il vit se fermer devant lui les premières maisons auxquelles on s'adressa pour avoir des secours, et ce général tire de ce fait fortuit, imputable seulement à quelques *suisses* ahuris, cette induction, à savoir que la population parisienne n'était pas favorable à la cause de l'Empereur. Mais nous avons contre cette assertion l'assertion d'un autre général, présent comme M. Pelleport aux événements, et qui pouvait peut-être juger de l'état des choses mieux qu'un blessé trop justement impatient de recevoir des secours. Le général Belliard s'exprime ainsi dans ses *Mémoires* (tome I*er*, p. 178) : ... « Comment se sont conduits les Parisiens? (C'est l'Empereur qui interroge, et Belliard répond) — Très bien, Sire ; ils faisaient des vœux pour le succès de nos armes ; ils recueillaient les blessés, les mettaient dans des voitures pour qu'on les conduisît à l'hôpital, après leur avoir fourni tout ce qui pouvait leur être nécessaire. Lorsque nous sommes rentrés en ville, et quand nous avons traversé les boulevards pour venir passer la Seine sur le pont du Jardin-des-Plantes, une foule immense, le visage triste et la consternation dans l'âme, nous regardait passer avec tous les signes de la plus profonde douleur. » Il est vrai de dire que le général Belliard faisait partie du corps du duc de Trévise et non de celui du duc de Raguse.

mentit, il vit l'affliction profonde de l'Empereur, il ne revint pas sur ses paroles pour le détromper : ainsi l'avait voulu son chef immédiat ; mais il en fit une maladie. Ce trait de cruauté semble incroyable; c'est M. de Rovigo qui l'atteste : « Avant de quitter Paris, Marmont avait transmis à l'Empereur la capitulation qu'il avait signée et lui avait fait dire que, s'il voulait rentrer de force dans la capitale, il devait s'attendre à la voir tout entière s'armer contre lui. L'aide-de-camp rendit le message tel que le lui avait donné le duc de Raguse ; mais il ne fut pas à l'épreuve de cet horrible mensonge ; il en fut longtemps malade et avoua à quelqu'un qui me l'a répété, que cette coupable faiblesse avait empoisonné sa vie (4). »

XII

L'Empereur, trompé, ignorant tout d'abord le détail des faits accomplis, l'attention absorbée par les éventualités imminentes qu'il voulait conjurer, ayant besoin d'ailleurs de croire à la fidélité des amis qui lui restaient encore, l'Empereur ne reprocha pas à Marmont la capitulation de Paris. C'était là une faute que d'autres fautes avaient précé-

(1) *Mémoires du duc de Rovigo*, t. VII, p. 95.

dée; il lui répugnait de faire supporter à un seul homme une responsabilité qu'il aurait fallu partager entre plusieurs dont on ne pouvait pas suspecter le dévouement. Au surplus, une faute n'est pas un crime, et l'Empereur ne se méfiait peut-être pas de ce qui se passait dans l'âme de Marmont. Quand il le vit à Fontainebleau, dans la nuit du 31 mars au 1er avril, il le loua pour sa défense de Paris; il le loua et lui demanda ses états de proposition pour les braves qu'il était juste de récompenser. Au 1er avril, l'Empereur vint passer à Essonne la revue du corps du duc de Raguse; il distribua les récompenses et releva par quelques mots les cœurs de ces braves gens qui se croyaient coupables parce qu'ils n'étaient point morts.

M. de Raguse dit en parlant de cette visite de l'Empereur à Essonne : « C'était la dernière fois de ma vie que je devais le voir et l'entendre (1). » Tenons-lui compte de cette remarque, de ce serrement de cœur, de cette suprême émotion.

Ce qui prouve combien l'âme de l'Empereur était exempte d'incrimination et de soupçon, ou combien il avait cru nécessaire de ramener et de contenir, par une marque d'extrême confiance, le cœur tourmenté, mais, selon lui, non encore égaré de Marmont, c'est qu'il laissa et assigna au 6e corps que

(1) *Mémoires*, tome VI, p. 354.

commandait Marmont la position d'Essonne; cette position était la plus importante, non-seulement à cause du voisinage de Paris, occupé par les alliés, mais encore parce qu'elle faisait du 6ᵉ corps, contre les étrangers, l'avant-garde de l'armée impériale, alors à Fontainebleau. En confiant à Marmont cette position, l'Empereur avait dit : « Essonne, c'est là que viendront s'adresser toutes les intrigues, toutes les trahisons; aussi y ai-je placé Marmont, mon enfant, élevé sous ma tente. »

SECONDE PARTIE

—

LA DÉFECTION D'ESSONNE

I

La capitulation de Paris, la présence des étrangers en armes avaient enhardi, surexcité les ennemis du dedans. La trahison intérieure, éblouie, effrayée, entraînée, sortit des salons, travailla au grand jour, à la hâte, faisant de son mieux pour précipiter les événements, mettant tout d'abord en œuvre cette tactique que lui suggéraient à la fois l'habileté et la peur, de multiplier sous toutes les formes l'annonce, l'apparence de son triomphe. Dès le 31 mars, elle s'emparait de tous les journaux de Paris, à qui elle imposait des rédacteurs de sa main. Le 1er avril, les organes de l'opinion, la veille encore tout retentissants d'enthousiasme pour la cause de l'Empire, débutèrent avec ensemble par une furieuse explosion d'outrages et de fausses nouvelles. Un d'eux alla jusqu'à dire, en parlant de l'armée française : « L'armée ennemie qui est à Fontainebleau (1). » Il fallait frapper les imaginations, convaincre les plus incrédules du changement accompli, faire de la déception commune une irrésistible opinion : les manifestations représentant comme définitive la chute de l'Empire se succédèrent coup sur coup.

Le 31 mars, déclaration par les souverains alliés de leur intention de ne plus traiter avec le souverain de la France ni avec aucun membre de sa famille.

Le 1er avril, nomination, au nom du Sénat, d'un gouvernement provisoire composé de cinq personnes, toutes vouées à la coalition étrangère : Talleyrand, président; le duc de Dalberg, le comte François de Jaucourt, le général de Beurnonville et l'abbé de Montesquiou.

---

(1) M. de Vaulabelle (*Hist. des deux Restaurations*, t. 1er, p. 292). M. Ernouf (*Histoire de France sous Napoléon*. t. XIV, p. 28), M. Pons de l'Hérault (*De la bataille et de la capitulation de Paris*. p. 300) ont tour à tour raconté comment s'est effectué cette prise de possession de tous les journaux de Paris. Ce fut un obscur agent royaliste, Morin, placé à la préfecture de police, qui eut l'idée de cette importante mesure. Mais les journalistes commandés voulurent un ordre écrit pour leur garantie. M. le marquis de la Grange se chargea de l'avoir; il alla le demander au général russe Sacken, nommé le matin, 31 mars, gouverneur de Paris, et l'apporta lui-même dans les divers bureaux de journaux où il installa des rédacteurs, des censeurs et donna des instructions. Un des journaux ne reçut ni des rédacteurs, ni des censeurs : il fut rendu à ses propriétaires et laissé à son naturel.

Le 1er, le 2, le 3 avril, déclaration de déchéance faite tour à tour au nom du corps municipal de Paris, du Sénat et du Corps législatif.

Les mêmes jours, adresse à l'armée, adresse au peuple ; nomination de nouveaux ministres et directeurs des grands services publics ; destruction des insignes de l'Empire sur les édifices ; adhésions bruyamment faites, bruyamment annoncées, des divers corps administratifs, judiciaires, de police, cléricaux et savants ; décrets pour enjoindre aux soldats de quitter les drapeaux, aux conscrits de ne point se lever, aux autorités civiles de ne point reconnaître un autre gouvernement que le gouvernement provisoire ; publication dans les journaux des lettres successivement écrites par divers personnages qui se détachaient de l'Empire et faisaient adhésion au gouvernement provisoire, etc., etc.

Un ancien secrétaire de l'Empereur, Bourrienne, se plaça à la direction des postes pour assurer la prompte diffusion de ces nouvelles dans toute la France (1).

---

(1) Bourrienne, directeur des postes, était ainsi traité à cette époque dans un mémoire de la main de l'abbé de Montesquiou, trouvé aux Tuileries, avec d'autres papiers, après le 20 mars 1815 ; l'abbé de Montesquiou, s'adressant confidentiellement à Louis XVIII, disait dans ce mémoire : « Le roi jugera peut-être à propos de donner les postes à M. Becquey, parce qu'elles sont aujourd'hui dans des mains honteuses et qui inquiètent le public. » (*Journal de l'Empire* du 16 avril 1815.)

La mise en scène était fort habile ; tous les contemporains, on peut le dire, y ont été trompés ; un moment, les fidèles eux-mêmes crurent à une réaction universelle de la France contre l'Empire.

Toutefois, de tous ces actes artificiels et tumultueux, un seul, la déclaration des souverains, offrait de la gravité ; mais elle avait été faite par surprise à la suite d'une délibération non destinée à donner lieu à une décision immédiate et surtout publique. Au 31 mars, comme on le verra plus bas, les souverains alliés n'avaient encore aucune intention bien arrêtée d'exclusion, sinon contre la personne de l'Empereur, du moins contre sa dynastie.

Quant aux autres déclarations qui semblaient non moins importantes, elles n'émanaient même pas des corps dont on avait usurpé les noms ; elles avaient été faites sans droit par des fractions de ces corps : au Sénat par 62 ou 64 membres sur 140 ; au Corps législatif, par 77 ou 80 membres sur près de 300 ; de plus, les individus qu'on allait prendre chez eux pour les contraindre à poser leurs signatures au bas des déclarations préparées d'avance par les meneurs, n'avaient cédé pour la plupart qu'à la crainte, à l'erreur, à la violence (1).

---

(1) Dans la première séance du Sénat, celle où le gouvernement provisoire fut nommé et la déchéance votée, il n'y avait que 30 membres présents. Ce n'était pas assez. On prorogea la séance, on laissa ouvert le procès-verbal et l'on courut chercher par la

Certes, tout cela était ignoré aux premiers jours. Mais si l'on pouvait aisément tromper le vulgaire, les chefs de l'intrigue ne se faisaient aucune illusion sur l'importance d'actes tous plus apparents que réels. La défection de quelques fonctionnaires, de quelques dignitaires ne prouvait rien ; comme dans toutes les situations violentes, l'autorité morale était en ce moment à la force. Or, l'armée, malgré les appels à la désertion qu'on faisait circuler dans ses rangs, l'armée demeurait inébranlable dans sa fidélité ; l'événement ne l'avait pas abattue, mais surprise et indignée ; elle s'apprêtait à venir prendre sous Paris soulevé à son approche une terrible revanche.

II

Les chefs de l'intrigue comprirent que rien n'était fait si l'on ne parvenait pas à gagner une partie de l'armée. Il eût été inutile pour plusieurs raisons de s'attaquer au peuple des soldats ; on s'adressa aux dignitaires supérieurs. Nous n'avons heureusement

---

ville de nouveaux adhérents. D'heure en heure on en amenait un ou deux. M. de Pastoret fut découvert dans une cachette et apporté au Sénat. La fin du jour ne mit pas un terme aux recherches. La nuit étant venue tout à fait, on dut clore le procès-verbal ; à neuf heures du soir, on compta les signatures ; on en trouva 62 ou 64 ; on n'avait pas pu faire mieux.

pas à donner ici la liste de tous ces dignitaires dont la loyauté fut alors plus ou moins entamée. Les mémoires du temps sont pleins à cet égard de détails dont quelques-uns excitent l'horreur et sollicitent l'incrédulité. Nous ne remuerons pas cette fange d'un jour de notre histoire. Nous ne dirons même pas, de peur d'offenser des noms aujourd'hui honorablement portés par des personnes innocentes, quels furent les agents d'intrigue et de trahison qui s'en vinrent, au quartier général d'Essonne, tenter, tromper, éblouir, achever d'égarer l'âme éperdue du maréchal duc de Raguse. « On vit affluer à Essonne, dit M. de Rovigo, une foule d'hommes qui, tout couverts des bienfaits de l'Empereur, n'insistaient pas moins vivement auprès du maréchal pour l'en détacher... Ils firent agir ceux des magistrats qui pouvaient exercer quelque influence sur le maréchal ; ils lui dépêchèrent quelques-uns de ses amis (1). » Un de ces amis, un de ceux qui louent Marmont d'avoir trahi dès le 30 mars, dès la capitulation de Paris, Bourrienne raconte qu'il lui a écrit une lettre « pour redoubler encore en lui ce dévouement à la France qui l'avait emporté sur ses plus chères affections personnelles (2). » M. de Pradt n'est pas moins explicite : « Dès que nous fûmes sortis du conseil (31 mars),

---

(1) *Mémoires du duc de Rovigo*, t. VII, p. 102.
(2) *Mémoires de Bourrienne*, t. X, p. 71.

M. le baron Louis et moi, dit-il, nous travaillâmes à nous assurer d'un des généraux les plus influents et nous dépêchâmes vers lui (1). »

Tous les traîtres, tous ceux qui s'étaient compromis et qui avaient peur, dépêchaient vers M. de Raguse.

Nous prendrons le récit au moment où le dernier agent d'intrigue, parti d'Essonne, put annoncer au généralissime de la grande armée des alliés que l'œuvre de corruption était accomplie. Marmont en était arrivé au point qu'il fallait : il croyait à cette fantasmagorie d'une France tout entière hostile à l'Empereur; il trouvait, de plus, comme il l'avoue lui-même ingénuement, que les soldats étrangers avaient pris en quelque sorte une physionomie nationale (2). D'ailleurs, dans ce vertige où son esprit s'emportait avec le changement des choses, il voyait s'ouvrir à ses ambitions des perspectives infinies.

Le prince de Schwartzenberg, avec qui M. de Raguse allait traiter, « était, parmi les chefs alliés, le plus prononcé contre Napoléon (3). »

Quand la négociation commença, les souverains étrangers, inquiets de la morne attitude du peuple

(1) De Pradt, *Du rétablissement de la Royauté*, p. 72.
(2) « Les étrangers eux-mêmes n'avaient-ils pas changé de caractère et de physionomie, depuis qu'ils avaient été adoptés pour ainsi dire... » Le reste n'est pas moins curieux; *Mémoires du duc de Raguse*, t. VI, p. 258.
(3) Fain, *Manuscrit de 1814*, p. 207-8.

de Paris, peu rassurés par les violences inconsistantes du petit groupe de leurs partisans français, effrayés surtout par ce qu'ils apprenaient des dispositions de l'armée de Fontainebleau, avaient résolu d'évacuer Paris et de prendre position à Meaux. L'ordre de ce mouvement rétrograde allait être expédié au comte Barclay de Tolly, lorsque le prince de Schwartzenberg en arrêta l'envoi par un mot qu'il fit tenir aux souverains étrangers : « Je traite, écrivit-il, avec le duc de Raguse (1). »

III

Les pourparlers s'engagèrent dès le 2 avril On ne manqua pas de s'entendre. On s'entendit, de vive voix, dans une conférence secrète, à Chevilly. Mais la chose convenue dut être arrrêtée par écrit, et l'on échangea les lettres suivantes.

Le 3 avril, le prince de Schwartzenberg écrivit à M. de Raguse :

(1) Koch, *Mémoires pour servir à l'Histoire de la campagne de 1814*, t. II, 2º partie, p. 573. — *Victoires et conquêtes des Français*, t. XXIII, p. 331. — « Tout le monde sait que l'ennemi était prêt à évacuer au moment où la défection du maréchal lui fut connue, » Pons de l'Hérault, *Bataille et capitulation de Paris*, p. 72. — « L'engagement pris par Marmont ramena la sécurité... » Le duc de Rovigo, *Mémoires*, t. VII, p. 108.

« Monsieur le maréchal,

« J'ai l'honneur de faire passer à Votre Excellence, par une personne sûre, tous les papiers et documents nécessaires pour mettre Votre Excellence au courant des événements qui se sont passés depuis que vous avez quitté la capitale, ainsi qu'une invitation des membres du gouvernement provisoire, à vous ranger sous les drapeaux de la bonne cause française. Je vous engage, au nom de votre patrie et de l'humanité, à écouter les propositions qui doivent mettre un terme à l'effusion du sang précieux des braves que vous commandez.

« Agréez, monsieur le maréchal, etc.

Le maréchal prince de SCHWARTZENBERG.

M. de Raguse hésita-t-il au moment de s'engager définitivement? Voulut-il se donner un semblant de quelques heures de réflexion? Ou bien consulta-t-il, avant de disposer d'eux, les généraux placés sous ses ordres? Cette dernière question est importante; nous l'examinerons eu peu de mots.

Presque tous les historiens ont admis que M. de Raguse a consulté les généraux du 6ᵉ corps sur son projet de défection. Où sont leurs preuves? Nous l'ignorons; il faut, sans doute, les chercher dans une tradition qui s'est établie ou qui a été habilement propagée par l'intéressé principal, à partir de 1815.

Si l'on s'en tient aux faits, on doit constater que le général Lucotte, notamment, commandant la réserve de Paris dans le 6ᵉ corps, n'avait nulle connaissance du projet de défection, et que, dès qu'il l'a pu soupçonner, ce projet, il a refusé de l'exécuter. Le général Lucotte n'a donc pas été mis dans la confidence. Peut-être, en cherchant bien, trouverait-on encore d'autres généraux qui n'ont pas pu être ou qui n'ont pas été consultés. Mais, sans nous livrer à des conjectures qu'il serait trop long de justifier, arrêtons-nous aux assertions provenant des intéressés eux-mêmes. Parmi ceux-ci, deux seulement ont donné des explications : le général Bordesoulle et le maréchal Marmont.

Le général Bordesoulle, dans une lettre fort curieuse, publiée tout récemment par extraits (1), raconte ainsi les faits :

« Le 4 (avril), vers huit heures (du matin), je me rendis chez le maréchal, et je rencontrai à sa porte le général Digeon, qui commandait son artillerie.

---

(1) Cette lettre, adressée confidentiellement, en 1830, au maréchal duc de Trévise, se trouve aux pages 94-100 d'une œuvre intitulée : *Le Maréchal Marmont, duc de Raguse, devant l'histoire*, etc., sans nom d'auteur. Paris, in-8°, 1857, chez Dentu.

— Vous allez chez le maréchal, me dit-il; eh bien! il va vous apprendre du nouveau.

J'insistai vainement pour qu'il s'expliquât davantage. J'entrai.

.... Général, reprit alors le maréchal, vous êtes un homme d'honneur, jurez-moi que vous ne révélerez pas ce que je vais vous confier.

Je lui donnai ma parole, bien éloigné de m'attendre à l'étrange confidence qu'il allait me faire.

— Vous savez, général, qu'un gouvernement provisoire, établi à Paris depuis deux jours, a proclamé la déchéance de Napoléon : j'ai, en conséquence, fait un traité avec le prince de Schwartzenberg pour mon corps d'armée qui, d'après mes conditions, va occuper la Normandie...

— Comment, monsieur le maréchal, vous avez fait un semblable traité, et sans nous consulter!

— Général, j'ai votre parole.

— Je la tiendrai, mais vous ne devez pas compter sur ma cavalerie.

— Vous ferez ce que vous voudrez ; moi, je suis décidé à prendre les armes ce soir, à six heures, sous prétexte d'une revue, et je passerai.

— Comment, monsieur le maréchal, vous allez donc découvrir Fontainebleau et mettre l'Empereur à la merci de l'ennemi !

— L'ennemi, reprit-il, ne fera point de mouvement cette nuit. J'ai d'ailleurs stipulé la sûreté de

Napoléon, dans le cas où des événements de guerre le feraient tomber entre les mains des alliés....

J'insistai pour qu'au moins il ne partît pas avant la nuit.

— C'est très-bien, dit-il, mais répondriez-vous de moi, si deux cents chevaux venaient pour m'enlever?

— Monsieur le maréchal, vous ne m'avez pas consulté sur ce que vous avez déjà fait, vous ne devez donc pas vous adresser à moi si vous avez quelque chose à craindre.

— Réfléchissez, dit-il en nous séparant, et venez à quatre heures me dire votre résolution. »

Ainsi, d'après le récit qu'on vient de lire, Marmont ne consulte pas le général Bordesoulle; il lui fait part d'un traité déjà conclu, et il lui demande sa coopération pour l'exécuter. Marmont *consulte-t-il* de la même manière les autres généraux? C'est ce que l'on ne voit pas par ce récit; il semble seulement que le général Digeon, comme le général Bordesoulle, avait été informé, *après coup*, d'une convention arrêtée d'avance, et qu'il s'agissait désormais de mettre à exécution.

Mais tel n'est pas le récit de Marmont, dont voici les assertions, trop légèrement admises par la plupart des historiens.

« Avant d'arrêter définitivement un parti, il était

convenable et nécessaire de prendre l'avis de mes généraux et de m'entourer de leurs lumières. Tous les généraux placés sous mes ordres furent donc réunis chez moi. Je leur communiquai les nouvelles reçues de Paris. Chacun avait le sentiment des prodiges opérés pendant la campagne, prodiges hors de tous calculs; mais aussi tous étaient convaincus de l'impossibilité de les continuer. La décision fut unanime. Il fut résolu de reconnaître le gouvernement provisoire et de se réunir à lui pour sauver la France... (1). »

Voilà donc Marmont se comportant avec quelque prudence; il réunit *tous* ses généraux, il les consulte tous, il *s'entoure de leurs lumières;* avant de les engager dans sa catastrophe, il leur demande, à tous, leur consentement; qui ne voit dans cette *décision unanime* qu'il obtient de *tous* ses généraux, sinon une excuse pour la défection, du moins une responsabilité partagée et le témoignage d'un de ces égarements presque irrésistibles qui s'imposent aux raisons individuelles et qui sont inséparables des temps de troubles?

Mais malheureusement pour l'illusion historique qu'il voudrait établir, Marmont a fait deux fois le récit de sa conduite en 1814; et il n'a pas eu soin de se mettre d'accord avec lui-même. Dans sa *Réponse* à

---

(1) *Mémoires du duc de Raguse,* tome VI, p. 259-260.

la proclamation en date du golfe Jouan, en 1815, il s'était ainsi exprimé.

« ... Tel fut l'objet des pourparlers qui eurent lieu avec le prince de Schwartzenberg. En même temps que je me disposais à informer mes camarades de la situation des choses et du parti que je croyais devoir prendre, le duc de Tarente, le prince de la Moskowa, le duc de Vicence et le duc de Trévise arrivèrent chez moi... (1).

Ainsi, Marmont *se disposait à informer ses camarades du parti qu'il croyait devoir prendre ;* mais l'arrivée des plénipotentiaires de l'Empereur suspend d'abord la négociation, puis la réduit, selon lui, à néant, et il n'informe de rien ses camarades.

N'avons-nous pas le droit de choisir entre ces deux récits, dont l'un nous montre Marmont circonspect et presque loyal, consultant les gens avant de les engager, et dont l'autre nous fait voir le même personnage précipitant tout seul les choses au gré de sa folie? Entre ces deux récits, si différents, n'avons-nous pas le droit de choisir celui que Marmont a composé en 1815, alors que les faits n'avaient encore qu'un an de date, que tous les témoins étaient vivants et toutes les mémoires présentes?

---

(1) La *Réponse* à la proclamation en date du golfe Jouan, publiée dans le premier numéro du *Moniteur de Gand*, a été insérée par l'éditeur des *Mémoires du duc de Raguse*, dans les pièces à l'appui, pages 145-158, du tome VII de ces *Mémoires*.

Mais nous ne choisirons pas entre deux mensonges diversement arrangés pour les besoins de chaque époque. Nous déciderons la question d'après la raison des choses. Superbe et dédaigneux envers ses inférieurs, à qui il ne rendait pas compte de ses actes, ne voulant pas compromettre par d'imprudentes communications une négociation très-périlleuse, et dont, au reste, il ambitionnait d'être seul à recueillir le résultat, Marmont n'a consulté personne avant de s'engager et pour s'engager envers le prince de Schwartzenberg. Mais cet engagement ne pouvait pas s'exécuter sans la coopération des généraux du 6ᵉ corps. Au dernier moment, ceux-ci furent mis dans la confidence, sinon tous, du moins ceux dont l'égarement était le plus possible et la complicité tout à fait indispensable. Alors, tout était arrêté; la confidence devenait une injonction impérieuse, et nul ne pouvait savoir, au milieu des troubles, des trahisons, des méfiances et des incertitudes où l'on s'agitait, qu'il pût suffire de désobéir et de se réserver pour empêcher la défection de s'accomplir.

Ayant passé un jour à peu près à prendre son parti, arrêter ses dispositions et voir se poser les événements, Marmont se décida, et dans la nuit du 3 au 4 avril, il répondit au prince de Schwartzenberg :

« Monsieur le maréchal,

« J'ai reçu la lettre que Votre Altesse m'a fait l'honneur de m'écrire, ainsi que tous les papiers qu'elle renfermait. L'opinion publique a toujours été la règle de ma conduite. L'armée et le peuple se trouvent déliés du serment de fidélité envers l'Empereur Napoléon, par le décret du Sénat. Je suis disposé à concourir à un rapprochement entre le peuple et l'armée, qui doit prévenir toute chance de guerre civile et arrêter l'effusion du sang français. En conséquence, je suis prêt à quitter, avec mes troupes, l'armée de l'Empereur Napoléon, aux conditions suivantes dont je vous demande la garantie par écrit :

« Art. 1er. Moi, Charles, prince de Schwartzenberg, maréchal et commandant en chef les armées alliées, je garantis à toutes les troupes françaises qui, par suite du décret du Sénat, du 2 avril, quitteront les drapeaux de Napoléon Bonaparte, qu'elles pourront se retirer librement en Normandie avec armes, bagages et munitions, et avec les mêmes égards et honneurs militaires que se doivent les troupes alliées.

« Art. 2. Que si, par suite de ce mouvement, les événements de la guerre faisaient tomber entre les mains des puissances alliées la personne de

Napoléon Bonaparte, sa vie et sa liberté lui seraient garanties dans un espace de terrain et dans un pays circonscrit, au choix des puissances alliées et du gouvernement français. »

Le prince de Schwartzenberg se hâta d'accepter ces conditions, dans la journée même du 4 avril :

« Monsieur le maréchal,

» Je ne saurais assez vous exprimer la satisfaction que j'éprouve en apprenant l'empressement avec lequel vous vous rendez à l'invitation du gouvernement provisoire, de vous ranger, conformément au décret du 2 de ce mois, sous les bannières de la cause française.

» Les services distingués que vous avez rendus à votre pays sont reconnus généralement ; mais vous y mettrez le comble en rendant à leur patrie le peu de braves échappés à l'ambition d'un seul homme.

» Je vous prie de croire que j'ai surtout apprécié la délicatesse de l'article que vous demandez et que j'accepte relativement à la personne de Napoléon. Rien ne caractérise mieux cette belle générosité naturelle aux Français et qui distingue particulièrement Votre Excellence.

» Agréez les assurances de ma haute considération.

» SCHWARTZENBERG.

« A mon quartier général, le 4 avril 1814. »

IV

Nous ne ferons pas de commentaires sur les lettres qu'on vient de lire : on ne commente pas un pacte de trahison. Nous ne dirons même rien de la clause par laquelle Marmont, tout en livrant, autant qu'il le peut, la personne de l'Empereur, stipule pour lui la captivité *dans un pays circonscrit* et *dans un espace de terrain*. Cette idée de captivité ainsi suggérée, ce fut là ce qui dans le temps souleva le plus l'indignation. Nous dirons seulement quelques mots du caractère, sinon moral, du moins politique de cette négociation si décisive. M. de Raguse s'engage à un acte qui doit avoir pour effet immédiat l'écroulement du gouvernement établi. Or il ne lui vient pas à l'esprit de se demander et de demander quel gouvernement succédera à l'Empire, et s'il y a des garanties pour que le choix de ce nouveau gouvernement soit conforme à la dignité, aux besoins du pays. La politique et le patriotisme, alors même qu'ils s'égarent, ne se jettent pas ainsi dans l'inconnu sans une condition, une promesse, une espérance, une perspective. M. de Raguse fait mieux encore que de tout accorder sans rien exiger. Par l'acte auquel il s'oblige, il va désorganiser l'armée et dissiper toute force de défense nationale. Que restera-t-il au pays pour se préserver des fantaisies des étrangers ? Rien que la crainte de son suprême désespoir et la prudence des étrangers! Traiter ainsi, ce n'est pas traiter, c'est livrer un pays comme un traître ou comme un niais.

Mais sur ce point, il est nécessaire de suivre M. de Raguse dans ses efforts de justification : « Les débris de l'armée, se demande-t-il, en se réunissant au gouvernement provisoire, ne devaient-ils pas donner à celui-ci une sorte de dignité qui le ferait respecter des étrangers? Ce gouvernement provisoire ne devait-il pas y trouver les moyens de négocier, comme puissance, tout à la fois avec eux et avec les Bourbons, et enfin un appui pour obtenir toutes les garanties dont nous avions besoin et que nous devions réclamer (1)? » Ainsi M. de Raguse abandonnait Napoléon, dont la cause lui semblait perdue, pour fortifier contre les étrangers, par son adhésion, le simulacre d'un autre gouvernement français; et, pour mieux prouver que telle était son intention, son illusion, il raconte comment il faillit faire sauter par une fenêtre le ministre des finances du gouvernement provisoire, l'abbé Louis, qui se refusait à prendre des mesures pour subvenir à la solde, à l'entretien du 6ᵉ corps, après la défection : « Vous avez du goût pour le régime du knout; vous voulez nous mettre à la merci des étrangers,

(1) *Mémoires*. tome VI. p. 257.

et vous ne relevez même pas la platitude de vos sentiments par la convenance de votre langage, etc. » Là-dessus, le beau mouvement vers la fenêtre (1). Mais cet accident de conversation animée ne prouve rien. Pourquoi, s'il a voulu donner un corps d'armée au gouvernement provisoire, M. de Raguse n'a-t-il pas traité avec le président de ce gouvernement, au lieu de traiter, comme il l'a fait, avec le généralissime des armées alliées? Pourquoi, s'il a voulu traiter pour le gouvernement provisoire, M. de Raguse n'a-t-il pas stipulé que le 6ᵉ corps se tiendrait près de Paris, à la portée de ce gouvernement, au lieu de stipuler, comme il l'a fait, que le 6ᵉ corps serait relégué, en Normandie, en dehors du rayon des événements? Comment d'ailleurs M. de Raguse pouvait-il ignorer que le gouvernement provisoire n'avait que faire d'une troupe française, qu'il ne s'appartenait pas, qu'il appartenait aux étrangers, que pour le fortifier, du moins dans le sens de la dignité nationale, il était nécessaire, non pas de se donner à lui, mais bien de rester près de lui, indépendant et menaçant, pour le contraindre, le réprimer et le retenir? Comment M. de Raguse a-t-il pu davantage ignorer qu'en faisant défection, loin de conserver un corps d'armée en particulier, il divisait et détruisait l'armée française tout entière?

(1) *Mémoires*, tome VII. p. 5-8.

V

Sans rien prévoir, sans rien savoir, se mettant ainsi à la discrétion des étrangers, lui, son corps d'armée, l'Empereur et la France, M. de Raguse se trouva engagé, le 4 avril, à faire défection. Mais il ne pouvait point faire seul le mouvement promis; il dut en dire, il en dit quelques mots aux principaux commandants du 6ᵉ corps. Ceux-ci, ébahis, troublés, ne surent tout d'abord à quoi se résoudre. La trahison, le devoir se disputèrent confusément ces pauvres raisons qui se sentaient prises dans des combinaisons politiques pour elles incompréhensibles. A tout hasard, on se donna du répit. On aurait pu arrêter le maréchal; mais on était éloigné de ces temps où l'on savait prendre conseil de soi-même et se sacrifier à un devoir supérieur; la discipline, le respect de la subordination était alors une de ces vertus auxquelles on ne préfère rien, pas même le salut de la patrie. On n'arrêta donc pas le maréchal; on passa le temps à s'étonner, à se dire en particulier : qu'allons-nous faire? Et l'on ne décida rien. On attendit, pour décider quelque chose, que la nuit fût arrivée; car s'il fallait se résigner à passer à l'ennemi, comme le maréchal l'avait résolu, il était avant tout nécessaire, chacun d'eux le comprenait bien, de pouvoir tromper le soldat.

Mais avant que la nuit ne fût arrivée, dans la journée du 4 avril, il s'était passé à Fontainebleau un événement inattendu.

VI

L'Empereur, résolu d'attaquer les étrangers sous Paris, venait d'annoncer lui-même cette nouvelle à l'armée, qui l'avait accueillie avec enthousiasme (1).

(1) Sur cette célèbre allocution de l'Empereur : *Soldats ! l'ennemi nous a dérobé trois marches...* il faut lire dans notre *Appendice* la relation du Baron Pelet à qui il a été donné de l'entendre et qui était présent en sa qualité de général de brigade dans la jeune garde. Nous devons cette relation inédite à une bienveillante communication dont nous nous sentons grandement honorés, car le général Pelet est parmi nous une vivante image de l'ère impériale ; il en représente la tradition ; il en a la foi, la passion et l'immortelle jeunesse. Dès ses premières armes, le général Pelet a eu conscience de ce devoir que fait une glorieuse époque aux hommes d'intelligence, de porter témoignage des choses auxquelles ils assistent. Il prenait ses notes même sur le champ de bataille, à l'heure de chaque action et comme sous la dictée des événements ; ces notes rédigées ensuite au premier moment de loisir, rapprochées d'autres renseignements, élaborées avec l'ardeur et l'esprit patient et critique de l'érudit, forment des archives du général Pelet un dépôt dans lequel on ira chercher un jour bien des preuves pour l'histoire de l'Empire, qui lui doit d'ailleurs une œuvre magistrale, les *Mémoires sur la Guerre de 1809*, de précieuses études publiées dans *Le Spectateur*

Les cris : *A Paris! à Paris!* retentissaient encore au milieu des soldats, et tous s'agitaient pour le départ avec cette alacrité terrible qui est propre à notre nation allant au combat, lorsque l'Empereur, rentrant dans ses appartements, se trouva en présence des grands dignitaires de l'armée. Il est inutile de raconter ici une scène trop pénible et qui se lit dans toutes les histoires du temps. L'Empereur vit trop clairement qu'il serait peu, mal secondé, sinon abandonné par ses lieutenants dans son entreprise. Il y renonça, et comme on avait osé le lui conseiller avec trop d'insistance, il abdiqua, il abdiqua conditionnellement, en réservant, entre autres droits, ceux de la régente et de son fils (1).

La mission d'obtenir des souverains alliés la reconnaissance de ces droits fut confiée par l'Empereur à trois plénipotentiaires : Ney, prince de la Moskowa; Macdonald, duc de Tarente; Caulaincourt, duc de Vicence.

D'après les mémoires du temps, l'Empereur, en nommant ces trois plénipotentiaires, eut un regret; il songea au chagrin que Marmont éprouverait de n'avoir pas été désigné par lui parmi ceux qui al-

---

militaire et des soins pieux dont nous n'avons pas à parler ici. C'est une de ces notes prises sur le fait que nous avons l'avantage d'offrir au lecteur dans notre *Appendice*.

(1) Voir dans notre *Appendice* le texte primitif et non connu de l'abdication du 4 avril.

laient soutenir la cause de leur souverain et de la dynastie. Mais, ne voulant pas éloigner Marmont du poste important d'avant-garde qu'il occupait, l'Empereur recommanda à ses plénipotentiaires de ne point manquer de le voir à son quartier général, de l'informer de ce qui allait se passer, de prendre ses conseils, de lui dire qu'après avoir eu l'idée de le nommer son commissaire, l'Empereur avait pensé devoir laisser à Essonne son plus vieux compagnon d'armes (1).

Il y avait peut-être un avertissement dans cette recommandation ; l'Empereur avait-il renoncé à son mouvement sur Paris ? c'est ce qu'on ne saurait dire. Mais ce qui paraît certain, c'est que l'Empereur tenait à faire comprendre à Marmont qu'il comptait sur lui, sur ses troupes, qu'il croyait sa présence surtout utile à Essonne, à l'avant-garde de l'armée, qu'il ne livrait point tout à la négociation, qu'il avait des prévisions d'éventualités militaires.

VII

Quoi qu'il en soit, Marmont se trouva grandement embarrassé, quand il vit arriver à son quartier général les plénipotentiaires de l'Empereur. Il était

---

(1) Rovigo. *Mémoires*, t. VII, p. 117. — Fain. *Manuscrit de 1814*, p. 222, etc.—Voyez sur ce sujet dans l'*Appendice* des paroles attribuées à l'Empereur.

engagé, et comme il le dit dans son langage de circonstance, « il avait fait au salut de la patrie le sacrifice de ses affections (1). » Il se décida à des aveux : « J'appris aux plénipotentiaires de l'Empereur, continue-t-il, mes pourparlers avec Schwartzenberg, en ajoutant que je rompais à l'instant toute négociation personnelle, et que je ne me séparerais jamais d'eux (2). »

En réalité, Marmont trompa les plénipotentiaires ; il ne leur dit qu'une partie de la vérité ; il avoua des *pourparlers*, il n'avoua pas un engagement. Quant à l'assurance qu'il leur donna de rompre toute négociation personnelle et de ne jamais se séparer d'eux, ce fut une suite de la position équivoque et double qu'il prit en ce moment. Il ne dépendait pas de lui seul de rompre un engagement contracté à deux et pour lequel il y avait désormais des confidents, des complices. Marmont promettait donc plus qu'il ne pouvait tenir, et une preuve qu'il promettait même ce qu'il ne pouvait tenir, c'est que les généraux mis par lui dans le secret, ne reçurent pas des ins-

---

(1) Un mois après, changeant encore de langage avec les circonstances, il disait : « Nous nous sommes affranchis de l'acteur qu'animaient une passion aveugle, une démence criminelle, qui entraînait avec rapidité la France dans une ruine complète ; » et il se félicitait « d'avoir abrégé une agonie dont les effets auraient été chaque jour plus cruels. » (*Lettre de Marmont aux frères Faucher*, 9 mai 1814.)

2 *Mémoires*, tome VI, p. 261.

tructions contraires au projet arrêté de défection. C'est ici un fait nié par Marmont, mais que nous établirons plus tard ; pour ne pas interrompre trop longtemps notre récit, nous demandons la permission de nous référer sur ce point à l'examen spécial de plusieurs documents. Qu'il nous suffise pour le moment d'affirmer qu'un contre-ordre n'a pas été donné par Marmont à ses généraux, et de citer à l'appui de notre affirmation les explications confidentielles du général Bordesoulle : ce général, dans sa lettre, déjà citée, de 1830, ne fait nulle mention d'un contre-ordre donné par le commandant du 6ᵉ corps ; il rapporte même des paroles qui en impliquent l'impossibilité. (A la nouvelle de l'abdication) : « Je dis à part au maréchal : Voilà un événement qui tire Votre Excellence d'une fâcheuse position. — Cela m'est égal, répondit-il, je n'en opère pas moins mon mouvement ce soir. »

Une autre preuve de la duplicité de Marmont, résulte d'un fait remarquable, qui passa presque inaperçu dans le tumulte de l'événement, mais que nous devons relever. Des négociations allaient s'engager à Paris ; pour le succès de ces négociations, il était nécessaire de maintenir dans un bon état le moral de l'armée. Or, l'abdication de l'Empereur était une nouvelle qui ne pouvait manquer de livrer l'armée au découragement et aux désordres qui en sont la suite. Il était donc indispensable de ne point divulguer cette nouvelle, de la garder dans le secret, la ferme attitude de l'armée étant toute la force de l'Empereur, l'argument presque unique des négociateurs qui se rendaient à Paris. Marmont garda-t-il le secret ? Loin de là : il commanda à son chef d'état-major de placer à l'ordre de l'armée la nouvelle de l'abdication. Quand Lucotte, un des généraux qui n'avaient pas été mis, et pour cause, dans la confidence, reçut cette nouvelle et l'injonction qui l'accompagnait, il refusa de croire et d'obéir ; il crut à une ruse de guerre ; il supprima pour sa division l'ordre du jour, et il écrivit même ingénument au maréchal pour lui dénoncer « cette manœuvre de l'ennemi ; » le brave Lucotte ne savait pas combien il disait vrai.

Marmont avait résolu, sinon de se joindre aux plénipotentiaires, du moins de se rendre avec eux à Paris. Il ne tenait pas à se trouver à Essonne au moment où s'exécuterait la convention arrêtée avec le prince de Schwartzenberg. Si la défection réussissait, il était en mesure, à Paris plus qu'ailleurs, de ne laisser prendre à personne les avantages qu'il s'en promettait. Si l'Empire résistait à la défection, il se ménageait la ressource de désavouer un mouvement qui s'était fait pendant son absence. Ses confidences avaient été verbales ; il n'avait point donné d'ordres par écrit ; les généraux du 6ᵉ corps, flétris par leur acte, n'auraient à lui opposer qu'une parole sans crédit, lorsqu'il viendrait à affirmer que, loin de leur avoir commandé la défection, il s'était lui-même spontanément constitué commissaire de l'Empereur pour soutenir à Paris, avec les autres plénipotentiaires, la cause de Napoléon II et de la Régente. Ajoutons que Marmont était inquiet des chances probables de la négociation qui allait s'engager et qu'il voulait la surveiller de près, afin d'être toujours à temps de se décider au mieux, suivant les circonstances.

Il resterait à expliquer comment les plénipotentiaires ont consenti à ce que Marmont quittât, pour les accompagner, l'avant-garde de l'armée impériale. C'est pour ne pas l'éloigner de ce poste que l'Empereur avait renoncé à le comprendre au nombre de ses commissaires. Comment les plénipotentiaires ont-ils pris sur eux de laisser méconnaître cette volonté formelle de l'Empereur? Tout ce qu'on peut dire sur une pareille question, c'est qu'il est des circonstances où les meilleurs perdent la tête. On ne croyait pas que l'Empereur eût entièrement remis à l'éloquence de ses négociateurs les destinées de la France, on craignait un retour subit à une de ces résolutions belliqueuses qui déjà avaient interrompu d'autres conférences. On craignait que l'Empereur ne fût tenté de reprendre tout d'un coup son projet de marcher sur Paris, ou bien de se replier vers la Loire, de rallier des forces qui se trouveraient à sa portée, de recommencer la guerre, etc. Or, le commandant de l'avant-garde étant absent de son poste, il devenait à peu près impossible à l'armée impériale de faire, d'improviser du moins un mouvement quelconque. On emmena donc à Paris le commandant du 6ᵉ corps (1).

(1) Tous les historiens et auteurs de mémoires affirment que l'Empereur avait *permis* aux trois plénipotentiaires d'emmener avec eux à Paris, s'ils le trouvaient bon, le maréchal duc de Raguse. Mais c'est là trop évidemment une erreur propagée sous la Restauration et depuis, par les trois intéressés qui sentaient le besoin d'excuser leur conduite en cette occasion. — 1º Il est certain que si l'Empereur avait renoncé à nommer plénipotentiaire le duc de Raguse, c'était par suite d'une détermination sur laquelle il ne devait permettre à personne de revenir. — 2º Il est certain que pour constituer un plénipotentiaire, il faut des lettres de crédit et des pouvoirs en forme, lesquels ne peuvent émaner que du mandant lui-même. Or, il n'est pas possible d'imaginer que les trois commissaires nommés, le fussent avec des pouvoirs tels qu'il leur fût loisible de les communiquer à une personne non désignée par l'Empereur dans une lettre de crédit. L'Empereur n'ignorait certes pas les usages des chancelleries, et ce n'était pas dans la position où il se trouvait qu'il aurait offert le spectacle d'un souverain ayant tout d'un coup désappris les rites et le style de la souveraineté. — Mais, dira-t-on, il ne s'agissait pas de communiquer au duc de Raguse une commission en forme : il s'agissait seulement d'avoir l'assistance *officielle* de son esprit, de son influence personnelle dans le cours de la difficile négociation qu'on allait entreprendre à Paris. Nous répondons à cette objection par notre troisième argument. — 3º On verra plus bas que l'Empereur, après le départ des trois plénipotentiaires, envoya, à Essonne, au duc de Raguse, l'ordre de se rendre à Fontainebleau. Comment l'Empereur aurait-il donné cet ordre, comment aurait-il pensé que le duc de Raguse devait se trouver à Essonne, comment aurait-il conçu des alarmes et pressenti la trahison de ce que le duc de Raguse ne se trouvait plus

Les plénipotentiaires partirent d'Essonne vers cinq heures de l'après-midi, ayant avec eux le duc de Raguse. Avant de venir à Paris, on s'arrêta à Petit-Bourg, chez le prince de Schwartzenberg. On avait pour cela toutes sortes de raisons : M. de Raguse à dégager de ses pourparlers ; une passe à demander pour traverser les lignes ennemies ; le prince de Schwartzenberg était d'ailleurs une des fortes têtes de la coalition, qu'il convenait de consulter. Un détail qui fut remarqué dans le temps, c'est qu'à Petit-Bourg, devant le château, M. de Raguse resta dans la voiture pendant que les plénipotentiaires montaient chez le généralissime des armées alliées. Toutefois, il faut croire qu'il y eut un entretien particulier. Cet entretien eut-il lieu au su et du consentement des plénipotentiaires, qui ne se méfiaient pas trop de leur compagnon et qui le laissèrent libre de se dégager comme il l'entendrait de ses pourparlers ? Cette confiance extrême, cette attention délicate à ne pas assister à une entrevue assez pénible, sont tout à fait admissibles de la part de gens du monde. M. de Raguse ne profita-t-il pas un peu trop de la liberté qui lui fut laissée ? Tout ce que nous savons, c'est ce qu'il affirme :

à son poste d'Essonne, s'il avait accordé à ses trois commissaires le droit d'adjoindre, à un titre quelconque, à leur négociation, et d'enlever de son quartier-général le commandant de l'avant-garde de l'armée impériale ?

« Je me dégageai des négociations commencées. Je lui expliquai les motifs... Le prince de Schwartzenberg me comprit parfaitement et donna son assentiment le plus complet à ma résolution (1). » D'après M. de Raguse, qui ne résiste pas au besoin de se louer, le général ennemi approuve sans réserve une résolution qui, si elle eût été sérieuse, devait fort le contrarier; la vanité ici a mal conseillé le narrateur; il eût été plus habile en cet endroit de mettre un peu de mauvaise humeur, quelque mot aigre et piquant pour marquer le désappointement du général ennemi.

On trouvera plus bas, dans une autre partie de ce récit, qu'à Petit-Bourg, où l'on vit aussi le prince de Wurtemberg, les trois commissaires avaient appris de ce prince que le duc de Raguse était bien définitivement engagé envers les étrangers, qu'il y avait un engagement arrêté et que rien, si ce n'est l'exécution, ne manquait au traité de défection. Cette découverte n'interrompit pas les relations et la confiance qui s'étaient établies entre les trois commissaires et leur étrange compagnon. Dans les moments de révolution et quand une catastrophe se prépare, il y a comme un vertige qui entraîne, en même temps que les pervers, les plus fermes raisons et les plus nobles cœurs.

(1) *Mémoires*, tome VI, p. 262.

On arriva à Paris le 4 avril, dans la nuit. Les circonstances étaient pressantes; les moments étaient comptés. Quoiqu'on fût déjà à une heure assez avancée, les plénipotentiaires, sans prendre du repos, se hâtèrent d'aller présenter leurs pouvoirs à l'empereur Alexandre qui avait sa résidence rue Saint-Florentin, à l'hôtel du prince de Bénévent.

Quelques mots sur les dispositions politiques du moment sont ici nécessaires.

VIII

Les souverains alliés, à leur entrée à Paris, avaient été assaillis par une émeute de personnes réclamant le rétablissement des Bourbons. Ils crurent tout d'abord avoir devant eux l'expression du vœu unanime de la France. Mais en faisant quelque attention à ce qui se passait, ils ne tardèrent pas à craindre d'avoir été joués par une intrigue sans portée. Ils eurent de plus en plus des doutes sur la réalité de cette adhésion nationale qui leur avait été promise, annoncée si positivement. Des faits, d'abord oubliés, leur revinrent alors à la mémoire. A Bordeaux, il y avait eu une manifestation en faveur des Bourbons; il avait fallu, pour la faire triompher d'une garnison française de 400 à 500 hommes, un secours de 15,000 Anglais

conduits par lord Beresford (7-11 mars 1814).
Malgré ce secours, les royalistes bordelais se trouvèrent bientôt isolés, menacés, et le chef de la manifestation dut écrire au duc de Wellington pour lui demander de l'argent et de nouvelles troupes : de l'argent pour payer les enthousiastes, de nouvelles troupes pour les protéger contre la population. Le duc de Wellington, qui avait accordé à contre-cœur un premier secours, répondit vertement à cette dernière demande par un refus (1). Dans une autre ville, à Troyes, un mouvement analogue (1 février 1814) s'était terminé d'une façon ridicule, s'il n'y avait pas eu une victime (2). Quand le maréchal duc de Dalmatie, revenant d'Espagne, entendit prononcer le nom des Bourbons, il crut qu'on se permettait de le faire l'objet d'une plaisanterie, et il se fâcha dans une proclamation depuis laborieusement rachetée (3). Tels étaient les précédents qui revenaient à l'esprit des

(1) Lettres du duc de Wellington, datées de Scisses, 29 et 30 mars 1814, et publiées sous les nos 890 et 891 dans le *Recueil des dépêches et ordres du jour* de ce général. — Dans une lettre précédente, même Recueil, n° 832, le duc de Wellington avait écrit au comte Bathurst, au sujet des Bourbons : « Les princes de cette maison sont autant et peut-être plus inconnus en France que les princes de toute autre maison royale en Europe... »

(2) Le chevalier Gouault, condamné par un conseil de guerre et fusillé au moment même où Napoléon signait sa grâce. Les autres promoteurs du mouvement s'étaient esquivés.

(3) Proclamation du quartier général de Rabasteins, le 8 mars 1814.

souverains. A Paris, il n'échappait pas aux princes coalisés que ce n'était pas le peuple, que ce n'était même pas la bourgeoisie tout entière, mais bien un groupe de personnes, toujours les mêmes, qui se mettaient en avant pour crier et s'agiter en faveur des anciens rois. Un jour, les souverains alliés demandèrent des preuves; on produisit deux abbés, l'abbé Louis, l'abbé de Pradt, qui, gesticulant beaucoup et parlant haut, affirmaient qu'ils représentaient la France, qu'ils voulaient les Bourbons au nom de la France. Mais cet épisode mérite d'être raconté avec quelques détails.

Les chefs alliés disaient : « Nous voici en France depuis trois mois; nous n'avons pas trouvé sur notre passage un seul lieu où l'on nous ait sollicités en faveur des Bourbons. » A cette remarque, l'empereur Alexandre en ajoutait une autre, relative à un fait qui l'avait beaucoup frappé. Au second combat de Fère-Champenoise, les armées alliées avaient notamment rencontré un détachement de 3,000 conscrits qui allaient rejoindre leur corps. Ces 3,000 conscrits, enveloppés par des forces telles que toute résistance était humainement impossible, n'avaient pas voulu mettre bas les armes. En vain essuya-t-on leur feu et leur tua-t-on quelque monde pour leur permettre de se rendre, après un combat, avec les honneurs de la guerre. L'empereur Alexandre leur avait même fait dire : « Braves gens, vous avez assez fait pour le devoir ; cédez à une destinée plus forte que votre courage ; vous le pouvez sans manquer à l'honneur. » Les conscrits français ne voulaient rien entendre. Déjà l'on s'était résigné à écraser cette vaillante troupe et les morts s'amoncelaient, lorsque l'empereur Alexandre, ému de pitié, ordonna de laisser aller où ils voudraient ceux qui avaient survécu ; et les survivants partirent, comme leurs camarades étaient tombés, comme tous avaient combattu, aux cris de *Vive l'Empereur !* Alexandre, en rapportant ce fait, disait : « Je conçois que de vieux soldats soient indissolublement attachés à Napoléon, quoiqu'il puisse arriver ; mais des conscrits, des enfants, messieurs, ayant tant de raisons pour ne pas aimer celui qui les a pris si jeunes à leurs mères, à la vie, pourquoi montreraient-ils une telle fureur de dévouement s'ils n'étaient pas d'un pays foncièrement gagné à la cause de celui que vous prétendez être rejeté par la France ? Ajoutez, reprenait Alexandre, que j'ai eu la curiosité de savoir à quelle province appartenaient ces valeureux enfants ; il m'a été répondu qu'ils étaient de la Vendée. La Vendée elle-même n'est donc plus pour les Bourbons (1). » Le prince russe con-

---

1) Telle était l'impression de l'empereur Alexandre, mais les choses ne s'étaient pas tout à fait passées comme il vient d'être dit. Ainsi, les 3,000 soldats surpris à Fère-Champenoise, le 25 mars 1814, n'étaient pas précisément des conscrits, mais bien des gardes nationaux, formant deux divisions commandées par les généraux Pacthod et Amey. La division Pacthod, notamment,

cluait ainsi : « Vous avez beau distinguer le peuple et l'armée ; en France, l'armée, c'est encore le peuple ; la conscription, par laquelle elle se recrute, la tire du peuple ; elle n'est pas assez longtemps sous les drapeaux pour y prendre un esprit qui la sépare du reste de la nation ; ce qu'elle veut, je le crains, c'est toujours ce que veut le peuple en France. »

se composait de gardes nationaux de la Sarthe, d'Eure-et-Loir, du Loiret, de Loir-et-Cher et d'Indre-et-Loire. Quelques soldats, faits prisonniers, à qui l'on demanda s'ils n'étaient pas de la Vendée, répondirent qu'ils étaient de la Sarthe, où il y avait eu aussi des chouans. De là peut-être l'opinion des alliés, qu'ils avaient eu affaire à des Vendéens. On ignore d'ailleurs la composition de la division Amey. — Il n'est pas vrai non plus que les alliés aient usé de grandeur d'âme dans cette occasion. Les 3,000 soldats ne purent opérer une première retraite, après des prodiges de bravoure et des pertes énormes, que pour tomber au milieu d'un autre corps d'armée ennemi, où ils furent détruits presque tous. — Un de ceux qui ont survécu à cette tuerie, le général Delort, écrivait plus tard : « Je ne saurais trouver des expressions pour rendre témoignage de la bravoure des gardes nationales sous mes ordres. L'épithète de brave et d'héroïque... est sans valeur pour donner une idée juste et précise de leur conduite.... » — Tout, dans cette affaire, avait contribué à frapper les imaginations, même une anecdote qu'on racontait : il y avait deux frères qui suivaient des drapeaux différents, l'un parmi les alliés, l'autre dans les bataillons français ; et ces deux frères, malgré leurs dissidences politiques, étaient unis, disait-on, par une tendre amitié. Ils se trouvèrent l'un et l'autre, le 25 mars, à Fère-Champenoise. Celui qui était avec les alliés, le colonel R...., fut chargé de sommer un de nos carrés de mettre bas les armes ; à peine eût-il fait entendre les paroles de sommation, qu'il tomba mort, frappé par une balle, nonobstant sa qualité de parlementaire. Dans le carré français, d'où le coup de feu était parti, il y avait l'autre frère, le capitaine R..... mort depuis peu général de division et sénateur.

Ce fut alors que pour répondre aux souverains alliés on produisit l'abbé Louis et cet autre abbé de Pradt, qui, étant aumônier de l'Empereur, s'appelait lui-même, quelques jours auparavant, le *chapelain du dieu Mars*. « Lorsque mon tour de parler fut venu, dit celui-ci, j'éclatai par la déclaration que nous étions tous royalistes. » L'un et l'autre prirent à tâche de démontrer qu'en France tout dépendait de Paris. « Et Paris se prononcera, ajoutaient-ils, aussitôt qu'il sera appelé à le faire et qu'il y aura de la sûreté. » Un d'eux alla jusqu'à dire, à la suite d'une apostrophe faite sous forme interrogative et où le mot *pourquoi* se reproduisait trop souvent : « Pourquoi avez-vous tant tardé à venir? » Alexandre voulut donner une leçon au malencontreux questionneur; il répondit : « Ah! monsieur, épargnez-nous ces reproches; n'accusez de notre arrivée trop tardive à votre gré, que la valeur de vos armées! »

Toutefois, on avait été séduit au premier jour; mais on ne le fut plus bientôt après. Ce qui préoccupait surtout les souverains alliés, c'était de laisser à la France un gouvernement désormais sans racines. Que ne pouvait-il pas sortir de ce peuple dont tous les mouvements sont contagieux pour l'Europe, lorsqu'il se trouverait seul en présence d'un gouvernement qu'il n'avait pas voulu et qui porterait, à ses yeux, une terrible tache originelle ? Ceux même qui réclamaient avec le plus de sincérité les Bourbons, parlaient aussi avec non moins d'enthousiasme des libertés qu'ils comptaient bien se donner sous leur nouveau régime. Déjà les républicains vieillis s'éveillaient, ayant à leur suite des jeunes gens aux projets inconnus, dont ils ne se sentaient pas les maîtres.

Le maintien de Napoléon II avec la Régence, tout d'abord écarté, revint alors dans la discussion. Ce parti n'avait pas pour lui quelques émigrés et leurs domestiques, quelques utopistes inquiétants, quelques fonctionnaires désormais discrédités par la promptitude et l'excès de leur défection ; mais il réunissait des hommes qui avaient eu un rôle actif dans la Révolution et qui seuls comptaient pour quelque chose dans la France nouvelle. Ni le peuple ni l'armée ne songeaient, l'Empereur vivant, à faire des vœux pour la Régence ; mais sans nul doute, la Régence devait avoir l'adhésion du peuple et de l'armée, si par l'abdication et la retraite de Napoléon Ier, la Régence venait seule à représenter la cause impériale. La restauration de l'ancienne dynastie pouvait entraîner d'incalculables changements et tout remettre en question. L'Empire moins Napoléon Ier, tout en satisfaisant la coalition, tout en apaisant l'Europe, laissait les choses dans un état que la prudence pouvait prévoir et régler. Les hommes sages de la coalition, (il y en avait), reconnaissaient même à ce sujet qu'on ne dispose pas arbitrairement du gouvernement d'un peuple. Quel était le souverain qu'on voulait enlever à la France? Certes, un homme qui représentait une révolution et l'avait fait triompher. Mais cette révolution qu'il n'avait pas lui-même provoquée, il l'avait régularisée et rendue compatible avec toutes les anciennes garanties de la civilisation et de la stabilité de la vieille Europe. La Révolution était-elle désormais une puissance dont on ne dût tenir compte que pour la nier et la supprimer? Il n'en était pas ainsi; la France nouvelle était le produit de la Révolution; l'Europe en était tout entière sourdement agitée; les armées alliées se composaient en grande partie d'enthousiastes volontaires qui reprochaient à Napoléon, non de représenter la Révolution, mais bien d'en avoir arrêté le cours. Or, il est des puissances qu'il faut savoir subir et qu'on ne contient pas autrement qu'en les satisfaisant. Le parti des anciens rois avait eu sa raison d'être, lorsqu'il était seul à soutenir en face d'une anarchie furieuse, la religion, l'autorité, les principes nécessaires de la subordination sociale. Mais ce parti avait perdu sa raison d'être, et comme on disait alors, sa légitimité (1), le jour où le pouvoir sorti de la Révolu-

---

(1) Selon M. Mignet, la légitimité fut une invention de M. de Talleyrand : « A l'exemple de tous les politiques, selon les occa-

tion n'avait plus laissé à personne le soin de rétablir, de garantir, d'animer même d'une force nouvelle tous les principes outragés ou méconnus dans les excès de l'anarchie. On devait craindre qu'en enlevant à la France le gouvernement par lequel

sions, il variait ses moyens ; mais, venu dans un temps où l'on raisonnait beaucoup, il avait pris l'habitude d'ériger ses moyens en principes. Il faisait donc une théorie pour chaque circonstance. Cette théorie lui servait de direction. Il inventa alors la théorie de la légitimité. » *Notice historique sur la vie et les travaux de M. le prince de Talleyrand*, par M. Mignet, secrétaire perpétuel de l'Académie des sciences morales et politiques, lue dans la séance publique de cette académie, le 14 mai 1839. — Il est bien entendu que nous citons ce qui précède à titre de curiosité anecdotique et non comme une opinion irréprochable et vraie en soi. Au point de vue théorique, il serait tout-à-fait absurde de prétendre que la notion de la légitimité a pu être l'invention d'un temps et d'un homme en particulier. Pour trouver une date et un promoteur à cette notion, il faudrait aller un peu au-delà de M. Talleyrand et remonter au jour où sont nés l'esprit humain, la notion du droit, la société et la nécessité d'un pouvoir. M. Mignet a-t-il méconnu cette vérité ? Nous dirons seulement qu'il ne s'est pas arrêté à la reconnaître. Mais à part cette légèreté académique, il est incontestable qu'en 1814 on a fait, pour la première fois, de la légitimité, une application qui en a compromis et discrédité la respectable notion ; et il est certain que cette regrettable déviation d'une idée nécessaire doit être surtout imputée à M. de Talleyrand. En Allemagne on marchait contre nous au nom de la *coutume*, de la *tradition* et des *États historiques*, que l'on opposait aux innovations de la Révolution française et de l'Empire. M. de Talleyrand trouva les formules allemandes peu intelligibles, et il y substitua le mot de *légitimité*, en exprimant par ce mot le droit inadmissible d'une race privilégiée à régner sur une nation ; ce qui n'est ni rationel, ni chrétien, ni vrai. Au reste, M. de Talleyrand n'a pas découvert du premier coup ce mot et cette idée ; il y a mis du temps, et au commencement de 1814, il ne proférait encore, de ce ton s'était accomplie l'alliance des idées nouvelles et des anciennes traditions, on n'assurât pas le triomphe unique de ce qu'on voulait faire exclusivement prévaloir, mais qu'on ne donnât lieu tôt ou tard à quelque irrégulière explosion de cette force qu'il ne suffisait pas de nier pour la supprimer et de combattre pour la diriger. N'oublions pas l'argument le plus décisif que l'on invoquât alors en faveur de la Régence : parmi les principaux souverains de la coalition, il y en avait un qui sans nul doute ne s'était pas armé contre son propre sang et l'intérêt de sa famille. Au début des hostilités, l'empereur d'Autriche avait écrit à l'impératrice Marie-Louise pour l'assurer que « quels que fussent les événements, il ne séparerait jamais la cause de sa fille et de son petit fils de celle de la France (1). »

Les dispositions des alliés pour le maintien de

---

de Sybille qu'il savait prendre devant les niais, que cette formule : « Louis XVIII est un principe. » — « Je me rappelle, dit Bourrienne (*Mémoires*, t. X, p. 98), que M. de Talleyrand nous répétait continuellement : « *Louis XVIII est un principe.* » Les gens qui ne s'entendaient pas en principes, comme Bourrienne, étaient émerveillés.

(1) Lettre contenue dans une dépêche de M. de La Bénardière, chargé par intérim du portefeuille des affaires étrangères, en date du 13 janvier 1814. Conséquemment à cette déclaration, le 23 février 1814, le prince de Lichtenstein s'était présenté devant Napoléon et lui avait « attesté que les alliés ne songeaient nullement aux Bourbons... » *Papiers d'un homme d'État*, t. XII, p. 347. Sur les dispositions de l'Autriche en 1814, voir dans l'*Appendice* deux documents inédits.

11.

Napoléon II devinrent si vives et si évidentes que les promoteurs des manifestations royalistes en conçurent un grand effroi ; et ce grand effroi ne se calma pas, il s'en faut, lorsqu'on apprit l'arrivée à Paris des plénipotentiaires de l'Empereur. « J'aurais bien de la peine, dit Bourrienne, à peindre l'anxiété, pour ne pas dire la consternation, de quelques membres du gouvernement provisoire et d'autres personnes réunies dans le salon où j'étais (une pièce d'attente à l'hôtel Saint-Florentin). Parmi ces messieurs, il y en avait bien quatre ou cinq dont les figures étaient réellement décomposées ; la crainte dont ils étaient saisis les faisait mal augurer de l'issue d'une démarche qui pouvait en effet avoir d'immenses résultats et changer la face des affaires. La vérité est que nous nous étions tellement avancés qu'il n'y avait plus à rétrograder (1). »

Le gouvernement provisoire aurait bien voulu ne pas être ; « il fut même sur le point de se dissoudre, » dit M. de Rovigo (2).

Un membre de ce gouvernement, l'abbé de Montesquiou, écrivant à Louis XVIII, confidentiellement, selon le devoir de sa charge, disait dans son rapport : « Cette nuit même les maréchaux sont arrivés... Le gouvernement provisoire a été sur pied

---

(1) *Mémoires de Bourrienne*, t. X. p. 95.
(2) *Mémoires du duc de Rovigo*, t. VII. p. 114.

toute la nuit... Ce matin la peur de la nuit durait encore (1)... »

Quelques-uns s'introduisant chez les souverains alliés, leur représentèrent qu'ils ne s'étaient avancés comme ils l'avaient fait que sur l'assurance de leur protection; qu'ils se sentaient abandonnés, qu'ils n'osaient pas envisager le sort qui les attendait, etc. Le ministre de la police du gouvernement provisoire, M. Anglès, qui savait ce qui se passait, ne perdit pas son temps en discours; il fit ses paquets, prépara ses voitures et se tint prêt pour le départ (2). Le général Dessolles mis par le gouvernement provisoire à la tête de la garde nationale de Paris, avait au moins une des qualités de son état, la bravoure. Toutefois, il eut peur comme les autres, et, à la fin d'une allocution pathétique adressée à l'empereur Alexandre pour le dissuader de recevoir les plénipotentiaires, il fut assez peu maître de lui, jusqu'à ce point qu'il s'écria, les larmes aux yeux : « Sauvez au moins Mlle de Dampierre ! — Qu'est-ce que cette demoiselle, demanda l'empereur Alexandre souriant et surpris. — La meilleure des femmes ! — Mais encore ? — C'est ma femme, Sire. » Le général Dessolles avait en effet épousé une demoiselle de Dampierre (3).

(1) Papiers trouvés aux Tuileries après le 20 mars 1815. (*Journal de l'Empire*, du 16 avril 1815, etc.)
(2) *Mémoires du duc de Rovigo*, t. VII, p. 108.
(3) *Mémoires du duc de Rovigo*, t. VII, p. 114.

Les choses en étaient là, lorsque les trois plénipotentiaires furent reçus par l'empereur Alexandre. On était dans la nuit du 4 au 5 avril.

IX

Le duc de Tarente prit le premier la parole. Il donna lecture de l'acte d'abdication conditionnelle. Puis il dit quelques mots, d'un ton ferme, des droits réservés de Napoléon II et de la Régente. — Rien ne manquait à la légitimité de la dynastie napoléonienne. Elle n'avait point dépossédé, elle n'avait point usurpé. La place qu'elle avait prise était inoccupée. Le pouvoir qu'elle exerçait, elle l'avait créé. Une révolution qu'elle n'avait point faite, l'avait rendue nécessaire. Son établissement avait été la préservation et la garantie de l'ordre européen. Le libre vote de la nation française l'avait sanctionnée à chacune des phases de son avénement, et tous les souverains du continent l'avaient reconnue. C'eût été faire injure à l'Europe de penser qu'en faisant cette reconnaissance, à plusieurs reprises et de la manière la plus éclatante, elle n'avait pas cédé au droit, à la raison, à sa dignité, mais bien seulement à l'ascendant de la force et de la victoire. — Dans les circonstances où l'on se trouvait, les souverains alliés ne pouvaient se faire une idée des vraies dispositions de la France : il n'y avait de liberté que pour les ennemis de l'Empire. Mais en considérant quels étaient ces ennemis, l'importance secondaire qu'ils avaient quelques jours auparavant, le contraste de leurs manifestations actuelles et de leurs adulations de la veille, les ingratitudes dont ils se chargeaient, il était trop facile de voir qu'il n'y avait point là, pour un pays comme la France, des représentants. Ces gens-là ne représentaient qu'eux-mêmes, c'est à savoir cette corruption morale qui est toujours la suite des révolutions et qui entre en fermentation à l'approche des grands changements. Il ne convenait pas aux souverains alliés de se rendre complices de ce qu'il y avait de moins pur dans la nation française. — Quelles ne seraient point les conséquences d'une erreur dans le choix du gouvernement nécessaire à la France ? L'histoire démontrait que l'Europe était intéressée à l'apaisement de ce pays qui avait eu toujours l'initiative dans les agitations sérieuses et durables du continent. Enlever à ce pays le gouvernement qu'il s'était donné pour lui imposer le régime contre lequel il avait fait une révolution, c'était créer une menace pour le repos du monde. — Il n'y avait qu'une objection contre le maintien de Napoléon II et de la Régence, c'était la personne de Napoléon I*er* ; mais cette personne s'abandonnait elle-même au sort, quel qu'il fût, que lui faisaient les événements. Le duc de Tarente ajouta qu'à cet égard il avait reçu l'ordre formel de dire que Napoléon Ier ne stipulait rien pour lui-même.

A ce trait d'un héroïsme si simple et si touchant, l'empereur Alexandre, jusque-là attentif, ne put pas déguiser son émotion.

Après le duc de Tarente, le prince de la Moskowa, et comme on disait alors le duc d'Elchingen, parla au nom de l'armée. — Ce qui représentait la France, ce n'était pas quelques fonctionnaires infidèles à leur mandat, quelques émigrés révoltés contre celui qui avait rendu la révolution clémente pour eux, quelques ambitieux s'éveillant au bruit des changements et rêvant tout haut un rôle sous un ordre nouveau. C'était cette armée qui, tout amoindrie et affaiblie, avait suffi à tenir tête, pendant trois mois, à toutes les forces coalisées de l'Europe. Or, cette armée, depuis longtemps familiarisée avec la perspective d'un suprême sacrifice, était résolue à mourir tout entière, s'il le fallait, pour la défense de cette dynastie qui symbolisait et réalisait pour elle les trophées, les institutions, la gloire, l'honneur, la volonté, le droit souverain de la France. — Là était l'argument décisif de la question. Dans une ville ouverte comme Paris, un labyrinthe plein de choses inconnues, la coalition était encore à la merci d'une entreprise désespérée de l'armée de Fontainebleau, se combinant avec une révolte des faubourgs. — Le prince de la Moskowa termina sa rude harangue en disant que des soldats, trahis par le sort des batailles, faisaient, par lui, appel à la générosité d'autres soldats, leurs ennemis plus heureux.

L'empereur Alexandre avait écouté avec un visible respect l'expression des vœux de l'armée française. Quand le prince de la Moskowa eut fini son allocution, il dit même quelques mots relevés par une grâce fière : il avait pour l'armée française de l'admiration, la sympathie d'un soldat ; rien n'était puissant sur son cœur comme le désir de lui complaire.

Mais les paroles précédentes pouvaient avoir irrité quelque fibre secrète. Le duc de Vicence, qui se fit entendre le dernier, se chargea d'en adoucir l'expression. Le duc de Vicence était personnellement bien venu, depuis longtemps, de l'empereur Alexandre. Il fit valoir avec les souvenirs de Tilsitt et d'Erfurt tout ce qui pouvait toucher une âme loyale en faveur d'un adversaire aujourd'hui abandonné par le sort, et qui avait été autrefois un allié, un ami.

L'empereur Alexandre était arrivé à Paris avec le besoin évident de plaire et d'être agréé. Il était si bien entré dans son rôle qu'il en avait presque contracté une sincérité affectueuse. Il parut fortement ému par tout ce qu'il venait d'entendre. Il mit un terme à la conférence en disant qu'il n'était point seul à décider la question, qu'il avait besoin de s'entendre avec les autres souverains alliés. Mais le ton qu'il prit pour ajourner ainsi sa réponse était tout à fait rassurant. Il ne congédia pas les plénipotentiaires. Il commença avec eux une conversation dont les incidents variés marquaient tous un intérêt flatteur pour chacun des interlocuteurs français.

La cause de la Régence était-elle gagnée? Les plénipotentiaires l'espéraient. « Tous trois, dit M. de Vaulabelle, la regardaient comme gagnée (1); » surtout après un mot de l'empereur Alexandre au duc de Vicence : « Voilà ce qui m'embarrasse, avait dit l'empereur parlant bas au duc de Vicence, voilà ce qui m'embarrasse, » et du doigt il montrait, dans un coin de l'appartement, un monceau de feuilles imprimées ; ces feuilles contenaient la déclaration des souverains alliés de ne point traiter avec Napoléon ni avec aucun de sa famille; elles n'avaient point été toutes distribuées.

(1) M. de Vaulabelle. *Histoire des deux Restaurations*, tome Ier, p. 333.

X

En ce moment, on entendit, dans la pièce précédant le salon où se trouvaient Alexandre et les plénipotentiaires, un bruit de pas et de voix, une agitation et comme le tumulte de plusieurs personnes s'apprêtant à faire irruption.

Un officier entra et remit à l'empereur un pli, en disant en russe quelques mots.

Le duc de Vicence, qui comprenait le russe, pâlit, et jeta sur ses deux compagnons un regard empreint d'une angoisse extrême.

L'empereur Alexandre sortit pour prendre connaissance du message. Le salon où les plénipotentiaires avaient eu leur conférence s'emplit alors de personnages qu'une vive émotion entraînait ainsi à s'introduire dans un lieu réservé ; ces personnages étaient tous connus par leur hostilité contre l'Empire, et sur leurs visages apparaissait l'arrogance du triomphe.

Quand l'empereur Alexandre revint, sa contenance n'était plus la même. « Messieurs, dit-il aux plénipotentiaires, j'étais disposé, pour ma part, à beaucoup accorder au vœu unanime de l'armée française (l'Empereur, en parlant, appuya sur le mot *unanime*). Mais vous étiez dans l'erreur, lorsque vous m'assuriez du vœu unanime de vos frères d'armes. Cette nuit même, pendant que vous me donniez cette assurance, une partie de l'armée française séparait sa cause de la vôtre; le 6ᵉ corps, qui était à Essonne, a passé cette nuit dans nos lignes. »

Au sortir de la conférence, les plénipotentiaires rencontrèrent Marmont; celui-ci était ou feignait d'être éperdu de douleur : « Quel malheur! criait-il, je donnerais un bras pour que ce malheur ne fût pas arrivé! » Macdonald contempla Marmont en silence, puis il prononça sur lui la sentence de l'histoire : « Dites un crime, monsieur, et ajoutez que la tête, pour l'expier, ce ne serait pas assez. »

Il nous faut revenir en arrière pour raconter comment les choses s'étaient passées à Essonne.

XI

Le 6ᵉ corps, pendant l'absence du duc de Raguse, avait été placé sous le commandement du général de division le plus ancien dans son grade, le général comte Souham. Le départ du duc de Raguse avait eu lieu d'une manière inopinée, et ressemblait à une fuite. Les troupes étaient inquiètes, agitées; elles commentaient la nouvelle de l'abdication. Les soldats refusaient d'y croire ; ils parlaient tout haut de trahison. Les généraux se sentaient soupçonnés, menacés, surtout ceux qui avaient reçu des confidences. Ils craignaient à tout propos de voir accourir de Fontainebleau des cavaliers chargés de les enlever, car il était impossible que parmi tant d'hommes ardents et fidèles, il ne s'en fût pas rencontré un qui eût pris sur lui d'avertir l'Empereur. Sur ces entrefaites, la nuit était arrivée, mais non pas le calme ; partout des groupes se formaient, des conversations animées s'établissaient, des hommes se glissant dans l'ombre allaient d'un groupe à l'autre, comme s'ils portaient le mot d'ordre d'une résolution commune. Une révolte se préparait.

Tout à coup les généraux apprirent l'arrivée à l'état-major d'un officier d'ordonnance de l'Empereur. Cet officier venait chercher le duc de Raguse, et lorsqu'il eut entendu dire que le maréchal n'était pas à son poste, il avait laissé voir une grande surprise, de la colère, de l'indignation. Puis il était reparti en toute hâte, en proférant des paroles de menace.

Bientôt après il arrivait à Essonne, de Fontainebleau, un ordre écrit de l'Empereur appelant encore M. de Raguse au quartier impérial. Pourquoi cette injonction répétée? Il était d'usage, quand un ordre de l'Empereur était porté verbalement, qu'il fût aussitôt régulièrement transmis par un ordre écrit du chef de l'état-major. Il n'y avait ainsi rien d'extraordinaire dans cette confirmation écrite d'un ordre verbal précédent. Mais les coupables s'alarment aisément; les généraux entrés dans la complicité du traité conclu par Marmont ne se souvinrent pas de cet usage de l'état-major impérial; ils se crurent dénoncés, découverts, près d'être livrés.

De quoi s'agissait-il pourtant? Les conjectures variaient; selon les uns, il s'agissait de dispositions à prendre pour un mouvement; d'une attaque des étrangers sous Paris; d'une marche en arrière vers la Loire. Les plaisants, il y en a toujours dans une troupe française, disaient qu'il s'agissait seulement d'une invitation à souper; l'Empereur voulait avoir quelqu'un avec qui causer et passer un moment d'ennui.

L'officier d'ordonnance dont nous avons parlé plus haut, le colonel Gourgaud, n'ayant pas trouvé à Essonne le duc de Raguse, était passé, non loin de là, à Mennecy, chez le duc de Trévise, pour lui transmettre le même ordre; celui-ci n'avait garde d'être absent; il soupait tranquillement à son quartier général; quand il apprit qu'il était attendu, il se leva de table et s'achemina vers Fontainebleau.

Mais les généraux confidents et complices étaient loin de cette noble quiétude de l'homme assuré en son devoir. La peur les avait pris. Il leur fallait tromper les soldats, dont la révolte croissait; il leur fallait se mettre à l'abri des dangers dont ils se croyaient menacés; ils prirent leur parti en désespérés, et secrètement décidés à exécuter la convention arrêtée par leur chef, ils donnèrent l'ordre du départ.

Les troupes s'apaisèrent et obéirent, pensant qu'on les dirigeait sur Fontainebleau.

En ce moment, il se passa une scène trop significative pour n'être pas rapportée. Un officier supérieur qui était dans la confidence autant seulement, nous le croyons, que la loyauté pouvait le permettre, le colonel Fabvier, aide-de-camp du duc de Raguse, s'efforça de s'opposer à un ordre de départ dont il savait le but. Il fit des représentations au général Souham, qui se fâcha de ce qu'un inférieur osait lui donner son avis sans être consulté. Mais on ne resta pas sur cette extrême limite des convenances de la discipline. Le colonel Fabvier persistant dans ses représentations, et quelques personnes se joignant à lui, le général Souham perdit toute dignité; il eut de ces mots qui échappent aux hommes vulgaires dans les moments de violente émotion : « — Le maréchal s'est mis en sûreté à Paris; moi, je suis de plus haute taille que lui; je n'ai pas envie de me faire raccourcir. — Et puis, le vin est tiré, il faut le boire, etc. (1). »

1. M. Fain dit de ce pauvre général « qu'on l'avait vu, la veille,

Le colonel Fabvier s'échappa et partit pour Paris, où il porta, le premier, la nouvelle de la défection.

Cependant les troupes confiantes s'étaient mises en marche; c'était dans la nuit, au commencement du 5 avril, et les ténèbres ne permettaient pas de reconnaître la route suivie.

Un général eut tout d'abord des soupçons; le général de brigade Lucotte, commandant la deuxième division de réserve de Paris, avait déjà quitté son cantonnement de Corbeil, lorsqu'il s'aperçut qu'on ne prenait pas du côté de Fontainebleau; il fit faire halte aux siens et revint avec eux à son poste (1).

Le reste des troupes s'avançaient toujours de plus en plus, inquiètes et craignant de deviner dans quelle direction elles marchaient. Des soldats habitués aux environs de Paris disaient qu'ils ne reconnaissaient pas la route de Fontainebleau. Un

---

à Fontainebleau (le 3 avril) puisant deux mille écus dans la bourse de Napoléon. » (*Manuscrit de 1814*) — 40,000 fr. dit le général Belliard, dans ses *Mémoires*, t. 1ᵉʳ, p. 180.

(1) D'après la plupart des historiens, un autre général, Chastel, eut aussi des doutes, refusa de marcher et resta à son poste. Mais, quel que soit notre désir de ne pas diminuer le nombre de ceux qui ont su faire leur devoir, nous sommes contraints de dire que le général Chastel n'a pas eu à s'abstenir, comme Lucotte, de la défection : le général Chastel ne faisait pas partie du 6ᵉ corps: il commandait un corps détaché campé dans les environs d'Essonne

moment, on commença d'entendre tout proche le vague murmure qui s'élève d'une multitude en mouvement : des hennissements de chevaux, des bruits d'armes, un sourd retentissement dans le sol; puis des lueurs pâles apparaissaient, comme celles que renvoient, même dans la nuit, les surfaces polies du fer. Ce murmure, ces bruits, ces reflets cessaient et recommençaient, toujours plus distincts.

Quelle en était la cause?

Après le traité entre Marmont et le prince de Schwartzenberg, le jour même que Marmont s'était, disait-il, dégagé de ses *pourparlers,* le prince de Schwartzenberg et le comte Barclay de Tolly, en exécution du traité définitivement conclu, avaient commandé à plusieurs corps alliés de s'échelonner sur la route que devait suivre le corps français.

Il n'y avait ainsi rien d'illusoire dans ces signes qui avertissaient nos soldats du voisinage d'une armée.

Nos soldats marchaient entre deux armées ennemies

Mais, quoiqu'ils dissent entre eux et qu'ils parlassent de trahison, ils ne pouvaient point croire à la réalité : des généraux français se livrant, livrant tout un corps d'armée à l'ennemi !

Bientôt il n'y eut plus de doute possible. L'aube parut: la direction qu'on avait suivie était celle de

Versailles; on avait traversé les lignes ennemies; les ennemis présentaient les armes aux soldats français, comme à des alliés! Il n'y eut qu'un cri dans cette brave armée. Les généraux prirent les devants. Les troupes se précipitèrent en désordre à leur suite, et elles arrivèrent ainsi à Versailles, une ville *indisposée*, d'après la proclamation d'un général ennemi, c'est-à-dire mal disposée pour les étrangers, à qui l'on avait recommandé de la « garder fortement. »

A Versailles, la révolte éclata (1); on vit des soldats que la crainte d'une honte imméritée rendait furieux; les uns brisaient leurs armes, d'autres juraient de mourir plutôt que de les rendre; des officiers arrachaient leurs épaulettes et disaient qu'ils n'étaient plus dignes d'exercer le commandement. Les généraux se présentèrent, comptant sur leur autorité pour en imposer à la sédition; des murmures, bientôt changés en vociférations auxquelles se mêlèrent quelques coups de fusil, les obligèrent à se retirer (2); les troupes « faillirent les mettre

---

(1) « Là éclata ce qu'on a si mal à propos nommé la révolte, comme si, dans ce moment, les chefs supérieurs n'étaient pas les vrais rebelles. » M. Ernouf, *Hist. de France sous Napoléon*, tome XIV, p. 60.

(2) *Victoires et conquêtes*, tome XXIII, p. 336. — *Mémoires pour servir à l'histoire de la campagne de 1814*, par M. F. Koch, 3 vol. in-8°, Paris, 1819. L'auteur de ces *Mémoires*, favorable au duc de Raguse, est fort indulgent pour *l'acte politique* d'Essonne.

en pièces, » dit M. de Rovigo (1). On ne s'en tint pas à ces démonstrations. Chaudement accueilli par la population, le 6ᵉ corps, à qui la révolte avait donné un chef, le colonel Ordener (celui-là même que nous avons vu si ardent aux buttes Chaumont), se mit à délibérer sur ce qu'il avait à faire. Le premier avis ouvert, ce fut de tomber sur les ennemis qu'on avait sous la main. Le maire de Versailles s'interposa, et, pour sauver les nôtres d'un acte trop désespéré, demanda, obtint qu'on plaçât les troupes étrangères hors de vue, dans leurs casernes, dans leurs cantonnements. L'idée de bataille ayant été abandonnée, on ouvrit un autre avis : se faire jour à travers les lignes ennemies pour aller rejoindre l'Empereur à Fontainebleau.

Mais il nous faut quitter le spectacle de ces braves gens en qui protestait l'honneur de la France, pour nous occuper de ce que faisaient, à Paris, ceux qui les avaient livrés.

---

achève ainsi le tableau de cette sédition : « .... Les généraux accourent; ils essaient de dissiper ces vaines terreurs; des voix les accusent d'être les auteurs du mal *imaginaire*. Cent coups de fusils partent contre eux et ils s'échappent avec peine... » P. 105 de l'ouvrage précité, t. II, 2ᵉ partie.

(1) *Mémoires du duc de Rovigo*, tome VII, p. 138.

XII

La nouvelle de la révolte du 6ᵉ corps était rapidement parvenue de Versailles à Paris, où elle jeta dans la confusion tout le parti de l'intrigue. « Après les vives inquiétudes que la mission des maréchaux avait causées, dit Bourrienne, un témoin peu suspect en cette circonstance, nous en éprouvâmes une autre également vive en apprenant le mouvement insurrectionnel des troupes de Marmont. Pendant la journée, nous étions tous dans une cruelle anxiété... La cause de la France pouvait se trouver encore une fois compromise... On était tellement inquiet que, de moment en moment, on envoyait à Versailles des exprès chargés d'aller et de revenir en toute hâte et de rapporter des nouvelles de l'état des choses (1). »

Pourquoi tout cet émoi? A la vérité, la révolte du 6ᵉ corps n'était pas beaucoup à craindre par elle-même. Que pouvaient quelques milliers de soldats isolés, épuisés de fatigues et de privations, sans chefs, au milieu d'immenses armées ennemies, reposées, repues et bien situées? Ils ne pouvaient que mourir pour l'honneur de leur pays. Mais cette

(1) *Mémoires de Bourrienne*, t. X, p. 108-9.

révolte enlevait au mouvement qui venait d'être exécuté toute la signification qu'on voulait lui donner. On avait besoin de la défection d'une partie de l'armée française; or, il se trouvait qu'il n'y avait point de défection. Trompés, livrés à leur insu et malgré eux, les soldats ne montraient même pas, dans le piége où on les avait fait tomber, cette morne résignation qu'on aurait pu faire passer pour un tacite consentement. Loin de se résigner, ils avaient menacé de mort, chassé leurs généraux; pour réparer le crime dont ceux-ci s'étaient rendus coupables, ils ne parlaient de rien moins que de braver une destruction générale et certaine. On les avait placés entre l'infidélité et la mort. Ils optaient pour la mort. Or, il ne pouvait rien arriver de plus fâcheux au parti de la trahison. Marmont et ses complices n'avaient rien livré; ils n'avaient livré qu'eux-mêmes. Ils avaient fait moins encore que de ne pas rendre le service qu'on attendait d'eux : ils procuraient à l'armée française une occasion éclatante et terrible de manifester l'unanimité loyale de ses sentiments. Et nous ne disons pas tout. Il convenait en ce moment aux étrangers d'avoir une attitude amie et de tromper la France à force d'égards et de ménagements. Mais si l'on reprenait tout d'un coup les armes pour sacrifier une troupe fidèle à cause de sa fidélité, que devenaient les protestations de respect et d'amitié? Des hommes qui se vouent volontairement à la mort sont bien puissants : ils suscitent les cœurs. On pouvait se trouver en présence d'un grand peuple, non plus frappé d'inertie dans sa stupéfaction extrême, mais ému de pitié, animé du désir de la vengeance, sans illusion contre l'outrage, provoqué à l'héroïsme par l'exemple de ses plus nobles enfants.

Marmont comprit qu'il n'avait rien fait que créer un immense danger. A la réception des nouvelles de ce qui se passait dans le 6ᵉ corps, il partit aussitôt de Paris.

Quand il arriva à Versailles, il trouva, à la barrière de cette ville, les généraux du 6ᵉ corps, chassés, confus : « Gardez-vous, lui dirent ceux-ci, de rejoindre les troupes ; les soldats vous tireront des coups de fusil (1). » Plus clairvoyant que ses mal-

---

(1) *Mémoires du duc de Raguse*, tome VI, p. 267. — Marmont se fait adresser ces paroles par le général Compans. Nous rencontrons ici une erreur historique que nous sommes heureux de pouvoir relever. Tous les historiens, on peut le dire, et même les mémoires du temps, placent le général Compans au nombre des commandants du 6ᵉ corps qui ont coopéré à la défection. Nous avons l'état de situation du 6ᵉ corps à son arrivée à Versailles, le 5 avril 1814, au matin ; cet état donne les noms des généraux défectionnaires et les désignations des troupes qui les ont suivis ; or le nom et la division de cavalerie du général Compans ne figurent point en cet état officiel, authentique. Voir cette pièce dans l'*Appendice*. — Il nous resterait à expliquer comment a pu s'accréditer ce que nous croyons être une erreur. Mais à cet égard nous ne pouvons faire que des conjectures. Le général Compans, depuis le second combat de Fère-Champenoise, s'était

heureux complices, Marmont savait que pour trahir avec avantage il faut trahir jusqu'au bout et réussir dans sa trahison. Il se sentait dans un de ces mo-

trouvé à la suite des deux corps des ducs de Trévise et de Raguse. A la bataille de Paris, le 30 mars 1814, il avait été sous les ordres du duc de Raguse. Du 1er au 4 avril, il était encore auprès du 6e corps, sur la rivière d'Essonne. Delà, croyons-nous, la présomption fâcheuse qui s'est attachée à son nom. Quant à Marmont qui ne pouvait pas s'y tromper, on ne s'explique pas son erreur autrement que par cette supposition : c'est qu'il devait de la reconnaissance au général Compans. A Fère-Champenoise (25 mars 1814), les deux corps des maréchaux avaient gagné à grand'peine Connantray, grâce à la bonne contenance des divisions Ricard et Christiani qui les avaient couverts pendant leur mouvement de retraite; et ce fut un des beaux faits d'armes de la campagne. Mais les deux corps des maréchaux n'avaient échappé à une destruction certaine que pour tomber dans un péril non moins urgent. « L'armée française, dit le général Koch dont nous suivons le récit, l'armée française n'était pas encore ralliée derrière Connantray, lorsqu'on aperçut déboucher du ravin quelques coureurs : on eût pu facilement les arrêter; mais frappées d'une terreur panique, artillerie, cavalerie, infanterie, tout s'enfuit pêle-mêle dans la direction de Fère-Champenoise. Il était à craindre qu'on ne pût arrêter la déroute, lorsqu'un renfort inespéré sauva l'armée d'une destruction totale. C'était le 9e régiment de marche de grosse cavalerie, arrivé à Sezanne depuis la veille. Jugeant par l'intensité de la canonnade qu'un combat très-vif se livrait aux environs, le colonel Leclerc qui le commandait, sollicita et obtint du général Compans, la permission de se porter en avant, et déboucha de Fère-Champenoise au moment où les troupes le traversaient dans cet affreux désordre. Il ne se laissa pas rompre par les fuyards, et se portant à la rencontre des escadrons légers des alliés, leur en imposa par sa bonne contenance et facilita aux maréchaux le moyen de rallier leurs troupes sur les hauteurs de Linthes. » M. Koch, t. II, 2e partie, p. 386—7 des *Mémoires pour servir à l'histoire de la campagne de 1814.*

ments où l'on doit payer de sa personne et préférer la mort à l'insuccès. Sans écouter des conseils plus timides que prudents, il se lança dans la direction prise par les troupes alors en marche sur Rambouillet. Quelque temps il les suivit sans les aborder, attendant que les clameurs toujours poussées par les soldats se fussent éteintes dans la fatigue de la route et la préoccupation des périls vers lesquels ils s'avançaient. « Il y avait beaucoup de soldats ivres, » dit Marmont, qui ne résiste pas au besoin de calomnier la noble exaltation de ces braves gens; « il fallait leur donner le temps de retrouver leur raison. J'envoyai un aide-de-camp pour voir leur contenance. Il revint et me dit qu'ils ne vociféraient plus et marchaient en silence. Un second aide-de-camp fut envoyé et annonça partout ma prochaine arrivée. Enfin un troisième apporta l'ordre de ma part de faire halte, et aux officiers de se réunir par brigade à la gauche de leur corps. L'ordre s'exécuta et j'arrivai (1). »

Il arriva. Son autorité fut tout d'abord méconnue. Le colonel Ordener, qui, comme nous l'avons dit, avait pris le commandement du corps, lui adressa des paroles dures et violentes. Marmont fut en péril. Mais il fut sauvé par son audace même à braver les menaces de mort qui l'entouraient, et tout contri-

(1) *Mémoires du duc de Raguse*, tome VI. p. 267.

bua à lui donner de l'éloquence. Il traitait bien le soldat, il était dur seulement pour les officiers : il parla de ses bons traitements. Il s'était bien battu : il montra ses blessures. Il fut pathétique, il eut des larmes dans la voix. Tout ce qu'il avait fait, il l'avait fait pour leur conservation et leur honneur. Le mot *honneur* revint souvent dans son discours. On ne devait pas le juger, on devait avoir en lui une confiance absolue, faisant ainsi allusion à quelque secrète combinaison dont il ne pouvait pas parler en public; mais à la manière dont il en parlait, il s'agissait bien évidemment de ce que peut faire un général homme d'honneur, père du soldat et politique très-habile. Enfin il jura qu'il disait la vérité, il le jura sur son honneur de maréchal; c'est alors qu'il eut des larmes dans la voix.

Il n'en fallait pas tant. Parmi ceux qui l'écoutaient, il n'y en avait pas un en état de soupçonner qu'un maréchal pût mentir. « Ces braves gens, dit M. Élias Regnault, n'étaient pas accoutumés à douter de la parole d'un maréchal (1). » Plus simples encore et plus naïfs que les enfants qui, depuis quelques mois, partageaient leurs travaux, les survivants des grandes batailles, les vieux soldats pleuraient. « Les cœurs de ces vieux compagnons s'abandonnèrent à un mouvement de sensibilité, et

1. *Histoire de Napoléon*. t. IV. p. 305.

je vis plusieurs de ces figures, basanées et marquées de cicatrices, se couvrir de larmes. Je fus moi-même profondément attendri. »

Ils se laissèrent faire. Ils allaient sur Rambouillet, pour gagner par là vers Fontainebleau. Ils rebroussèrent chemin et marchèrent vers Mantes, d'où ils devaient être dirigés en Normandie, loin des événements.

Phénomène étrange, monstreux, produit par un excès de vanité se combinant avec un défaut absolu de sens moral! Marmont, au moment même où il vient de surprendre, de tromper définitivement la fidélité d'une armée française, de mentir, de faire prévaloir le mensonge, de consommer la défection, Marmont n'a pas d'autre émotion que le sentiment de son triomphe personnel; comme un artiste, il se complaît dans son œuvre achevée et parfaite, et cette œuvre, c'est une trahison! « Je peux difficilement exprimer, dit-il, ma satisfaction d'avoir obtenu un succès aussi complet; c'était bien mon ouvrage... » Il continue ainsi : « On était à Paris, pendant ces événements, dans un grand émoi. On éprouvait de vives inquiétudes. Quand je revins, le soir, chez M. de Talleyrand, je fus fêté, complimenté; chacun me demandait des détails sur ce qui s'était passé (1). »

(1) *Mémoires du duc de Raguse*, t. VI, p. 268.

Marmont déguise ici, par modestie, une partie de son ovation, qui fut extrême. Quand il revint, le soir, dans le lieu qu'il nomme, on avait dîné; on le fit dîner à part, sur une petite table, au milieu du salon. Chaque personnage du lieu, grand ou petit, voulut être admis à l'honneur de le saluer. Ce fut une procession. « Il serait impossible, dit Bourrienne, de se faire une idée de la manière dont il fut reçu au milieu de nous, chez M. de Talleyrand.... Après quinze ans passés, il me semble encore assister à cette scène; il me semble encore le voir, le maréchal, arrivant chez M. de Talleyrand au moment où tout le monde avait fini de dîner. Je le vois seul à table devant un petit guéridon sur lequel on l'avait servi au milieu de la salle; chacun de nous allait causer avec lui et le complimenter. Il fut le héros de la journée... (1). »

Le soir du 5 avril, Marmont était bien le héros de la trahison (2).

(1) *Mémoires de Bourrienne*, t. X, p. 109.
(2) Tous les historiens sont d'accord sur ce point, que « le duc de Raguse porta le coup de mort à la cause impériale, en apaisant, au profit du gouvernement provisoire, la patriotique révolte des soldats (M. Achille de Vaulabelle, *Histoire des deux Restaurations*, t. 1ᵉʳ, p. 345.) Un autre historien s'exprime ainsi :

« Ainsi fut consommée cette indigne trahison qui donnait gain de cause à l'étranger... Marmont en avait été le premier moteur, il en fut le dernier complice... Il prit, en arrêtant ses soldats fidèles à leur devoir, toute la responsabilité de la flétrissure. Depuis, il s'est plaint des égarements de l'opinion publique ; l'opinion publique, en le condamnant, n'a été ni injuste, ni trop sévère. » (M. Elias Regnault, *Histoire de Napoléon*, t. IV, p 306) — M. de Lamartine, fort indulgent pour M. de Raguse, dit, en parlant de la réception faite à ce dernier chez M. de Talleyrand : « Marmont, à l'enthousiasme des ennemis de son maître, dut reconnaître la triste réalité de sa défection. » *Histoire de la Restauration*, t. Ier, p. 309.

TROISIÈME PARTIE

MARMONT

DE 1814 A 1830

SES EFFORTS DE JUSTIFICATION

I

Marmont n'a pas tardé à sentir ce qu'il en coûte pour attacher son nom à une trahison. Il avait été un des principaux promoteurs du rétablissement des anciens rois (1) : la Restauration eut pour lui des grâces et le récompensa; mais elle ne l'avoua pas hautement et ne le laissa pas figurer dans ses conseils (2); le soin de sa dignité ne le lui permettait pas. Marmont avait été aussi un homme de

---

(1) « La première Restauration eut donc lieu, non par les royalistes, mais par deux révolutionnaires, MM. de Talleyrand et Marmont. » *Papiers d'un homme d'Etat*, tome XII, p. 549.

(2) Marmont s'est plaint avec amertume de cette exclusion dans un Mémoire justificatif qui lui a été attribué : « Je ne sache pas que l'on ait jamais dit que j'eusse été appelé à donner un conseil, à prendre part à une délibération. Les projets, les plans du gouvernement m'étaient tout à fait inconnus... c'est à d'autres qu'il avait demandé de le conseiller. » *Mémoire justificatif du maréchal Marmont*, 1 feuille in-8°. Amsterdam et Paris, 1830.

la révolution; il s'en souvint, se tourna du côté du parti libéral et lui rendit quelques services : l'opposition accepta ses services; mais, quelque envie qu'elle en eût, elle ne put pas faire de lui un de ses chefs; le soin de sa popularité ne le lui permettait pas. Marmont ne fut pas tout à fait rejeté, ni par le gouvernement ni par l'opposition; mais il en était de lui comme de ces personnes aux attachements illicites que l'on dédommage en secret de ce que l'on ne peut leur accorder en public sans se compromettre : il eut des faveurs; il n'eut point d'importance. Les royalistes purs eussent rougi de devoir de la reconnaissance à une trahison, et ils se montraient ingrats (1); les royalistes moins purs se montraient naturellement les plus ingrats. Les hommes de l'Empire, les plus réconciliés avec le nouvel ordre de choses, tenaient à éloigner toute comparaison entre une trahison et leur ralliement, et ils affichaient leur soin à se préserver du voisinage de M. de Raguse. Quant à l'opinion populaire, elle demeurait implacable. Dans les rues, on avait fait un mot du nom de Raguse : on disait *raguser* pour tromper. Marmont, à tout propos, à tout

---

(1) De 1814 à 1815, le maréchal duc de Raguse avait été nommé capitaine d'une des deux compagnies des gardes du corps. Des hommes du temps assurent que les jeunes gens faisaient faire des démarches pour n'être pas placés dans la compagnie du duc de Raguse, que les soldats appelaient entre eux la *compagnie de Judas*.

moment et sans relâche rencontrait le ressouvenir de son acte ; il le rencontrait dans les exagérations embarrassées des louanges dont il était parfois l'objet ; il le rencontrait même dans le dévouement de l'amitié, qui, pour lui rester fidèle et ne point se dissimuler, avait besoin d'ajouter à ses mérites ordinaires celui du courage.

Marmont, qui avait rêvé un grand rôle politique, se trouva réduit à l'isolement, à l'impuissance.

Un jour qu'il subissait une disgrâce de courtisan pour avoir fait preuve de quelque bon sens à l'occasion des troubles qui, en 1817, agitèrent la ville de Lyon, il écrivit au roi Louis XVIII une lettre où l'on trouve des aveux comme ceux-ci : « Il y a quatre ans que les malheurs de la France me décidèrent à me déclarer l'un des premiers pour Votre Majesté. Cette détermination motiva contre moi les calomnies les plus atroces, et a eu sur mon existence personnelle les conséquences les plus graves. Il y a trois ans, j'ai été proscrit pour les intérêts de Votre Majesté... La haine immodérée d'un parti qui n'est ni français ni royaliste, et dont les espérances criminelles étaient détruites par mes opérations, m'a poursuivi sans relâche... La fatalité qui me poursuit a dépassé les bornes que je croyais pouvoir lui assigner... (1). » Cette lettre si amère

(1) *Mémoires du duc de Raguse*, tome VII, p. 259. — La lettre

et si pénible n'obtint pas même une réponse. Seulement, trois mois après il fut permis à M. de Raguse de se trouver sur le passage du roi qui l'aperçut et lui dit quelques mots indulgents. C'était le retour des bonnes grâces. M. de Raguse fut heureux. Il en était là.

Il avait toujours beaucoup aimé le luxe et les plaisirs; il se livra aux plaisirs avec fureur. Mais des distractions ne suffisaient pas à occuper cette âme irritée. Il eut un sentiment assez net des besoins de son époque; il songea à l'industrie et entreprit dans son pays natal d'importantes exploitations : des forges, une plantation de betteraves, l'élève d'un troupeau de moutons mérinos (1), etc. Ces exploitations ne réussirent pas faute d'une sage direction et faute de capitaux. Il acheva de se ruiner. Il eut des procès scandaleux où s'étalèrent ses ruines

---

est sans date, mais elle est écrite en réponse à une lettre du 11 juillet 1818, par laquelle le ministre de la guerre avait signifié à M. de Raguse qu'il eût à s'abstenir de paraître à la cour jusqu'à nouvel ordre.

(1) Pour acclimater ces moutons, il songea, dit-on, à les habiller, et il les habilla d'une plaisante façon, en militaires. Le troupeau formait un régiment, avec des signes distinctifs pour les grades. Mais le fantasque éleveur avait oublié de s'occuper de la nourriture du troupeau aussi bien que de son accoutrement, et les moutons moururent de faim dans leurs brillants atours. Toutefois, il ne faudrait pas juger sur ce specimen les idées industrielles de M. de Raguse qui se proposait notamment de transporter dans la campagne les travaux manufacturiers et de les allier aux travaux agricoles.

domestiques, ses expédients, ses ruses de débiteur aux abois; la haine publique en profita pour s'ameuter autour de lui avec toutes sortes de risées (1).

(1) Voici un aperçu seulement des procès de M. de Raguse :

1° Demande en séparation de biens formée par Mme la duchesse de Raguse, etc., 31 mai, 1, 2, 14, 16, 17 juin ; 2 juillet, 29 décembre 1827 ; 5, 12, 19, 26 janvier ; 17 février, 8 mars, 8 mai ; 16, 23, 30 juillet 1828 ; dix-huit audiences, deux années de plaidoiries, de mémoires, de répliques ; et à chacune des phases de cette affaire interminable, des tiers intervenaient, des créanciers, des ayant-droit opposant, saisissant, réclamant garantie, contestant les dires, etc., etc. ;

2° Demande du sieur V..., créancier de M. le duc de Raguse pour une somme au capital de 400,000 fr. (14 mai 1827). — Ce créancier mourut, mais M. de Raguse n'y perdit rien, car le sieur V... laissa des héritiers, et ceux-ci se mirent à poursuivre M. de Raguse, tantôt à part et tantôt tous ensemble ;

3° Jugement contre le sieur R..., prévenu d'offense envers le roi pour avoir dit en un lieu public que le roi payait les dettes de M. de Raguse (8 août 1827) ;

4° Demande par le sieur M... d'une indemnité pour pas et démarches à l'effet de négocier un emprunt au profit de M. le duc de Raguse ; celui-ci se défendit de payer, l'emprunt n'ayant pas été effectué, mais en vain. On alla en appel, et M. de Raguse fut définitivement condamné à payer au sieur M... pour ses pas et démarches une somme de 3,000 fr. (14 mai 1827) ;

5° Affaire des délégations, faites par M. le duc de Raguse à la Caisse hypothécaire, d'une partie considérable de ses traitements et pensions. Cette affaire, compliquée des incidents les plus divers, occupa pendant vingt mois, onze audiences : les 18, 25, 26, 27 décembre 1828 ; 8, 10, 20 janvier ; 8 février, 5, 12, 15 août 1829 ;

6° Voici la catastrophe : après les délégations et saisies faites sur les traitements et pensions, saisie et mise en vente par expropriation forcée des immeubles de Châtillon-sur-Seine appartenant à M. le duc de Raguse (8, 15 mars et 6 juin 1829).

Et l'on aurait une idée plus complète des scandales qui sorti-

Il faut se représenter cet homme altier, superbe, fastueux, en butte aux déceptions, à l'abandon, aux sarcasmes, aux embarras les plus vulgaires, pour s'expliquer l'extrême méchanceté dont ses *Mémoires* offrent le spectacle; commencés en 1828, à l'époque de sa ruine définitive, ces *Mémoires* sont une suprême vengeance exercée par Marmont contre tous ceux par qui il a diversement souffert.

Mais la haine est sagace; Marmont comprit de bonne heure que, pour faire de l'histoire, comme il l'entendait, sa dernière satisfaction, ce n'était pas assez de beaucoup d'esprit et d'une grande verve de dénigrement : il fallait tout d'abord pouvoir obtenir de la postérité cette confiance toujours refusée à la parole d'un traître; il fallait écarter de son nom cette flétrissure de la trahison. Il était pour le moins difficile de donner le change sur un événement qui avait eu de nombreux témoins et dont les phases principales avaient été consignées dans des documents devenus officiels. Si difficile que fût cette œuvre de réhabilitation personnelle, Marmont l'entreprit, avec une habileté profonde et patiente que nous devons noter ici.

---

rent de ces procès, si nous rapportions ici quelques-unes des plaidoiries des avocats. Un d'eux disait, donnant un démenti à M. de Raguse : « La douleur d'entendre de pareilles allégations s'atténue par cette considération qu'au milieu de l'escorte honteuse de ses créanciers, le maréchal ne conserve ni la liberté de ses actions, ni la liberté de ses paroles. »

II

A partir de 1815, il y eut, sous toutes les formes, des écrits sur l'histoire de l'Empire, ses batailles, ses institutions, ses acteurs, ses catastrophes ; dans la plupart de ces écrits, on ne mentionnait que d'une manière la conduite du maréchal qui, en 1814, avait commandé à Essonne l'avant-garde de l'armée impériale. Marmont aurait pu faire un choix entre ces accusateurs qui se succédaient, établir un débat contradictoire, opposer la vérité inconnue à l'erreur communément admise et préserver sa réputation d'un malentendu universel. Marmont s'est bien gardé de soulever un pareil débat, tant que les témoins de l'événement, encore vivants, ont pu intervenir et l'accabler de leurs dépositions.

Un seul jour, il s'est départi de cette réserve, alors qu'il lui a fallu répondre à l'accusation trop imposante de l'Empereur, en date du golfe Jouan 1er mars 1815. Encore est-il juste de remarquer que cette réponse, faite à l'étranger, dans le *Moniteur de Gand*, n'a eu en France qu'une publicité très-restreinte ; après les Cent Jours, elle n'a pas été insérée dans le journal officiel du gouvernement français ; imprimée à part à Gand et à Paris, elle n'a pas cessé d'être ce qu'elle est devenue tout d'abord, dès son apparition, une rareté bibliographique.

Mais Marmont ne s'est pas borné à éviter soigneusement toute discussion en présence des contemporains de l'événement : il a pris à tâche de se préparer d'autres témoignages à la place de ceux qu'il redoutait. Par quels procédés, c'est ce qu'il importe de connaître.

Il triomphait dans ces relations qu'on nomme la vie du monde. Il avait une physionomie noble, animée, spirituelle. Il était instruit et fourni d'anecdotes sur tous les sujets. Il racontait avec charme; il étonnait, il captivait dans la conversation. Sa supériorité, très-apparente, inspirait le respect. Quand on le voyait et qu'on l'écoutait, on ne pouvait associer l'ignominie à l'idée qu'il imposait. Il avait de plus cette humeur prodigue qui semble être de la libéralité à ceux qui reçoivent, et ce désir constant de faire montre de son pouvoir, que les solliciteurs prennent aisément pour de l'obligeance. Il était bon sans discernement et les intrigants le vantaient. Certes, il blessait par sa hauteur; mais ceux mêmes qu'il offensait ainsi, il savait se les concilier par l'ascendant d'un caractère dont l'extrême fierté relevait, encore plus qu'elle ne les déparait, les qualités aimables ou brillantes; Napoléon l'avait appelé *Marmont I*^{er}. Il plaisait surtout aux femmes, et partout où il y avait une réunion féminine, il se trouvait pour lui plusieurs sortes de défenseurs.

Marmont mit à profit tous ces avantages personnels pour les besoins de son nom devant l'histoire.

A la vérité, il ne souffrait pas trop dans un salon que l'on fît tomber la conversation sur l'événement d'Essonne. Mais quand les circonstances, la qualité des assistants, leurs dispositions peu agressives, provoquaient les souvenirs et rendaient sans danger les communications, Marmont savait faire des demi-confidences, et il laissait entrevoir le reste dans des regrets contenus avec une douleur virile. Se trouvait-il là des témoins des événements? Il révélait des circonstances tout à fait inconnues; il rappelait des détails tout à fait oubliés. Si les mémoires étaient rebelles, il n'insistait pas et il faisait seulement remarquer, ce qu'il prouvait par maintes anecdotes toutes plus piquantes les unes que les autres, combien, dans les temps de crise, les hommes absorbés dans leurs propres sensations ne voient rien en quelque sorte de ce qui se passe autour d'eux. Il admettait d'ailleurs des excuses pour toutes les situations. Il honorait les hommes sincères et loyaux de tous les partis. Ceux qui étaient restés fidèles à l'Empereur, avaient bien fait; ceux qui l'avaient quitté, avaient cru remplir un devoir dont leur conscience était juge. Il ne demandait à personne de l'approuver. Il réclamait seulement de chacun le respect que lui-même professait pour toutes les convictions, pour tous les sacrifices, pour tous les malheurs. Cette phraséologie, alors non encore usée, surprenait, séduisait. Marmont terminait un jour un de ces entretiens par ce mot qu'il disait à M. de Lacretelle, et que, depuis, il a répété : « Je suis l'Œdipe des temps modernes ; il y a toujours eu pour moi une fatalité qui m'a contraint à faire le contraire de ce que je voulais. » On ne sortait pas toujours convaincu de ces conversations où M. de Raguse s'était à moitié livré ; mais du moins on en emportait un récit tel quel de l'événement, où l'on croyait voir que la fatalité, un concours de circonstances, des faits imprévus avaient précipité les choses, encore plus qu'une volonté réfléchie et préméditée.

Ajoutons qu'après les derniers jours de l'Empire, il y avait peu d'hommes qui n'eussent pas besoin, pour quelque acte en particulier, d'un peu de pardon et de beaucoup d'oubli. Il y avait alors comme une conspiration générale pour imposer silence aux indiscrétions de l'histoire. Il y eut de même comme une assurance mutuelle et réciproque d'amnistie.

Marmont parvint à peu près à ses fins. Déjà il s'établissait, sur l'événement d'Essonne, une légende spéciale, pleine de circonstances inconnues du vulgaire.

en contradiction, sur plusieurs points, avec le récit violent et brutal de l'histoire. Cette légende, qui la colportait? Ce n'était pas Marmont; lui, il refusait le plus souvent de s'expliquer; mais elle avait été racontée dans une maison fréquentée par des personnages fort instruits des choses secrètes du temps; quelqu'un qui avait jadis trahi avec décence et prudence, l'avait en quelque sorte confirmée avec discrétion, presque involontairement; on la tenait d'un général, d'un maréchal de l'Empire, d'un homme fidèle jusqu'au bout, qui avait été à Fontainebleau, à Essonne, à Paris, au moment de l'événement, et qui même conservait, sur d'autres points, toutes les préventions de la fidélité. Le parti libéral avait d'ailleurs un faible pour Marmont; c'est lui qui l'avait circonvenu, entraîné depuis le 30 mars 1814, et il n'avait garde de négliger l'occasion d'innocenter, de glorifier un de ses héros méconnus, son Curtius. Marmont allait décidément apparaître pur de toute complicité avec la fatalité qui avait disposé de sa vie, lorsqu'un événement imprévu vint le surprendre au faîte de son travail de transfiguration. La Révolution de 1830 éclata. Chargé de combattre l'insurrection, le maréchal duc de Raguse se trouva tout d'un coup en butte aux ressentiments du peuple étranger à la légende des salons. Le récit violent et brutal de l'histoire reprit le dessus. M. de Raguse passa de nouveau de l'état d'OEdipe à celui d'homme traître à l'amitié, au devoir, à l'honneur, à la patrie. Il alla recommencer dans l'exil son œuvre de réhabilitation, par ses lettres et par ses entretiens pleins de séductions avec ceux qui le visitaient; il fournit des notes aux historiens ; il voyagea, il promena en plusieurs lieux cette amabilité irrésistible et supérieure qui formait l'attrait de son caractère; il eut même l'impiété de se rendre à Vienne, auprès de Napoléon II, et d'entreprendre de tromper ce jeune prince sur l'histoire de son père. Quand la mort vint pour lui, son récit, laborieusement préparé sur de nouveaux frais, commençait à prévaloir pour la seconde fois. Sans la publication de ses *Mémoires*, sans cette explosion de calomnies posthumes contre toutes les gloires de l'Empire, nul n'eût songé à troubler Marmont dans cette indulgence universelle où l'on est convenu de laisser s'ensevelir le souvenir de toutes les fautes de nos temps de révolutions. Mais Marmont ne s'est pas contenté de profiter de cette absolution générale accordée de nos jours à tous les égarements; il s'est posé en accusateur, en juge; l'homme de 1814 a porté un défi à toute l'histoire moderne. Il subit aujourd'hui la peine de son fol orgueil. Que restera-t-il de M. de Raguse? Moins qu'un doute, une sentence plus sévère encore que ne le méritait peut-être un de ces hommes dont Napoléon a dit à

Sainte-Hélène, avec trop de raison : « Du reste, la première faute en est à moi ; ils étaient plusieurs que j'avais fait trop grands ; *je les avais élevés au-dessus de leur esprit.* »

III

Nous avons raconté les faits ; nous devons examiner de près les efforts de justification. Nous aurons ainsi occasion de nous occuper de cette légende des salons dont nous venons de parler, et qui s'est introduite dans maint ouvrage récent où l'on en trouve des fragments disparates. Mais c'est dans les *Mémoires* de Marmont qu'il faut chercher cette légende pour l'avoir tout entière et telle que le contumace l'avait préparée.

On peut résumer ainsi le système de défense de Marmont :

1° La chute de l'Empire n'a pas eu pour cause un événement particulier, comme la défection d'Essonne ; quand cette défection s'est accomplie, l'Empire n'existait plus, Napoléon avait abdiqué ; la chute de l'Empire doit être imputée à Napoléon lui-même ;

2° Au jour des derniers revers, c'est le prince Eugène qui, par sa désobéissance à des ordres formels, a privé l'Empereur d'une armée nécessaire et qui eût été suffisante pour tout réparer, au moins momentanément ;

3° Quant à la trahison dont on accuse Marmont, voici la vérité : elle n'a jamais existé:

Premièrement, on dit que Marmont s'est engagé envers le prince de Schwartzenberg, du 3 au 4 avril 1814, à passer avec son corps dans les lignes ennemies. Cela n'est point vrai. Au 4 avril, Marmont n'était qu'en pourparlers : il n'avait pas contracté d'engagement. On cite des lettres prouvant le contraire, c'est à savoir qu'au 4 avril il y avait déjà engagement et non plus de simples pourparlers. Mais ces lettres sont en réalité postérieures à l'événement ; elles ont été antidatées par complaisance pour le fait accompli.

Secondement, on dit que les généraux du 6e corps ont opéré le mouvement de défection en exécution de l'engagement contracté et des ordres qu'ils avaient reçus en conséquence de leur chef immédiat. Cela n'est point vrai. Il n'y avait pas d'engagement ; il n'y eut pas des ordres en conformité d'un engagement qui n'avait pas été pris. Bien loin de là, en quittant Essonne pour se rendre à Paris avec les plénipotentiaires de l'Empereur, Marmont avait, au contraire, laissé aux généraux du 6e corps l'ordre de ne point faire de mouvement.

Ainsi, la défection du 6e corps s'est faite sans engagement préalable de la part de Marmont ; il y a plus, elle s'est faite en son absence, sans ses ordres et contre ses ordres.

Nous avons pris à tâche de ne pas diminuer la force des arguments de M. de Raguse. Comme on le voit, ces arguments sont tels qu'ils prouvent surabondamment l'innocence de l'accusé. En homme de précaution, il n'a rien négligé. Il ajoute même en son lieu une conclusion où l'on retrouve à peu près ce qui suit : Qu'on n'insiste pas davantage sur cette injuste, sur cette absurde et trop cruelle accusation de trahison ; une trahison suppose un salaire ; or, M. de Raguse n'a rien stipulé pour lui et il n'a rien reçu.

Nous allons examiner aussi brièvement qu'il nous sera possible de le faire chacun des arguments de M. de Raguse.

Il est d'abord deux de ces arguments dont nous n'avons pas à nous occuper.

Il ne nous saurait convenir de défendre Napoléon Ier contre un pareil adversaire. Disons seulement un mot sur ce sujet. L'œuvre de Napoléon, comme toute œuvre humaine, est susceptible de contestation. Mais pour juger l'ensemble d'un système politique, il faut avant tout pouvoir s'en rendre compte. Or, il nous serait difficile de trouver dans les *Mémoires* de M. de Raguse un seul moment où celui-ci se montre à la hauteur des idées, des institutions et des actes contre lesquels il s'escrime. Voici tout son procédé pour venir à bout de ce qu'il ne saurait même comprendre : la calomnie. Mais la calomnie, qui dévore peut-être les réputations ordinaires, ne peut même pas s'appliquer à cette gloire où rien n'est demeuré indécis, où tout s'est mis fortement en relief, où les défauts même inséparables de notre nature et des vices du temps, sont remplacés par les excès d'une grandeur démesurée.

Nous ne défendrons pas non plus contre les outrages de Marmont le nom du prince Eugène ; cette tâche pieuse et chère à la France a été dignement remplie, dans le *Moniteur*, par M. le général Tascher de la Pagerie ; dans une publication spéciale, par M. Planat de la Faye ; devant la justice, occupée en ce moment à déterminer les limites de l'histoire et de la calomnie, par l'organe du ministère public, M. Descoutures, et par cette parole si forte de raison et pleine de feu qui est l'éloquence de M. Dufaure.

IV

Mais il nous appartient de ne pas permettre à Marmont de diminuer outre mesure l'importance de la défection dont il se déclare innocent. L'Empereur avait abdiqué, dit-il, lorsque le 6ᵉ corps a passé à l'ennemi ; donc ce mouvement n'a eu aucun effet sur la chute de l'Empire qui, déjà, avait cessé d'exister.

L'illusion est par trop grossière; il nous suffira de quelques mots pour la dissiper.

Au 4 avril, Napoléon n'avait pas abdiqué d'une manière absolue; il avait abdiqué conditionnellement, sous la réserve des droits de la dynastie impériale; de telle sorte que si ces droits n'étaient pas reconnus, il n'y avait point d'abdication. En d'autres termes, si l'on veut, au 4 avril, Napoléon avait abdiqué pour lui-même; mais il négociait pour le maintien de la dynastie impériale.

Or, la défection d'Essonne éclata au moment de cette suprême négociation et l'interrompit brusquement.

Les souverains alliés se montraient disposés à beaucoup accorder à l'attitude ferme, fidèle, unanime de l'armée française.

Or, par la défection d'Essonne, il n'y eut plus cet argument auquel les souverains alliés se montraient sensibles : l'armée française cessa tout d'un coup d'apparaître ferme, fidèle, unanime.

En engageant les négociations, l'Empereur avait prévu le cas où elles n'aboutiraient pas à la reconnaissance stipulée, et déjà, pour ce cas, il avait arrêté un plan de campagne.

Or, après la défection d'Essonne, l'Empereur n'eut plus qu'une armée divisée, démoralisée; privé de son avant-garde, découvert du côté des alliés, doutant désormais de tous ceux qui l'entouraient, il fut réduit à l'inaction au milieu de ses projets.

La négociation non avenue, l'armée incertaine, tout recours à la force rendu impossible, l'abdication conditionnelle se changeant, de toute nécessité, en une abdication absolue : ce furent là les effets de la défection d'Essonne, un coup subit et sinistre donné dans un édifice qui chancelait, penchait et ne tombait pas encore.

Voici quelques témoignages que nous citerons sans commentaires.

Deux éminents historiens, que le patriotisme a rendus impartiaux en cette occasion, se sont ainsi exprimés ; M. Achille de Vaulabelle : « Le duc de Raguse porta le coup de mort à cette cause (la dynastie impériale)... Le 4 avril, au matin (après l'abdication conditionnelle), l'Empereur n'avait plus de couronne; le 5 avril, au soir (après la défection consommée), l'Empire était fini; la Restauration commençait (1); » M. Elias Regnault : « Ainsi fut consommée cette indigne trahison qui donnait gain de cause à l'étranger (2). »

Un historien doublement digne de foi à cause de ses études consciencieuses et de ses traditions de

---

(1) M. Achille de Vaulabelle, *Histoire des deux Restaurations*, tome 1er, p. 345.

(2) M. Elias Regnault, *Histoire de Napoléon*, tome IV, p. 306.

famille, M. Ernouf a écrit : « Cet incident capital (la défection d'Essonne) détruisait l'argument le plus efficace qui pût être allégué en faveur de la Régence, l'attitude unanime de l'armée française… Voilà donc l'événement qui assura le succès et le salut de nos ennemis et d'où date vraiment la Restauration (1). »

On lit dans un ouvrage qui a été fait en grande partie sur des relations contemporaines : « Alexandre, en apprenant la défection du 6ᵉ corps, dit que cet événement changeait l'état de la question et ne laissait à Napoléon que le choix d'une abdication absolue. C'est ainsi que la défection du duc de Raguse fit triompher la cause de la Restauration et anéantit celle de la Régence (2). »

Le général Koch, qui apprécie de même l'événement, se sert d'expressions presque identiques : « Par cette décision, dit-il, la cause de la Restauration fut gagnée et celle de la Régence perdue sans retour (3). » A cette occasion, le même écrivain compare Marmont à Monck trahissant le Protectorat pour les Stuarts, et à Malborough trahissant les Stuarts pour Guillaume d'Orange (4).

(1) M. Ernouf, *Histoire de France sous Napoléon*, tome XIV, p. 58.
(2) *Victoires et conquêtes*, t. XXIII. p. 334.
(3) Koch, *Mémoires pour servir à l'Histoire de la campagne de 1814*, t. II, 2ᵉ partie, p. 592.
(4) Même ouvrage, p. 573.

Un soldat de l'armée de Fontainebleau a rendu compte ainsi de ses impressions et de celles de ses camarades de l'armée impériale : « La défection d'Essonne fut pour nous... un coup de foudre (1). »

Un contemporain dont la sagacité n'est jamais en défaut, M. de Rovigo, a dit : « La défection de Marmont acheva la chute de l'Empire (2). »

Un autre contemporain, attaché à la personne de l'Empereur et dont l'esprit modéré et honnête était exempt d'illusions, M. Fain, a mis ce qui suit dans son journal : « Jusqu'ici (à la défection d'Essonne) les souverains avaient cru devoir user de ménagements envers Napoléon, qui s'appuyait sur les vœux et les affections de l'armée ... Maintenant que Fontainebleau a cessé d'être une position militaire, et que l'armée semble abandonner la cause de Napoléon, la question a changé de face; le temps des ménagements a passé : l'abdication en faveur de la régente et de son fils ne suffit plus à un ennemi rassuré; on déclare aux plénipotentiaires qu'il faut que Napoléon et sa dynastie renoncent entièrement au trône (3). »

Le général Gourgaud, alors colonel et officier d'ordonnance de l'Empereur, apporta le premier à

---

(1) M. le capitaine Hippolyte de Mauduit, *Derniers jours de la Grande armée*, t. 1er p. 62.
(2) M. de Rovigo, *Mémoires*, t. VII, p. 128.
(3) M. Fain, *Manuscrit de 1814*, p. 229-230.

Fontainebleau la nouvelle de la défection d'Essonne ; il a raconté ainsi l'effet de cette défection : « Cet événement changea totalement la face des affaires. L'empereur Alexandre était ébranlé par les commissaires, et surtout par le maréchal Ney... Il était prêt à se rendre à la conviction qui animait le maréchal Ney.... Ce cruel incident avait tranché la question; tout espoir de régence était désormais perdu.... L'abdication conditionnelle ne suffisait plus aux alliés; ils demandaient maintenant qu'elle fût pure et simple (1). »

Le récit du général Belliard est, s'il se peut, plus explicite encore. Ce général, du corps du duc de Trévise, était à Fontainebleau du 3 au 5 avril; il avait vu partir les commissaires; il s'est particulièrement instruit auprès d'eux de toutes les circonstances de leurs négociations pour la Régence; c'est à leur retour à Fontainebleau, après la défection du corps de Marmont, qu'il les a questionnés, et voici en quels termes il rend compte de ces premières impressions qui sont toujours les témoignages les plus exacts des faits :

« Toute la journée (5 avril), l'Empereur fut
» soucieux. On attendait avec impatience des nou-
» velles de Paris pour connaître la suite des négo-

---

(1) Lettre de Gourgaud, dans l'ouvrage intitulé *Bourrienne et ses erreurs*, tome II, p. 335-336.

» ciations entamées la veille, et qui paraissaient
» devoir se terminer avantageusement. Enfin, un
» courrier, expédié par les commissaires, arriva,
» annonçant que *tout était manqué et qu'on le devait
» à la défection du corps de Marmont*. Bientôt, le
» maréchal Macdonald vint donner connaissance à
» l'Empereur de tout ce qui s'était passé... En
» sortant de chez l'Empereur, il s'arrêta dans le
» salon des aides-de-camp, où il me raconta ainsi
» ce qui avait eu lieu (suit un long récit dont nous
n'extrairons que ce qui est relatif à notre sujet)...
« Nous avions fait valoir, dit Macdonald en pour-
» suivant, la volonté bien prononcée de l'armée,
» et cet argument avait eu beaucoup de poids;
» elle inspirait encore du respect, de la vénération
» et de la crainte... Nous semblions toucher à nos
» fins, lorsqu'on vint annoncer, en langue russe, à
» l'empereur Alexandre que le corps de Marmont
» était passé... *Cela changea toutes les dispositions*..
» Sa majesté nous fit observer que *cela devait chan-
» ger toutes les combinaisons*; et, poussée par le
» Gouvernement provisoire, elle demanda que
» l'Empereur Napoléon abdiquât purement et sim-
» plement; elle déclara que la Régence ne pouvait
» plus avoir lieu, et que les Bourbons seraient
» remis en possession du trône. *Ainsi, c'est au
» moment où nous allions terminer, que tout a croulé,
» et cela par la défection de Marmont*; car, sans cet

» événement, avec l'attitude imposante de l'armée,
» nous aurions bien certainement obtenu la Régence
» avec le fils de l'Empereur.... C'est une action
» sans exemple qui a atterré tout le monde, et
» surpris même les alliés, qui ne pouvaient y
» croire... (1) »

Si l'on veut voir encore l'effet produit par la défection d'Essonne sur les dispositions du temps, il faut lire la lettre écrite par un homme bien illustre et bien malheureux ; cet homme avait été plénipotentiaire de l'Empereur auprès d'Alexandre ; il défendait la cause de son maître, *de la France surtout*, comme Napoléon le lui avait recommandé, lorsque arriva la nouvelle de la défection de Marmont; il avait assisté à la première annonce de cette nouvelle, dans le moment même où se décidait le sort de l'Empire. Il a témoigné en ces termes du changement qui fut alors brusquement apporté à l'état des choses :

« Monseigneur (2),

« Je me suis rendu hier à Paris avec M. le ma-
» réchal duc de Tarente et M. le duc de Vicence,

---

(1) Pages 186-194 du tome Ier des *Mémoires du comte Belliard, lieutenant-général, pair de France*, etc., 3 vol. in-8°, Paris, 1843.

(2) La lettre est adressée au président du gouvernement provisoire, le prince de Bénévent.

» comme chargé de pleins pouvoirs pour défendre, » près de S. M. l'empereur Alexandre, les intérêts » de la dynastie de l'Empereur Napoléon. Un *événe-* » *ment imprévu ayant tout-à-coup arrêté les négocia-* » *tions qui, cependant, semblaient promettre les plus* » *heureux résultats,* je vis dès lors qu'il ne restait » plus qu'à embrasser la cause de nos anciens » rois... »

« Fontainebleau, ce 5 avril, onze heures et demie du soir (1). »

Cet *événement imprévu* dont l'effet fut si fatal, nous n'avons pas besoin de le dire, c'était la défection d'Essonne.

Qui ne connaît cette scène décrite par tous les historiens et tous les mémoires du temps, où l'on

---

(1) Est-il nécessaire de dire le nom écrit au bas de cette lettre que nous ne citons pas en entier? Pour désigner, comme il convient, l'homme dont nous rappelons ici le souvenir, nous emprunterons les expressions d'une auguste princesse dont les vertus ont seules surpassé les infortunes. MADAME, duchesse d'Angoulême, se faisait lire un jour l'*Histoire de Napoléon et de la grande armée pendant la campagne de Russie,* que M. de Ségur venait de publier; c'était en 1824. Arrivée à cet endroit où l'on voit Ney à pied, sondant la neige, l'épée à la main et s'écriant : « Soldats, c'est ici le Dniéper ! » MADAME fit un geste pour arrêter la lecture et garda quelque temps le silence; puis elle leva son visage tout en larmes et dit : « Quel dommage que ce beau livre n'ait pas paru plus tôt ! Ney avait déserté notre cause.... Mais le prince de la Moskowa devait vivre pour l'honneur et la gloire de la France ! » (*Anecdotes historiques du temps de la Restauration,* par Beaudouin. Paris, 1852).

voit l'Empereur apprenant la nouvelle de la défection d'Essonne? Il ne pouvait pas croire; il voulait douter; il se faisait répéter les détails de l'événement. Quand le doute ne fut plus possible, sa parole s'arrêta, son regard devint fixe; il prit sa tête entre ses mains, et l'émotion qu'il s'efforçait en vain de contenir fut telle que les assistants crurent devoir s'éloigner et se tenir à l'écart. Est-ce un malheur de peu d'importance que celui qui courba dans l'affliction cette tête demeurée jusque-là inflexible sous les coups répétés de tant de désastres? Retiré dans ses appartements, Napoléon, qui se croyait seul, dit devant son valet de chambre : « Marmont m'a porté le dernier coup ! Le malheureux, je l'aimais (1) ! »

Nous n'ajouterons plus qu'une réflexion. La défection d'Essonne, entre tous les faits du même genre qui ont signalé cette triste époque de 1814, a seule laissé dans les imaginations populaires une vive et durable impression; pourquoi? C'est qu'entre tous les faits du même genre, la défection d'Essonne a seule éclaté au moment critique et décisif des destinées de l'Empire; ce qui l'a caractérisée si fortement pour le peuple, dont le sens en histoire est toujours très-élevé et très-positif, c'est le brusque effet qui l'a suivie : elle n'a pas été seulement

(1) *Mémoires de Constant*, tome VI, p. 86-87.

une trahison; elle a été une trahison, cause immédiate de ruine.

Et nous n'insisterons pas sur un autre point de vue que celui de la politique, auquel on peut juger la défection de Marmont. Qu'on cherche dans notre histoire militaire, on y pourra trouver des faits de guerre civile, des armées se divisant entre des drapeaux diversement français; çà et là quelques capitulations surprises à un moment d'égarement, quelques chefs passant de leur personne d'un camp français dans un camp ennemi : on n'y trouvera pas un corps d'armée, une avant-garde tout entière livrée à l'ennemi dans un péril extrême pour l'indépendance nationale. Un général a eu la malencontreuse idée de laisser dans ses papiers une défense de la conduite de M. de Raguse en 1814 : du moins le général Pelleport s'écrie : « C'est aux militaires seuls qu'il appartient de le juger. » Nous l'accorderons, mais c'est à la condition que les militaires jugeront plus sévèrement que nous ne le faisons nous-mêmes la conduite de M. de Raguse. Ceux à qui est remis le droit surhumain de donner la mort, sont tenus, sous peine d'être les derniers des hommes, au lieu d'en être les premiers, de vivre dans le culte constant de ce qu'on a si bien nommé la religion du devoir. Il n'est point de circonstance qui puisse relever un soldat de l'obligation de mourir plutôt que de faillir au devoir. Et le devoir, ce n'est pas assez : il y faut encore quelque chose de délicat et de fier, cette distinction hautaine, ce luxe du bien, qu'on appelle l'honneur. Là est la grandeur, la sainteté de l'état militaire, et, pour mieux dire, là est l'état militaire tout entier, dans cette disposition volontaire et devenue habituelle d'un ensemble d'hommes toujours prêts au sacrifice d'eux-mêmes. M. de Raguse a cherché, a trouvé des arguments pour expliquer comment et pourquoi il a passé à l'ennemi. Un de ses apologistes a résumé ainsi ces arguments : « Le duc de Raguse pensa que le devoir du citoyen l'emportait sur celui du soldat (1). » Nous n'en voudrions pas davantage pour condamner M. de Raguse. En dehors de tout autre effet désastreux produit sur les événements politiques, n'est-ce pas un acte qui mérite l'animadversion et des citoyens et des soldats, que d'avoir fait rejaillir la souillure d'une défection en présence de l'ennemi sur le drapeau de la France, exempt d'une tache pareille depuis nos sauvages aïeux de Tolbiac? En 1814, les bandes épuisées et sanglantes qui avaient fait la campagne de France, pouvaient dire : « Tout est perdu fors l'honneur. » Autant qu'il a dépendu de l'auteur de la défection d'Essonne, l'armée française n'aurait point pu dire en 1814 que l'honneur du moins était sauf.

(1) *Papiers d'un homme d'Etat*, t. XII. p. 400.

Peut-on douter de l'importance de l'acte dont M. de Raguse se déclare innocent? Nous ne le croyons pas; mais il nous faut passer aux preuves de l'innocence de ce personnage.

V

Le 7 avril 1814, le *Moniteur*, dans un article émané directement des secrétaires du gouvernement provisoire, Dupont (de Nemours) et Roux-Laborie, annonçait que le Sénat venait d'accepter une nouvelle constitution et de reconnaître comme roi Louis-Stanislas-Xavier. Et il ajoutait :

« Auprès d'une si grande nouvelle, les autres pâlissent.

» C'est notre devoir néanmoins de rendre compte de tous les événements qui ont contribué à l'amener. »

Ces événements se réduisaient à un seul, le traité de Chevilly, la défection d'Essonne.

Le journal officiel reproduisait ici les lettres rapportées par nous dans la seconde partie de cet ouvrage, et prouvant que M. de Raguse s'était engagé à faire défection du 3 au 4 avril 1814. Suivaient ce récit et ces reflexions, où se trahissent les habitudes d'un style étranger :

« En conséquence, les troupes sous les ordres du maréchal duc de Raguse, au nombre de 12,000 hommes, avec armes, bagages et munitions, ont quitté leurs cantonnements le 5 pour se rendre à Versailles; elles ont traversé les troupes des puissances alliées, au milieu des témoignages de la plus vive satisfaction, recevant les honneurs militaires dûs à des braves dont le sang si longtemps prodigué pour la défense de la patrie, n'aurait pu l'être désormais que par le désespoir de l'ambition et de la tyrannie expirante, et dont l'armée sous l'étendard de cette chère patrie présageait l'accomplissement prochain du grand œuvre de la pacification générale et du bonheur du monde.

» Tels sont les détails de cette négociation, également honorables pour le général étranger qui renonce à toutes les séductions de la gloire et à toutes les chances de la victoire pour servir pacifiquement la cause de la France et de l'humanité, et pour le maréchal de France qui, après avoir sauvé Paris par une capitulation inespérable, se hâte de se dévouer tout entier à la patrie, et dont les nobles sentiments s'occupent de l'honneur de ses troupes et du sort de celui qu'il a servi. »

C'est contre ce récit officiel, authentique, que Marmont s'inscrit en faux dans ses *Mémoires*, et il prétend : 1° qu'au 4 avril il n'avait point d'engagement, qu'il n'était encore qu'en pourparler; que les lettres qui prouvent le contraire ont été antidatées ; 2° que les généraux du 6ᵉ corps ont opéré le mouvement de défection sans ses ordres et contre ses ordres.

Examinons la première de ces assertions. Le duc de Raguse s'exprime ainsi :

« Sans m'arrêter à cette réflexion que c'était jeter en quelque sorte un voile d'absolution sur la conduite *coupable* (le mot y est) des généraux, je demandai au prince de Schwartzenberg, et j'obtins de sa loyauté si connue la déclaration qui remplissait mon double objet. Cette déclaration fut mise, quoique après coup, à la date du 4 avril, époque à laquelle les pourparlers avaient eu lieu, dans le but de cacher la confusion qui avait existé, et de donner une apparence de régularité à ce qu'avaient produit la peur et le désordre (1). »

Ainsi, il était loisible à Marmont de laisser à qui de droit le déshonneur de la défection. Mais ce déshonneur, il le réclame, il l'obtient pour lui. Pourquoi ? pour cacher une confusion, pour dissimuler une irrégularité. On ne saurait pousser plus loin l'amour de l'ordre et de la règle. Mais il y avait une confusion non moins grande, et une irrégularité non moins flagrante dans le fait d'un maréchal livrant lui-même à l'ennemi le corps d'armée qui

---

(1) *Mémoires du duc de Raguse*, tome VI, p. 266.

lui avait été confié. Comment une faute s'efface-t-elle en s'élevant de quelques subordonnés à leur commandant, tenu, lui aussi, et bien plus étroitement, à de sévères devoirs envers un autre chef suprême?

Mais le récit de Marmont n'est pas seulement incroyable, il est encore violemment contredit par les faits.

Voici le résumé d'une conversation du duc de Tarente avec le général Belliard, conversation rapportée par ce dernier dans ses *Mémoires*.

On se souvient que le 4 avril les plénipotentiaires de l'Empereur avaient emmené avec eux M. de Raguse à Paris, et d'abord à Petit-Bourg. Dans cet endroit, où l'on devait voir M. de Schwartzenberg, on vit aussi le prince royal de Wurtemberg, et cette Altesse, qui n'entrait pas dans les habiletés de M. de Raguse, dit ouvertement que celui-ci avait reçu la garantie stipulée par lui pour s'engager définitivement, et qu'il était engagé. M. de Tarente, à qui fut dite cette parole et qui en fut tout troublé, alla tout aussitôt chercher M. de Raguse dans la voiture où il l'avait laissé et où il ne le trouva point. Celui-ci s'était échappé, dès qu'il avait été seul, pour aller parler en secret à M. de Schwartzenberg. Quand M. de Tarente parvint à le rejoindre, il lui reprocha sa duplicité. Mais M. de Raguse paya d'audace, affirma que le prince de Wurtemberg était dans l'erreur, qu'il n'était pas lui-même autrement qu'en pourparler, ainsi qu'on pouvait s'en assurer auprès de M. de Schwartzenberg, qui ne manquerait pas de l'attester, etc. (1). M. de Ta-

(1) Il faut lire tout ceci dans les *Mémoires* du comte Belliard, qui s'exprime ainsi; nous nous bornerons à des extraits:

« En partant de Fontainebleau (c'est le duc de Tarente qui
» raconte les faits à M. Belliard), nous passâmes à Essonne chez
» le maréchal Marmont.... Il me parut fort embarrassé, tergi-
» versa longtemps et enfin finit par me confier qu'il avait reçu
» des propositions des souverains alliés, et qu'il était entré avec
» eux en négociation. Je lui demandai s'il avait conclu avec eux
» quelque arrangement; il m'assura que non. — Eh! bien! lui
» dis-je, dès que vous n'êtes pas engagé, il ne doit être question
» de rien, et nous allons traiter au nom de toute l'armée. — Il
» m'observa qu'il ne pouvait pas être commissaire. — Je lui dis
» alors : il ne vous reste que deux moyens de sortir de cette
» fausse position : ou il faut aller à Fontainebleau avouer tout à
» l'Empereur ; ou il faut venir à Paris avec nous, puisque vous
» m'assurez n'avoir rien terminé avec les ennemis. Il choisit le
» dernier parti, le premier lui paraissant trop scabreux : il crai-
» gnait les gendarmes d'élite. Nous sommes partis ensemble.
» Arrivés au quartier-général du prince de Schwartzenberg, au-
» quel nous devions faire connaître l'objet de notre mission,
» Marmont me dit : Je ne veux pas paraître. — Eh bien! restez
» dans la voiture.... Je fis ma visite au prince de Schwartzen-
» berg ; ensuite je fus chez le prince de Wirtemberg (Wurtem-
» berg), qui me dit alors dans la conversation que le *corps de*
» *Marmont allait nous quitter et passer avec eux.* J'observai au
» prince que tout cela était seulement en projet. Il m'assura
» qu'on avait accordé tout ce que le maréchal avait voulu, et
» que *tout était arrêté, convenu et bien terminé, et m'en donna*
» *sa parole.* Cela me parut bien extraordinaire, d'après ce que
» Marmont m'avait assuré. Je ne cherchai pas à en savoir davan-
» tage, et je retournai chez le prince de Schwartzenberg pour re-
» prendre ma voiture, dans laquelle j'avais laissé le duc de Ra-
» guse. Je fus fort surpris de ne pas l'y trouver ; il était des-

rente ajouta foi à cette affirmation, et ce fut une faute dont il s'accusa, lorsque le lendemain, le 5, à Fontainebleau, il vint faire à l'Empereur le récit de tout ce qui s'était passé.

Pour M. de Tarente à qui le prince de Wurtemberg fit connaître la vérité, et pour le général Belliard à qui M. de Tarente fit confidence de sa conversation, Marmont était bien définitivement engagé, du 3 au 4 avril.

Voici une autre preuve.

L'Empereur, après avoir appris la défection du 6ᵉ corps, adressa à l'armée de Fontainebleau, dans la matinée du 5 avril, une proclamation dont nous ne citerons que les mots relatifs à notre sujet :

« cendu et causait avec le prince, chez lequel il était entré « lorsque j'en fus sorti. Je le rejoignis. Nous prîmes congé du « prince, et nous continuâmes notre route sur Paris. Je racontai « à Marmont ma conversation avec le prince de Wirtemberg ; il « me jura de nouveau qu'il n'en était rien, et lorsque je lui té- « moignai ma surprise de l'avoir trouvé avec le prince de « Schwartzenberg qu'il ne voulait pas voir, il me dit : — Le « prince a su par nos gens, je pense, que j'étais dans la voi- « ture ; il est venu lui-même me prendre pour me faire descen- « dre, et je n'ai pu refuser... » *Mémoires du comte Belliard*, t. I, p. 187-189.

Dans cette scène dont tous les détails seraient comiques si le fond n'en était pas une trahison, on ne sait ce qu'il faut le plus admirer, de la bonhomie trop crédule du duc de Tarente, ou de l'audace du duc de Raguse qui ne se donne même pas la peine de bien dissimuler sa duplicité.

« Fontainebleau, 5 avril 1814.

» *À l'armée :*

» L'Empereur remercie l'armée pour l'attachement qu'elle lui témoigne... Le soldat suit la fortune et l'infortune de son général ; son honneur est sa religion... Le duc de Raguse n'a point inspiré ce sentiment à ses compagnons d'armes. Il a passé aux alliés. L'Empereur ne peut approuver la condition sous laquelle il a fait cette démarche, il ne peut accepter la vie et la liberté de la merci d'un sujet. »

On se souvient que par sa convention avec M. de Schwartzenberg, Marmont avait stipulé pour l'Empereur la vie sauve et la liberté dans un espace circonscrit de terrain (1). Or, l'Empereur n'aurait point pu faire allusion aussi formellement, dès le 5 avril au matin, à cette condition injurieuse, si la convention, dont elle était partie intégrante, n'avait pas existé au 5 avril, si elle n'avait été arrêtée, comme le prétend Marmont, qu'un jour après, le 6 avril.

Mais nous avons M. de Raguse témoignant lui-

---

(1) Article 2 de la garantie stipulée : « Que si, par suite de ce mouvement (la défection), les événements de la guerre faisaient tomber entre les mains des puissances alliées la personne de Napoléon Bonaparte, sa vie et sa liberté lui seraient garanties dans un espace de terrain et dans un pays circonscrit, au choix des puissances alliées et du gouvernement français. »

même, dans un acte authentique, signé par lui, de l'existence de son traité antérieure au 6 avril. Qu'on lise avec attention la pièce suivante, et l'on y verra même plus que le témoignage dont il s'agit ici : c'est la trahison dans la liberté de son langage et l'excès de son égarement.

Le 5 avril, le maréchal adressait au 6ᵉ corps, ramené par lui dans la défection, cet ordre du jour :

« Soldats,

« Depuis trois mois vous n'avez cessé de combattre, et depuis trois mois les plus glorieux succès ont couronné vos efforts; ni les périls, ni les fatigues, ni les privations n'ont pu diminuer votre zèle, ni refroidir votre amour pour la patrie. La patrie reconnaissante vous remercie par mon organe et vous saura gré de tout ce que vous avez fait pour elle. Mais le moment est arrivé, soldats, où la guerre que vous faisiez est devenue sans but comme sans objet; c'est donc pour vous celui du repos. Vous êtes les soldats de la patrie. C'est l'opinion publique que vous devez suivre, et c'est elle qui m'a ordonné de vous arracher à des dangers désormais inutiles, pour conserver votre noble sang, que vous saurez répandre encore lorsque la voix de la patrie et l'intérêt public réclameront vos efforts. De bons cantonnements, et mes soins paternels vous feront oublier bientôt, j'espère, jusqu'aux fatigues que vous avez éprouvées.

« Fait à Paris, le 5 avril 1814.

« Le maréchal DUC DE RAGUSE.

« Pour copie conforme :

« *Le général, chef d'état-major général,*

« Baron MEYNADIER (1). »

Ainsi, dans la France envahie par les étrangers, il n'y a plus d'ennemis à combattre; point d'indépendance nationale à sauvegarder. La guerre est devenue *sans but et sans objet;* le moment du repos est arrivé. L'opinion publique a ordonné à M. de Raguse d'arracher ses soldats à des dangers *désormais inutiles!*... Est-il nécessaire d'ajouter quelque chose à de pareils aveux? Mais prenons cet ordre du jour dans sa teneur directe : Marmont promet au 6ᵉ corps de bons cantonnements, etc. N'est-ce pas là l'exécution de l'article 1ᵉʳ de la garantie stipulée pour le traité de défection (2)? Comment M. de

---

(1) Cette pièce se trouve au *Moniteur* du 7 avril 1814, à la suite des lettres échangées, pour le traité de défection, entre M. de Raguse et M. de Schwartzenberg.

(2) Art. 1ᵉʳ de la garantie : « Moi, Charles, prince de Schwartzenberg, etc., je garantis à toutes les troupes françaises qui... quitteront les drapeaux de Napoléon Bonaparte, qu'elles pourront se retirer librement en Normandie avec armes, bagages et munitions, et avec les mêmes égards et honneurs militaires que se doivent les troupes alliées. »

Raguse aurait-il pu annoncer ainsi à ses soldats, dès le 5 avril, cet effet de sa convention avec les ennemis, si cette convention n'avait été arrêtée par lui, comme il le prétend, qu'un jour après, le 6 avril ?

Mais pour confondre cette assertion, nous avons encore d'autres preuves.

Le 4 avril, le prince de Schwartzenberg mit à l'ordre des armées coalisées l'annonce et les dispositions suivantes :

« Le corps ennemi du maréchal Marmont marchera par Juvisy sur la grande route jusqu'à Fresnes, où il s'arrêtera pour repaître ; il suivra ensuite son mouvement, d'après les ordres du gouvernement provisoire.

« Les 3e, 4e, 5e et 6e corps se tiendront à l'entrée de la nuit (du 4 avril) prêts à tout événement ; il en sera de même de l'armée de Silésie.

« Le corps ennemi sera escorté jusqu'à Fresnes par deux régiments de cavalerie du 5e corps, et de là à Versailles par deux régiments de cavalerie russe de la réserve. Tant par ce motif qu'à cause de l'*indisposition* des habitants de Versailles, cette ville devra être fortement occupée par les troupes alliées. »

Le maréchal Barclay de Tolly n'avait pas pris moins de précautions en prévision de la marche du

6ᵉ corps français, et dans la même journée du 4 avril, il mettait à l'ordre de l'armée de Silésie l'annonce suivante :

« Le maréchal français Marmont ayant *promis* de passer de notre côté avec son corps de 10,000 hommes, il doit se diriger par Fresnes sur Versailles. Mais comme il pourrait arriver que Napoléon eût acquis la connaissance du projet du maréchal Marmont et qu'il voulût en profiter pour tenter une surprise de nuit sur notre aile gauche, il est indispensablement nécessaire que tous les commandants des corps se tiennent prêts à marcher, avec leurs troupes, jusqu'à ce qu'on ait appris avec certitude que le passage a eu lieu tranquillement. On ordonne en conséquence les dispositions suivantes pour l'armée de Silésie, dans le cas d'une attaque de nuit. » Suivent les dispositions (1).

(1) Les deux pièces que nous venons de rapporter se trouvent dans l'*Histoire de la Bataille et de la capitulation de Paris*, par Pons (de l'Hérault) M. le duc de Rovigo, dans ses *Mémoires*, tome VII, p. 137, a cité la première de ces pièces, à laquelle M. Achille de Vaulabelle a fait allusion dans son *Histoire des deux Restaurations*. Le général Koch qui ne cite point ces pièces, mais qui les a consultées pour son histoire de la campagne de 1814, décrit ainsi les mouvements faits en exécution des ordres donnés par les chefs ennemis, dès le 4 avril : « Le prince de Schwartzenberg expédia l'ordre aux troupes de se tenir prêtes à protéger le passage du maréchal Marmont, au cas que Napoléon voulût s'y opposer ; et néanmoins pour éviter toute méprise dans cette longue marche de flanc sur le front des Alliés, deux régiments de

Ainsi, d'après Marmont, au 4, au 5 avril, il n'avait pas encore arrêté d'engagement, il n'était encore qu'en pourparler ; et dès le 4, les généraux ennemis annoncent que le maréchal français Marmont a *promis* de passer de leur côté ; que ce mouvement doit s'opérer, comme il s'est opéré, dans la nuit du 4 au 5 avril ; ils prennent des mesures en conséquence ; ils échelonnent leurs troupes sur la ligne marquée d'avance pour la défection. Marmont avait oublié ces deux documents ou plutôt il comptait bien sur les distractions de l'histoire, lorsqu'il a osé affirmer dans ses *Mémoires* ce qu'il racontait dans les salons, ce qu'il faisait croire à d'honnêtes personnages, à savoir que le 4 avril il n'avait pas encore fait son traité avec le prince de Schwartzenberg. Rédigé ou non dans les termes définitifs pu-

---

cavalerie bavaroise furent désignés pour exécuter un mouvement parallèle à celui de la colonne française, depuis le point où elle arriverait sur la ligne jusqu'à Fresnes, où deux régiments de la réserve russe devaient les relever jusqu'à Versailles....

« Les troupes (françaises) crurent assez longtemps qu'on les conduisait à une attaque sérieuse et prochaine, sur le flanc droit des Alliés. Mais la marche parallèle des flanqueurs bavarois qui, en exécution de la convention militaire, s'interposaient processionnellement entre le corps d'armée et la ligne ennemie, fit naître et accrut progressivement les doutes des officiers et des soldats. A Fresnes, quelques officiers et une centaine d'éclaireurs polonais s'écrièrent qu'on les trompait, et s'enfuirent à toute bride vers Fontainebleau. » Koch, *Mémoires pour servir à l'histoire de la campagne de 1814*. Pages 571 et 582, du tome II, 2ᵉ partie.

bliés par *le Moniteur*, ce traité a bien préexisté à la défection d'Essonne qui en a été la mise à exécution.

VI

Passons à la seconde partie de la dénégation de M. de Raguse : les généraux du 6ᵉ corps avaient reçu l'ordre de ne pas faire de mouvement, de ne pas faire, pendant l'absence du maréchal et jusqu'à son retour, le mouvement de défection.

Qu'on remarque la contradiction : il n'y avait encore que des pourparlers; partant, point de convention arrêtée; partant, point de mouvement résolu. Et cependant M. de Raguse trouve qu'il y avait lieu de commander de ne point faire un mouvement qui n'était point résolu. Mais il ne faut pas prendre garde à si peu de chose. En réalité, Marmont prétend ici qu'il avait bien définitivement arrêté sa convention avec le prince de Schwartzenberg, dès le 4 avril, mais que, mû par un sentiment de remords ou de crainte, il avait contremandé le mouvement de défection ordonné par lui, quelques heures auparavant, aux généraux du 6ᵉ corps. Et il invoque à l'appui de cette assertion deux preuves : la première, c'est que cette assertion déjà avancée par lui, en 1815, dans sa réponse à la proclamation en date du golfe Jouan, n'a été contredite par aucun des généraux intéressés; la seconde, c'est une lettre du général Bordesoulle.

Voyons la première de ces deux preuves.

Marmont a publié à Gand sa réponse à la proclamation en date du golfe Jouan : « Cette réponse, dit-il, envoyée en France, imprimée, y produisit l'effet désiré auprès de ceux qui en eurent connaissance... Mais le gouvernement, mécontent de l'accueil qui lui était fait, mit obstacle à sa circulation, et elle ne fut pas alors suffisamment répandue. Je fis la faute de ne pas la faire réimprimer à notre retour en France et insérer dans *Le Moniteur* (1). »

Ainsi, la réponse de Marmont n'a eu en France qu'une publicité restreinte et interdite. Il fut mis obstacle à la circulation de ce factum. Si ce factum a été connu, si des répliques ont voulu se produire, un même obstacle a dû s'opposer à leur publication, ces répliques ne pouvant avoir pour effet que de soulever des récriminations que l'on estimait alors inopportunes et dangereuses. On ne saurait ainsi réputer comme un tacite aveu de culpabilité le silence gardé en cette occasion par les généraux accusés. Ces généraux ont pu ignorer l'accusation. Leur silence fut peut-être forcé. Il y a plus, Marmont, dans sa réponse, ne nommait aucun des généraux

---

(1) *Mémoires du duc de Raguse*, tome VII, p 444.

du 6ᵉ corps. Pourquoi ceux-ci, en réclamant, se seraient-ils dénoncés eux-mêmes ? On savait que les états de situation des corps, pendant la campagne de France, et surtout après la bataille de Paris, avaient été mal tenus, irréguliers, incertains, parfois omis. Personne ne songea à dire qu'il avait été à Essonne, lorsqu'on pouvait croire qu'il avait été ailleurs au moment du fatal événement. Les généraux du 6ᵉ corps, restés en France pendant les Cent-Jours, avaient cette raison pour se taire ; quant à ceux qui étaient à Gand, ils en avaient une autre : c'est que l'accusation de Marmont faisait plus grande leur participation à cet événement fort bien venu auprès du roi dont ils suivaient la fortune. Après les Cent-Jours, pendant quelques années, il ne fut point permis de parler librement de ce qui s'était passé à la fin de l'Empire. Plus tard, il ne fut plus temps de revenir sur une accusation à laquelle on n'avait pas répondu dans le premier moment. Et nous n'avons pas dit encore la raison principale qui a dû imposer silence aux généraux du 6ᵉ corps : qu'on veuille bien le remarquer, aucun de ces généraux, un seul excepté, n'aurait pu dire : « Je n'ai point trahi, je n'ai point coopéré à la défection ; » ils pouvaient dire seulement : « Oui, nous avons trahi, oui, nous avons coopéré à la défection, mais d'une autre manière que l'affirme M. de Raguse. » Or, on ne prend pas la plume pour mettre son nom au bas de l'aveu de son propre déshonneur, et pour disputer devant un public hostile et railleur, sur une nuance de culpabilité. M. de Raguse prétend que les généraux du 6ᵉ corps auraient dû lui répondre, malgré l'ignorance où ils étaient peut-être de ses accusations, malgré la police, malgré la crainte du ridicule et de la honte ; M. de Raguse se moque du lecteur.

L'argument tiré de la lettre du général Bordesoulle est, s'il se peut, moins sérieux encore. Et d'abord, il est nécessaire de connaître ce document.

« J'ai entre les mains, dit Marmont, une lettre du général Bordesoulle, écrite de Versailles, par laquelle ce général, en m'annonçant l'arrivée du corps d'armée dans cette ville, s'excuse par les raisons que j'ai détaillées, d'avoir enfreint mes ordres (1). » Voici cette lettre :

« Versailles, le 5 avril 1814.

« Monseigneur,

« M. le colonel Fabvier a dû dire à Votre Excellence les motifs qui nous ont engagés à exécuter le mouvement que nous étions convenus de suspendre jusqu'au retour de MM. les prince de la Moskowa et ducs de Tarente et de Vicence.

« Nous sommes arrivés avec tout ce qui compose le corps. Absolument tout nous a suivis, et avec

1) *Mémoires du duc de Raguse*, tome VI, p. 264-5.

connaissance du parti que nous prenions, l'ayant fait connaître à la troupe avant de marcher.

« Maintenant, Monseigneur, pour tranquilliser les officiers sur leur sort, il serait bien urgent que le gouvernement provisoire fît une adresse ou proclamation à ce corps, et qu'en lui faisant connaître sur quoi il peut compter, on lui fasse payer un mois de solde ; sans cela il est à craindre qu'il ne se débande.

« MM. les officiers généraux sont tous avec nous, M. Lucotte excepté. Ce joli monsieur nous avait dénoncés à l'Empereur.

« J'ai l'honneur, etc.,

« *Le général de division,*

« Comte Bordesoulle. »

Est-il nécessaire de démontrer longuement ce que prouve cette lettre? Pour le moment, nous n'en remarquerons que ces mots : « ... Nous avons opéré le *mouvement que nous étions convenus de suspendre...* »

Or, on ne suspend que ce qui est près d'être exécuté, et l'on n'est prêt d'exécuter que ce qui est arrêté. La défection d'Essonne n'était donc pas en pourparler, à l'état de projet, la veille du 5 avril; elle était dès lors à l'état de résolution définitive. Il y avait donc, dès le 4 avril, entre Marmont et le prince de Schwartzenberg, un traité auquel rien ne manquait que l'exécution. Que deviennent en présence de cet aveu d'un complice les prétentions de Marmont à un engagement non encore conclu, à une négociation encore pendante?

Mais cet aveu prouve du moins, selon Marmont, qu'il y avait eu, de sa part, ordre de surseoir à l'exécution de la défection? Pas tout à fait. En traitant avec l'ennemi, le commandant du 6ᵉ corps était déchu de son autorité; il n'avait plus sous lui des inférieurs; il avait des complices, et, au lieu de leur donner des ordres, il convenait avec eux de ce qu'il y avait à faire. *Le mouvement que nous étions* CONVENUS *de suspendre,* dit Bordesoulle, carrément posé dans cette égalité qu'une même faute établit entre des gens coupables, au mépris de toute subordination.

Mais admettons que cette *convention de suspendre* équivaille à un contre-ordre donné par Marmont. Nous avons malheureusement à examiner ce que mérite de confiance cette lettre du général Bordesoulle.

Ce n'est pas le général Bordesoulle, c'est le général Souham qui commandait le 6ᵉ corps passant d'Essonne à Versailles, dans les lignes ennemies. Il appartenait au général Souham, il n'appartenait pas au général Bordesoulle de rendre compte du mouvement que le 6ᵉ corps avait opéré. Pourquoi ce général aurait-il pris la parole pour expliquer, pour excuser au nom de ses camarades qu'il ne représentait pas, un mouvement qu'il n'avait pas commandé et dont officiellement, du moins, il n'avait pas la responsabilité?

Il y a plus : on trouve dans la lettre de Bordesoulle de bien étranges allégations : « *Nous sommes arrivés avec tout ce qui compose le 6ᵉ corps,* » ce qui n'était pas vrai;... « *absolument tout a suivi,* » ce qui n'était pas vrai; ... « *avec connaissance du parti que nous prenions,...* » ce qui n'était pas vrai,... *l'ayant fait connaître à la troupe avant de marcher,...* » ce qui n'était pas vrai. Le général Bordesoulle ne se serait pas borné à mettre son nom au bas de cette accumulation de mensonges; il aurait encore laissé voir, dans un moment où tout lui commandait de se montrer désintéressé, uniquement préoccupé du bien public, une sordide sollicitude de mercenaire. «... *un mois de solde, sinon il est à craindre que le corps ne se débande.* » Et ce malheureux général aurait même trouvé au fond de sa misère un peu de bonne humeur pour plaisanter au sujet du général Lucotte, qui n'avait point suivi avec sa division, quoique *tout, absolument tout eût suivi* : « *ce joli monsieur nous avait dénoncés à l'Empereur.* » Ce qui, au reste, n'était point vrai (1). Le général Bor-

(1) Le général Lucotte n'avait pas averti l'Empereur; nous devons le dire pour rester dans la vérité; mais nous devons aussi ajouter que ce général aurait dû le faire et que sans nul

desoulle avait de brillants services militaires ; simple soldat, il avait gagné tous ses grades, jusqu'à celui

doute il l'aurait fait, si les circonstances et l'état de ses informations le lui avaient permis. Le général Lucotte n'avait reçu aucune confidence, et il ne s'est douté de la défection qu'au moment où le 6ᵉ corps fut mis en marche sur Versailles : alors, il n'était plus temps pour instruire utilement l'Empereur ; revenu à son poste de Corbeil, il prit en toute hâte des mesures pour se fortifier sur le pont de cette ville ; le général Christiani, du corps du duc de Trévise, se joignit à lui pour reformer une avant-garde à l'armée, découverte, de Fontainebleau. L'histoire, en consignant ce fait honorable, ne doit pas davantage oublier la noble proclamation mise par le général Lucotte à l'ordre du jour de sa troupe, après la défection. Voilà quelques paroles de ce mémorable manifeste :

« *Le général Lucotte, commandant la division de réserve, à MM. les officiers et soldats de la division,*

« Corbeil, 5 avril 1814, à trois heures après-midi.

» .... La nuit dernière, des corps entiers ont quitté leurs positions. J'avais l'ordre d'occuper Corbeil. Aucun ordre contraire ne m'a été donné. Je suis donc resté fidèle avec vous à mon poste.

» LES BRAVES NE DÉSERTENT JAMAIS ; ILS DOIVENT MOURIR A LEUR POSTE....

« Les corps armés ne doivent pas délibérer, mais obéir. Les hommes guidés par l'honneur et la fidélité sont partout et toujours respectés. »

Cette proclamation est insérée dans le *Moniteur* du 7 avril 1814, chose étrange, à la suite de l'annonce et des pièces du traité et de la défection de Marmont. Un hasard, une inadvertance des secrétaires du gouvernement provisoire chargés d'expédier les nouvelles à publier dans le journal officiel, ont permis ainsi à la fidélité de protester, dans la même feuille, contre la trahison. L'opinion du temps fut fortement émue et intriguée de général divisionnaire, par une suite non interrompue d'actions d'éclat; il avait même mérité de l'Empereur le titre de commandant de la Légion d'honneur, le titre de baron, celui de comte, puis une dotation. Après sa déplorable coopération à la défection d'Essonne, il eut, sous la Restauration, des emplois politiques et militaires qui supposent un certain état d'intelligence; Bordesoulle n'était pas seulement un homme d'une bravoure extraordinaire; il valait encore quelque chose, quand il n'avait pas le sabre au poing en présence de l'ennemi. Comment pourrait-on croire qu'un homme

---

par cette coïncidence fortuite. Ajoutons aussi que l'Empereur, à Fontainebleau, ne manqua pas de remarquer la conduite du général Lucotte. Ici se place une anecdote fort curieuse que nous devons raconter. Lucotte avait encouru la disgrâce de l'Empereur, pour une question d'étiquette, pour une marque d'indépendance d'esprit, et la mauvaise humeur impériale était allée jusqu'à priver ce général de brigade d'un avancement mérité par des services et les qualités les plus solides. Or, en apprenant comment Lucotte s'était comporté à Corbeil, l'Empereur se rappela le mauvais traitement qu'il lui avait fait subir. « Voyez, répétait-il encore quelques jours après aux personnes restées fidèles à son infortune, j'ai été dur, injuste même envers Lucotte, et il a refusé de me trahir; tandis que Marmont!.... Je voudrais bien pouvoir réparer mon injustice envers Lucotte; malheureusement il n'est plus temps; je ne suis plus rien. » On était alors au 13 avril, et l'abdication définitive venait d'être signée, depuis deux jours. Mais le duc de Bassano, qui était présent, comprit ce regret de l'Empereur; il rédigea à la hâte un décret nommant Lucotte général de division; puis il *antidata de deux jours* ce décret qu'il mit devant l'Empereur. L'Empereur sourit tristement et signa.

qui n'était, il s'en faut, ni insensible au déshonneur, ni dépourvu d'esprit, ait pu écrire une lettre où des allégations manifestement contraires à la vérité s'ajoutent à d'indignes pensées?

Nous n'avons pas tout dit encore : il existe, sur l'événement d'Essonne, une autre lettre du général Bordesoulle, celle que nous avons déjà citée, écrite confidentiellement au duc de Trévise, en 1830. Or, dans ce récit de 1830, on ne trouve point place à la lettre d'excuse de 1814 ; on ne trouve rien qui permette de comprendre comment et pourquoi une lettre pareille aurait pu être écrite. Les choses se passent ainsi dans le récit de 1830 : Marmont confie à Bordesoulle, à quelques autres généraux, son traité de défection. Surprise, malaise des généraux mis dans la confidence. Là-dessus, les plénipotentiaires de l'Empereur arrivent de Fontainebleau avec l'acte d'abdication.

« Voilà, dit Bordesoulle à Marmont, un événement qui tire Votre Excellence d'une fâcheuse position. — Cela m'est égal, répond Marmont, je n'en opère pas moins mon mouvement ce soir. »

Est-ce là le contre-ordre donné, *la convention de suspendre?*

Puis, Marmont part pour Paris avec les commissaires de l'Empereur, il part à l'improviste, sans avertir notamment Bordesoulle qui était allé se coucher et dormait, lorsqu'à onze heures un quart, le général Merlin vint le réveiller avec ces nouvelles : Le maréchal est parti ; — les troupes s'agitent ; — il faut nous rendre à l'état-major où il y a, depuis peu, des ordres de Fontainebleau. — Que se passa-t-il à l'état-major ? Nous ne savons. Mais quoiqu'il en soit, les commandants du 6ᵉ corps se décident à prendre un parti qui leur répugne ; pourquoi cette décision ? Parce que, par suite du traité avec le prince de Schwartzenberg dont ils ont connaissance, ils se croient pris dans une nécessité inéluctable ; ils n'ont point dénoncé le maréchal ; ils ne l'ont point arrêté, ils se sentent complices ; ils redoutent la colère de l'Empereur qu'ils croient informé ; ils redoutent encore la révolte imminente des troupes qu'ils ne peuvent apaiser qu'en les trompant et les mettant en marche... Il faut le reconnaître, dans ce récit, rien n'est contremandé, rien n'est suspendu. Il n'y a point lieu de s'excuser d'avoir exécuté un mouvement, sinon immédiatement commandé par Marmont absent, du moins résolu, arrêté, déclaré par lui exécutable nonobstant l'abdication. Et l'on doit noter que, dans le récit de 1830, Bordesoulle parle d'une espèce de correspondance qu'il a eue avec Marmont, de Versailles, après la défection. Pourquoi correspond-il avec son chef ? Est-ce pour s'excuser, lui et ses camarades ? Il n'est nullement question de cela. Comment correspond-il ? Est-ce par lettres ? Non ; Bordesoulle, qui se sent dans une position honteuse et périlleuse, se garde bien d'écrire, comme il l'atteste par des expressions répétées : à Marmont qui lui fait demander s'il peut se présenter devant les troupes révoltées (et c'est-là tout le sujet de la correspondance), il *fit répondre*, il *envoya dire*... Si le général Bordesoulle avait eu l'imprudence d'écrire la lettre d'excuse qui lui est attribuée, il aurait sans doute cherché, essayé de trouver quelque circonstance propre à le tirer de la contradiction trop flagrante dans laquelle il se mettait entre sa lettre de 1814 et son récit de 1830.

Est-ce que cette lettre de 1814 ne serait pas sincère ? Est-ce qu'elle serait quelque expédient de défense imaginé *in extremis ?* On serait tenté de le croire. Mais on ne peut pas se permettre, sans des preuves bien positives, une accusation de faux ; on ne peut pas surtout se permettre une pareille accusation, en présence des précautions, au reste fort extraordinaires, qui ont été prises pour certifier l'authenticité de cette pièce. En 1842, quelqu'un apportait à M. L. Belloc, ministre de France à Florence, deux pages d'écriture, l'une sur un papier vieilli, l'autre sur un papier récent, et reproduisant le même texte. Qui faisait cette présentation? Qui demandait au ministre de France de constater que ces deux pages d'écriture étaient identiquement conformes quant au texte? Nous l'ignorons. Le ministre de France ne vit point d'inconvénient à délivrer le certificat de conformité demandé ; il délivra ce certificat, mit son nom au bas et apposa à côté de sa signature le sceau de la légation de France, à Florence le 11 mai 1842.

On avait toutefois oublié de demander au ministre de France un brevet d'expert assermenté en écritures.

L'original autographe de la lettre a été sans doute conservé pour convaincre ceux qui connaissent l'écriture du général Bordesoulle.

Mais puisqu'il faut admettre l'authenticité de cette lettre de 1814 et qu'on ne peut pas davantage douter de l'authenticité de la lettre de 1830, il nous resterait à nous décider entre ces deux témoignages contradictoires, émanés de la même personne, portant sur le même fait. C'est ce que nous n'entreprendrons pas, et nous laisserons-là M. Bordesoulle infirmant lui-même, en 1830, ce qu'il avait avancé en 1814.

Encore un mot, toutefois, sur ce mouvement qu'on *était convenu de suspendre* le 4 avril 1814. On se rappelle que plusieurs corps des armées alliées avaient reçu, le 4, du prince de Schwartzenberg et du maréchal Barclay de Tolly, l'ordre de flanquer le corps français passant d'Essonne à Versailles, de laisser libre sa marche en avant, et de se déployer sur la queue de la colonne, de manière à lui rendre impossible tout mouvement en arrière. Il est trop évident que par suite de ces dispositions arrêtées après le traité de Chevilly, dispositions que rien n'est venu interrompre au moment assigné pour leur exécution, et que nous avons prouvé avoir été prises, par la citation de deux pièces officielles et par le témoignage du général Koch, l'historien le plus exact de la campagne de 1814, il est trop évident, nous devons le répéter, que ni Marmont ni les généraux du 6ᵉ corps n'étaient maîtres de suspendre et de ne pas faire, dans la nuit du 4 au 5 avril, le mouvement de défection.

VII

Nous avons à toucher à la partie délicate, obscure et tout à fait honteuse de cette triste histoire.

« On m'accuse de trahison, disait le duc de Raguse en 1815 ; je demande où en est le prix ? » Et comme on n'a point pu produire le *récépissé* d'une somme portant signature pour acquit de trahison, M. de Raguse a triomphé.

Il est des gens qui se sont vendus sans se livrer ; il en est d'autres plus rares qui se sont livrés sans s'être vendus. M. de Raguse prétend être au nombre de ces derniers.

Nous ne ferons aucune difficulté pour le reconnaître, M. de Raguse ne porte pas sur lui les caractères abjects de la vénalité. Il y a mieux en lui que cette bassesse grossière à laquelle la vénalité marque ceux qu'elle fait siens. L'espèce d'immoralité propre à ce personnage tient à la corruption de facultés et de passions d'un ordre élevé.

D'ailleurs, c'est un sophisme de prétendre qu'une trahison suppose toujours une somme d'argent. L'ambition est bien autrement corruptrice que la cupidité. L'occupation du pouvoir, une grande importance dans l'État, l'espoir de devenir l'homme principal d'un règne nouveau, ce sont là sans doute les causes qui ont surtout égaré M. de Raguse, d'ailleurs animé contre l'Empereur d'une de ces antipathies irrésistibles, aveugles, qui ne demandent pour se satisfaire qu'une occasion.

Mais le vulgaire ne saurait s'expliquer une action très-coupable par d'autres mobiles que ceux de la vénalité. C'est lui qui s'est obstiné à dire, à croire que M. de Raguse avait trahi pour une somme d'argent. Il l'a dit, il l'a cru, parce que M. de Raguse n'a pas eu, par sa position politique sous la Restauration, un état équivalent au service qu'il avait rendu; il l'a dit encore, parce que, sous la Restauration, les tribunaux ont retenti des procès suscités à M. de Raguse pour des embarras d'argent. On a pensé qu'un homme toujours en butte au besoin, avait dû succomber à quelque suite inévitable de sa prodigalité, de son luxe extrême, du désordre de ses affaires. Malheureusement l'accusé n'a pas pu opposer à ces indignes soupçons des arguments très-péremptoires. Il a bien essayé du dédain ; mais il ne s'y est pas toujours tenu ; et il a eu surtout la maladresse, quand il a répondu sur certains faits, de ne point s'y prendre de façon à laisser croire qu'il eût en son pouvoir, pour d'autres imputations du même genre, des moyens d'une justification plus complètement satisfaisante.

Nous ne prétendons pas prouver que M. de Raguse ait reçu et surtout qu'il ait stipulé sa récompense en argent. Nous le repétons, il ne nous semble pas que la cupidité ait été son mobile. Toutefois, nous devons dire quelques mots sur le parfait désintéressement de ce personnage ; la vérité de l'histoire nous y oblige, et d'ailleurs la trahison en présence de l'ennemi est un de ces forfaits auxquels il importe de n'épargner aucune espèce d'ignominie.

En juillet 1826, un sieur V..., dont nous avons déjà noté l'affaire, créancier de M. de Raguse pour une somme au capital de 400,000 francs, voulait, à défaut de paiement, un nantissement. M. de Raguse lui offrit de déposer chez un notaire à Paris : 1° une lettre à lui écrite en 1815, et par laquelle il lui était annoncé que le gouvernement autrichien lui conservait sa dotation en Illyrie et consentait même à lui en payer les arrérages échus en 1815 ; 2° seize mandats sur le trésor autrichien, représentant les quartiers à percevoir de cette rente, depuis 1826 jusqu'en 1830. Le sieur V... ne se déclara pas satisfait ; les pièces dont on lui offrait de faire le dépôt lui paraissaient insuffisantes et d'une garantie illusoire : « car, disait-il devant la justice, le duc de Raguse reste en possession du titre constitutif de sa rente en Illyrie ; il pourra toujours la transférer à un tiers et me frauder ainsi à son gré du gage qu'il prétend me donner. »

Le public ne se scandalisa pas beaucoup de cette injurieuse supposition de friponnerie ; mais ce qui le frappa bien vivement, c'est cette révélation, à savoir que M. de Raguse jouissait depuis 1815, sans interruption, de la dotation annuelle de 50,000 fr. attachée à son duché d'Illyrie ; il y avait plus : le gouvernement autrichien avait poussé la reconnaissance jusqu'à consentir à lui payer les arrérages échus. Quels étaient ces arrérages ? Ceux dont les événements de la guerre avaient interrompu la perception à la fin de l'Empire : deux annuités entières, 1814 et 1813 !

Le public s'étant beaucoup entretenu de ce fait, dont on devait la connaissance à d'authentiques allégations judiciaires, M. de Raguse n'a pas pu se dispenser de donner à ce sujet quelques explications. C'est ce qu'il a entrepris de faire dans ses *Mémoires;* toutefois, pour concilier autant que possible, ce soin avec sa dignité, il a touché à cette matière d'une manière incidente, en évitant avec attention toute apparence de justification directe. Il ne se justifie pas ; il raconte un détail de sa vie, simplement, sans embarras, avec un art qui se dissimule, mais que l'on devine, et il commence ainsi :

« En 1814, un traité conclu à Fontainebleau fixait le sort des dotations et en assurait la conservation aux titulaires (1). »

Arrêtons-nous un moment. C'est débuter par une insigne maladresse; car ce que M. de Raguse avance ici est précisément le contraire de la vérité. Par la convention du 30 mai 1814, les alliés avaient promis de renoncer à toute créance sur la France (sauf de très-nombreuses exceptions qui rendaient cette clause à peu près illusoire); et ils avaient pris cet engagement à la condition expresse, par la France, de renoncer, de son côté, à toutes réclamations qui pourraient être formées contre eux à titre de dotations, de donations, de revenus de la Légion d'honneur, de sénatoreries, de pensions et *autres charges quelconques de cette nature.*

(1) *Mémoires du duc de Raguse,* tome VII, p. 175.

Ainsi, d'après M. de Raguse, « en 1814, un traité fixait le sort des dotations et en assurait la conservation aux titulaires. » Mais la vérité est qu'en 1814 un traité supprima toutes les dotations établies par l'Empire sur des pays étrangers ou qui cessaient de faire partie de la France.

Pourquoi M. de Raguse change-t-il ainsi, du tout au tout, le dispositif d'un traité? Comme il va être obligé de dire qu'il a été l'objet d'un traitement exceptionnel, il lui convenait d'établir tout d'abord que l'exception faite en sa faveur n'était pas une exception.

Ayant ainsi imaginé un traité pour les besoins de sa cause, M. de Raguse, sans craindre de se contredire, poursuit en ces termes et se vante de sa modération à ne pas solliciter un traitement différent de celui qui était fait aux autres dotataires impériaux : « Je ne crus pas devoir faire alors la plus petite démarche pour assurer mes intérêts d'une manière particulière. Partager le sort commun était mon seul désir et ma seule prétention. Mais en 1815, tout était naturellement remis en question... (1). »

C'est donc en 1815 seulement qu'il se décide à profiter des dispositions des souverains étrangers en sa faveur. Il ne songe pas à réclamer ses dotations

---

(1) *Mémoires du duc de Raguse*, tome VII, p. 175-6.

SES EFFORTS DE JUSTIFICATION

de Hanovre, de Westphalie et de Poméranie (1). Mais il songe à conserver sa dotation d'Illyrie, qui était la plus considérable et à la portée des bons vouloirs de M. de Schwartzenberg. Dans ce but, il se rend auprès de l'empereur d'Autriche, alors à Paris. Ici les habiletés s'accumulent. Ses amis l'ont pressé de solliciter ; il n'a pas écouté ses amis, et il aborde l'empereur François sans projet arrêté de sollicitation. Mais l'empereur lui parle avec beaucoup de courtoisie et de vive reconnaissance du bien que lui, M. de Raguse, a fait aux Illyriens, aux Croates, aux Dalmates. Alors il s'enhardit ; il se rappelle les conseils, les instances de ses amis, et il risque sa demande? Non, il allait faire sa demande, lorsque l'auguste interlocuteur le devinant et voulant en quelque sorte le prévenir, l'interrompit aux premiers mots et sans le laisser achever, lui rendit avec une grâce parfaite et presque spontanément sa dotation d'Illyrie. Cette faveur ainsi accordée, M. de Raguse n'en réclame pas immédiatement l'exécution. Pour réclamer, il attend quatre années, jus-

(1) Autre révélation sortie des procès de M. le duc de Raguse. D'après un des mémoires des avocats, M. le duc de Raguse touchait, sous l'empire, en traitements et en dotations, 500,000 fr. à peu près par an. Et cependant le duc de Raguse s'est plaint en quelque sorte de la parcimonie de l'Empereur à son égard. Mais aussi il faut remarquer avec quels yeux il mesurait son bien, avec les yeux de l'envie. « Si je jette un regard sur les dons que Napoléon m'a faits, ils ont peu d'importance, dit-il, en les comparant à ceux dont d'autres ont été comblés. » Tome VI, p. 284.

qu'en 1819, une de ses époques de ruine financière où il fut obligé de prier le roi Louis XVIII de lui prêter 200,000 fr. Ce prêt ne suffisant pas à relever ses affaires, M. de Raguse, alors contraint par la nécessité, alla à Vienne où il obtint avec une facilité dont il a l'ingénuité de s'étonner, le règlement de sa pension annuelle de 50,000 fr.; « et l'arriéré de six ans me fut payé, » ajoute-t-il; on faisait ainsi remonter le règlement à 1813 inclusivement.

Au reste, M. de Raguse a bien soin de dire qu'il ne fut point seul récompensé de cette manière : « La décision de l'empereur d'Autriche, qui me fut d'abord personnelle, ayant établi le principe, plusieurs dotés furent mis en possession de rentes égales à leurs anciens revenus, et les autres continuent à solliciter et conservent encore l'espoir d'obtenir (1). »

Nous ne savons ce qu'il faut penser de cette dernière allégation. La Sainte-Alliance a-t-elle eu à reconnaître d'autres services du genre de ceux de M. de Raguse ? C'est là un point sur lequel on peut se fier à l'assertion fort pertinente d'un personnage aussi initié dans ces sortes d'affaires.

Il résulte toujours du récit, si habile qu'il soit, que nous venons d'analyser, ce fait, à savoir que

(1) *Mémoires du duc de Raguse*, tome VII, p. 178, 262, 263, etc. — Les derniers mots cités (p. 178) sont sous cette date : 1815-1824.

M. de Raguse a obtenu du gouvernement autrichien, par une exception qui fut d'abord personnelle, la reconnaissance de sa dotation illyrienne, convertie en une rente annuelle de 50,000 fr. dont les arrérages lui ont été dûment comptés à partir de 1813 inclusivement.

Mais le gouvernement autrichien n'était pas seul obligé envers Marmont et il a été articulé d'autres chiffres.

Ainsi en 1815, il s'était répandu le bruit que Louis XVIII, en quittant les Tuileries, avait distribué entre plusieurs fidèles des sommes importantes qui se trouvaient disponibles. Longtemps on a cherché, sans le trouver, cet état de distribution. En 1840 seulement un journal a cru l'avoir découvert, et il en a publié un extrait en déclarant avec assurance que « personne n'en contestera l'authenticité (1). » Nous ignorons si les intéressés se sont inscrits en faux contre ce document ; nous avons lieu de croire qu'aucune contestation n'a été élevée contre l'extrait des sommes *payées à divers*, *du* 15 *au* 20 *mars* 1815, sur des autorisations spéciales et nominatives du ministre de la maison du roi. Nous donnerons de cet extrait un seul article, celui qui concerne notre personnage, ainsi coté :

« Le duc de Raguse. . . . .   450,000 »

1) Le journal *Le Commerce* du 3 février 1840.

Est-ce tout? Il serait présomptueux de l'affirmer. Toute cette matière est fort obscure et de nature dissimulée. On n'y est jamais assuré de rien, ni de la présence de ce que l'on croit y voir, ni de l'absence de ce que l'on n'y voit pas. Mais il n'est pas hors de propos de rappeler ici une lettre publiée en 1830 par un officier de marine. Cet officier, servant sur le navire qui transportait en Angleterre la famille royale, a rendu compte d'une conversation qu'il a eue avec un des augustes passagers de la *Grande-Bretagne*. M. le duc d'Angoulême venant à M. L..., et s'emparant d'un bouton de son habit, qu'il se mit à tortiller, lui dit entre autres choses, celles-ci : « Raguse va écrire ses mémoires.... Faire entrer les troupes dans les rues de Paris ! Cela ne se conçoit pas ! Il a une dent contre moi, parce que je ne lui ai pas donné l'expédition d'Alger. Il était sur la liste que j'ai présentée à mon père. Raguse est brave comme son épée; mais vous ne vous figurez pas ce que le roi a payé pour lui.... (1) »

C'est là toute la vérité. Marmont n'était pas un homme vénal : mais il avait de grands besoins, il demandait de l'argent, il était contraint d'en prendre de toutes mains, et il est fâcheux, pour ce qu'il peut rester de dignité à sa mémoire, que cette énorme consommation de bienfaits pécuniaires ait

---

(1) *Quotidienne* du 3 septembre 1830.

suivi un de ces services qu'il est d'usage de ne récompenser que d'une manière, par de l'argent.

Comme nous l'avons dit, l'opinion publique tirait d'inexorables conséquences de la relation nécessaire qu'on supposait établie, depuis l'événement d'Essonne, entre M. de Raguse et la cassette royale; on ne doutait pas de la vénalité de M. de Raguse; on n'en doutait même pas parmi ses amis de l'opposition libérale, et c'est ce que l'on vit bien dans une mémorable occasion.

C'était en juillet 1830, le 28, au moment où l'insurrection populaire éclatait dans toute sa furie. Des députés, qui se trouvaient réunis chez l'un d'eux, M. Audry de Puyraveau, discutaient les moyens à prendre pour faire cesser sinon l'insurrection, du moins le feu des troupes royales. Une des premières idées qui se présentèrent à eux, ce fut d'acheter le commandant des troupes royales, lequel était le duc de Raguse : « Périer, dit un historien, avait déjà proposé, en confidence, d'offrir *quelques millions* à Marmont pour l'attirer dans la cause du peuple; il insista même pour que M. Laffitte, qui avait eu des rapports d'intérêt avec le duc de Raguse, se chargeât de cette négociation. (1) »

Quelques millions ! Combien en fallait-il? Quel

---

(1) Sarrans jeune, *Lafayette et la Révolution de 1830*, t. Ier, p. 222 (2 vol. in-8°, Paris, 1832).

était, d'après les députés, le prix du duc de Raguse ? Un historien précise le chiffre (1) : « Casimir Périer s'approche de Laffitte et lui dit : « Il faut absolument négocier avec Marmont. *Quatre millions ici ne seraient pas mal employés* (2). »

Dans le même moment, le peuple, lui aussi, exprimait cette croyance, alors commune, en la vénalité de M. de Raguse ; mais cette croyance, le peuple avait trouvé pour l'exprimer, un de ces mots ironiques et terribles, qui n'appartiennent qu'à lui : faisant tout à la fois allusion aux embarras

---

(1) Louis Blanc, *Histoire de dix ans*, t. Ier, p. 221.

(2) Il y eut une autre proposition faite à Marmont dans ces circonstances, celle-ci d'un autre genre, originale, étrange et plus mémorable encore. Quelqu'un, M. de G..., un homme de la Cour, vint dire à Marmont : « Maréchal voulez-vous sauver le roi, le peuple de Paris et votre nom ?.. Arrêtez les ministres, tous les signataires, tous les conseillers des ordonnances ; faites-les porter à Vincennes, liés, garottés, comme des criminels, comme les seuls coupables.... Le peuple satisfait, apaisé par vous, posera les armes ; le roi qui ne se trouvera plus en présence d'une rébellion, pourra faire les concessions nécessaires. Vous, vous serez exilé, il est vrai ; mais on pardonne aisément à qui nous tire d'un mauvais pas ; vous nous reviendrez bientôt, le sauveur, le pacificateur, l'homme de la royauté et de la liberté. » Pendant cette confidence, Marmont donnait des signes d'une grande agitation. Il allait et venait sans desserrer les dents. Se tournant tout d'un coup vers M. de G... qui attendait une réponse, il lui dit : «Vous avez raison peut-être ; mais je ne puis pas. — Pourquoi ? — Vous me demandez pourquoi ! Voyez-vous cet habit, reprit-il avec un éclat terrible, en frappant sur ses broderies : il y a dessus 1814.» Marmont raconte lui-même cette scène dans ses *Mémoires* ; mais il en adoucit les traits et paraphrase sa réponse.

financiers de M. de Raguse, que personne n'ignorait, et à l'opulente récompense qu'on supposait lui avoir été promise s'il venait à bout de la sédition, le peuple disait en riant, sous le feu des troupes royales, à chaque détonation : « C'est Marmont qui paye ses dettes. »

M. Arago vint voir au Louvre le duc de Raguse avec qui il était dans des relations amicales. Après plusieurs représentations vives, éloquentes qu'il lui fit pour l'attirer dans la cause de l'insurrection, ne parvenant pas à le convaincre, il lui dit tout d'un coup, pour le prendre par quelque faiblesse de l'orgueil révolté : « Savez-vous bien comment on parle de vous dans les rues ! » Et il lui rapporta, à brûle pourpoint, le mot du peuple. M. de Raguse ne fit qu'un bond vers une table où était déposée son épée ; il saisit l'arme et parut chercher autour de lui un ennemi invisible. Vain éclair d'une impuissante colère ! Bientôt après, il ferma les yeux, laissa s'échapper de ses mains son épée inutile et s'affaissa sur lui-même dans l'accablement d'une douleur inexprimable.

Toutefois il resta fidèle à ses derniers maîtres.

Que l'histoire lui tienne compte de cette fermeté dans le devoir, de cette colère et de cette douleur qui prouvent que de nobles fibres étaient encore vivantes dans le cœur de cet infortuné.

Le 5 avril 1814, Napoléon avait dit, en apprenant

la défection d'Essonne : « L'ingrat! il sera plus malheureux que moi! »

La prédiction s'accomplissait.

FIN

APPENDICE

Dans cette partie de notre ouvrage, nous comprenons un certain nombre de documents destinés à servir de pièces à l'appui de notre démonstration historique ou à éclairer des points particuliers sur lesquels nous n'avons pas pu insister dans le cours de notre récit principal.

Plusieurs de ces documents sont inédits ; d'autres peu connus ; presque tous indispensables à l'intelligence de notre sujet.

Nous devons avertir le lecteur qu'il trouvera dans cet *Appendice* seulement, dans les explications que nous avons données à propos de certains documents, toute la vérité et la pensée entière de cet ouvrage.

Nous divisons notre *Appendice* en autant de parties qu'il y en a dans notre livre. Toutefois, quelques documents seront placés presque au hasard ; nous n'avons pas cru devoir les sacrifier, parce qu'ils ne se prêtaient pas bien à notre classification.

I

—

DEUX CALOMNIES DE MARMONT

Quand le *général Buonaparte*, comme disait Hudson Lowe, recevait, à Sainte-Hélène, quelque nouveau pamphlet, il avait coutume de demander aux personnes qui le lui apportaient : « Celui-ci dit-il aussi que j'ai fait massacrer une garnison turque prisonnière de guerre et que j'ai fait empoisonner des soldats français à Jaffa ? » Ces deux contes étaient pour l'Empereur Napoléon le type des absurdités qu'on se permettait d'imaginer à son sujet. Or, ces deux contes, Marmont s'est efforcé de les remettre en circulation. Personne ne songeait plus à les tirer du discrédit où ils étaient tombés après avoir défrayé quelques misérables pamphlets produits par ce qu'il y a de plus lâche et de plus pervers dans les réactions politiques ; Marmont est allé les chercher là ; et voici comment il s'y prend pour en faire de l'histoire : il n'en démontre pas la vérité ; les preuves nécessaires lui manqueraient ; il ne pourrait pas citer des témoignages sans laisser apparaître la calomnie de ses assertions ; en homme habile, il affirme les faits comme s'ils n'étaient pas contestables et contestés ; il ne mentionne même pas les doutes et les dénégations ; et il fait mieux encore pour capter la confiance du lecteur.

Mais écoutons-le lui-même :

« On a souvent reproché, dit-il, au général Bonaparte deux actions : l'empoisonnement de quelques pestiférés abandonnés lors de sa retraite, et le massacre des prisonniers faits à Jaffa. Je prends bien gratuitement la défense de ces deux actes, auxquels je suis complétement étranger ; mais ils me paraissent si simples, que je me laisse entraîner, par la conviction, dans l'espérance de les justifier. » *Mémoires*, tome II, pages 12—14.

Suit la justification annoncée. Marmont prend à tâche de justifier les deux actes reprochés au général Bonaparte. Qui ne voit la portée de cet adroit expédient oratoire ? On ne se méfie pas d'un éloge de la part surtout d'un détracteur ; on ne se méfie pas de la véracité d'une assertion, si injurieuse et si absurde qu'elle soit, lorsqu'elle est présentée, non pas comme une accusation, mais bien comme une apologie.

Toutefois, le général Bonaparte ne mérite nullement l'approbation que Marmont veut bien lui accorder en cette occasion, au risque de se compromettre lui-même par ses horribles maximes sur certains droits de la guerre. Nous pourrions citer de nombreux témoignages ; nous nous bornerons à rapporter la relation suivante d'un écrivain anglais.

Parmi les personnes qui se trouvaient sur le *Northumberland*, il y en avait une, le chirurgien du bord, qui a publié, sous forme de lettres, une relation de tout ce qu'il avait vu et entendu pendant la traversée. Le docteur Warden n'est pas précisément un ennemi ; il est touché par le spectacle de la grande infortune ; mais c'est un Anglais imbu de tous les préjugés de ses compatriotes contre l'Empereur Napoléon ; et ce qui fait le piquant de ses récits, c'est qu'il ne dit jamais rien de favorable sans que la vérité ne lui soit en quelque sorte arrachée par l'évidence et par une irrésistible émotion. Il rapporte précisément une conversation de l'Empereur sur l'empoisonnement des pestiférés de Jaffa et sur le massacre des prisonniers turcs dans la même ville. Nos lecteurs ne seront pas fâchés de trouver ici cette conversation (1).

§ 1. *Du massacre de la garnison turque à Jaffa.*

« Vous avez sans doute lu, dit l'Empereur, que j'ai ordonné qu'on fusillât des Turcs à Jaffa?

» Oui, répond Warden, j'ai souvent entendu parler de ce massacre en Angleterre ; c'était le sujet de tous les entretiens. »

Napoléon prit ainsi la parole : « Le général Desaix était dans la Haute-Égypte, et Kléber, dans le voisinage de Damiette. Je quittai le Caire et traversai le désert de l'Arabie, afin de réunir mes forces à celles de ce dernier, à El Arich. La ville fut attaquée et elle capitula (2). On trouva parmi les prisonniers des montagnards, habitant le mont Thabor, mais le plus grand nom-

---

(1) Les *Lettres* du docteur Warden ont été publiées en anglais et traduites en français dès l'année 1816, croyons-nous. Elles ont été accueillies en Europe avec un immense intérêt, et il s'en est fait coup sur coup, dans tous les pays, de nombreuses éditions, souvent altérées au gré des passions de chaque éditeur. Le titre même a varié. L'édition française que nous avons consultée est une des premières qui aient paru ; elle porte ces deux titres : *Lettres de Sainte-Hélène, et Correspondance de Guillaume Warden, chirurgien à bord du vaisseau de S. M. B. LE NORTHUMBERLAND, qui a conduit NAPOLÉON BUONAPARTE à l'île de Sainte-Hélène* ; in-8°. Bruxelles, 1817.

(2) Le 2 ventôse an VII, 20 février 1799.

bre de Nazareth. On les mit sur-le-champ en liberté, d'après l'engagement qu'ils prirent de rentrer paisiblement chez eux (1). En même temps on leur recommanda d'annoncer à leurs compatriotes que les Français n'étaient plus leurs ennemis, etc. Ensuite, l'armée continua sa marche vers Jaffa... La ville de Jaffa, à la première vue, semblait très-forte, et sa garnison était très-considérable. Je la fis sommer de se rendre ; mais à peine l'officier parlementaire, porteur du drapeau blanc, eût-il dépassé les murailles, qu'on lui coupa la tête, qui fut aussitôt placée sur un pieu et exposée, par dérision, aux regards de l'armée française. A cet aspect horrible et inattendu, l'indignation des soldats, portée à son comble, devint rapidement de la fureur. Ils demandèrent à grands cris d'être conduits à l'assaut. Je n'hésitai pas à en donner l'ordre. L'attaque fut terrible... Nous emportâmes la place, et il fallut tous mes efforts et toute mon autorité pour mettre un terme à la fureur du soldat. La nuit vint enfin couvrir cette scène de carnage. Au point du jour suivant, on me fit le rapport que cinq cents hommes qui avaient dernièrement fait partie de la garnison d'El Arich, et auxquels peu de jours auparavant j'avais donné la liberté à condition qu'ils retourneraient chez eux, avaient été trouvés et reconnus parmi les prisonniers.

Quand je fus certain de l'exactitude de ce rapport, je donnai l'ordre de fusiller ces cinq cents hommes (2).

---

(1) Ici le docteur Warden se trompe; les hommes dont il s'agit n'étaient pas de Nazareth, mais bien des environs d'Alger ou des régions occidentales, nommés pour cela des Mogrebins, d'un mot arabe francisé qui veut dire les *occidentaux*; d'après la capitulation, ils avaient pris l'engagement de se diriger, non vers Nazareth, mais sur Bagdad, par le désert, et de ne pas reparaître en Syrie avant deux ans. — On trouve cette rectification dans les *Lettres du cap de Bonne-Espérance*, écrites de Longwood pour la réfutation de l'ouvrage du docteur Warden, et dans le recueil du docteur Barry E. O'Meara; *Napoléon en exil ou l'Écho de Saint-Hélène*.

(2) L'attaque de Jaffa avait commencé le 14 ventôse an VII (4 mars 1799). — Cette place fut prise d'assaut le 17 ventôse (7 mars). — Le jugement et l'exécution des cinq cents Mogrebins coupables ont eu lieu six jours après, le 23 ventôse an VII (13 mars 1799.)

D'après Warden, Napoléon n'en dit pas davantage sur ce fait. Mais on trouve d'autres explications dans l'ouvrage d'O'Meara et dans les *Lettres du Cap*. L'auteur de ces *Lettres* s'exprime ainsi : « La prudence ne permettait pas d'envoyer ces prisonniers, seuls, au Caire; accoutumés au désert, ils se seraient sauvés en chemin et on les aurait retrouvés à Saint-Jean d'Acre... » O'Meara est plus explicite; il fait parler Napoléon en ces termes : « Si je leur avais encore pardonné, et que je les eusse renvoyés sur parole, ils se seraient rendus directement à Saint-Jean d'Acre, où ils auraient fait de même qu'à Jaffa. Je devais à la sûreté de mes soldats... de ne pas permettre qu'ils renouvelassent la même conduite. Il était impossible que je laissasse, pour les garder, une partie de mon armée déjà peu nombreuse et réduite encore par le manque de foi de ces misérables... »

En somme, il y a eu, à Jaffa, un certain nombre de prisonniers turcs qui ont été fusillés : 1° parce qu'on ne pouvait ni les garder ni les renvoyer sans compromettre la sûreté de l'armée française; 2° parce qu'ils s'étaient rendus coupables d'un de ces actes qui, d'après les usages de la guerre, sont punis de mort. Mais en dehors de cette exécution commandée par la nécessité, et justifiée par un droit sévère, il n'est point vrai, comme on l'a dit, que la garnison tout entière de Jaffa ait été sacrifiée; cette garnison se composait de sept mille hommes; quatre mille ont péri par l'assaut de la ville et par le supplice des Mogrebins coupables; les trois mille restant ont été sauvés : « Douze cents, lit-on dans les *Lettres du Cap*, furent envoyés prisonniers en Egypte; treize cents, soldats ou domestiques, égyptiens de naissance, furent mis en liberté; les cinq cents autres, également laissés en liberté, allèrent porter la nouvelle de la victoire des Français, à Damas, à Alep, à Jérusalem, etc., etc. »

Passons au second fait :

§ 2. *De l'empoisonnement des pestiférés de Jaffa.*

« Vos compatriotes, dit Napoléon, s'adressant toujours au docteur Warden, vos compatriotes m'ont accusé d'avoir empoisonné les malades et les blessés de mon armée, à Jaffa. Soyez assuré que si j'eusse commis une action aussi horrible, mes soldats m'auraient voué à l'exécration et se seraient soulevés contre moi. Il n'y a aucun acte dans ma vie auquel j'aie donné plus de publicité qu'à celui-là.... »

Il commença ensuite le récit suivant :

« Après la levée du siège de Saint-Jean-d'Acre, l'armée se retira sur Jaffa. Cette retraite était devenue absolument nécessaire. Il était impossible d'occuper longtemps la place, à cause des forces que Djezzer Pacha pouvait amener. Les malades et les blessés étaient en grand nombre, et leur départ fut le premier objet de mes soins. Des voitures, les plus commodes qu'on put trouver, furent préparées à cet effet. On en envoya plusieurs par eau jusqu'à Damiette, et l'on prit les mesures les plus convenables qu'il fut possible, pour que les autres suivissent leurs camarades à travers le désert (1). Sept hommes, cependant, attaqués de la peste, étaient placés à l'hôpital de la Quarantaine ; ce fut le chirurgien en chef Desgenettes, je crois, qui m'en fit le rapport. Il ajouta que la maladie avait fait un tel progrès, qu'on ne pouvait pas espérer qu'ils vécussent plus de quarante-huit heures. » — A cet endroit, je répétai, en hochant la tête, le mot

---

(1) L'Empereur ne dit pas ici qu'il donna, en cette occasion, pour le transport des malades et blessés, les chevaux de son état-major et tous ses propres chevaux.

sept, et je lui demandai *s'il n'y en avait que sept.* — Je m'aperçois qu'on vous aura raconté la chose différemment. — Très-certainement, *général;* Sir Robert Wilson parle de *cinquante-sept* ou *soixante-dix-sept*. Il dit même : *tous vos malades et blessés*. — « Les Turcs étaient très-nombreux, et leur cruauté était passée en proverbe dans l'armée. Leur coutume de mutiler les prisonniers de la manière la plus barbare, surtout les prisonniers chrétiens, était bien connue de mes troupes. Je me préoccupais sans cesse de préserver mes soldats de tomber entre leurs mains. Mais j'affirme qu'il n'y eut que sept malades que les circonstances me forcèrent d'abandonner à Jaffa. Leur mal était parvenu à un tel point, qu'il était impraticable de songer à les transporter; et je ne parle pas du danger qu'il y avait à exposer toute l'armée, pendant une marche pénible, à la contagion de la peste. Je ne pouvais pas non plus placer mes malades sous la protection des Anglais. Je mandai près de moi le chef de santé, et l'invitai à me donner son avis dans cette occasion. Il hésita un moment et me répéta que ces hommes, objet de ma vive sollicitude, ne vivraient pas plus de quarante-huit heures. Je lui suggérai alors (ce qui me paraissait être son opinion, quoiqu'il ne me l'avouât pas, car il me semblait attendre que j'en prisse l'initiative), je lui suggérai alors que l'humanité même prescrivait d'administrer de l'opium à ces sept malheureux. Mais contre mon attente, il repoussa assez vivement cette proposition; je l'abandonnai aussitôt (1), et je m'arrêtai à un autre parti : je fis séjourner l'armée un jour de plus, et à mon départ de Jaffa, j'y laissai une forte arrière-garde qui demeura dans cette place jusqu'au troisième jour. « A l'expiration de ce temps, un rapport m'annonça que ces hommes n'étaient plus. »

(1) Le docteur Warden se trompe ici; la proposition de donner de l'opium aux sept pestiférés n'est pas venue de Napoléon, mais bien d'un officier de santé dans une conférence d'hommes spéciaux, à laquelle n'assista pas le général en chef qui ne put pas ainsi émettre un avis quelconque sur la question. Le procès-verbal de cette conférence fut apporté au général Bonaparte; celui-ci y vit la mention du rejet de la proposition d'empoisonnement, et sans montrer à personne ce qu'il en pensait, il prit alors la détermination de rester, quoiqu'il en pût coûter, un jour de plus à Jaffa et d'y laisser une arrière-garde.

— Ainsi donc, *général*, m'écriai-je, il n'y a pas eu d'opium de donné? — « Mais pas du tout, répondit-il en appuyant sur ces mots : le rapport qui me parvint m'assurait que les hommes étaient morts avant que l'arrière-garde eût quitté Jaffa. »

La conversation continue sur le même fait, et des explications qui suivent il résulte que l'histoire de l'empoisonnement des pestiférés de Jaffa avait été d'abord racontée par un Anglais, sir Robert Wilson, dans un ouvrage sur l'expédition française en Egypte, composé de loin, avec des documents incertains et des renseignements sans authenticité; que le récit de sir Robert Wilson avait été déjà mis en doute par un autre écrivain anglais, le docteur Clarke, professeur à l'Université de Cambridge, lequel avait voyagé en Orient et recueilli sur les lieux des traditions relatives à la conduite du général Bonaparte en Egypte et au fait particulier des pestiférés de Jaffa; que l'Empereur Napoléon possédait une lettre de sir Sidney Smith, dans laquelle cet officier anglais, employé en Egypte contre le général Bonaparte, louait ce dernier de ce qu'il avait fait pour transporter, pour sauver, pour ne pas abandonner jusqu'à la dernière heure les blessés et les malades de son armée. Sir Sidney Smith était arrivé à Jaffa au moment où vivaient encore un ou deux des sept pestiférés laissés dans cette ville. Le docteur Warden cite ce fait pour mettre l'Empereur en contradiction avec lui-même. Mais l'Empereur lui répond : « Qu'est-ce que cela prouve, sinon que les sept pestiférés laissés à Jaffa, sous la protection d'une arrière-garde, n'avaient pas été empoisonnés. »

FULTON EN 1804.

On nous a reproché d'avoir traité avec trop de sévérité la commission chargée en 1804 d'examiner la proposition de Fulton, d'appliquer à la navigation la force motrice de la vapeur. Nous avons cherché à nous procurer de nouvelles lumières sur cette question historique. Dans un livre qui est un monument de science spéciale, de haute raison et de généreuse éloquence, M. le baron Charles Dupin a rendu compte des premiers essais de l'emploi de la vapeur comme force motrice ; le projet de Fulton, qui fut un de ces essais, a été apprécié par lui dans les termes suivants que nous allons rapporter, en les faisant précéder de quelques notions préalables données par le savant auteur et qui sont indispensables à l'intelligence du sujet.

Anciens et premiers essais.

...... Les Anglais ont les premiers employé cette puissance (la vapeur) à l'élévation des eaux. On eût dit, dans le principe, qu'ils ne faisaient qu'inventer un nouveau jeu d'imagination, pour ajouter aux curiosités de la physique expérimentale. Bientôt il se trouva que la force alternative adoptée pour remplacer les pompes ordinaires pouvait être employée avec avantage à l'élévation des fardeaux, à l'extraction des minerais fossiles, à la conduite des chariots sur des routes, aux travaux d'une foule d'ateliers et de manufactures, etc.

. . . .

En voyant l'agent de la vapeur rendre d'aussi grands services à tous les travaux qui s'exécutent à terre, il était naturel de chercher si l'on ne pouvait pas étendre les mêmes bienfaits aux travaux qui s'exécutent sur les eaux, et spécialement à la navigation.

On sait combien est lent le parcours des eaux et des fleuves dont il faut remonter le courant et quelle immense force d'hommes ou de chevaux il faut employer au dur labeur du halage. La navigation sur les grands lacs et sur les mers, rendue plus facile et moins pénible pour l'homme, par l'impulsion des vents et par le mécanisme des voiles, n'est pas elle-même opérée sans de grandes fatigues ; trop souvent elle éprouve des obstacles insurmontables durant les tempêtes, et surtout durant les calmes ; elle est toujours lente et pénible, quand règnent les vents contraires. Ainsi des causes nombreuses et puissantes diminuent l'avantage que présente la force des vents pour la navigation.

C'est un Français, M. Duquet, qui le premier fit quelques essais heureux pour suppléer à la force du vent par des moyens mécaniques : ses expériences eurent lieu, de 1687 à 1693 dans le port du Hâvre.

En 1690, dans l'année même où le capitaine Savery, profitant des idées répandues en Angleterre par le marquis de Worcester, faisait connaître la machine à vapeur, il présentait un projet de bateaux mis en mouvement par des roues à aubes ; moyen qui devait, un siècle après, être reproduit avec tant de succès dans le nouveau mode de navigation.

Mais le capitaine Savery n'eut pas même la pensée de proposer pour force motrice à la mer, celle qu'il avait mise en action par sa machine à vapeur ; elle n'était point assez parfaite pour donner un semblable résultat.

Invention de Jonathan Hull.

En 1736, Jonathan Hull, profitant du progrès que Newcomen avait fait faire à cette machine, crut pouvoir en proposer l'application à mouvoir les navires par le moyen de roues à aubes ; il prit une patente à cet effet. Il s'efforça, mais en vain, d'intéresser l'amirauté d'Angleterre en faveur de son invention ; son projet fut repoussé. Parmi les objections sur lesquelles était fondé le refus de l'amirauté, se trouvait celle-ci : « La force des lames de la mer ne brisera-t-elle pas en morceaux toute partie de machine qu'on placera de manière à la faire mouvoir dans l'eau? » A quoi Jonathan Hull répond aussitôt : « Il est impossible de supposer que cette machine sera employée en mer dans une tempête, et lorsque les lames font ravage. »

Ce que Jonathan Hull, l'inventeur même des bateaux à roues, ne supposait pas qu'on pût regarder comme possible, quatre-vingts ans plus tard l'expérience en a démontré la possibilité et l'avantage. Une semblable particularité montre parfaitement le progrès des idées, depuis la naissance de l'invention jusqu'aux développements que cette même invention a pris de nos jours.

Il paraît que les projets de Jonathan Hull n'ont jamais reçu d'exécution.

Bateau à vapeur de M. Périer.

C'est en 1775, que Périer, de l'Académie des Sciences, construisit le premier en France un bateau à vapeur. Ce bateau, mis à flot sur une eau tranquille, aurait marché, mais avec bien peu de vitesse, parce que la force de la machine motrice n'équivalait qu'à celle d'*un cheval*. Avec des moyens aussi faibles, le bateau ne put pas remonter la Seine, et Périer abandonna ses tentatives.

Bateau à vapeur du marquis de Jouffroy.

En 1781, le marquis de Jouffroy fut plus heureux ; il fit construire à Lyon un bateau à vapeur d'une grande dimension. (Ce bateau avait 46 mètres de longueur). La Saône, rivière d'un cours très lent, et que pour cette raison César appelle *lentissimus Arar*, la Saône était parfaitement propre aux essais de ce genre. Néanmoins les accidents, qui n'auraient pas dû faire abandonner l'entreprise au milieu du succès, en arrêtèrent la poursuite. La Révolution survint ; le marquis de Jouffroy quitta la France et ne sut pas, comme Brunel, tirer parti de son talent pour la mécanique.

Essais subséquents.

Depuis 1785 jusqu'en 1804, MM. Muler de Dalwinston, Clarke et Symington, en Écosse, lord Stanhope et MM. Bunter et Dickinson, en Angleterre, faisaient aussi des essais de bateaux à vapeur; mais aucune tentative n'obtenait un succès décisif.

Pareillement de 1785 ou 1786 à 1790, on voit en Amérique, MM. Jitch et Rumsey appliquer à la navigation la force de la vapeur. Malgré des essais qui devaient donner beaucoup d'espérances, se voyant mal accueillis dans leur patrie, ils vinrent en Europe pour tenter d'y faire adopter leurs inventions; ils ne réussirent pas.

Vers les dernières années du xviiie siècle, M. Desblancs obtint du gouvernement français une patente pour construire un bateau mû par la vapeur; on n'aperçoit pas qu'il en tire un parti fructueux.

Essais graduels et succès définitif de Fulton.

Sous le Consulat vint à Paris un mécanicien devenu depuis justement célèbre : c'était Fulton, qui poursuivait avec une indomptable énergie la pensée de réussir dans une entreprise où tour-à-tour échouaient un si grand nombre de concurrents.

Une guerre implacable était déclarée entre le gouvernement de l'Angleterre et celui de la France, dirigée par Napoléon. Le Premier Consul, pour frapper au cœur son ennemi, avait conçu le projet d'une immense flottille, afin de conduire en Angleterre l'armée qu'il savait rendre invincible.

Déjà la flottille était construite. Malgré l'effort des croisières britanniques, on l'avait réunie tout entière à Boulogne et dans les ports les plus voisins. Cette flottille était assez puissante pour que Nelson, Nelson même! échouât en l'attaquant, et ne pût pas renouveler sa victoire obtenue contre une flotte de vaisseaux à l'ancre.

Telle est l'époque où Fulton s'adresse à Napoléon, qu'on a depuis accusé d'avoir méconnu l'immense valeur de la proposition que lui faisait un homme de génie.

Voici la lettre que Napoléon écrivit du port de Boulogne, au ministre de l'intérieur, en le chargeant de faire examiner l'invention dont il venait de recevoir l'offre indirecte.

« Monsieur de Champagny, je viens de lire la proposition du
» citoyen Fulton, que vous m'avez adressée beaucoup trop tard,
» en ce qu'elle peut changer la face du monde. Quoiqu'il en soit,
» je désire que vous en confiiez immédiatement l'examen à une
» commission composée de membres choisis par vous dans les
» différentes classes de l'Institut. C'est là que l'Europe savante
» doit chercher des juges pour résoudre la question dont il
» s'agit... Aussitôt le rapport fait, il vous sera transmis et vous
» me l'enverrez. Tâchez que tout cela ne soit pas l'affaire de
» plus de huit jours. Et, sur ce, je prie Dieu, Monsieur de
» Champagny, de vous avoir en sa digne garde. — De mon
» camp de Boulogne, le 21 juillet 1804. »

Fulton n'avait pas évité complétement la faute commise par ses prédécesseurs. Il n'avait pas fait usage d'une force motrice assez puissante pour donner de grands résultats ; et ceux-ci ne purent pas être constatés sur la Seine.

Les eût-il obtenus dès le milieu de 1804, on n'aurait pas pu *recommencer* la flottille, afin de substituer la force de la vapeur à la force du vent. Où donc aurait-on trouvé des ateliers innombrables pour accomplir, en *temps opportun*, une aussi grande entreprise ? En combien de temps aurait-on réuni la multitude d'ouvriers expérimentés pour exécuter tant de mécaniques à vapeur ? On n'avait pas même un seul grand atelier, pour fabriquer des machines, qui présentât un outillage supportable.... Voilà le point où l'on se trouvait dans l'été de 1804 ; et dès l'été de 1805, à la suggestion de l'Angleterre, l'Autriche et la Russie prenaient les armes ; elles nous obligeaient à quitter la flottille pour aller accomplir les prodiges d'Ulm et d'Austerlitz.

Cinquante ans plus tard, lorsqu'il sera question seulement d'un progrès spécial de notre marine militaire, on verra quel obstacle presque insurmontable, nous avons trouvé dans l'insuffisance de nos fabriques de machines à vapeur, après un demi-siècle de progrès et d'agrandissement. Arrêtée de la sorte pendant quatre années de bon vouloir et d'activité, notre marine militaire aidée, mais trop faiblement, par le commerce, n'a pas pu réaliser un accroissement de flotte à vapeur qui pût porter à la fois vingt mille hommes au lieu de cent mille !...

Fulton, sans espoir de succès au milieu de la vieille Europe, tourna ses yeux vers sa jeune patrie. Il résolut de transporter en Amérique la nouvelle industrie qu'il venait de créer au sein de la France.

Extrait des pages 35-40 du *Rapport sur les arts de la marine et de la guerre, fait à la commission française du jury international de l'Exposition universelle de Londres*, par le Baron Charles Dupin, membre de l'Institut, président de la Commission française du VIIIe jury. — Paris, imprimerie impériale, in-8°, MDCCCLV.

Comme on le voit, M. le baron Charles Dupin ne contredit en rien notre récit. Napoléon n'a pas repoussé le projet de Fulton ; il en a compris tout d'abord la vérité fondamentale, la portée, l'avenir ; et il y a bien eu, sur son ordre, une commission nommée pour examiner les propositions de l'inventeur américain. Seulement M. le baron Charles Dupin diffère de nous en ce qu'il prend à tâche d'expliquer et d'excuser l'erreur dans laquelle cette commission est tombée. La machine de Fulton ne maîtrisait pas une force suffisante pour l'impulsion d'un navire. Il aurait fallu un appareil plus puissant, que l'état, alors imparfait, des arts mécaniques, ne permettait pas d'improviser. Les circonstances politiques étaient telles qu'on n'avait pas le loisir de se livrer à des expériences pour atteindre un but incertain. Ce qui était demandé, c'était un résultat immédiat, un moyen de transport pour la flottille de Boulogne. Or, le projet de Fulton n'était pas applicable dans un bref délai. Il n'y avait dans ce projet qu'une idée grande et vraie à dégager.

Nous voudrions pouvoir répondre sans trop d'irrévérence à cet argument. Il nous semble que les corps savants ont précisément pour mission de se préoccuper de la vérité et de la valeur des idées et non de la possibilité de leur application dans un moment donné. Quand Napoléon recommandait à l'Institut l'examen du projet de Fulton, il ne songeait pas seulement à faire promptement arriver une armée sur les côtes de l'Angleterre ; il songeait encore à l'avenir de la civilisation, au monde *dont la face pouvait être changée*. Les savants de l'Institut, nous le craignons, n'ont pas été dans cette circonstance à la hauteur de la pensée de Napoléon.

Nous consignerons ici, sous toutes réserves, un détail fort important que nous tenons d'une tradition orale. Il paraît que la Commission chargée en 1804 d'examiner le projet de Fulton, ne fut pas exclusivement composée de membres choisis dans l'Institut. Il lui fut adjoint des marins et des administrateurs, et elle s'est réunie, non au palais Mazarin, mais au ministère de la Marine. Les procès-verbaux de ses séances existaient, il y a quelques années, avec des pièces à l'appui, le tout formant un dossier assez volumineux. Malheureusement ce dossier a été prêté, et, depuis, il ne s'est plus retrouvé.

Encore un détail historique, ou plutôt une anecdote dont nous ne garantissons pas l'authenticité.

Napoléon était sur le *Northumberland*, et déjà loin des côtes d'Europe. On vit apparaître à l'horizon un nuage qui semblait courir sur l'eau. Bientôt on distingua un navire dont la marche était surprenante : il filait rapidement, il n'avait point de voiles, il laissait derrière lui des tourbillons de fumée. Tous les passagers étaient sur le pont, suivant des yeux cette merveille. On sut le nom de ce navire; c'était le *Fulton*, le premier bateau à vapeur qui ait navigué sur la haute mer. *Fulton!* s'écria l'Empereur tout d'un coup reporté par ce nom à ses souvenirs de 1804, *Fulton!* Puis, il ajouta, dit-on, tout soucieux : *Ô les savants! les savants!*

Le duc de Raguse, dans ses *Mémoires*, se vante des soins qu'il a eus, pour la santé de ses troupes, au camp de Zeist, en Hollande. On verra par l'extrait de la lettre suivante, que, sur ce point, on peut au moins contester au duc de Raguse d'avoir eu l'initiative et le mérite de la prévoyance.

(INÉDIT)

Au ministre de la guerre.

(EXTRAIT)

Paris, le 16 germinal an XII de la République Française.

« ... Écrivez au général Marmont que je n'ai pas approuvé la manière dont on a placé l'année derrière les troupes dans la Batavie; on a détruit tous les corps par les maladies. Il faut que le général Marmont place le plus de troupes bataves possible dans l'île de Walcheren, et très-peu de Français. »

BONAPARTE.

LE DUC DE RAGUSE COMPTABLE

Nous avons dit que le duc de Raguse a été souvent en butte aux soupçons, dans les occasions qu'il a eu d'administrer des deniers publics. Il n'en était pas ainsi, hâtons-nous de le reconnaître, parce qu'on mettait en doute sa probité ; on ne songeait pas à pousser jusque-là les soupçons. Mais livré aux plaisirs, au luxe, aux dissipations d'une vie fastueuse, il était toujours en proie à des embarras, à des besoins financiers ; il semblait que le désordre fût inhérent à sa personne. C'est pour cette raison seulement qu'il ne pouvait pas toujours rendre des comptes, sans qu'on ne prît l'alarme à la moindre apparence d'une irrégularité.

Voici du moins quelques lettres qui prouvent que le duc de Raguse a, plus d'une fois, inquiété, par sa gestion des deniers publics, la sévère vigilance de l'Empereur. Toutes ces lettres, moins une, sont inédites.

(EXTRAITS)

Napoléon au prince Eugène.

Paris, le 26 mars 1806.

« ... Je ne sais pourquoi les traites des banquiers de Vienne vont dans la caisse du payeur de l'armée du général Marmont... »

Paris, le 4 avril 1806.

« ... Il m'est revenu des plaintes que des régiments du général Marmont ne sont pas payés depuis le mois de janvier. Répondez-moi catégoriquement là-dessus. »

Au prince Eugène.

Malmaison, le 12 avril 1806.

« ... Il paraît que le 11ᵉ de ligne, du corps du général Marmont, n'a point de solde depuis trois mois. Faites-moi connaître ce que je dois penser de cela. Payer mon armée régulièrement est la première de toutes les conditions. »

Paris, le 20 avril 1806.

« ... C'est en vain que vous enverrez de l'argent en Istrie et en Dalmatie ; si vous n'avez point un ordonnateur, un payeur, un inspecteur aux revues probe, et une grande surveillance, plus vous enverrez d'argent et plus on vous en dilapidera... »

Saint-Cloud, le 21 avril 1806.

« ...... J'imagine qu'à l'heure qu'il est, vous avez le million de Bignani, et de plus 500,000 francs de Marmont et de Masséna pour le vif argent. Marmont doit vous faire remettre les 325,000 francs, sans qu'il soit besoin de le lui intimer ; sans cela, je le lui ferai signifier. Il est honteux qu'un général fasse des profits à l'ennemi, mais surtout lorsque les troupes manquent de solde. »

Saint-Cloud, le 12 juin 1806.

« ... Le général Marmont dépense prodigieusement pour sa solde, cela commence à devenir extraordinaire. J'ai ordonné qu'on fît une vérification scrupuleuse de cette comptabilité. Toutes vos évaluations de dépenses sont exagérées de 30 p. %. 2,500,000 fr. sont portés pour votre solde, il ne faut pas plus de 1,160,000 francs. Tâchez de rendre au payeur les 300,000 francs qu'il a avancés pour le corps du général Marmont. »

NAPOLÉON.

Au prince Eugène.

Saint-Cloud, le 9 août 1806.

« .... Dites confidentiellement à Marmont que les affaires de comptabilité sont revues ici avec la plus grande rigueur; que tout désordre pourrait le perdre, lui et ses amis; que dans les distributions qui seront faites pour la grande armée, il n'aura rien à désirer; qu'il a une réputation d'intégrité à conserver; qu'il soit l'homme que j'ai connu au sac de Pavie en l'an V, et qu'il réprime les abus auxquels les militaires se portent en l'an XIV. »

NAPOLÉON.

Au ministre du trésor.

(EXTRAIT)

Bayonne, le 7 mai 1808.

« ...Vous ne devez pas passer au payeur de l'armée de Dalmatie les 317,000 francs qu'il a payés sans l'ordonnance du ministre. Vous lui ordonnerez de les rétablir sur-le-champ dans sa caisse, et vous tiendrez la main à ce que cela soit fait sans retard. Vous devez vous entendre avec le ministre de la guerre pour qu'il témoigne mon mécontentement au général Marmont d'avoir pris sur lui de changer la destination des crédits. La solde passe avant tout. »

NAPOLÉON.

Au ministre du trésor.

Bayonne, le 10 mai 1808.

« Monsieur Mollien, le payeur de l'armée de Dalmatie a mis des sommes à la disposition du général Marmont sans y être autorisé par un crédit, et sans résistance. Remplacez ce payeur et ordonnez-lui de venir à Paris avec tous ses papiers pour rendre compte de sa conduite. Vous lui reprocherez sa faiblesse ; le général Marmont n'avait pas d'ordres à lui donner ; il n'en devait prendre que de vous. Il devait au moins dresser procès-verbal de violation de caisse et l'envoi de ce procès-verbal aurait donné l'éveil. Il faut maintenant avoir les comptes de ces sommes. Envoyez là un payeur ferme et que rien ne puisse le faire dévier de la règle. Qu'il sache bien que les généraux ne sont pas les ordonnateurs, que ce sont les ministres. »

NAPOLÉON.

Le prince Eugène au maréchal Marmont.

Milan, le 22 mai 1806.

Sa Majesté m'ordonne, Monsieur le général en chef Marmont, de vous écrire pour avoir des renseignements détaillés sur ce que sont devenus les fonds que vous avez détournés de la solde des troupes italiennes et de la marine. La régularité qui existe dans les finances, tant en France qu'en Italie, ne permet pas que des sommes soient ainsi détournées de leur destination, sans l'ordre du ministre. Sa Majesté me prescrivant de lui faire un rapport à ce sujet, je désire que vous me mettiez à même de remplir les ordres de Sa Majesté.

Au général Lauriston.

A Fontainebleau, le 9 novembre 1810.

Monsieur le général Lauriston, le ministre des finances m'instruit que le duc de Raguse a fait un emprunt de 1,200,000 fr. dans son gouvernement ; qu'il a permis, sans y être autorisé, l'introduction de bois de teinture et autres denrées coloniales, pour avoir du sel. Voilà quinze mois que je suis maître du pays et je n'ai encore de budget ni en recettes ni en dépenses. Vous pouvez dire au duc de Raguse que si cet état de choses dure, je me verrai obligé de charger les employés civils de l'administration du pays; et que si je ne vois pas plus clair dans mes affaires, je ferai tout rentrer au trésor public et que tout le service se fera par ordonnances des ministres, ce qui rendra à peu près nulles ses fonctions actuelles. Je ne sais pas comment dans un si petit pays, après 15 mois, il n'a pu encore arrêter ses idées sur ses ressources et savoir ce qu'il rend et quelles impositions on doit mettre; il y avait d'ailleurs un budget du temps de l'Autriche. Tout cela annonce le peu d'habitude d'administrer et beaucoup de mauvaises choses.

Napoléon.

INSTRUCTIONS ET REPROCHES DIVERS

(INÉDIT)

Napoléon au général Marmont, commandant en chef l'armée de Dalmatie.

Berlin, le 30 octobre 1806.

Monsieur le général Marmont, j'ai vu avec peine dans le temps les dispositions que vous avez faites du côté de Cattaro, dont je ne comprenais pas le motif; et si j'avais été à la place de l'amiral russe, je ne vous aurais pas laissé établir vos batteries; mais c'était une suite de son système de vous rendre Cattaro. J'ai vu avec plus de peine que, lorsque je prenais tant de soin pour approvisionner Raguse de vivres, vous les exposiez à être perdus. Je ne vous ai pas reconnu dans ces dispositions qui n'ont pas de raisonnement. Si du point où vous avez porté votre artillerie, vous aviez pu la transporter à Cattaro, cela aurait eu un but, quoique un peu hasardé; encore, n'auriez-vous pas dû le faire sans mon ordre, puisque moi seul pouvais savoir si les circonstances politiques me permettaient de laisser longtemps 12 ou 15,000 hommes aux bouches du Cattaro.

J'ai appris avec plaisir la défaite des Russes. Laissez de bonnes troupes au général Lauriston. Faites rentrer le 5ᵉ de ligne et le 25ᵉ dans le fond de la Dalmatie ; ce sont les premières troupes à faire rentrer en Italie, comme ayant besoin d'être réorganisées.

Il faut que le général Lauriston ait assez de troupes pour tenir la campagne contre les Russes et les Monténégrins. Sur ce, etc.

NAPOLÉON.

(INÉDIT)

Napoléon au général Marmont, commandant en chef l'armée de Dalmatie, en marche pour rejoindre l'armée d'Allemagne.

Schœnbrunn, le 7 juin 1809, 5 heures du matin.

Monsieur le duc de Raguse, je vous réexpédie votre aide-de-camp. Marchez sur Chasteler pour rétablir vos communications. Chasteler veut ou simplement passer, ou maintenir un foyer d'insurrection dans les Provinces. Dans le second cas, vous l'exterminerez ; dans le premier, vous le suivrez et vous vous réglerez selon les circonstances, de manière à vous porter sur Gratz ou Marbourg. Le prince Jean paraît vouloir tenir derrière la Raab, le vice-roi marche à lui. — Si, en poursuivant Chasteler, vous êtes conduit près de Spitall, enlevez le fort de Saxenbourg, faites bien armer et mettre en état Klagenfurth. Sur ce, etc.

NAPOLÉON.

P. S. Les dernières nouvelles qu'on avait du prince Jean portent qu'il était à Saint-Gotharn, derrière les sources de la Raab. Le vice-roi est aujourd'hui à *Goerz* (1), et, le 8 ou le 9, l'attaquera (2). Le général Macdonald marchera à lui par Gratz. C'est à vous, après les renseignements généraux, à vous conduire de

---

(1) Mot douteux.
(2) Les mots : *le 8 ou le 9* sont de la main de l'Empereur, qui les a substitués au mot *demain* d'abord dicté par lui.

manière à être le plus utile possible. — Il ne serait pas impossible que le prince Jean descendît encore.

Napoléon au duc de Feltre (1).

Ghiasi, le 2 septembre 1812.

Monsieur le duc de Feltre, j'ai reçu le rapport du duc de Raguse sur la bataille du 22 (2). Il est impossible de rien lire de plus insignifiant ; il y a plus de fatras et plus de rouages que dans une horloge, et pas un mot qui fasse connaître l'état réel des choses.

Voici ma manière de voir sur cette affaire et la conduite que vous devez tenir.

Vous attendrez que le duc de Raguse soit arrivé, qu'il soit remis de sa blessure, et à peu près entièrement rétabli. Vous lui demanderez alors de répondre catégoriquement à ces questions.

Pourquoi a-t-il livré bataille sans les ordres de son général en chef ?

Placé par les dispositions générales de l'armée à Salamanque, il était tout simple qu'il se défendît, s'il était attaqué ; mais puisqu'il avait évacué Salamanque de plusieurs marches, pourquoi n'en a-t-il pas instruit son général en chef ?

Pourquoi n'a-t-il pas pris ses ordres sur le parti qu'il devait suivre, subordonné au système général sur mes armées d'Espagne ?

Il y a là *un crime d'insubordination* qui est la cause de tous les malheurs de cette affaire. Et quand même il n'eût pas été dans l'obligation de se mettre en communication avec son général en chef pour exécuter les ordres qu'il en recevait, comment

---

(1) La lettre suivante, donnée par extraits dans notre ouvrage, n'a été nulle part publiée en son entier, à ce que nous croyons. Nous n'avons pas hésité à la reproduire ici dans toute son étendue.

(2) La bataille des Arapiles, sous Salamanque, le 22 juillet 1812.

a-t-il pu sortir de sa défensive sur le Duero, lorsque, sans un grand effort d'imagination il était facile de concevoir qu'il pouvait être secouru par l'arrivée de la division de dragons, d'une trentaine de pièces de canon et de plus de 15,000 hommes de troupes françaises que le Roi avait dans la main?

Et comment pouvait-il sortir de la défensive pour prendre l'offensive sans attendre la réunion et le secours d'un corps de 15 à 17,000 hommes?

Le Roi avait ordonné à l'armée du Nord d'envoyer sa cavalerie à son secours; elle était en marche, le duc de Raguse ne pouvait l'ignorer, puisque cette cavalerie est arrivée le soir de la bataille.

De Salamanque à Burgos il y a bien des marches; pourquoi n'a-t-il pas retardé de deux jours pour avoir le secours de cette cavalerie qui lui était si importante?

Il faudrait avoir une explication sur les raisons qui ont porté le duc de Raguse à ne pas attendre les ordres de son général en chef pour livrer bataille; à livrer bataille sans attendre les renforts que le Roi, comme commandant supérieur de mes armées en Espagne, pouvait retirer de l'armée du Centre, de l'armée de Valence et de l'Andalousie.

Le seul fond de l'armée du Centre fournissait 15,000 hommes et 2,500 chevaux, lesquels pouvaient être rendus dans le même temps que le duc de Raguse faisait battre l'armée française, et, en prenant dans ces deux armées, le Roi pouvait lui amener 40,000 hommes.

Enfin, le duc de Raguse, sachant que 4,500 chevaux étaient partis de Burgos pour le rejoindre, comment ne les a-t-il pas attendus?

En faisant coïncider ces deux circonstances, d'avoir pris l'offensive sans l'ordre de son général en chef, et de n'avoir pas retardé la bataille de deux jours pour recevoir 15,000 hommes d'infanterie que lui menait le Roi, et 4,500 chevaux de l'armée du Nord, on est fondé à penser que le duc de Raguse a craint que le Roi ne participe au succès, et qu'il a sacrifié à la vanité la gloire de la patrie et l'avantage de mon service.

APPENDICE

Donnez ordre aux généraux de division d'envoyer les états de leurs pertes. Il est intolérable qu'on rende des comptes faux, et qu'on me dissimule la vérité.

Donnez ordre au général Clausel, qui commande l'armée, d'envoyer la situation avant et après la bataille.

Demandez également aux chefs de corps leurs situations exactes.

Vous ferez reconnaître au duc de Raguse, en temps opportun, combien je suis indigné de la conduite inexplicable qu'il a tenue, en n'attendant pas deux jours que les secours de l'armée du Centre et de l'armée du Nord le rejoignissent.

J'attends avec impatience l'arrivée du général aide-de-camp pour avoir des renseignements précis; ce qu'il a écrit ne signifie pas grand chose. Sur ce, etc.

NAPOLÉON.

(INÉDIT)

Napoléon au maréchal duc de Raguse, commandant le 6e corps d'armée en France.

Nogent, 8 février 1814. (1 heures du matin).

Mon cousin, je reçois vos deux lettres, dont une datée d'une heure après minuit. Il est fâcheux que vous ne soyez pas arrivé hier à Sézanne. Tâchez d'y être aujourd'hui de bonne heure. Coupez aujourd'hui la route de Montmirail et envoyez-nous des nouvelles le plus tôt possible. Tous les renseignements que j'ai sont que rien n'a passé à Montmirail. Envoyez un officier à La Ferté pour donner des nouvelles au duc de Tarente et en avoir de lui. Je ne puis pas croire que l'ennemi marche sur la route d'Epernay. — J'ai des nouvelles de Saron. Il n'y avait là rien qu'une douzaine de cosaques. Le pont a été brûlé et il ne serait pas facile de le rétablir. — J'attendrai de vos nouvelles de Sézanne pour partir. Je suppose que je ne tarderai pas à recevoir du duc de Tarente le rapport de ce qui s'est passé dans la journée du 7. — Ramassez beaucoup de pain, mais ne gardez pas tout pour vous. Vous avez trois fois plus qu'il ne vous faut et nous mourons de faim. — Sur ce, etc.

NAPOLÉON.

(INÉDIT)

Napoléon au duc de Raguse.

Reims, 15 mars 1814.

Mon cousin, le duc de Trévise mande en date d'aujourd'hui à dix heures du matin : « L'ennemi est en pleine retraite, il semble se retirer sur Laon. J'ai jeté de la cavalerie sur tous les points pour éclairer sa marche, qui se fait en bon ordre. Il n'y a plus personne à Bussy-le-Long. » — Envoyez des paysans et tâchez de savoir si l'ennemi est toujours en grande force à Craone. Combinez ce rapport avec les changements qui se sont opérés dans la journée sur toute votre ligne. Il doit vous être facile d'avoir des nouvelles par tous les paysans qui bordent l'Aisne. Je vous ai envoyé trois ou quatre cents hommes qui appartiennent à votre corps. Il en vient aussi un millier de Paris pour vos différents bataillons. — Un bataillon du 70e, qui est à Soissons, arrivera demain et vous sera également envoyé. J'ai donné ordre que tout ce qui est à Verdun et dans les places de la Moselle et appartient à votre corps, vous soit aussi envoyé.

Essayez de recruter quelques hommes dans les villages en écrivant aux différents maires des environs de vous fournir tant d'hommes, et en envoyant des officiers et des sergents dans les villages pour recruter. Beaucoup de paysans qui sont ruinés ne demandent pas mieux aujourd'hui que de servir; et peut-être en les stimulant pourra-t-on obtenir quelque succès. Au reste, essayez. — Faites passer un gros parti de cavalerie par le pont de Bery pour savoir ce qui se passe de ce côté. — Sur ce, etc.

NAPOLÉON.

P. S. Une batterie de quatre pièces de 12 part pour vous rejoindre. Envoyez-moi l'état de situation de votre artillerie. Il serait nécessaire d'avoir une batterie de huit bouches à feu pour chacune de vos divisions, ce qui ferait vingt-quatre, une batterie à cheval pour le premier corps de cavalerie et une batterie à cheval pour votre corps, et quatre batteries de réserve ; ce qui vous ferait quarante-deux bouches à feu avec approvisionnement complet, et douze caissons d'infanterie. Faites-moi connaître si votre artillerie s'approche de ce nombre. — Trois cents hommes destinés pour le premier corps de cavalerie arrivent ici ce soir, et partiront demain pour vous rejoindre. Tous ces renforts devraient porter le deuxième corps de cavalerie à plus de deux mille cinq cents hommes ; faites-moi connaître positivement sa force.

DES AMITIÉS DE M. DE RAGUSE

La lettre qu'on va lire, pleine de détails forts curieux et bien dits sur certaines affaires du temps, montre un homme d'esprit, un moment courtisan, dans l'exercice et toutes les grâces de ce rôle. Cette lettre et la suivante donnent le ton des amitiés de M. de Raguse, à ses beaux jours.

(INÉDIT)

M. Victor de Broglie, conseiller d'État en service ordinaire, à M. le maréchal Marmont, commandant en chef l'armée de Dalmatie.

Paris, 1ᵉʳ juillet 1810.

Monseigneur,

Le nouvel intendant qui va prendre la place de M. Dauchy, et, je l'espère, en occuper une meilleure dans votre esprit, veut bien se charger de remettre cette lettre à Votre Excellence. Il a été même assez bon pour venir me la demander. Ainsi je suis destiné à tenir de vous tout ce qui peut m'arriver d'honorable et d'heureux. Je n'ai pas la présomption de croire que mon opinion soit de quelque poids à l'égard de M. de Belleville ; mais l'importance qu'il attache à celle que vous prendrez de lui, me semble tout à fait en sa faveur, et tout homme qui voudra entrer dans vos vues et seconder vos desseins, ne peut manquer de bien faire et de faire le bien.

Nos fêtes sont finies, Monseigneur, et vous avez peu de choses à regretter ; vous avez vu des bals, des feux d'artifice, des illuminations ; quelques lampions, quelques fusées, quelques robes à queue de plus, voilà tout. L'art des fêtes n'a pas fait encore les mêmes progrès que celui d'en multiplier les occasions. Nous nous en sommes surtout aperçus au bal de l'École militaire, où il n'y avait guère que six à sept mille personnes de trop, d'où il est résulté qu'on a fermé la porte à plusieurs grands personnages, entre autres le ministre de la guerre et celui de l'intérieur. L'Impératrice a dansé dans toutes ces fêtes ; on remarque qu'elle commence à perdre toutes ses habitudes germaniques : que ses pieds, qui sont au nombre des plus petits qui aient marché sur le pavé de Vienne, se tournent maintenant en dehors, et qu'elle fait la révérence de la tête et non plus des genoux. Ces nouvelles peuvent vous paraître peu importantes à quatre cents lieues d'ici ; elles n'en sont pas moins l'objet de nos entretiens journaliers. Depuis trois jours on répand le bruit que S. M. est grosse ; Dieu le veuille, je suis bien sûr que l'Empereur, qui est le premier après lui, ne s'y opposera pas.

S. M. paraît décidée à passer l'été à Saint-Cloud ; elle a déclaré qu'elle voulait travailler pendant trois mois, et a demandé le conseil d'État deux fois par semaine. Je suis très-fâché de ne pas m'y être trouvé pendant les dernières séances ; mais je ne rentre en service ordinaire qu'aujourd'hui. Il paraît qu'on a discuté le projet d'organisation judiciaire pour les provinces Illyriennes. L'Empereur y a trouvé trop peu de tribunaux, eu égard à la grande surface du pays que vous gouvernez. Si je m'étais trouvé là, j'aurais essayé de faire développer par M. Defermon ou M. Regnault les raisons qui ont déterminé Votre Excellence à en restreindre le nombre. Il en est une cependant que l'Empereur ne devrait pas oublier : c'est qu'il ne veut pas donner d'argent.

et que la principale source d'économie dans les Provinces Illyriennes, consiste dans la simplification des administrations de toutes les espèces. L'Empereur n'a point paru approuver l'établissement d'un tribunal des mines, composé de membres pris dans les autres tribunaux et siégeant à Laybach. « Comment, » a-t-il dit, un homme de la province de Cattaro, viendra-t-il se « faire juger à Laybach? » Il me semble avoir entendu dire à Votre Excellence, qu'il n'y a point de mines en Dalmatie.

L'Empereur paraît persister à ne vouloir subvenir en rien au secours de vos provinces, et j'avoue que je ne vois pas de manière de s'en tirer s'il ne change pas d'avis. J'ai vu plusieurs membres de la députation ici; il serait bien nécessaire que l'un d'eux sût à fond les affaires et pût donner à l'Empereur des notions positives sur l'état des choses. Je ne vois que M. Calafati qui en soit capable, et Votre Excellence lui aura sans doute donné toutes les instructions dont il a besoin; mais j'ai peur que l'aspect de l'Empereur ne l'intimide un peu; je lui ai conseillé de parler en italien, car il s'exprime difficilement en français.

Je n'ai aucune nouvelle à vous donner de Kermelitz; personne ici ne sait qui c'est; M. Maret m'a paru même avoir oublié son nom; il semble être rentré dans l'obscurité dont il n'aurait jamais dû sortir

L'Empereur, dans le dernier travail, m'a placé aux ponts et chaussées, comme je l'avais demandé, en me faisant espérer un avancement prochain. Ne vous en prenez qu'à votre bonté, Monseigneur, si j'ose vous importuner de ce qui me regarde.

Permettez-moi de saisir cette occasion de mettre mes hommages aux pieds de madame la duchesse, et daignez croire à l'inaltérable dévouement avec lequel, etc.

Victor DE BROGLIE.

(INÉDIT)

Le maréchal Oudinot, duc de Reggio, au maréchal Marmont, duc de Raguse.

Amsterdam, le 10 juillet 1810.

L'intérêt que vous donnez à l'événement qui est venu me frapper si inopinément, ne m'a point surpris, mon cher Marmont, parce que, certain de vos sentiments pour moi, je devais m'attendre à ce témoignage auquel j'ai d'ailleurs été sensible. — *Marmont est un homme de cour qui ne manque pas de mérite, et qui grille de l'envie de faire parler de lui. Il est brave et actif, je l'aurais envoyé en Catalogne si je n'avais eu M*** sous la main et qu'il eût été moins utile au poste qu'il occupe.* Ce sont, mon ami, les paroles de l'Évangile et que je me suis bien promis de vous rapporter parce qu'elles m'ont chatouillé les oreilles de plaisir et que peut-être on me les disait avec intention puisqu'on nous sait amis.

D'un autre côté, dites à madame la duchesse que j'ai aussi pris part à la maladie qu'on m'annonce qu'elle doit avoir faite à Raguse, et que la reine de Hollande et moi avons dit beaucoup de mal d'elle pendant l'entretien que S. M. m'a fourni sur son chapitre.

Je vous remercie pour le bien que vous faites à Toussaint; je suis sûr qu'il en est reconnaissant et qu'il vous servira bien et loyalement. Quant à la ménagerie, je n'y compte pas, mais beaucoup sur la continuation de notre vieil attachement. Vous écrivez comme un chat, mon ami, et si illisiblement que je vous conseille un secrétaire quand vous voudrez que je vous lise entièrement; enfin prenez modèle sur ma bâtarde.

Vous avez travaillé en Illyrie à la satisfaction de L...., j'espère en avoir fait autant en Hollande, où vous savez peut-être déjà que le.... (1) n'est plus etc., etc. Je ne puis en dire davantage.

(1) Ici un mot effacé avec intention.

APPENDICE

Adieu, ami, à revoir! respect et affection à l'aimable duchesse et embrassements tendres pour son cher époux.

Le maréchal Duc DE REGGIO.

Le colonel Fabvier, sous-chef de l'état-major du 6ᵉ corps d'armée au maréchal Marmont, commandant en chef du dit corps.

Paris le 27 février 1814, (onze heures du matin.)

Monsieur le maréchal,

Je suis arrivé ici hier à onze heures. J'ai vu M. le ministre. Il ne sait rien de l'Empereur que par les bulletins. Il ne dispose pas des troupes, c'est le Roi. Je suis allé chez S. M. Elle m'a envoyé au général Maurice Mathieu qui a bien senti tout ce que je lui ai dit avec beaucoup de chaleur. Il m'a dit de voir le Roi ce matin à dix heures. J'y suis allé. S. M. *déjeunait*. Elle est sortie pour aller passer la revue de la garde nationale et présenter des drapeaux autrichiens. En passant, je l'ai abordé; sans m'écouter, il m'a dit : « Je n'ai pas de rapport avec les maréchaux. » J'ai voulu faire sonner les mots de *Patrie, Paris*, etc... *Cela ne me regarde pas*, etc. Voilà sa constante réponse : *Allez chez le ministre de la guerre.* J'ai vu qu'il était piqué, tout comme en Espagne. Je suis encore allé chez le ministre, d'où je vous écris; il est très-occupé; on le force à faire une foule de niaiseries, de cérémonies, et il n'a pas de temps pour les choses essentielles. Il m'a dit que le roi avait donné des ordres; il a envoyé 800 hommes à Lagny; 2,000 formant la réserve marcheront sur Meaux; on a envoyé cet ordre par de l'artillerie. Mais je ne vois pas qu'une tête mène tout cela, et cela m'inquiète. On s'endort sur les espérances de paix. On parle de celle de Francfort. D'après cela on ne veut rien faire.

La garde nationale est superbe, mais ne passera pas les barrières pour aucun motif. On ne l'a pas chanté (1).

---

(1) Ici un trait de malice inintelligible. Le texte porte : *on ne la pas chanté.* Nous ne nous donnons pas la peine de chercher à deviner.

On garde des troupes pour l'Impératrice. J'ai été au moment de m'adresser à elle, j'aurais bien fait.

Je vais voir M. Allent, qui est le factotum du roi, pour lui demander des détails sur la défense de la Marne.

Je ne pourrai pas partir aujourd'hui. Je tâcherai de voir le roi, je le ramenerai; je lui ferai honte de sa susceptibilité.

Je vous écrirai encore ce soir.

Je suis allé chez Mᵐᵉ la duchesse.

Le ministre m'a dit que vous auriez des cartes (2), mais il y a encore des formalités que je vais remplir.

J'ai l'honneur d'être avec le plus profond respect, etc.

Le colonel baron FABVIER.

P. S. L'Empereur ne veut rien croire; il croit Blucher plus maltraité qu'il ne l'a été.

(1) Mot douteux.

II

—

Au roi Joseph.

Rheims, le 16 mars 1814.

Conformément aux instructions verbales *que je vous ai données* (1) et à l'esprit de toutes mes lettres, vous ne devez pas *permettre* (2) que, dans aucun cas, l'impératrice et le roi de Rome tombent entre les mains de l'ennemi. — Je vais manœuvrer de manière qu'il serait possible que vous fussiez plusieurs jours sans avoir de mes nouvelles. Si l'ennemi s'avançait sur Paris avec des forces telles que toute résistance devînt impossible, faites partir dans la direction de la Loire, la régente, mon fils, les grands dignitaires, les ministres, les officiers du sénat, les présidents du conseil d'État, les grands officiers de la couronne, le baron de la Bouillerie et le trésor. Ne

(1) Mots oblitérés dans l'original, en apparence par l'humidité, mais rétablis de mémoire par le comte de Survilliers.
(2) Même observation.

quittez pas mon fils et rappelez-vous que je préférerais le savoir dans la Seine, plutôt que dans les mains des ennemis de la France. Le sort d'Astyanax, prisonnier des Grecs, m'a toujours paru le sort le plus malheureux de l'histoire (1).

Votre affectionné frère,

NAPOLÉON.

(INÉDIT)

Sur le Conseil de Régence qui eut lieu, aux Tuileries, dans la nuit du 28 au 29 mars 1814, pour décider le départ, de Paris, de l'Impératrice Marie-Louise et du Roi de Rome.

Nous devons dire tout d'abord que le document dont la copie est donnée ci-après, est une pièce portant la signature autographe du roi Joseph, qui l'a certifiée conforme à l'original.

Cette déclaration faite, nous indiquerons en quelques mots l'intérêt qui s'attache à cette pièce, non-seulement à cause du sujet auquel elle se réfère, mais encore par suite de certaines différences, assez difficiles à expliquer, dont nous allons parler.

Comme on va le voir, il s'agit dans cette *Note* d'un récit, fait par M. le baron Meneval, de ce qui s'est passé aux Tuileries, dans la nuit du 28-29 mars 1814, après le Conseil de Régence sur la question du départ de l'Impératrice et du Roi de Rome.

Or, M. le baron Meneval, présent aux faits en sa qualité de secrétaire des commandements de l'Impératrice, a publié un livre dans lequel il a déposé ses souvenirs sur ces

(1) Voir l'observation qui précède, même lettre, note 1re.

événements intérieurs du Palais des Tuileries dans la nuit du 28-29 mars 1814.

Avant d'aller plus loin, il importe de connaître ce récit imprimé de M. Meneval:

« Après la séance du conseil, qui se prolongea au-delà de minuit, le roi Joseph et l'archichancelier suivirent l'Impératrice chez elle ; j'étais présent. Après avoir échangé quelques paroles sur les fâcheuses conséquences que pourrait avoir l'abandon de Paris, le roi Joseph et l'archichancelier se hasardèrent à dire que l'Impératrice seule pouvait prescrire le parti à prendre dans une si grave conjoncture. La réponse de l'Impératrice fut qu'ils étaient ses conseillers obligés, et qu'elle ne prendrait pas sur elle de donner un ordre contraire à celui de l'Empereur et à la délibération du conseil privé, sans avoir leur avis en forme et signé. Tous deux refusèrent d'assumer sur eux cette responsabilité. Aujourd'hui qu'on peut examiner de sang-froid le passé, peut-on blâmer leur conduite? Si l'honneur et la fidélité ne sont pas de vains mots, leur était-il permis de sacrifier l'homme qui s'était confié à leur foi, et de traiter avec l'ennemi, de lui et sans lui? S'ils avaient consenti à la déchéance de l'Empereur, car c'était s'y engager en contrevenant à son ordre, ils pouvaient sans doute obtenir : l'Impératrice, la reconnaissance de son fils ; le roi Joseph, la lieutenance-générale du royaume ; et l'archichancelier la conservation de ses dignités ; mais à quel prix ! L'entretien se termina par cette déclaration de l'Impératrice, que, dût-elle tomber dans la Seine avec son fils, comme le disait l'Empereur, elle n'hésiterait pas un moment à partir, et que le désir qu'il avait si formellement exprimé était un ordre sacré pour elle. L'Empereur s'est plaint, depuis, que son ordre ait été trop rigoureusement interprété ; il a dit que l'exécution de cet ordre était subordonné aux circonstances, qui avaient changé depuis l'époque à laquelle il avait été donné. Il n'est point douteux que la présence de l'Impératrice à Paris aurait pu déjouer de coupables manœuvres, et donner à l'Empereur le temps d'arriver au secours de la capitale en prévenant l'ennemi ; le conseil privé l'avait senti ; la régente et son conseil le comprenaient ; mais qui aurait osé contrevenir à des ordres aussi formels? Les lettres postérieures de l'Empereur n'étaient venues ni les infirmer ni les modifier, pendant les quinze jours qui s'étaient écoulés entre la date de son ordre et celle de son exécution.

Le trésor et les effets les plus précieux furent chargés sur les fourgons qui devaient suivre l'escorte de l'Impératrice. Je fis venir le commis archiviste du cabinet de l'Empereur ; je lui désignai, d'après les instructions que j'avais reçues, les papiers les plus importants qui n'avaient point suivi les équipages de l'Empereur, pour qu'il eût à les brûler. Cette recommandation ne fut exécutée qu'en partie ; beaucoup de pièces importantes, qui auraient dû être détruites, furent trouvées par le gouvernement de la restauration. Je pris avec moi les papiers et les correspondances de famille, que je gardais jusqu'à ce qu'ils fussent en danger d'être pris, auquel cas je devais les détruire. Je me retirai alors chez moi, et je fis mes dispositions pour suivre l'Impératrice le lendemain avec ma famille.

Il avait été convenu que le roi Joseph se porterait aux avant-postes, pour prendre une connaissance personnelle de la situation des corps des maréchaux Marmont et Mortier, et que l'Impératrice attendrait son retour pour partir.

Le départ avait été fixé pour le lendemain 29 mars, à huit heures du matin. Les voitures, attelées, stationnaient dans la cour du Carrousel. L'Impératrice, habillée et prête à partir, se tenait depuis sept heures dans son appartement avec son fils et les dames de son service. Distraite et l'âme remplie de tristes pressentiments, elle éludait les questions que lui adressait son fils, dont ce mouvement inaccoutumé troublait l'heureuse insouciance. Dès le point du jour, les salons se remplissaient des personnes désignées pour la suivre. Un silence pénible avait succédé aux conversations bruyantes d'abord échangées sur l'objet de la sollicitude générale, mais l'anxiété n'en était pas moindre. Un bruit soudain, l'ouverture d'une porte, faisaient accourir tout ce monde. On s'attendait à voir paraître le roi Joseph, qui s'était rendu avant le jour aux barrières, ou quelqu'un envoyé par lui. Tout à coup, les officiers de la garde nationale, qui étaient de service au palais des Tuileries, et auxquels se réunirent plusieurs autres officiers, entrèrent précipitamment ; ils furent introduits auprès de l'Impératrice, qu'ils conjurèrent de ne point abandonner Paris, promettant de la défendre. L'Impératrice, touchée jusqu'aux larmes de leur dévouement, alléguait l'ordre de l'Empereur. Cependant, elle retardait d'heure en heure son départ, et cherchait ainsi à gagner du temps ; elle pressentait que son éloignement serait un malheur public ; elle espérait, sans oser se l'avouer, qu'un événement fortuit viendrait l'empêcher. Le ministre de la guerre Clarke, qui avait insisté la veille sur la nécessité du départ de l'Impératrice, et déclaré qu'il ne restait plus d'armes à Paris, avait envoyé dans la matinée un officier pour lui représenter l'urgence de ce départ. Pressée par les uns de hâter son départ, par d'autres de le différer, elle était en proie à une vive agitation. Elle rentra une fois dans sa chambre à coucher, jeta avec humeur son chapeau sur son lit, et s'assit dans une bergère. Là, appuyant sa tête dans ses deux mains, elle se prit à pleurer. Au milieu de ses plaintes entrecoupées de larmes, on l'entendait répéter avec impatience : « Mon Dieu ! qu'ils se décident donc, et qu'ils mettent un terme à cette agonie ! » Enfin, vers dix heures, le ministre de la guerre lui fit dire qu'elle n'avait pas un moment à perdre, et que si elle tardait encore, elle s'exposerait à tomber dans des partis de cosaques.

L'Impératrice ne recevant aucun message du roi Joseph, se décida à partir.

. . . .
. . . .

Les voitures défilèrent lentement, et comme si on espérait un contre-ordre, par le guichet du Pont-Royal. Dix lourdes berlines vertes, aux armoiries impériales peintes sur les panneaux des portières, une foule de voitures de bagages et de fourgons, formaient une ligne qui occupait toute la longueur de la cour. Soixante ou quatre-vingts curieux contemplaient dans un morne silence ce triste cortége comme on regarde passer un convoi funèbre ; ils assistaient en effet aux funérailles de l'Empire. Leurs sentiments ne se trahirent pas aucune manifestation ; pas une voix ne s'éleva pour saluer par une expression de regret l'amertume de cette cruelle séparation. Si l'inspiration fût venue à quelqu'un de couper les traits des chevaux, l'Impératrice ne partait pas. Elle franchit le guichet de la cour des Tuileries, les larmes aux yeux et la mort dans l'âme. Arrivée aux Champs-Élysées, elle salua pour la dernière fois la ville impériale qu'elle laissait derrière elle, et à laquelle elle dut dire un éternel adieu. »

. . . .

« Le roi Joseph avait promis aux citoyens de Paris de rester avec eux ; il avait rempli sa promesse ! Sa place n'était pas dans les murs de Paris, mais à ses portes, où était le poste du danger. Tant qu'il resta une lueur d'espérance de défendre la capitale, il ne renonça point à la défendre. Quand les maréchaux Mortier et Marmont déclarèrent, après une héroïque résistance, qu'ils ne pouvaient plus tenir, le devoir du roi Joseph était de sauver Paris des horreurs d'une occupation de vive force : il autorisa les maréchaux à traiter. Sa présence à Paris ne pouvait être d'aucune utilité après le départ de l'Impératrice et du Roi de Rome. Il avait fait pour empêcher ce départ ce que sa conscience et son honneur lui permettaient de faire ; il s'était montré citoyen autant que frère de l'Empereur. S'il fût demeuré à Paris, quels justes reproches n'eût-il pas mérités de la part des contemporains et de la postérité ! Il n'y serait rentré que pour être, entre les mains des ennemis, l'instrument de la déchéance de son frère, rôle odieux auquel il n'aurait pu échapper. Tant qu'il put espérer d'être utile, il resta. Quand tout espoir fut perdu, il s'éloigna, et il s'éloigna le dernier. »

(Extrait du tome II, p. 128 et suiv. de NAPOLÉON ET MARIE-LOUISE, *Souvenirs historiques*, de M. le baron Meneval. 3ᵉ édition. Paris, 1844.)

On vient de lire la relation imprimée de M. Meneval. Ce que nous devons ajouter a lieu de surprendre : c'est que la relation manuscrite dont le roi Joseph a eu entre ses mains le texte original, présente, sur les mêmes faits, des différences assez notables. Ces différences ne sont point telles qu'on puisse les expliquer par les soins d'une nouvelle rédaction ; elles ne sont point littéraires de forme ou de style ; elles portent sur le fond même des faits et les exposent sous un aspect nouveau, presque inattendu. En d'autres termes, plus explicites, dans le récit imprimé le roi Joseph se montre décidé au départ, mais désireux de laisser à l'Impératrice l'initiative et la responsabilité de cette mesure fatale ; dans le récit de la note manuscrite, le roi Joseph, qui prévoit toutes les conséquences de cette mesure, s'oppose, autant qu'il est en lui, au départ de l'Impératrice ; ici, la fermeté clairvoyante de l'homme d'Etat, moins la puissance de faire prévaloir son avis ; là, une vaine clairvoyance que troublent la timidité, l'entraînement des circonstances, le besoin de se dérober à une redoutable responsabilité.

De ces deux récits, lequel est le vrai ?

Nous sommes porté à reconnaître la vérité, nous devons l'avouer, là où nous trouvons le récit le plus conforme à la dignité d'un personnage comme le roi Joseph, dont nous venons de relire la vie dans une admirable étude que nous avons sous les yeux (1).

Il nous resterait à expliquer comment M. Meneval a pu rédiger, sur les mêmes événements, deux relations qui diffèrent entre elles ; comment ayant fait parvenir au roi Joseph une première relation manuscrite, il a cru devoir notablement la modifier dans un ouvrage imprimé en son nom. Un homme d'une honnêteté parfaite comme M. Me-

(1) *Quelques mots sur Joseph-Napoléon Bonaparte*, par le prince Napoléon-Louis Bonaparte, in-8°. 1844.

neval, n'a pu varier ainsi, hâtons-nous de le reconnaître, qu'en cédant aux scrupules les plus respectables; peut-être qu'au moment de représenter au public, comme responsable d'un funeste événement, la souveraine au service de laquelle il avait été attaché, M. Meneval a hésité entre ses premiers et plus exacts souvenirs et un de ces sentiments de fidélité extrême, un de ces partis pris de dévouement personnel dont les nobles cœurs sont seuls capables.

Quant à penser que le roi Joseph a pu dicter à M. Meneval un témoignage dans lequel celui-ci n'a pas cru devoir persister, c'est là une supposition doublement injurieuse, doublement inadmissible, que nous n'émettons ici que pour la repousser et qu'il ne nous semble même pas nécessaire de réfuter.

Toutefois, nous laisserons le lecteur libre en ses conjectures et nous donnons ci-après, sans plus d'observations, le document dont nous venons d'indiquer l'intérêt tout spécial.

« *Note originale de M. le baron Menneval* (1), *secrétaire des commandements de l'Impératrice Marie-Louise, qui l'a accompagnée à Vienne et n'est revenu à Paris que dans les Cent Jours.*

« A l'issue du conseil privé qui ne finit qu'après minuit, Joseph suivit l'Impératrice chez elle avec l'archichancelier. La question de départ fut de nouveau longuement agitée. Joseph avait rempli un devoir rigoureux en produisant la lettre de l'Empereur; mais il prévoyait les fâcheuses conséquences qui pourraient résulter de l'abandon de Paris par l'Impératrice et par le Roi de Rome. Dans cette anxiété, il proposa à cette princesse de

---

(1) Sic.

rester, promettant de souscrire à l'ordre qu'elle en donnerait en sa qualité de Régente. Marie-Louise élevée dans l'éloignement des affaires et n'ayant jamais voulu y exercer la moindre influence, même pendant sa régence, fut inébranlable dans sa résolution de ne rien changer à la délibération du conseil et refusa de prendre sur elle cette responsabilité. L'ordre de l'Empereur qui avait été communiqué aux membres du conseil, était pour elle un arrêt divin sur lequel il lui était interdit de délibérer. Joseph, respectant ses scrupules, lui fit promettre au moins de ne pas partir avant qu'il revînt des avant-postes.

« L'ordre du départ avait été fixé à sept heures du matin : Marie-Louise s'engagea à le retarder jusqu'au retour de Joseph. Ce prince, en conséquence de la résolution qui avait été arrêtée, se rendit, en la quittant, aux barrières de Paris.

« Dès le point du jour, les officiers de la garde nationale, qui étaient de service aux Tuileries, instruits de la délibération du conseil de la veille, vinrent conjurer l'Impératrice de ne pas partir. D'un autre côté des nouvelles alarmantes sur les progrès des ennemis se succédaient et entretenaient l'anxiété mortelle à laquelle l'Impératrice était en proie ; mais elle ne voulut jamais s'éloigner avant le retour de Joseph. Le ministre de la guerre, Clarke, pressait son départ par des officiers qu'il lui dépêchait successivement. Enfin, à dix heures, il lui fit dire que si elle devait partir, elle n'avait pas de temps à perdre : qu'avant deux heures la route serait coupée et que son fils et elle tomberaient au milieu des partis cosaques. Marie-Louise reculait autant qu'elle le pouvait l'instant fatal. Enfin, après une heure d'hésitation, elle céda à des instances qu'il faut croire de bonne foi, mais qui eurent sur sa résolution une funeste influence. La mort dans le cœur, elle monta en voiture, émue par les pleurs et la résistance de son fils qu'un pressentiment instinctif attachait à une demeure qu'il ne devait plus revoir. L'heure de la chute du plus bel empire du monde était sonnée et le sacrifice fut consommé. L'Impératrice s'éloigna des Tuileries devant cinquante personnes qui, dans le silence de la stupeur, assistaient à ce lugubre départ.

« Que devait faire Joseph après le départ de l'Impératrice et du Roi de Rome, qu'il n'avait pu empêcher? Il avait promis aux citoyens de Paris de rester avec eux. Il avait rempli sa promesse : sa place n'était pas au milieu de Paris, mais au lieu où se trouvaient les moyens de protection. Tant qu'il resta une lueur d'espérance de défendre la capitale, il s'y cramponna. Quand les maréchaux Mortier et Marmont déclarèrent après une héroïque résistance, qu'ils ne pouvaient plus tenir, son devoir était de sauver Paris des horreurs d'une occupation de vive force : il les autorisa à traiter. De quelle utilité sa présence était-elle à Paris? C'étaient celles de l'Impératrice et du Roi de Rome qu'il fallait! Il avait fait pour obtenir ce résultat tout ce que son honneur et sa conscience lui permettaient ; il s'était montré citoyen autant que frère de l'Empereur. S'il fût demeuré à Paris, quels justes reproches n'eût-il pas mérités de la part de ses contemporains et de la postérité? Il n'y serait revenu que pour servir, entre les mains des ennemis, d'instrument à la déchéance de son frère, rôle odieux auquel il n'aurait pu échapper. Tant qu'il put espérer d'être utile, il resta. Quand tout espoir fut perdu, il s'éloigna, et il s'éloigna le dernier. »

« Conforme à la note originale du baron Menneval. »

« Joseph, comte de Survilliers. »

On remarquera que le dernier paragraphe de cette *Note* est reproduit textuellement, sauf quelques variantes, dans le paragraphe final du récit imprimé de M. Meneval. Or, cette identité partielle est fort étonnante : car elle est logique dans un des deux documents ; mais elle ne l'est pas dans l'autre.

Nous nous expliquons.

Dans la *Note* manuscrite, le roi Joseph produit la lettre de l'Empereur enjoignant le départ ; il était de son devoir de le faire ; mais il prévoit les conséquences fâcheuses de l'abandon de Paris, et il propose à l'Impératrice de rester, promettant de souscrire à l'ordre qu'elle en donnerait en sa qualité de Régente. Marie-Louise est inébranlable dans sa résolution d'obéir aux ordres de la lettre, un *arrêt divin*. Le roi Joseph lui fait promettre au moins de ne pas partir avant qu'il ne revienne des avant-postes. Mais effrayée par les messagers que Clarke lui dépêche, elle part sans attendre le retour du roi Joseph.

Or, dans cet ordre des faits, il est concordant et logique de dire, comme on le dit dans la *Note* manuscrite :

« Le roi Joseph avait fait pour obtenir ce résultat (la » présence de la Régente à Paris), tout ce que son hon- » neur et sa conscience lui permettaient. »

Mais tels ne sont pas les faits présentés dans le récit imprimé. On n'y agite pas de nouveau, longuement, la question du départ : on y échange quelques paroles sur les fâcheuses conséquences, etc. Le roi Joseph ne propose pas de rester, promettant de souscrire à l'ordre qu'il n'a pas le droit de donner et qu'il sollicite : il se hasarde à dire que l'Impératrice seule pouvait prescrire le parti à prendre. L'Impératrice n'est pas inébranlable dans sa résolution d'obéir à l'ordre de la lettre : elle est prête à désobéir à cet ordre, si son conseiller veut prendre sur lui la responsabilité de la désobéissance ; ce que celui-ci se garde bien de faire. Là dessus le roi Joseph ne fait pas promettre, au moins, de ne pas partir avant qu'il ne soit revenu des avant-postes : il avait été convenu que le roi Joseph se porterait aux avant-postes et que l'Impératrice attendrait son retour pour partir ; et le départ avait été fixé.

Or, dans cet ordre des faits, il n'est nullement concordant et logique de dire, dans le récit imprimé, comme on l'a dit, en vertu de toutes autres prémisses, dans la Note manuscrite :

« Le roi Joseph avait fait pour empêcher ce départ, ce
» que sa conscience et son honneur lui permettaient de
» faire. »

Que penser de cette contradiction ?

Nous ne conclurons pas en faveur de la complète sincérité du récit imprimé, et nous nous référons à ce que nous avons dit plus haut des motifs fort respectables qui ont pu déterminer M. Meneval à modifier cette partie de ses souvenirs. En homme dont les affections étaient partagées, M. Meneval a voulu d'abord réserver le beau rôle à Marie-Louise, puis le donner à son tour au roi Joseph. Mais en honnête homme qu'il était, il n'a pas eu l'art de ces habiles et complaisantes transactions avec la vérité; il n'a pas su raccorder sa contradiction trop évidente. En somme, ce qu'il a dit de l'attitude du roi Joseph, à la fin de sa note manuscrite et à la fin de son récit imprimé, proteste contre ce qu'il a dit de cette même attitude dans la première partie seulement de son récit imprimé.

———

Nous croirions manquer à toutes les convenances de l'histoire, si nous ne rappelions pas ici, par une citation distincte, le jugement que le prince Napoléon-Louis Bonaparte a porté en 1844, sur la conduite du roi Joseph dans les circonstances dont nous venons de parler.

L'auteur, nous n'avons pas besoin de le dire, avait sur tous ces faits une tradition certaine : le récit de son auguste mère, la reine Hortense qui s'était opposée au départ; le récit et les aveux du roi Joseph lui-même. Delà, l'autorité toute particulière qui recommande à l'histoire la relation que nous allons rapporter.

Un instant, nous avons hésité à répéter cette relation ; pourquoi ? On y trouve quelques paroles de blâme contre un historien momentanément égaré par l'esprit de parti. Certes, ces paroles de blâme étaient bien permises, dans toute leur vivacité, au représentant de la dynastie napoléonienne que sa grandeur et l'exil ne suffisaient pas à défendre ; ces paroles de blâme sont encore bien légitimes aujourd'hui, car les droits de la vérité historique sont imprescriptibles. Mais aujourd'hui elles tombent de trop haut sur un écrivain. Nous avons craint, en les rappelant, de faillir à quelque respectable devoir de la confraternité littéraire. Toutefois, nous nous sommes rassuré : dans la haute région où il est placé, l'illustre auteur n'a plus de colère pour nos débats. On ne rapportera pas des paroles écrites en 1844 à une autre date que celle qui leur appartient ; pour commettre un pareil anachronisme, il faudrait oublier qu'aujourd'hui il ne peut plus descendre du trône, pour les lettres et pour ceux qui les cultivent, qu'une bienveillante indulgence, la même pour tous.

Nous devons encore demander pardon au lecteur de ce que nous ne donnons ici qu'un extrait. Le tableau achevé dont cet extrait fait partie, veut être considéré en son ensemble, et c'est, nous le savons, faire une citation en quelque sorte infidèle que de détacher un fragment d'une œuvre d'art où tout s'accorde et se complète incessamment dans une harmonieuse unité.

Voici la relation de l'illustre biographe du roi Joseph en 1844.

QUELQUES MOTS SUR JOSEPH-NAPOLÉON BONAPARTE

PAR LE PRINCE NAPOLÉON-LOUIS BONAPARTE.

(EXTRAIT)

« ... Les États ne périssent que par trop d'orgueil ou trop de lâcheté. L'Empire tomba pour avoir étendu trop loin son action civilisatrice. Il n'était donné, ni à la plus grande nation ni au plus grand génie, de combattre à la fois l'ancien régime sur les bords du Tage et sur ceux de la Moskowa, et de régénérer l'Europe en dix ans!

« Les revers de la patrie ramenèrent en France tous ces rois plébéiens, qui avaient été, dans les diverses parties de l'Europe, répandre, à l'ombre d'une couronne, les principes de 89. La victoire les avait fait rois; la défaite les retrouva citoyens et soldats. En 1814, l'Empereur confia à Joseph la défense de Paris et la garde de son fils et de l'Impératrice; il lui enjoignit fatalement d'éviter, à tout prix, que son fils ne tombât entre les mains des ennemis : Joseph accomplit fidèlement cet ordre, qui eut un funeste résultat.

« Cet acte de la vie du roi d'Espagne a toujours été très-sévèrement jugé, mais jamais avec autant d'acrimonie et d'exagération que dans l'*Histoire des deux Restaurations de 1814 et 1815*, par M. Achille Vaulabelle, histoire dont *Le National* a reproduit des extraits dans son numéro du 8 août.

« La vénération que nous portons à la mémoire de l'homme que nous venons de perdre, ne nous aveuglera pas au point de nier la part de responsabilité qui lui revient des malheurs de 1814. Mais si nous avouons qu'il manqua à cette époque de toute l'énergie qu'exigeait cette circonstance difficile, nous soutiendrons que Joseph ne se rendit jamais coupable de la lâcheté qu'on lui reproche dans l'article du *National*.

« Rappelons les faits en peu de mots :

« Pendant que l'Empereur manœuvrait entre la Marne et la Seine pour arrêter la marche des ennemis, ceux-ci s'avançaient sur Paris par Reims et Soissons. Mais Napoléon espère que la capitale pourra résister quelques jours et qu'il aura le temps de revenir la défendre en personne. Cependant il n'ignore pas la gravité des circonstances, et redoute surtout que son fils, tombé entre les mains des alliés, ne serve d'otage aux ennemis.

« Aussi, dans la prévoyance que Paris ne puisse pas tenir, il écrit la lettre suivante à son frère le roi Joseph :

Reims, 16 mars 1814.

« D'après les instructions verbales que je vous ai données, comme d'après l'esprit de mes lettres, vous ne devez, en aucun cas, *permettre que l'Impératrice et le Roi de Rome tombent entre les mains des ennemis*. Je vais manœuvrer de telle manière qu'il est possible que vous restiez quelques jours sans que vous puissiez avoir de mes nouvelles. Si l'ennemi s'avance sur Paris avec des forces telles que toute résistance devienne inutile, faites partir dans la direction de la Loire, la Régente, mon fils, les grands dignitaires, les ministres, les officiers du Sénat, les présidents du conseil d'État, les grands officiers de la couronne, le baron de la Bouillerie et le trésor. *Ne quittez pas mon fils*, et rappelez-vous que je préférerais le savoir dans la Seine plutôt qu'entre les mains des ennemis de la France. Le sort d'Astyanax prisonnier des Grecs, m'a toujours paru le sort le plus malheureux de l'histoire. »

« NAPOLÉON. »

Joseph, malheureusement, accomplit fidèlement les ordres qu'il avait reçus. Il déclara qu'il resterait à Paris ; il y resta même tant qu'il crut la défense possible. Mais lorsqu'il vit que les partisans des Bourbons semaient partout la désaffection et la crainte, lorsque le ministre de la guerre, le duc de Feltre, lui eût assuré qu'il n'y avait point d'armes à distribuer à la population, et qu'enfin l'ennemi fut parvenu jusqu'à Montmartre, il crut le mo-

ment venu de suivre ses instructions, et autorisa la capitulation. On sentait, hélas! qu'il n'y avait que l'Empereur seul qui pût, par sa présence, dompter les ennemis intérieurs et extérieurs: car Lavallette écrivait, le 28, au quartier-général, une lettre contre-signée dans le *Manuscrit de 1814*, où on lit le passage suivant : « Les partisans de l'étranger, encouragés par ce qui se
» passe à Bordeaux, lèvent la tête; des menées secrètes les se-
» condent. La présence de Napoléon est nécessaire s'il veut em-
» pêcher que sa capitale ne soit livrée à l'ennemi. Il n'y a pas
» un moment à perdre. »

Certes, il est à jamais regrettable que Joseph ne se soit pas senti inspiré d'une de ces résolutions magnanimes qui changent quelquefois une défaite en triomphe ou qui du moins illustrent toujours le malheur! Il devait désobéir aux instructions de l'Empereur et comprendre qu'il y a des moments suprêmes où l'on ne reçoit d'ordres que de son cœur. Mais il y a loin de sa conduite à ce rôle ignoble que veut lui faire jouer M. Achille de Vaulabelle.

Cet auteur le représente, pendant l'agonie de l'Empire, ne songeant qu'à sa sûreté personnelle, ne pensant qu'à son trône d'Espagne, refusant d'abdiquer; et même il fait tenir à l'Empereur ces paroles : « En vérité, ne dirait-on pas que je lui en-
» lève la part de l'héritage du feu roi notre père! » On voit, par la lettre que nous avons citée plus haut, la fausseté et l'invraisemblance de cette supposition. Eh quoi! Joseph qui, en 1812, abdiquait à Madrid la couronne d'Espagne parce qu'il ne croyait pas pouvoir y faire le bien, refuserait d'abdiquer en 1814, au milieu des désastres de l'Empire, alors qu'il s'agit de sauver la France et l'Empereur! Non-seulement cette accusation est invraisemblable, mais elle est absurde. Les paroles qu'on prête à l'Empereur sont vraies; mais elles ont été prononcées à une tout autre époque, et adressées à une tout autre personne.

C'est à sa sœur la reine de Naples que l'Empereur adressa ces paroles empreintes d'une si mordante ironie, alors qu'elle réclamait en 1806, comme un droit, un pouvoir que l'Empereur ne déléguait que dans l'intérêt des peuples : quand on se mêle d'écrire l'histoire, on devrait au moins s'assurer de la vérité des citations.

Accuser Joseph et Jérôme d'avoir craint les boulets ennemis en 1814 sous Paris, c'est émettre une calomnie que toute leur vie dément. Joseph dans la campagne de Naples, se conduisit avec le plus grand courage ; à Gaëte, il se présente bravement sur la brèche ; en Espagne, aux batailles de Talavera, d'Almonacid, d'Ocana, il s'expose lui-même aux premiers rangs ; et, quant à Jérôme, il prouva bien à Waterloo, comme il l'avait déjà prouvé en Silésie, que le sang de l'Empereur coulait dans ses veines.

Joseph, nous le répétons, n'était pas l'homme énergique dont les grandes conceptions enfantent les indomptables courages et les résolutions les plus audacieuses. La guerre et les grands événements qu'elle amène n'électrisaient pas ses facultés ; la victoire le trouvait toujours modeste, la défaite toujours résigné, toujours esclave des ordres qu'il recevait de son frère. L'Empereur lui eût dit de rester inébranlable à son poste en 1814, il y fût resté ; il lui ordonna, au contraire, de partir avec son fils, il partit.

Nous ne pouvons rien faire de mieux pour sa mémoire, que de reproduire ici un passage d'une lettre que le célèbre et patriote général Lamarque lui écrivait en 1824.

Au comte de Survilliers.

Paris, 27 mars 1824

. . . .

« Comme vous, j'ai été proscrit, comme vous j'ai erré en pays étranger, formant sans cesse des vœux pour ma patrie. Je sais combien, dans de telles circonstances, on devient irritable et sensible, combien on sent vivement les attaques des ennemis ; mais à mon retour, je m'aperçus que dans l'exil on s'exagérait toujours l'importance de semblables attaques. La générosité de la nation française est un immense bouclier qui protége ceux qui souffrent, et les coups dirigés contre eux retombent sur l'agresseur.

« Vous auriez plus à craindre, sire, si vous étiez encore sur le trône. Soyez tranquille là-dessus, et que les calomnies qui vous arrivent à travers l'Océan ne troublent pas un moment votre bonheur intérieur ni la quiétude de votre retraite. C'est le dernier coup de la trompette, le dernier flot de la vague expirante.

« Mon général, comptez sur mon attachement qui égale presque celui que je porte à la mémoire de mon père. Recevez l'assurance de ma reconnaissance et l'hommage du sincère et respectueux dévouement de votre très-humble et très-obéissant serviteur. »

« Max Lamarque. »

Nous avons dit que le peuple de Paris, abandonné au 30 mars par ceux qui devaient le diriger, se montrait partout disposé à se défendre contre l'étranger. Voici les conseils tout contraires que les royalistes lui adressaient. Ceci se chantait. Il est des hontes dont il faut avoir le courage de conserver le souvenir pour la connaissance des temps et l'enseignement des partis.

Air : *Des Deux Edmond.*

Vaillante garde parisienne,
Que ferez-vous ? J'en suis en peine ;
Les uns braillent comme des fous :
Défendez-vous !

Et par mille autres j'entends dire :
Vous défendre, c'est un délire,
Des bourgeois sont-ils des soldats ?
    Ne vous défendez pas !

Si de la cravache prussienne,
Des lances du Don, de l'Ukraine
Vous voulez recevoir les coups,
    Défendez-vous !

Mais si vos biens et vos familles,
L'honneur de vos femmes, vos filles,
Ont encor pour vous des appas,
    Ne vous défendez pas !

Si de manger à la gamelle,
Et de bivouaquer quand il gèle,
Vous paraît un destin bien doux,
    Défendez-vous !

Mais s'il vous est plus agréable
D'avoir bon lit et bonne table,
En faisant vos quatre repas,
    Ne vous défendez pas !

Si l'on vous dit : « Montrez du zèle,
» L'honneur aux armes vous appelle,
» Braves bourgeois, accourez tous,
    » Défendez-vous ! »

Répondez : « Que la grande armée,
» A la victoire accoutumée,
» Nous tire de ce mauvais pas. »
    Ne vous défendez pas !

(Extrait d'un recueil de pamphlets de 1814 et 1815, intitulé *L'Écho des salons de Paris depuis la Restauration*, 3 vol. petit in-8. Paris, chez Delaunay, 1814-1815. T. Ier, p. 326.)

Nous avons dit que la suspension d'armes, préliminaire de la capitulation de Paris, fut conclue dans un cabaret à l'enseigne du *Petit Jardinet*.

Ce cabaret était situé dans la seconde maison à gauche en sortant de la barrière Saint-Denis.

Le propriétaire de ce modeste établissement ayant fait de bonnes affaires par suite de l'affluence des visiteurs qui vinrent voir le lieu théâtre d'un si grand désastre national, fit peindre sur une planche l'inscription suivante où il célébra, à sa manière, l'événement auquel il devait sa prospérité :

AU PETIT

JARDINET

L'AN 1814

ICI LE 30 MARS (JOUR

A JAMAIS PROSPÈRE

POUR LE BONHEUR

DE NOTRE NATION

LA PLUS SAGE

CAPITULATION

AUX FRANÇAIS

RENDIT UN PÈRE

THOURONT

M^d DE VINS

TRAITEUR.

Extraits du *Journal d'un prisonnier de guerre anglais, témoin oculaire des événements arrivés à Paris pendant les premiers mois de 1814.* (Revue Britannique, tomes IV et V.)

Paris, du 29 mars au 3 avril 1814. — Les paysans aux barrières. — Départ de la Régence. — Bataille de Paris. — Capitulation. — Les cocardes blanches dans les rues. — Dispositions des alliés pour la Régence. — Les journaux sous la main de l'agent Morin.

(29 Mars)

« ... A la fin du jour, les paysans des villages situés entre Meaux et Paris, entrèrent dans cette dernière ville avec leurs enfants, leurs meubles de toute espèce, leurs grains, leurs chiens, leurs bestiaux. Les boulevards étaient couverts de chars, de charrettes qui étaient entourés de femmes à pied et auxquels étaient attachés des bestiaux. La détresse de ces pauvres gens était d'autant plus grande, qu'ils avaient été obligés de payer les octrois aux portes de la capitale, et que pour acquitter ces droits, ils s'étaient, en général, trouvés dans la nécessité de vendre aux barrières une partie de ce qu'ils avaient, afin d'assurer la conservation du reste. La guerre commença alors à se faire voir aux parisiens, sous un aspect bien différent de celui sous lequel ils la considéraient jadis. Le bruit se répandit que les cosaques, nom par lequel on continuait à désigner toutes les troupes alliées, avaient mis le feu à Meaux, et qu'ils s'avançaient rapidement sur Paris; mais ce bruit ne fit pas sortir les parisiens de l'espèce d'engourdissement dans lequel ils paraissaient plongés. Les habitants des campagnes se plaignaient vivement de la tiédeur de leur patriotisme. »

« Je fus le matin au musée du Louvre, où je trouvai à peu près le même nombre d'artistes que de coutume; les uns étaient tranquillement occupés à copier des tableaux, tandis que les autres regardaient, des croisées, dans la cour des Tuileries, les préparatifs du départ de l'impératrice Marie-Louise.

« Napoléon avait ordonné que si les alliés approchaient de Paris, l'impératrice régente, le roi de Rome, le conseil de régence et les ministres se rendissent sur les bords de la Loire. Ce matin, le désordre qui avait régné toute la nuit aux Tuileries, fut exposé aux regards du public. A travers les croisées ouvertes, on voyait la lumière des bougies qui expiraient dans les flambeaux. Les femmes de la cour et les domestiques couraient d'une chambre à l'autre, quelques-uns en pleurant et tous dans le plus grand trouble. A six heures et demie, quinze fourgons escortés par la cavalerie quittèrent le château. Des sentinelles placées dans la cour empêchaient les curieux de s'approcher des bâtiments. A huit heures, les voitures de voyage vinrent se ranger devant l'entrée du château qui est près du pavillon de Flore. Un peu avant neuf heures, un officier donna ordre de reconduire les voitures aux écuries. Cambacérès arriva, un quart d'heure après, et un domestique courut presque immédiatement aux écuries, pour faire revenir les voitures. Dès qu'elles furent arrivées, on acheva les préparatifs de voyage, et à dix heures et demie, l'Impératrice, vêtue d'une espèce d'amazone d'une couleur brune, monta avec son fils dans une voiture qu'entourait un détachement de la garde impériale. Cette voiture et celles qui la suivaient défilèrent au milieu de nombreux spectateurs, qui tous gardèrent le plus profond silence. Elles suivirent le quai, le long du mur du jardin. D'autres voitures où se trouvaient les domestiques, et la voiture du Sacre couverte de toiles, passèrent ensuite. Cette scène se prolongea jusqu'au lendemain à sept heures du matin. Même après la capitulation, des voitures chargées de bagages continuèrent à partir des Tuileries. »

(30 Mars)

« ... Le maréchal Marmont me dit, le 30 mai 1814, que lorsqu'il était à Rheims, après la bataille de Craone, il reçut de l'Empereur Napoléon l'ordre de se réunir au maréchal Mortier, et de marcher sur Paris pour protéger cette ville. Arrivés à Fismes, le prince de Neuchâtel lui écrivit de changer de direction et de se porter sur Châlons; mais lorsqu'ils furent à Vertus, ils apprirent que Châlons était au pouvoir de l'ennemi, dont les positions et tous les mouvements annonçaient l'intention de se porter rapidement sur la capitale. »

« ... Le prince Schwartzenberg envoya un officier au général Compans, pour offrir des conditions favorables, si on consentait à l'évacuation de Paris; mais le roi Joseph auquel le général Compans avait transmis la dépêche du général autrichien, ne voulut rien entendre. »

« ... Le colonel d'artillerie Paixhans commandait les batteries de Belleville et celles de la butte Saint-Chaumont. Les premières étaient servies par des conscrits et non pas, comme on le croyait, par les élèves de l'école polytechnique. Les alliés qui venaient de Pantin, se rassemblèrent derrière quelques maisons, et s'avancèrent ensuite au pas de charge. Lorsqu'ils furent arrivés devant les batteries françaises, on les fit jouer, et elles firent un si grand ravage parmi les Prussiens, qu'ils se retirèrent en désordre, derrière les maisons, où, après s'être réunis, ils s'avancèrent de nouveau. Mais la batterie de la butte Saint-Chaumont, qui était la plus considérable et qui était servie par l'artillerie de marine, fit un feu si terrible, que les Prussiens reculèrent une seconde fois. Alors la cavalerie et l'infanterie françaises les chargèrent, et les ramenèrent jusqu'à Pantin, où ils restèrent quelque temps. Vers une heure, le colonel Paixhans aperçut trois immenses colonnes : la première se développait entre Aubervilliers et Clichy; la seconde arrivait lentement de Pantin, en suivant la grande route; et la troisième faisait évidemment ses dispositions pour tourner les batteries. Cela n'inspirait aucune crainte au colonel Paixhans, qui était convaincu que le bois de Romainville était rempli de tirailleurs français. Mais, quelle ne fut pas sa surprise, quand, entendant tirer un coup par derrière, il se retourna, et qu'il vit les tirailleurs ennemis tellement rapprochés de lui, qu'il fut obligé d'abandonner ses pièces et de se retirer en grande hâte dans Paris. En arrivant, il ne fut pas moins étonné de trouver inactives, sur les boulevards, les troupes qui avaient été destinées à défendre le bois de Romainville. »

« ... Le maréchal Marmont envoya à 2 heures un officier au général Compans, qui commandait le corps d'avant-garde entre La Villette et Pantin, pour lui donner ordre de faire partir sur-le-champ un parlementaire, afin de proposer une capitulation. Quatre parlementaires furent successivement envoyés ; mais il n'y eut que M. de Quélen, aide-de-camp du général Compans, qui put arriver au quartier général des alliés. Ceux qui le reçurent commencèrent par le désarmer. Lorsque M. de Quélen proposa l'armistice, l'empereur de Russie répondit qu'il n'était pas dans son intention de faire aucun mal à la ville de Paris ; que ce n'était pas à la nation française qu'il faisait la guerre, mais à l'empereur Napoléon. « Pas même à lui, reprit le roi de Prusse, mais à son ambition. » Les souverains envoyèrent deux officiers avec M. de Quélen, pour convenir des termes de la capitulation qui fut signée à cinq heures du soir à la Chapelle. »

« Le duc de Rovigo arriva à cheval, vers midi, à la barrière de l'Étoile, et engagea les gardes nationaux à la défendre, en leur disant que l'Empereur marchait au secours de Paris. Il ordonna que les arbres de chaque côté de la route fussent coupés, pour intercepter le passage. »

« Il n'y avait à Montmartre que huit pièces d'artillerie (six canons et deux obusiers), quoiqu'il y en eût plus de cent au Champ-de-Mars, dont on ne faisait aucun usage. »

« Un colonel attaché à l'état-major du prince Schwartzenberg me dit qu'ils avaient perdu six mille hommes. Les Français perdirent environ trois mille hommes. »

« A quatre heures, le duc de Rovigo partit pour Blois. Un de mes amis le rencontra, rue des Saints-Pères, dans une calèche avec sa femme. Derrière se trouvaient une autre calèche, et une escorte d'environ vingt gendarmes d'élite. Tout ce cortége s'avançait au grand galop. Le comte Alexandre de Girardin entra à Paris, à trois heures de l'après midi, annonçant que l'Empereur allait arriver, et engageant le peuple à se lever en masse. »

« Le maréchal Marmont me dit que les alliés avaient perdu dix mille hommes et les Français quatre mille. »

« J'appris plus tard par le général Mufflin, que le 22 mars, un ouvrier français avait été enlevé par les cosaques, entre Vitry-le-Français et Sézanne. Il était porteur d'une lettre autographe de Napoléon pour Marie-Louise. Il lui mandait qu'il voulait se rapprocher de ses forteresses, et qu'il marchait sur Saint-Dizier. Ce dernier mot, qui était d'une si grande importance, était si mal écrit, qu'on fut plusieurs heures avant de parvenir à le déchiffrer. Cette lettre fut transmise le même jour, à Blucher qui se trouvait à Fismes. Ce dernier après en avoir pris connaissance l'envoya à Marie-Louise, en lui écrivant en allemand que, comme elle était la fille d'un *respectable* souverain qui était l'allié de son maître, il avait cru devoir lui envoyer cette lettre. »

(31 Mars — 3 Avril)

« ... De là, nous allâmes à la place Louis XV ; il était dix heures un quart. Nous vîmes sur cette place quelques gardes nationaux et environ une centaine de personnes, dont dix ou douze avaient des cocardes blanches. MM. du Dresnay, de Guerry et de Vauvineux étaient du nombre. Nous demandâmes à un pauvre vieillard qui, au lieu de cocarde, avait seulement un petit morceau de linge blanc à son chapeau, ce que cela signifiait. Il nous répondit que Louis XVIII venait d'être proclamé, mais qu'il ne savait pas par qui. Quelques-uns de ceux qui avaient pris la cocarde, semblaient dire en regardant la foule : « Nous avons fait cela ; y a-t-il quelqu'un qui le trouve mauvais ou qui soit disposé à suivre notre exemple ? » Cependant une légère dispute qui s'éleva près de moi, en détermina plusieurs à remettre leurs cocardes dans leurs poches. »

« Nous quittâmes la place Louis XV, et lorsque nous eûmes atteint l'extrémité de la rue Royale, près des boulevards, nous vîmes M. Finguerlin, le banquier, avec quatre autres personnes : ils avaient des cocardes blanches. »

« Dans ce moment, je vis paraître un groupe, assez nombreux, à pied. M. Edouard (duc) Fitz-James, en uniforme de garde national, M. Thibaut de Montmorency, M. Gilet et M. de Morfontaine, marchaient en tête avec des cocardes blanches à leur chapeau, et en criant : « Vive le roi ! vive Louis XVIII ! vivent » les Bourbons ! »

Plusieurs personnes présentes ne paraissaient pas comprendre ce que cela voulait dire ; d'autres regardaient avec indifférence ; quelques-uns semblaient craindre les ressentiments de Napoléon ; la plupart témoignaient de la pitié. — Il était en effet difficile de ne pas en éprouver pour les auteurs de cette périlleuse entreprise, en voyant le peu d'appui qu'ils trouvaient dans la multitude au milieu de laquelle ils s'avançaient. La froideur générale avait elle-même gagné une partie des principaux acteurs qui ne paraissaient soutenir qu'avec peine le rôle qu'ils s'étaient imposé.

. . . .

« Le nombre des cocardes blanches s'augmentait lentement : plusieurs avaient été faites avec des pièces arrachées à des mouchoirs de poche, et même avec des morceaux de papier ; car comme les boutiques étaient fermées, on ne pouvait pas se procurer de rubans. »

« Aussitôt que les souverains parurent, on commença à crier : *vivent les alliés! vivent nos libérateurs! à bas le tyran! vivent les Bourbons!*
. . . .
. . . . . L'empereur Alexandre ne paraissait pas remarquer les cris de *Vivent les Bourbons!* qui se faisaient entendre de temps en temps. »

« M. de Gontaut me donna un morceau de ruban blanc, que je pris, moins comme partisan de la maison de Bourbon, que comme signe de ma haine pour le despotisme de Napoléon.

« Chaque groupe (dans la rue Castiglione) avait des adresses en faveur du roi, qu'ils lisaient alternativement, après quelques minutes d'intervalle. A la fin de chaque lecture, ils criaient : *Vive le roi! Vivent les Bourbons!* Mais ces cris n'étaient que faiblement répétés par la foule. »

« Un de ces messieurs qui remarqua mon ruban blanc, se détacha des groupes pour venir à moi, et me dit : « Je suppose, monsieur, que vous savez qu'il doit y avoir ce soir, rue du Faubourg Saint-Honoré, n° 45, une réunion de toutes les personnes décidées à soutenir la bonne cause : nous espérons que vous ne manquerez pas d'y venir. »

« Un grand nombre d'officiers alliés circulaient à cheval dans les rues; les uns pour satisfaire leur curiosité et les autres en cherchant leurs logements. L'un d'eux en voyant mon ruban blanc, s'inclina et dit : « Ah! la belle décoration! » Tous avaient un morceau de linge autour du bras gauche. Ce signe de ralliement avait fait prendre le change, pendant tout le cours de la journée, sur les intentions des souverains. J'entendis M. de Talmont demander à l'un de ses compagnons, s'il était bien certain que cette écharpe blanche annonçât l'intention d'appuyer la maison de Bourbon, témoignant en même temps quelques doutes à cet égard. »

« J'entrai au café de la Rotonde, celui de tous où il y avait le plus de monde. J'y trouvai le capitaine Backer et sa femme, l'un et l'autre américains, qui prenaient du punch avec deux officiers russes ; ils m'engagèrent à me joindre à eux. L'un était un officier supérieur de cosaques ; il était couvert de décorations. L'autre était un général, nommé Macdonald, d'origine irlandaise, et actuellement au service de la Russie. Il parlait très-bien français et ne savait pas un mot d'anglais. Il m'engagea à ôter mon ruban blanc, en me disant que les intentions de l'empereur Alexandre, à l'égard de la maison de Bourbon, n'étaient pas encore connues, et que d'ailleurs il était fort douteux que les alliés pussent se maintenir dans Paris.

« M. de Laborde raconta, en ma présence, qu'à l'arrivée de la députation, (1) M. de Nesselrode qu'il avait connu antérieurement, l'avait pris à part dans l'embrasure d'une croisée, et lui avait demandé quel était l'état de l'opinion publique à Paris, et ce qu'il fallait faire ou plutôt ce que les Français voulaient qu'on fît. M. de Laborde répliqua qu'avant de lui répondre, il désirait que M. de Nesselrode lui déclarât, en son honneur, quel était le nombre d'hommes que les alliés avaient en France. M. de Nesselrode assura qu'il y avait 150,000 hommes devant Paris, et que l'empereur d'Autriche avait 50,000 hommes avec lui. M. de Laborde dit alors que les hommes distingués par leurs lumières étaient fort attachés aux intérêts de la Révolution, et qu'en général ils penchaient pour la régence : que les salons de l'ancienne noblesse désiraient les Bourbons, *sans condition*, et que le reste de la nation les recevrait sans déplaisir, avec un gouvernement limité ; mais que s'il désirait des renseignements plus étendus, personne n'était plus à même de lui en fournir que M. de Talleyrand, tant à cause de son expérience personnelle, qu'à cause des hommes d'État qui se réunissaient habituellement chez lui. »

---

(1) Députation des autorités de Paris, garde nationale, maires et préfets de la Seine et de Police, auprès des souverains alliés, dans la nuit du 30 mars, au moment de la capitulation. Les souverains alliés étaient alors à Bondy.

« On tint, en présence de l'empereur de Russie, un conseil auquel assistèrent le roi de Prusse, le prince de Schwartzenberg, MM. de Nesselrode, Pozzo di Borgo, le prince de Lichtenstein, M. de Talleyrand, le baron Louis et M. de Pradt. Ces deux derniers ne se trouvaient pas à l'ouverture du conseil et ils ne furent introduits qu'à la fin. La restauration de la maison de Bourbon fut demandée par les français. L'empereur répondit que quelque conforme que cela serait à son sentiment particulier, il devait avouer cependant que rien ne l'autorisait à croire que ce fût le vœu de la nation, et que quelques jours auparavant, de malheureux conscrits qui venaient d'être enlevés à la charrue, s'étaient encore fait hacher à Fère-Champenoise, pour la cause de Napoléon, tandis qu'un cri de *vive le roi!* aurait pu les sauver. On parvint toutefois, par de nouvelles observations, à le décider à déclarer qu'il ne traiterait ni avec Napoléon, ni avec aucun des membres de sa famille.

« Les alliés, avant d'arriver à Paris, étaient si loin d'avoir arrêté d'une manière définitive la restauration de la maison de Bourbon, que le commandant autrichien fit arracher la proclamation d'Hartwell, qui avait été affichée sur les murs de Dijon. »

« Le vicomte Sosthènes de Larochefoucauld, accompagné de M. Talon, et suivi de deux domestiques, avait distribué des cocardes blanches dans les rues qu'il avait traversées, pour aller rejoindre la cavalcade des partisans de la maison de Bourbon qui parcourait les boulevarts. Quand les souverains se furent arrêtés au côté nord des Champs-Elysées, pour passer leurs troupes en revue, il se dirigea vers eux et leur demanda la restauration des Bourbons. En même temps, un certain nombre de personnes de l'ancien régime, qui entouraient les souverains, firent la même demande. L'enthousiasme pour les alliés était tel que la belle comtesse de Périgord était à cheval montée derrière un cosaque. Mais quoique les souverains, et surtout l'empereur de Russie accueillissent tout le monde d'une manière fort gracieuse, ils ne faisaient aucune réponse à ces demandes; et M. Sosthènes crut que leur sentiment particulier n'était point favorable à la Restauration. Il s'adressa alors aux généraux qui entouraient l'empereur, et leur demanda ce qu'il fallait faire pour changer ces dispositions. L'un d'eux répondit que l'intention de S. M. Impériale n'était point d'imposer un gouvernement au peuple français, mais d'attendre qu'il exprimât son vœu. »

« En me promenant dans les rues de Paris, je vis plusieurs personnes qui portaient des cocardes blanches insultées par le peuple ; quelques gardes nationaux arrachaient même ces cocardes. »

« L'empereur de Russie ayant témoigné l'intention de recevoir les officiers supérieurs de la garde nationale à l'état-major de la place Vendôme, ils se réunirent pour délibérer si, dans cette occasion, ils prendraient la cocarde blanche, et si on la ferait prendre aux gardes nationaux qui étaient de service près de lui. La majorité était en faveur de cette mesure ; mais le chef de la légion du faubourg Saint-Antoine et celui du faubourg Saint-Marceau (1) observèrent qu'il y aurait de grands inconvénients à ce qu'elle fût prise trop tôt. On décida en conséquence que l'on conserverait la cocarde tricolore jusqu'à nouvel ordre... Ils furent parfaitement bien accueillis ; l'empereur ne fit aucune observation sur leur cocarde, ni sur l'état de l'opinion. »

« Je revins à quatre heures de l'après-midi. Du boulevard du Temple au boulevard des Italiens, je ne rencontrai pas vingt personnes qui eussent des cocardes blanches. A la vérité il y en avait plusieurs au café Tortoni, mais c'était un des points de réunion du parti.

« Comme quelques gardes nationaux et même des agents de police avaient arraché, la veille, des cocardes blanches, le général

(1) Les faubourgs populaires.

Sacken fit insérer dans les journaux, et placarder sur les murs de Paris, l'avis suivant :

« Le gouverneur-général de Paris, baron Sacken, défend expressément que personne dans cette ville puisse être inquiété, offensé et molesté par qui que ce soit, pour fait d'opinion publique et pour les signes extérieurs qui pourraient être portés.

Paris, le 1er avril 1814.

Baron SACKEN,
Gouverneur général de Paris.

« Morin, qui avait été autrefois employé dans l'administration de l'armée, et deux autres individus qui avaient également arboré la cocarde blanche, furent arrêtés dans la rue Montmartre. On les conduisit à la mairie du 3e arrondissement. Les gardes nationaux arrachèrent les cocardes de leurs chapeaux et les foulèrent aux pieds. Le marquis de la Grange alla immédiatement trouver le général Platow, officier du palais du roi de Prusse, qui était déjà arrivé à Paris, et qui les fit mettre en liberté. Le marquis de la Grange présenta Morin le même jour au général Sacken, qui venait d'être nommé gouverneur de Paris, et qui donna l'ordre suivant :

« Ordre de Son Excellence le général en chef, gouverneur militaire de la place de Paris, le baron Sacken :

» Tous les journaux qui s'impriment à Paris sont, dès ce moment, mis sous la police de M. Morin, qui ne fera rien imprimer et qui ne laissera rien imprimer sans que lesdits journaux et autres papiers publics ne me soient représentés et soumis à mon approbation.

» Tous les agens et toutes les autorités obtempéreront aux ordres de M. Morin pour cet objet de police et d'imprimerie.

» SACKEN. »

Paris, le 31 mars 1814.

« Morin prescrivit aux journaux d'annoncer que la cocarde blanche avait été prise à Paris, et que les armées alliées avaient été accueillies aux cris mille fois répétés de : *Vive le roi ! vivent les Bourbons !* »

Les soldats étrangers à Paris. — Leur aspect. — Premiers symptômes de réaction populaire.

Nous empruntons encore au *Journal d'un prisonnier anglais,* quelques extraits qui nous semblent intéressants pour notre histoire nationale :

« Les Champs-Élysés, depuis la place Louis XV jusqu'à l'Élysée-Bourbon, étaient couverts de militaires.

» Les Prussiens bivouaquaient sur le côté gauche de la route, avec toute la régularité des troupes disciplinées. Dans le quinconce du nord, était le camp des Cosaques. On n'y voyait ni l'ordre, ni le luxe militaire, ni même les armes des armées modernes. On n'y remarquait qu'un amas confus de barbares du Don, des déserts de la Tartarie et des bords de la mer Caspienne. En examinant ce tableau, il me sembla que le temps avait rétrogradé et que j'étais transporté dans un autre monde et dans un autre siècle. A l'entrée des huttes qui paraissaient plutôt avoir été construites pour mettre les produits de leur pillage à l'abri, que pour les loger, car aucune n'était assez élevée pour qu'ils pussent tenir debout, plusieurs raccommodaient leurs bizarres vêtements, leurs bottes, ou considéraient leur butin. D'autres vendaient des schalls, des montres, etc., que beaucoup de Français s'empressaient d'acheter, sans calculer que, de cette manière, ils encourageaient le pillage de leur propre pays. Quelques-uns faisaient leur cuisine, mais la plupart étaient assoupis au milieu des animaux qu'ils avaient tués, et dont le sol était couvert, ou sur la litière de leurs chevaux qui mangeaient l'écorce des arbres auxquels ils étaient attachés. Ces arbres étaient couverts d'armes de différentes espèces; de lances d'une longueur prodigieuse, de carquois, de flèches, de sabres, de pistolets, mêlés à des uniformes et à des effets de harnachement d'un travail grossier. Tout ce désordre avait cependant un caractère très pittoresque. Les Français se promenaient au milieu des Cosaques, sans que ceux-ci y missent aucun obstacle, et même sans qu'ils parussent y faire attention. Un grand nombre de marchands leur vendaient des oranges, des pommes, des harengs, du pain, du vin, de l'eau-de-vie, de la petite bière. Cette dernière boisson n'était point de leur goût, et après en avoir bu, ils faisaient la plus étrange grimace et ne semblaient pas disposés à recommencer. Mais les Russes de toutes les classes témoignaient beaucoup de goût pour les oranges. A tout moment, il s'élevait des discussions sur la valeur relative des monnaies russes et des monnaies françaises. Ces discussions, par suite de la bonhomie et de l'indifférence des Cosaques, se terminaient toujours à l'avantage des marchands : les efforts que ceux-ci faisaient pour les duper, n'avaient d'autres résultats que d'exciter la bonne humeur des Cosaques et de les faire rire.

« Pendant toute notre promenade, nous ne vîmes dans les soldats alliés, aucune disposition à être insolents : ils avaient, au contraire, une sorte d'ostentation de douceur et de bonté.

. . . .

« J'entrai en conversation avec un hussard noir, que je vis contempler avidement Paris depuis les hauteurs de Montmartre. Il avait fait plusieurs lieues à cheval pour voir cette ville maudite, dans laquelle il ne pouvait entrer. Il me dit que les Prussiens avaient fait cette campagne comme une croisade. Des hommes de toutes les classes et du plus haut rang, et même les plus savants professeurs des Universités, s'étaient volontairement enrôlés comme simples soldats, résolus à ne pas revenir sans avoir assuré l'indépendance de leur patrie, et vengé, sur la nation française, les injures qu'ils en avaient reçues.

...... L'auteur achève ainsi la description d'une représentation au théâtre de l'Opéra, où les souverains alliés et une personne de la maison des Bourbons furent l'objet d'une grande ovation de la part du public; il ne faut pas oublier que c'est un ennemi qui parle :

« Parmi ceux qui vociféraient le plus fort, j'observai plusieurs individus qui, pendant les vingt dernières années, avaient été dans les antichambres de tous les ministres, cherchant à enivrer la *grande nation*, avec leurs tableaux, leurs poèmes, leurs compositions dramatiques, offrant à l'admiration de l'univers et de la postérité, l'Empereur déchu pour en obtenir des décorations, des tabatières, des boîtes enrichies de diamants; et, aujourd'hui, lui donnant lâchement le coup de pied de l'âne, pour conserver les faveurs qu'ils en avaient reçues et en acquérir de nouvelles.

« Cependant les officiers et les soldats français commençaient à revenir en assez grand nombre à Paris. Ils ne tardèrent pas à insulter les militaires étrangers, ce qui détermina le général Sacken à ordonner à tous les officiers de l'armée alliée qui n'étaient pas à Paris pour affaires de service, de retourner dans leurs corps respectifs. Le gouvernement français prit des mesures semblables, et la garde nationale reçut l'ordre d'arrêter tous ceux qui troubleraient la paix publique. Mais cela n'empêcha pas les Français de continuer leurs agressions et d'arracher le feuillage que les soldats alliés portaient sur leur tête. De jour en jour les querelles devenaient plus fréquentes et les habitants finirent par y prendre part. Le 29 avril, il s'éleva une rixe violente dans le jardin du Palais-Royal : il y eut plusieurs individus blessés de part et d'autre. En conséquence, le dimanche 1er mai, on établit, dans l'intérieur du jardin, un poste composé de trente soldats russes et de trente gardes nationaux. Comme la revue que Louis XVIII passa dans la cour des Tuileries, le 4 mai, attira encore un plus grand nombre de militaires français dans la Capitale, leurs attaques se multiplièrent toujours davantage, et ils essayèrent d'arracher jusqu'à la médaille de Moscou (1), que les Russes portaient sur leur poitrine. »

(1) La médaille russe de la campagne de Moscou était en argent et suspendue à un ruban bleu de ciel. D'un côté, elle représentait un triangle environné de rayons.

« Le mécontentement et le dépit des bonapartistes se manifestaient par d'ignobles et grossières caricatures qui se vendaient sous le manteau. L'un représentait le vieux roi qui revenait en France, à cheval derrière un Cosaque, et galopant sur des cadavres ; dans l'éloignement on apercevait des villages en flammes. L'autre, encore plus inconvenante, représentait le château des Tuileries, avec deux aigles et un aiglon qui en sortaient par la croisée, et un troupeau d'oies grasses qui y entraient par la porte. »

« L'irritation des soldats français était toujours croissante. Le 8, le roi avait passé en revue, dans la cour des Tuileries, l'ancienne garde impériale. Le soir, les soldats français tombèrent sur des soldats alliés qui dansaient dans un cabaret, près d'une barrière de Paris, et en tuèrent plusieurs, ainsi que des grisettes qui dansaient avec eux. Le 19 mai, pour mettre fin à ces désordres, qui prenaient chaque jour un caractère plus grave, on publia un ordre du jour signé par les autorités alliées et françaises. »

« Peu de temps après le retour du Roi on joua Hamlet au théâtre français. On accueillit avec les plus vifs applaudissements le vers suivant :

« L'Angleterre en forfaits trop souvent fut féconde. »

« Ce fut la première fois qu'il y eut une manifestation publique de l'inimitié des Français contre l'Angleterre.

« Les jeunes gens qui, pendant le règne de Napoléon, étaient les plus violents contre lui, ne tardèrent pas à oublier que les Bourbons les avaient délivrés du danger de la conscription. Ils haïssaient les Bourbons, à cause de leurs dispositions pacifiques, et les alliés, parce qu'ils avaient été vainqueurs, quoique ce fait fût toujours contesté, et que l'on soutint que les Français avaient été trahis et vendus. »

avec l'œil de la Providence au centre, et au-dessus le millésime de 1812. Au revers on lisait, en caractères russes, l'inscription suivante : *Ce n'est pas à nous, Seigneur, ce n'est pas à nous que la gloire appartient ; mais à ton nom !* — A peu près la devise de l'ancien *Baucéant* du Temple.

« .... *Monsieur* venait ensuite.... entouré d'un brillant état-major. L'enthousiasme public n'eût pas paru très-vif sans les gardes nationaux à cheval qui agitaient leurs sabres au-dessus de leurs têtes, et donnaient l'impulsion des cris de *Vive le Roi ! Vivent les Bourbons!* Je vis cependant un assez grand nombre de spectateurs qui paraissaient vivement émus, et quelques-uns même répandaient des larmes. Mais cela n'était pas assez général pour nous rassurer entièrement sur les dispositions des Français ; et M. L. me dit qu'il ne croyait pas que les Bourbons pussent rester six mois en France, après le départ des alliés. »

MISSION DE M. PEYRE.

Dans toutes les histoires des événements de 1814, il est fait mention de la mission dont M. Peyre s'est trouvé chargé au commencement de la bataille de Paris. Mais tous les historiens ne se sont pas bien expliqué cette mission, qui a même été calomniée par quelques-uns d'entre eux. Nous avons pensé qu'on lirait avec intérêt une relation authentique de cet important épisode de la journée du 30 mars, et nous donnons ci-après deux documents où cette relation est exposée. Quelques enthousiastes auraient voulu que M. Peyre, à son retour du quartier-général des alliés, prît sur lui de dissimuler ce qu'il avait vu, et de ne point dire que Paris était attaqué par la grande armée tout entière, et non pas seulement, comme on le croyait, par une division de cette armée. Nous ne savons pas ce que les chefs de corps chargés de défendre Paris, auraient gagné à être trompés sur la réalité des forces auxquelles ils avaient à résister. Un parlementaire est tenu avant tout de ne rien déguiser de ce qu'il a vu ; quant à la discrétion à laquelle il est aussi obligé, elle ne consiste pas à garder pour soi tout ou partie de la vérité, mais bien à ne la confier tout entière qu'aux personnes investies du commandement supérieur. Or, M. Peyre a su accomplir ce double devoir ; il a su tout observer, même l'anxiété significative de l'empereur Alexandre à la nouvelle que Paris était résolu à se défendre ; et ce qu'il a vu, il ne l'a dit tout d'abord qu'au roi Joseph. Nous ne parlons pas du courage dont M. Peyre a fait preuve. Qu'on lise la relation qu'il a écrite sous l'impression même des événements, on n'y trouvera pas une apologie personnelle, mais bien le récit naïvement véridique d'un homme qui ne pense même pas avoir besoin d'une justification, et qui est seulement occupé à rendre compte des faits et à s'abstenir de son propre éloge. Quelques mots pourront étonner aujourd'hui ; mais on ne doit pas oublier que ces mots ont été écrits dans un moment d'oppression où la présence des étrangers ne permettait aucune liberté au langage d'un patriotisme plus explicite. Au reste, M. Peyre, à ce que nous croyons savoir, a reçu, pour sa conduite en cette circonstance, un témoignage de haute approbation de la part de l'Empereur lui-même. Cet honorable citoyen n'a pas seulement laissé son nom dans notre histoire nationale, il l'a inscrit encore, d'une manière distinguée, dans celle des beaux-arts (1).

État-major général de Paris et de la première division militaire.

Je certifie que M. Peyre, capitaine ingénieur des sapeurs-

---

(1) Ses travaux d'architecture ont été appréciés par un juge très-compétent : voir *Notice sur A.-F. Peyre, architecte.* Paris, chez F. Didot, 1823, in-4º, par M. Quatremère de Quincy.

pompiers de la ville de Paris, ayant offert ses services auprès de l'état-major de la place, a été chargé par moi, de la surveillance d'une partie des postes de la ville de Paris, qu'il a exercée pendant six semaines avec beaucoup de zèle et d'exactitude.

Je certifie de plus, que le 29 mars, veille de l'attaque de la capitale, il a été chargé par moi de s'informer des motifs qui avaient engagé l'officier commandant l'avant-garde sur la route de Pantin, à refuser l'admission du parlementaire envoyé par les armées alliées à dix heures du soir, et de savoir si ce parlementaire était encore à portée des avant-postes, afin que je pusse le recevoir.

Que n'ayant pu avoir aucun renseignement par l'officier d'avant-garde qui venait d'être relevé, il s'est rendu jusqu'aux avant-postes ennemis d'où il a été conduit au quartier-général des hautes puissances coalisées et renvoyé le lendemain, jour de la bataille, à midi, annonçant avoir été chargé par Sa Majesté l'empereur de Russie et par S. A. le prince de Schwartzenberg, général en chef, d'apporter au quartier-général français, les premières paroles de conciliation.

Cet officier a annoncé à S. M. le roi Joseph que M. le général Barclay de Tolly était nommé parlementaire et qu'il attendrait à Pantin la réponse du quartier-général français. Par suite de ce rapport, M. Peyre a été chargé par Sa Majesté, d'accompagner le général aide-de-camp du roi, envoyé auprès du maréchal duc de Raguse, pour lui donner connaissance de ce qui s'était passé au quartier-général des alliés.

Dans cette mission et dans les circonstances qui l'ont suivie, cet officier a montré autant de courage que de dévouement à sa patrie.

Fait à Paris, le 31 mars 1814, à deux heures du matin.

Le général de division, commandant la première division militaire et la ville de Paris.

Comte HULLIN.

Précis de la mission dont je fus chargé par le gouverneur de Paris, dans les journées des 29 et 30 Mars 1814.

Les événements qui ont précédé et suivi le siége de Paris ont eu des résultats tellement extraordinaires et importants pour ma patrie, qu'ayant contribué par la position imprévue dans laquelle je me suis trouvé, dans la nuit du 29 au 30 mars 1814, à sauver la ville de Paris des suites inévitables d'une ville prise de force, je crois devoir retracer les faits dont j'ai été témoin.

Avant d'entrer dans ces détails, il est peut-être nécessaire de faire connaître sommairement les circonstances qui ont contribué à me faire appeler à cette époque à un service militaire relatif à la défense de la capitale.

Le service d'aide-de-camp de la garde nationale, depuis 89 jusqu'en 94, celui que j'avais fait comme lieutenant-adjoint à l'état-major de l'armée des Grisons, celui de chef de bataillon de la garde nationale, avant ma nomination de capitaine-ingénieur des sapeurs-pompiers, corps organisé alors militairement, les connaissances que j'avais du service intérieur et de tous les environs de la capitale, engagèrent le gouverneur de Paris à m'appeler à son état-major pour surveiller l'organisation du service des postes intérieurs et extérieurs de la ville de Paris.

C'est en venant de visiter et de prendre les notes de tous les approvisionnements en munitions de guerre et des préparatifs de défense de ces mêmes postes, que je rencontrai le général comte Hullin, commandant la place de Paris. Cette rencontre eut lieu à neuf heures du soir, à la barrière de Pantin.

Je trouvai ce général extrêmement mécontent de ce que, pour la seconde fois, le général qui commandait ce poste, venait de refuser de recevoir un officier parlementaire envoyé par l'armée des alliés. Il me chargea de me rendre de suite aux avant-postes, et de m'informer auprès de l'officier qui commandait l'avant-garde, si le parlementaire était encore à portée des avant-postes, et si je parvenais jusqu'à ce parlementaire, de le prier d'attendre que j'en eusse donné connaissance au gouverneur, afin qu'il pût se rendre sur la ligne pour prendre connaissance de l'objet de sa mission

Je partis alors avec mon gendarme d'ordonnance, la précipitation que j'étais obligé de mettre dans l'exécution de cet ordre ne m'ayant pas permis de me faire précéder d'un trompette.

L'officier d'avant-poste français ne pouvant me rendre aucune réponse, parce qu'il venait de relever ce poste, je poussai plus avant et je tombai dans une embuscade composée de cosaques; l'officier qui les commandait, prétendait que, n'étant point en règle, parce que je n'étais pas précédé d'un trompette, et n'ayant aucun ordre par écrit, j'étais son prisonnier.

Ce ne fut qu'avec beaucoup de peine que je pus obtenir de cet officier de faire venir une personne avec laquelle je pusse m'expliquer, parce qu'il parlait difficilement français.

Je me trouvai dans un embarras d'autant plus grand, que deux cavaliers qui m'avaient suivi depuis Paris, sans ma participation, s'enfuirent à toute bride, ce qui faisait croire à l'officier qui m'interrogeait que j'étais venu plutôt en reconnaissance que comme parlementaire. Il me conduisit néanmoins sous escorte auprès du général commandant l'avant-garde, qui me dit que le parlementaire était retourné au quartier-général. Je lui dis que ma mission étant remplie, je le priais de me faire reconduire aux avant-postes; mais il s'y refusa, et me fit conduire, toujours comme prisonnier, au quartier-général de sa division, qui était alors à Noisy. Je fis au général la même demande pour être reconduit aux avant-postes : il s'y refusa aussi en me déclarant cependant que j'étais libre; mais le général russe Auvray me pria d'attendre le point du jour pour me faire conduire au grand quartier-général à Bondy.

Au premier rayon du soleil, je partis pour Bondy accompagné de l'un des principaux officiers de son état-major, et pendant la traversée, je fus à même d'évaluer la force de l'armée que jusqu'à ce moment je ne croyais composée, ainsi qu'on l'avait annoncé, que de 25 à 30,000 hommes.

L'on peut juger de mon étonnement, lorsque, arrivé au quartier-général, le major m'annonça qu'il allait faire part de mon arrivée à l'empereur de Russie et prendre ses ordres. Il était alors sept à huit heures du matin, et j'entendais de loin la canonnade qui était commencée. L'empereur Alexandre me fit dire qu'il désirait s'entretenir avec moi avant mon départ, et qu'il me priait d'accompagner le major chez le prince de Schwartzenberg, commandant-général. J'attendis fort longtemps chez le prince qui vint enfin me prendre pour me rendre avec lui chez l'empereur, chez lequel S. M. le roi de Prusse entra presqu'en même temps que moi.

Un instant après, le prince revint me dire que le conseil allait s'assembler, et qu'aussitôt après j'aurais audience de l'empereur.

Effectivement, S. M. qui était alors seule dans la galerie du château de Bondy, me fit appeler et me dit : « Monsieur, j'ai su votre arrivée ; j'étais décidé, d'après le refus qu'on a fait hier de recevoir les parlementaires de l'armée alliée, à attendre qu'on me fît des propositions *de la part de la ville*; ce n'est point à la nation française que nous faisons la guerre...... On dit que l'Impératrice est partie hier de Paris ; est-ce vrai ? — Oui, sire.

Sa Majesté fit alors quelques tours dans son cabinet en portant la main sur son front et revint vers moi : « Monsieur, continuat-il, croyez-vous que Paris se défende. — Oui, Sire. — J'en suis fâché : vous avez pu juger de la force de notre armée. Ce n'est point une division comme on vous l'avait dit, mais l'armée de l'Europe entière qui est devant Paris. Vous devez penser que toute résistance serait vaine ; ce serait répandre le sang inutilement. . . . . . Combien est forte l'armée sous Paris ? — Sire, vous me permettrez de ne point répondre à cette question. — C'est juste. Mais, Monsieur, puisque l'on veut se défendre, dites bien à celui qui vous a envoyé, que les hautes puissances viennent de nommer M. le comte Barclay de Tolly parlementaire ; qu'il attendra à portée des avant-postes celui que l'on voudra envoyer. . . . . Voilà des proclamations que vous remettrez à la ville de Paris. — Sire, je ne puis me charger d'une telle mission. Si Votre Majesté veut les cacheter, je m'en chargerai ; mais je ne puis les remettre qu'au général qui m'a envoyé ou au commandant en chef. »

L'Empereur me prit la main en me disant : « C'est bien. »

Il fit cacheter le paquet et me le remit. Il ajouta alors : « Puisqu'on veut se défendre, dites bien qu'on sera toujours à même de traiter, même quand on se battrait dans les faubourgs, mais que si l'on nous oblige de forcer l'enceinte de la ville et que nous soyons obligés d'entrer de vive force, nous ne serons plus maîtres d'arrêter les troupes et d'empêcher le pillage. Partez, Monsieur, le salut de votre ville est entre vos mains. »

Je partis alors. Il était près de 10 heures du matin Je fus accompagné d'un officier-général et de deux trompettes.

Nous ne tardâmes point à nous trouver à la sortie du village de Pantin du côté de Paris, au moment où la fusillade était la plus vive et où tout le canon des buttes de Chaumont, de la côte de Romainville, une batterie à l'avant-garde sur la route, deux autres d'artillerie légère sur la droite du canal, battaient sur ce point pour empêcher l'ennemi de débusquer. Ce général fit cesser le feu de ses tirailleurs, mais il n'y eut aucun moyen de faire cesser le nôtre. Sentant cependant toute l'importance de ma mission, je me décidai à recevoir le feu ; mon manteau fut percé de balles dont aucune heureusement n'atteignit ni moi ni mon gendarme d'ordonnance qui ne m'avait point abandonné.

Rentré à Paris, je me rendis de suite à l'état-major, place Vendôme. J'appris que le quartier-général était à Montmartre. Je m'y rendis de suite, et l'on me reçut avec d'autant plus d'étonnement que, d'après le rapport des cavaliers qui m'avaient abandonné, on me croyait tué ou prisonnier.

Introduit auprès du roi Joseph-Napoléon, lieutenant-général de l'Empereur, je lui remis le paquet cacheté tel que je l'avais reçu et lui rendis compte de la force de l'armée ennemie que j'avais traversée en entier. Je lui confirmai en outre qu'elle était commandée par les souverains en personne, ce dont il n'était pas assuré. Ce ne fut même que lorsque la division de droite de l'armée ennemie eût tourné sous nos yeux Saint-Denis et qu'on vit leurs éclaireurs et leurs bataillons se développer dans la plaine, que Joseph-Napoléon fut obligé d'ajouter foi à l'évidence.

Peu d'instants après, il me demanda de lui faire un rapport par écrit pour l'envoyer au duc de Raguse, ce que je refusai de crainte qu'il ne vînt à tomber entre les mains de l'ennemi. Il me dit alors d'accompagner un général qu'il envoyait à ce maréchal pour faire cesser les hostilités, et de lui indiquer l'endroit où j'avais laissé M. le comte Barclay de Tolly parlementaire. Cette mission étant remplie, et le roi ayant quitté à notre départ le grand quartier-général de Montmartre, je rentrai dans Paris où j'appris avec douleur, mais sans surprise, la suite des événements qui amenèrent la capitulation

Chargé dès le lendemain, par M. le préfet de la Seine, et en ma qualité d'architecte, de la troisième division du casernement des troupes russes, ce ne fut que quelques jours après que j'eus l'occasion de voir S. M. l'empereur de Russie qui me dit qu'elle m'avait désigné, ainsi que M. le préfet de la Seine, les médecins des hôpitaux et l'intendant militaire de la division, pour la décoration de Saint-Wladimir, que j'étais loin de solliciter.

Paris, ce 2 avril 1814.

J. PEYRE.

III

—

(INÉDIT)

Extrait du journal du général Pelet, commandant les chasseurs à pied de la Garde en 1814.

Le 4 avril, à Fontainebleau, l'Empereur réunit l'armée et lui annonça son intention de venir attaquer les étrangers sous Paris. L'armée répondit à cette annonce comme on va le voir. Mais l'Empereur en rentrant dans son cabinet, y trouva quelques-uns de ses maréchaux dont les dispositions lui parurent telles qu'il crut devoir changer de résolution et signer son abdication conditionnelle avec réserve des droits de Napoléon II. Ce changement ne fut pas tout d'abord connu au dehors; mais il en transpira quelque chose ; une anxiété pénible se répandit et se mêla dès lors à l'enthousiasme. — Le document qu'on va lire peint admirablement les impressions de l'armée à ce moment de crise. — On remarquera dans cette relation des dates différentes de celles que nous avons cru devoir admettre dans notre récit, seulement pour nous conformer au témoignage unanime des historiens, car, nous n'avons pas besoin de le dire, l'exactitude du général Pelet mérite toute confiance.

3 avril. — L'appel est ordonné et a lieu, à 5 heures du matin et 10 heures. — Je vais à l'appel de 5 heures, parce que j'avais cru voir dans la manière dont le général Friant l'avait ordonné, un rassemblement pour le départ. A 10 heures et demie, on bat la carabinière et nous prenons les armes. Ordre de nous rendre dans la cour du château. Nous nous y formons en colonne serrée par bataillon de nouvelle formation (2 compagnies), la droite au perron, occupant la moitié de la cour à main droite. J'ai eu quelques difficultés pour mon premier bataillon, parce qu'on le faisait marcher sur 4 de hauteur, c'est-à-dire en colonne double, puisque nous manœuvrions sur deux rangs. On ne laisse entrer aucun cheval de suite. Ils restent à la porte et j'y renvoie mon cheval. Les grenadiers se forment en arrière de nous et de l'autre côté de la cour, en face le petit corps d'Henrion. — Le temps passe lentement. Il y a beaucoup d'agitation dans l'intérieur. Bientôt les courtisans apparaissent; leurs mines sont allongées, surtout celle du *duc de Vicence*. J'ignorais tout ce qui se tramait et passait. Enfin, un peu *après-midi*, l'Empereur parut sur le perron, descendit et passa l'inspection du 1er régiment qui, à cause de sa faiblesse, était sur deux bataillons, les gendarmes en arrière. Sa Majesté ne tarda pas d'arriver à la gauche de mon 1er bataillon où je l'attendais l'épée à la main. Il me dit : « *Vous voilà, général, c'est ici votre brigade.* — Oui, » Sire. » Il avait l'air un peu agité, ou plutôt échauffé par le travail. Il s'arrêtait fréquemment; parlait aux soldats ou leur répondait; lisait toutes les demandes qu'ils lui présentaient; accordait des croix à la plupart de ceux qui réclamaient; mais à la fin, voyant que le nombre était trop grand, les renvoyait au général Friant ou à moi. Il m'en adressa un surtout de mon ancien régiment, le 48e. Il les questionnait souvent sur leur âge, semblait interroger leurs forces et leur bonne volonté qui n'é-

taient guère douteuses. Il passa ensuite aux grenadiers, etc. Pendant tout ce temps, les rangs étaient fort serrés et les intervalles étroits. Il n'était suivi que du major général, de Drouot, de quelques aides de camp et d'un ou deux officiers d'ordonnance. Les autres généraux et la Cour formaient des groupes en avant du front ou sur le flanc. Là étaient le prince de la Moskowa, et entre autres, Moncey, Petit, Kellermann, etc. Quand la revue fut passée, l'Empereur se porta dans le milieu de la cour, entre notre division et le petit corps d'Henrion, faisant face au 2e régiment de chasseurs et au milieu de son front. Là il fit appeler les officiers et sous-officiers du 2e régiment. Je m'étais avancé pour voir et entendre. J'aperçus bientôt que tous les officiers et sous-officiers de la division étaient demandés; je fis arriver promptement les miens, et nous formâmes le cercle autour de S. M. Il était assez monté en couleur, les yeux un peu gros, le chapeau tant soit peu de travers, la tête un peu élevée et tournée vers l'épaule droite. Il nous parla d'un ton de voix élevé et animé et à peu près en ces termes : « Officiers, sous-officiers et soldats
» de la vieille garde ! L'ennemi nous a dérobé trois marches; il
» est entré dans Paris. J'ai *fait offert* à l'Empereur Alexandre
» une paix achetée par de grands sacrifices : la France avec ses
» anciennes limites; en renonçant à nos conquêtes; en perdant
» tout ce que nous avons gagné depuis la Révolution. Non seu-
» lement il a refusé : il a fait plus encore, par les suggestions
» perfides de ces émigrés auxquels j'ai accordé la vie, et que j'ai
» comblés de bienfaits, il les autorise à porter la cocarde blanche,
» et bientôt il voudra la substituer à notre cocarde nationale.
» Dans peu de jours j'irai l'attaquer à Paris, je compte sur vous.
» . . . . (silence). . . Ai-je raison ? »

Tout-à-coup partit un tonnerre de cris : Vive l'Empereur ! Vive l'Empereur ! A Paris ! A Paris ! On s'était tu, parce qu'on croyait inutile de répondre.

« Nous irons leur prouver que la nation française sait être
» maîtresse chez elle, que si nous l'avons été longtemps chez
» les autres, nous le serons toujours chez nous, et qu'enfin nous
» sommes capables de défendre notre cocarde, notre indépen-

» dance et l'intégrité de notre territoire. Communiquez ces
» sentiments à vos soldats. » De nouvelles acclamations, toujours plus fortes, répondirent dignement au discours du souverain.

Je parlai à mes officiers et les chargeai de faire former le cercle dans chaque compagnie. Pour moi, je me portai à la tête de la 1re compagnie Tabardin, et je leur parlai avec une vigueur, une expression qui pénétra le soldat; je finis en leur faisant promettre d'aller s'ensevelir avec moi sous les murs de Paris, pour en chasser les barbares, etc. Peu après, nous défilâmes devant S. M. avec de nouvelles acclamations du soldat, chacun en tête de sa troupe. J'attends la fin de mon régiment en face de lui, après quoi nous marchâmes sur la route de Paris. Depuis, j'ai eu regret de n'avoir pas attendu pour voir les grenadiers qui ont défilé avec l'air : *Allons, enfants de la Patrie*. On joua pour nous : *La victoire en chantant*. Tout était électrisé, nous étions des victimes dévouées et des héros, il n'y avait rien dont il ne nous eût rendus capables; notre enthousiasme se communiquait et faisait le même effet sur tous les spectateurs.

J'ai écrit à peu près de mémoire ce discours mémorable. C'est presque dans le moment que le vil sénat était assemblé pour prononcer la déchéance. — Je m'occupai de suite de mes dispositions dernières, je donnai de l'argent à mes gens, conditionnellement aux événements; enfin je fis tout ce que devait faire celui qui était décidé à tout. — Nous traversâmes la forêt; je courais au travers de ces immenses blocs de grès qui s'élèvent au-dessus du terrain comme des débris du chaos, et qui ont jusqu'à 18 et 20 pieds de largeur dans tous les sens et forment des abris, des labyrinthes. Cette forêt, du reste, est peu belle par la qualité des arbres et encore plus par celle du terrain. Nous arrivons jusqu'au delà de Ponthierry. Je ne pouvais pas découvrir le cours de la Seine au milieu du bassin assez profond où elle coule. — Beau château de Saint-Fargeau sur la rive droite, occupé par ces sauvages. — Nous bivaquons en avant de Tilly, la gauche à la grande route, la droite dans la direction de Saint-Fargeau: les grenadiers sont de l'autre côté de la route. Le général Friant est au château des Bordes, moi dans une des meilleures maisons de Tilly.

On avait parlé, sans doute, de l'établissement du quartier-général dans Tilly : car un fourrier du palais est venu, qui a demandé ensuite des renseignements sur le Coudray. Un officier du prince de Neufchâtel voulait faire son logement dans ma maison. Plus tard, on établit le quartier-général de S. M. à Moulignon. Ma maison est à côté des ruines du château de la Belle-Gabrielle, où l'on voit encore quelques fossés et terrassements.

4 Avril. — Nous sommes en position à Tilly, et sans ordres; il y a plu assez fort dans l'après-midi, et nous faisons loger les régiments, le 2e de chasseurs et les gendarmes à Saint-Fargeau où il y a déjà de la troupe, le 1er de chasseurs à Tilly, les grenadiers à Moulignon, et l'artillerie autour d'une maison qui est sur la grande route. J'ai maintenant 1411 hommes et 143 de la 9e compagnie qui font partie du régiment, en tout 1544 hommes. On a payé dix jours, et j'ai pour ma part 700 francs à compte. Je cours sur les bords de la Seine pour placer mes postes qui avaient été mal établis la veille. On voit sur la droite quelques cosaques. J'entends de là quelques coups de canon vers Melun, ce doit être la *victoire* de Kaizaroff sur notre cavalerie légère, pompeusement annoncée par les journaux de Paris, et bien moins brillante en effet. Ce bruit m'inquiète à cause de la direction de Fontainebleau. Dans la matinée, j'ai eu la visite de Bernel, aide-de-camp du général Curial. Ils sont sur la rive droite de la petite rivière d'Essonne, vers Fontenai-le-Vicomte, Marmont occupant Corbeil : ils gardent les bords de cette rivière et ont assez peu de monde devant eux. L'ennemi leur a apporté les journaux du 2 avril, et enfin nous apprenons ce qui se passe à Paris : le gouvernement provisoire; dans le midi, à Bordeaux, etc. Ces nouvelles affligent, mais n'étonnent, ni n'épouvantent, quoique cette connivence de Paris change beaucoup la balance des forces, puisque l'ennemi peut traverser la ville en assurance, sans y laisser que très-peu de monde, et nous opposer la totalité de ses forces : alors je vois l'explication de cette terreur qu'on

lisait hier sur toutes les figures de la Cour. Je racontai à Bernel tout ce qui s'était passé à Fontainebleau; il m'a dit de son côté tout ce qui leur était arrivé depuis Soissons, mais à quoi je faisais peu d'attention. — Hier 3, on disait que Caulaincourt était allé à Paris, et Flahaut à Melun (ce me semble); il revint et parla à l'Empereur pendant que nous étions à la revue. Quelles nouvelles on pouvait lui donner! — Il circule dans le camp des nouvelles de Paris; des courriers ont annoncé les nouvelles : on dit que Ney, Caulaincourt et Macdonald sont allés à Paris, portant l'offre d'abdication en faveur du roi de Rome. — Un aide-de-camp de Marmont vient chez moi demander le quartier-impérial; de là il va chez le général Friant, et apprenant que l'Empereur est encore à Fontainebleau, il dit : « *Comment, ce matin là devait être ici à 4 heures, et il n'est pas encore arrivé.* » Paroles qu'il eût l'air de tourner ensuite en plaisanterie. On peut penser dans quelles perplexités nous étions tous!

Politique de l'Autriche pendant la guerre de 1814, d'après le dire du duc de Bassano, le 27 décembre 1828 (1).

(INÉDIT)

Le duc de Bassano vient de me dire que l'Autriche avait été certainement entraînée; que Metternich lui-même avait été mené au-delà de ses projets qui avaient été de diminuer la puissance de Napoléon, mais non de l'abattre. C'est malgré lui que Stadion, notre ennemi le plus acharné et devenu son ennemi personnel, était entré dans les négociations, sous l'influence de l'Angleterre ou de ce que j'ai toujours appelé le parti *anti-français*. De Saint-Dizier ou Doulevent, l'Empereur fit écrire par Caulaincourt à Metternich pour lui dire qu'il acceptait toutes les conditions qui seraient proposées pour la paix. Peut-être écrivit-il lui-même à François. Galbois fut porteur de ces dépêches, et trouva celui-

---

(1) Extrait du *Journal* du général de division baron Pelet.

ci en Bourgogne. L'Empereur d'Autriche fit dire ou dit lui-même à Galbois que c'était une affaire finie; que la paix était faite; que chaque souverain avait pouvoir de traiter et de conclure; qu'il en usait, lui, pour toute la coalition, etc.; qu'il allait annoncer ces nouvelles à Napoléon et qu'il allait lui expédier un officier porteur de ces dépêches et de l'acte en règle. Les officiers autrichiens embrassèrent Galbois en réjouissance de cette heureuse nouvelle. Galbois se hâta de venir l'annoncer à l'Empereur. Mais les russes mirent obstacle à l'arrivée de l'officier autrichien et le promenèrent. Tout était fini lorsqu'il arriva.

Lorsque l'Empereur se fut décidé à abdiquer en faveur de son fils, le duc de Bassano expédia un courrier à Metternich (qui fut trouvé à Villeneuve-l'Archevêque, je crois), pour lui annoncer cette nouvelle si importante pour l'Autriche. Le duc ajoutait : Metternich n'était plus le même homme, il était totalement tourné du côté des intérêts anglais et des bouleversements; il mit de la lenteur dans ses démarches et laissa faire.

(Je n'ai pas encore lu l'ouvrage de Pons : il a peu de succès, dit-on. Ce qu'il raconte de Galbois lui a été dit par cet officier.)

Bassano dit que Savary a été constamment dupe des mystifications qu'on lui a faites et qu'on l'a joué, surtout pendant les derniers temps.

———

Autre conversation du duc de Bassano, du 18 juin 1822 (1).

(INÉDIT)

(Renseignement sur Schwartzenberg que l'Empereur Napoléon avait toujours traité avec égards, avec bonté, surtout pendant la campagne de 1812, et qu'il avait fait nommer maréchal par l'Empereur François.)

Schwartzenberg vint à Paris en 1813 au mois de mars, pour régler son contingent. Bassano voulut savoir à quoi s'en tenir

(1) Extrait du *Journal* du général de division baron Pelet.

sur son compte ; l'entreprit sur les relations et les intérêts des deux États, d'après l'alliance et la politique : il le poussa à bout ; l'ayant connu et pratiqué pendant trois ans, il savait la manière de le prendre. Il échappa alors à Schwartzenberg de dire : *l'Empereur Napoléon a bien fait un divorce dans l'intérêt de la politique ; pourquoi Marie-Louise ne pourrait-elle pas en faire autant ?* » Bassano fut soulevé et le manifesta en disant : *C'est assez, monsieur le maréchal, j'ai appris ce que je voulais savoir.*

Schwartzenberg chercha à revenir sur cela ; « *à dire qu'il ne fallait pas prendre à la lettre une conversation poussée aux bornes du possible*, etc. — *Du probable, monsieur le maréchal*, répondit l'autre. Ces mots doivent être vrais ; ils montrent dès-lors toute la noirceur de cette infâme politique de l'Europe contre nous, et à quoi ils s'arrêtaient déjà. Nous en sommes revenus plusieurs fois à ce point : depuis les revers de la Russie, ils ont voulu détruire et non plus traiter.

L'acte d'abdication du 4 avril se trouve dans tous les ouvrages d'histoire. Mais ce que l'on ne connaît pas, c'est le texte primitif, *autographe* de cet acte. Nous le donnons ci-après, conformément au document original qui fait partie de la collection d'autographes de M. le comte de l'Escalopier.

(INÉDIT)

Fontainebleau, le 4 avril 1814, au matin.

Les puissances alliées ayant proclamé que l'Empereur Napoléon était le seul obstacle au rétablissement de la paix en Europe, et l'Empereur ne pouvant essentiellement, sans trahir son serment, abandonner aucun des départements qui étaient réunis lorsqu'il est monté sur le trône, l'Empereur Napoléon déclare qu'il est prêt à descendre du trône, à quitter la France et même la vie pour le bien de la patrie, et conserver les droits du roi son fils, de la régence de l'impératrice et les droits et constitutions de l'Empire français, auxquelles il ne devra être fait aucun changement jusqu'à la paix définitive, et pendant le temps que les armées étrangères seront sur notre territoire.

———

L'Empereur, avons-nous dit, n'avait peut-être pas renoncé à tout projet d'attaque, le 4 avril, après avoir envoyé à Paris les trois commissaires porteurs de son abdication conditionnelle en faveur de Napoléon II. Voici ce qu'on trouve sur ce point historique dans l'ouvrage du général Koch; l'extrait qu'on va lire contient des paroles attribuées à l'Empereur, dont l'authenticité ne saurait être garantie et que nous n'admettons, pour ce qui nous concerne, que comme une forme de l'opinion propre à l'historien.

« Immédiatement après le départ des Commissaires, le bruit courut dans les camps que l'Empereur avait abdiqué, et l'on y ajouta d'autant moins de foi que les dispositions offensives et le serment exigé la veille semblaient le démentir. Cependant Napoléon convainquit les plus incrédules par le langage qu'il tint à l'issue du dîner. »

« On veut me faire abdiquer en faveur du roi de Rome, dit-il;
» je le fais puisqu'on le désire. Cependant ce n'est pas l'intérêt
» de la France. Mon fils est un enfant; ma femme est excellente,
» on n'en peut trouver de meilleure, mais elle n'entend rien aux
» affaires. Vous auriez donc une Régence autrichienne durant
» douze ou quinze ans, et vous verriez M. de Schwartzenberg vice-
» empereur des Français : cela ne peut vous convenir. D'ailleurs,
» il faut raisonner : si cela entrait dans les vues de l'Autriche,
» croit-on que les autres puissances consentent jamais à ce que
» mon fils règne tant que je vivrai? Non certainement, car elles
» auraient trop peur que j'arrachasse le timon des affaires des

» mains de ma femme. Aussi je n'attends rien de bon de la dé-
» marche des maréchaux. »

(Extrait de la page 578-579 du tome II, 2ᵉ partie des *Mémoires pour servir à l'Histoire de la Campagne de 1814*, etc., par F. Koch, chef de bataillon d'état-major, 2 vol. in-8° en trois tomes. Paris, 1819.)

Lettre du capitaine Magnien sur la défection du 6ᵉ corps.

Avril 1815.

J'étais capitaine-adjoint à l'état-major du général Bordesoulle, commandant le premier corps de cavalerie sous les ordres du duc de Raguse ; je ne l'ai quitté qu'à Essonne, lorsque l'armée du maréchal Marmont, sous le commandement provisoire du général Souham, fit son mouvement de défection sur Versailles, où il comptait recevoir des instructions de M. le maréchal, qui était depuis deux jours à Paris.

Le 3 ou le 4 avril, je ne peux pas trop préciser la date, de très-grand matin, l'armée se mit en marche sur la route de Paris, sans rencontrer d'obstacle, (l'ennemi avait quitté les positions). L'ordre était donné à tous les chefs de corps de se tenir à la tête de leurs régiments et de maintenir le plus grand ordre dans la marche. Cela, pour empêcher les réunions d'officiers, lesquels ignoraient parfaitement le but de ce mouvement, et qui devaient commencer à s'en inquiéter. Quelques généraux seulement étaient dans cette abominable confidence, notamment les généraux de division Souham et Bordesoulle. Ayant appris ce qui se passait, je projetai d'en prévenir les généraux Hubert et Latour-Foissac ; et assurément si j'avais pu les joindre, nous n'aurions pas à déplorer bien des malheurs qui furent la conséquence de cette lâche trahison. Il faisait une nuit très-obscure ; un malencontreux voisin m'entendit donner l'ordre à mon domestique de retourner sur la route de Fontainebleau. Je m'aperçus bientôt que j'étais surveillé ; le général Bordesoulle, même, demandait à chaque instant après moi. Enfin, m'étant écarté une

minute, j'entendis donner l'ordre de me chercher ; alors je crus devoir gagner au large, et je ne mis pied à terre que dans la cour du Palais de Fontainebleau. Aussitôt, je demandai à parler au major-général, et l'on me conduisit chez le général Belliard, auquel je rendis compte de ce qui venait de se passer. Le général me crut d'abord dans un état de démence, mais son illusion ne dura pas longtemps, et tout en me disant : Malheureux, quelle nouvelle apportez-vous ! il me prit par le bras, me fit traverser un corridor : Le coup de grâce est porté, ajouta-t-il, et ouvrant la porte, je me trouvai en face de l'Empereur, qui se promenait dans un grand salon les mains derrière le dos. Le général Belliard, vivement ému, lui dit : « Sire, les mauvaises nouvelles se succèdent. » L'Empereur, s'approchant de moi, me dit d'un calme incroyable : *D'où venez-vous ?* Je lui donnai aussitôt tous les détails sur cette malheureuse affaire, détails qu'il me fit répéter trois fois. Il me fit une quantité de questions, que je crois inutile de rendre ici. Je lui entendis dire entr'autres : « *Quoi ! Borde-*
» *soulle, Souham. . Les misérables ! Ils se font plus de mal qu'à*
» *moi.* » — Il me dit une autre fois : « *Mais n'ayant pu joindre*
» *les généraux qui auraient pu s'opposer au mouvement, pourquoi*
» *n'as-tu point brûlé la cervelle à Bordesoulle ; c'était le fait d'un*
» *homme de cœur, mais allons, tu n'y as pas pensé.* » Je me mettais en mesure de quitter l'appartement, pensant que l'Empereur n'avait plus rien à demander, lorsqu'il s'approcha de moi avec le général Belliard, qui venait de rentrer avec le général Flahaut. Il me demanda affectueusement si je désirais quelque chose de lui ; sur ma réponse que je sollicitais le bonheur d'être attaché à sa personne, il me répondit en souriant amèrement :
« *Nous verrons ; quoiqu'il arrive, je suis bien sûr que partout où*
» *tu seras, je pourrai compter sur toi ;* » puis se retournant vers le général Belliard, il ajouta : « *Général, voilà le seul officier d'un*
» *corps d'armée qui ne fût point abusé. Vous en aurez toujours soin ;*
» *c'est moi qui vous le recommande...* »

MAGNIEN.

(Extrait des *Mémoires du comte Belliard*, etc., t. 1ᵉʳ. p. 152-156.)

Le brave homme dont on vient de lire la lettre n'a pas été le seul qui se soit séparé du 6ᵉ corps pour porter à l'Empereur, à Fontainebleau, la nouvelle de la défection. Le colonel Combes, mort depuis héroïquement à la prise de Constantine et dont la reconnaissance nationale a consacré le souvenir, le colonel Combes était aussi à Essonne, où il faisait partie du 6ᵉ corps en qualité de lieutenant-adjudant-major. Il avait entendu le général Souham déblatérer contre l'Empereur; il l'avait vu donner des ordres et prendre des dispositions dont ses propos insensés étaient le commentaire; il avait pressenti, deviné la défection. Aussitôt son parti fut pris; il profita de la nuit pour s'éloigner et gagner à travers champs la route de Fontainebleau. Près de cette ville, il fut arrêté par les avant-postes de l'armée impériale. Il se fit connaître, il demanda à parler à l'Empereur, il fut amené devant le général Friant qui chargea le colonel Loubers de le conduire à l'Empereur. Le colonel Loubers a plus tard témoigné de ces faits.

Combes fut promu au grade de capitaine dans la garde et désigné par l'Empereur à l'honneur de le suivre à l'île d'Elbe. Aux Cent-Jours, chef de bataillon dans la garde, il fut un des braves de cette immortelle phalange qui défendirent pied à pied le champ de bataille à Waterloo. Il s'expatria à la seconde Restauration et ne revint en France qu'après la Révolution de 1830. Le roi Louis-Philippe lui reconnut tous les grades qui lui avaient été conférés par l'Empereur et lui donna même le commandement d'un régiment. On sait comment Combes a justifié cette appréciation de ses mérites, à Ancône, dans les rudes combats de nos premières années en Afrique, à la prise de Constantine.

Nous devons le renseignement qui précède à une bienveillante communication d'un personnage, aujourd'hui membre du sénat, ayant concouru, comme député, au vote de la loi qui, en 1838, a conféré une pension nationale à la famille du colonel Combes. Au bas du document qui nous a été communiqué, une note, une pièce à l'appui pour un discours, dont nous n'avons pu donner qu'une analyse, on lit : « *Écrit sous la dictée du colonel Loubers, 5 mars 1838.* »

Questions adressées par le général Gourgaud au général Fabvier et réponses de celui-ci sur quelques particularités relatives à la défection d'Essonne.

(INÉDIT)

Le document que nous allons reproduire est la copie d'une lettre trouvée dans les papiers du général Gourgaud, et dont nous avons entre les mains le texte original.

Cette lettre est écrite sur un papier de format moyen, glacé, encadré dans un double filet d'or et portant en tête, à gauche, deux écus en relief, or et rouge, qui contiennent le chiffre E. G. et que surmonte une couronne de comte. La lettre est entièrement écrite de la main du général Gourgaud, sur un papier qui semble avoir été à l'usage d'une femme.

Elle est divisée en deux colonnes : sur la première, on lit les questions adressées par le général Gourgaud à un interlocuteur qui n'est point nommé et qui ne peut être que le général Fabvier ; dans la seconde, se trouvent les réponses faites par le général Fabvier.

Il est à remarquer que toutes les questions ne sont pas suivies de réponses, et que parmi les réponses faites, les unes ont été écrites d'abord au crayon, puis surchargées et écrites de nouveau à l'encre, parfois avec des additions ; les autres ont été tout d'abord écrites à l'encre, sans l'avoir été au crayon. Les caractères des unes et des autres indiquent la même main, celle du général Gourgaud.

Il est probable que toutes les réponses ont été faites verbalement, et qu'elles ont été écrites par le général Gourgaud, à la suite d'une conversation, et en quelque sorte sous la dictée du général Fabvier.

Au reste, nous aurons soin d'accompagner d'explications les parties de cette lettre qui nous paraîtront demander un éclaircissement.

Mon bon ami,

Je te prie, si toutefois tes souvenirs te le permettent, de me répondre aux questions suivantes : Campagne de 1814.

Vers quelle heure, le 4 avril, les plénipotentiaires de l'Empereur arrivèrent-ils à Essonne ?	*(Au crayon).* A 4 h.	*(A l'encre).* Vers 4 h.
Dînèrent-ils avec le duc de Raguse ?	*(Au crayon).* Oui.	*(A l'encre).* Oui.
Ce dîner n'eut-il pas lieu chez le prince Schwartzenberg, où les plénipotentiaires et le duc de Raguse se rendirent en attendant leurs passeports ? Cette visite à Petit-Bourg est-elle positive ?		*(A l'encre seulement).* Il paraît que les plénipotentiaires ont vu Schwartzenberg.
Dans tous les cas à quelle heure les plénipotentiaires quittèrent-ils Essonne ?	*(Au crayon).* A 5 h. 1/2 6 heures.	*(A l'encre).* Vers 5 h. 1/2.

A quel moment le duc de Raguse rédigea-t-il sa proclamation pour annoncer à ses troupes l'abdication de l'Empereur et que le général Lucotte renvoya pendant que j'étais avec toi?

A quelle heure les trois plénipotentiaires et le duc de Raguse ont-ils pu arriver, le 4 au soir, à l'hôtel Talleyrand pour traiter de la Régence avec Alexandre?

N'y a-t-il eu qu'une conférence ou bien deux? L'une vers minuit et l'autre le 5 avril vers 10 ou 11 heures?

(*Point de réponse*) (1).

(*A l'encre seulement*).
Ils ont dû arriver sur les 11 heures du soir.

(*A l'encre seulement*).
Il paraît qu'il n'y a eu que cette conférence (2). Marmont avait accompagné les trois plénipotentiaires et était allé chez Ney attendre.

(1) Lorsque le colonel Gourgaud, le 4 avril, vers la fin du jour, vint de Fontainebleau à Essonne pour y demander, de la part de l'Empereur, le maréchal Marmont, alors à Petit-Bourg avec les commissaires, il trouva à l'état-major, entre autres officiers, le colonel Fabvier, aide-de-camp du maréchal. Ce fut à ce moment que l'on reçut à l'état-major une lettre cachetée à l'adresse du maréchal, mais portant sur la suscription les signes d'une grande urgence. On crut devoir l'ouvrir, même en l'absence de celui à qui elle était adressée, et l'on y trouva des lignes écrites à la hâte par le général Lucotte, annonçant qu'il n'avait pas mis à l'ordre du jour de sa troupe la nouvelle de l'abdication de l'Empereur, ainsi qu'on le lui commandait au nom du maréchal duc de Raguse dans une pièce jointe qu'il s'empressait d'envoyer à son chef comme une pièce qui ne pouvait pas être émanée de lui, et qui était évidemment « une ruse de guerre, une manœuvre de l'ennemi. » Ce sont là les circonstances auxquelles le général Gourgaud fait ici allusion dans sa question. Au reste, il ne paraît pas que le maréchal Marmont ait fait une proclamation pour annoncer à ses troupes l'abdication de l'Empereur. Il avait alors conclu son traité secret avec le prince de Schwarzenberg, et, dans la position où il se trouvait, il ne pouvait rien dire qui ne fût ou un inutile et compromettant mensonge des regrets qu'il n'éprouvait pas, ou une imprudente et très-dangereuse révélation de l'état de ses menées. Le maréchal duc de Raguse se tira d'embarras, en commandant à son chef d'état-major, le général Meinadier, de mettre à l'ordre de l'armée tout simplement la nouvelle de l'abdication de l'Empereur. Cet ordre fut donné de quatre à cinq heures de l'après-midi, dans la journée du 4 avril.

(2) La conférence vers minuit (de onze heures à une heure). Il paraît, d'après les mémoires du temps, qu'il y eut une seconde réception des commissaires, le

Est-ce dans la première ou dans la deuxième conférence qu'Alexandre apprit le départ du sixième corps ? A quelle heure ce départ a-t-il eu lieu ? Est-ce à quatre heures du matin ? Est-ce Schwarzenberg qui l'annonça ?

(A l'encre seulement).
Lors de l'arrivée de Fabvier chez Ney pendant la nuit, il y trouva Marmont seul. Ils furent chez Alexandre. C'est alors qu'un officier russe ou autrichien vint annoncer la défection

A quelle heure le rapport de Schwarzemberg a-t-il pu arriver à Alexandre ?

(Point de réponse).

A quelle heure as-tu annoncé au duc de Raguse que son corps avait quitté Essonne ? Est-ce chez Ney ou à l'hôtel Talleyrand que tu as rejoint Raguse ?

(Au crayon). *(A l'encre).*
A 4 h. du   Vers 1 h. du
matin.   matin (1).

Quels sont les principaux généraux qui avec Souham, Compans (2) Ricard (3) et Bordesoulle entraînèrent les troupes sur Versailles ?

(Au crayon).
Digeon.
(A l'encre).
Digeon y était. Ricard était resté à Paris lors du passage du sixième corps le 31 mars.

matin 5 avril, vers dix heures ; mais celle-ci pour la forme seulement et pour la remise officielle de la réponse des souverains alliés En réalité, tout avait été dit dès la première conférence, à la fin de laquelle on avait appris la nouvelle de la défection du 6e corps, nouvelle qui avait mis brusquement un terme aux négociations.

(1) On vient de voir dans les réponses précédentes que Fabvier avait rejoint Marmont, non à l'hôtel Talleyrand, mais bien *chez Ney*, où Marmont *attendait* le résultat des négociations, et se trouvait *seul*.

(2) Sur la participation du général *Compans* à la défection d'Essonne, nous ne pouvons que nous référer à ce que nous avons dit dans le cours de notre récit. Nous devons toutefois constater ici que le général Gourgaud ne doute pas de cette participation.

(3) Le nom du général *Ricard* est écrit, puis effacé dans l'original, à la suite de celui du général Compans.

Où eut lieu la révolte des trou- (Point de réponse).
pes? Est-ce avant d'arriver à Ver-
sailles ou bien après?

Reçois d'avance tous les remerciements de ton ami bien dévoué,

Le lieutenant-général, GOURGAUD.

Paris, ce 3 avril 1842.

Composition du 6ᵉ corps, du 30 mars au 5 avril 1814.

Il nous a paru intéressant de réunir quelques documents pour faire connaître la composition du 6ᵉ corps au moment de la défection. De ces documents, deux ont été déjà publiés dans des ouvrages auxquels nous les empruntons; ce sont ceux qui constatent l'état du 6ᵉ corps, au 30 mars 1814, lors de la bataille de Paris.

On trouvera, entre ces deux tableaux, des différences qui s'expliquent, en partie par ceci que l'un de ces tableaux représente l'état du 6ᵉ corps avant la bataille, avec les adjonctions momentanées qui lui furent faites, et que l'autre représente ce même état du 6ᵉ corps après la bataille, moins les blessés et les morts, et sans la plupart des adjonctions.

Ainsi, d'après l'état du général Koch, le 6ᵉ corps, avant la bataille, comptait 12,386 combattants. D'après l'état du général Fabvier, le 6ᵉ corps, après la bataille, n'en comptait plus que 5,222. Ce calcul est sans doute erroné.

Les deux autres documents que nous reproduisons sont inédits. Le premier représente l'état du 6ᵉ corps, au 5 avril 1814, l'ensemble des troupes comprises dans la défection, 12,109 hommes. Le second document n'est pas un état de situation, mais bien seulement la liste des officiers généraux et des officiers supérieurs momentanément investis d'un commandement en chef, qui ont adhéré aux actes émanés du gouvernement provisoire; nous verrons plus bas le sens qu'il convient d'attacher à ces mots. Ce second document a été cité par nous, dans le but de réunir le plus de notions possibles sur les noms des généraux et chefs de troupes qui commandaient le 6e corps sous les ordres du duc de Raguse.

D'après l'état de situation de Versailles, 5 avril, les généraux et chefs de corps compris dans le mouvement de défection, étaient :

Le général Meinadier ;

Les généraux Joubert, Souham, Ledru des Essarts, Digeon ;

Le général Merlin, ayant sous ses ordres les généraux Guyon, Hubert, Latour-Foissac ;

Le général Bordesoulle, ayant sous ses ordres le général Thiéry et le colonel Dijon, commandant une brigade ;

Le colonel Pâris, commandant le génie ;

Le colonel Laporte, commandant une division.

Nous citons pour mémoire le général Lucotte, qui n'avait point suivi le mouvement et qui était resté à Essonne.

Mais on doit observer que tous les chefs du 6e corps ne se trouvent pas compris dans l'énumération qui précède; quelques-uns notamment étaient absents d'Essonne au moment de la défection, comme le général Pelleport, alors blessé et malade à Paris, comme le général Ricard, croyons-nous encore, alors aussi à Paris pour des affaires particulières. En outre, quelques noms ont pu être omis par le rédacteur de l'état de situation du 5 avril; car il était assez naturel que le général Meinadier ne fût pas tout entier en ce moment aux soins d'une énumération bien exacte et fidèle. C'est pour compléter, autant qu'il est en nous, cette liste des chefs du 6ᵉ corps que nous plaçons ci-après un acte d'adhésion, dans lequel on voit figurer les signatures d'un certain nombre de ces chefs, non compris dans l'état de situation du 5 avril.

ORDRE DE BATAILLE DE L'ARMÉE FRANÇAISE DEVANT PARIS, le 30 mars 1814, vers sept heures du matin.

(Extrait du tableau XXXVI des *Mémoires pour servir à l'histoire de la campagne de 1814*, par le général KOCH.)

COMMANDEMENT.	DÉSIGNATION DES CORPS D'ARMÉE.	GÉNÉRAUX DE DIVISION.	GÉNÉRAUX DE BRIGADE.	EMPLACEMENT DES TROUPES.	COMBATTANTS d'infanterie et d'artillerie.	de cavalerie.
AILE DROITE aux ordres du maréchal duc de RAGUSE.	Corps provisoire du général COMPANS	CHASTEL.	VINCENT.	Déployée sur une ligne entre Charonne et Montreuil.		1600
	Premier corps de Cavalerie.	MERLIN. BORDESOULLE.	HUBERT et FOISSAC LATOUR. THIERY et LAVILLE.	Déployée en 2ᵉ ligne en arrière de la route de Montreuil.		850 895
	Sixième Corps d'infanterie.	DUC DE PADOUE. RICARD. LAGRANGE.	LECOTTE. PELLEPORT et CLAVEL. FOURNIER et JOUBERT.	Occupant Montreuil et couvrant Bagnolet sur le plateau de Maissaie. En réserve, massée par bataillon en avant de la butte des Tourelles. Déployées, la 1ʳᵉ brigade à droite, la 2ᵉ à gauche du chemin de Belleville à Romainville.	1250 726 1395	
	Corps provisoire du général COMPANS.	COMPANS. LEDRU DES ESSARTS. BOYER DE REBEVAL.	CHABERT BONGARS. GUYE.	En tirailleurs dans le taillis de Romainville. Partie déployée, partie massée sur la butte Beauregard. Partie déployée, partie massée en avant du village de Pré-Saint-Gervais.	2220 1600 1850	
					9041	3345
				TOTAL	12386	

APPENDICE

Extrait du Journal des opérations du 6ᵉ Corps pendant la campagne de France en 1814, par le colonel Fabvier.

SITUATION SOMMAIRE DES TROUPES DU 6ᵉ CORPS

LE 1ᵉʳ AVRIL 1814.

DÉSIGNATION		PRÉSENTS.			Observations.
des DIVISIONS.	DES RÉGIMENTS.	Officiers	Soldats	Combatᵗˢ en ligne.	
3ᵉ DIVISION D'INFANTERIE. Colonel LAPORTE, commandant.	2ᵉ d'infanterie légère	16	198	176	
	8ᵉ idem	8	35	29	
	9ᵉ idem	9	37	27	
	16ᵉ idem	11	162	119	
	130ᵉ de ligne	7	40	30	
	138ᵉ idem	19	41	39	
	144ᵉ idem	15	46	34	
	Total	88	559	454	
2ᵉ DIVISION D'INFANTERIE. Général de Brigade JOUBERT Commandant.	37ᵉ d'infanterie légère	19	74	74	Plusieurs de ces régiments avaient aussi des bataillons à l'armée d'Espagne.
	1ᵉʳ de ligne	6	23	23	
	18ᵉ idem	13	30	30	
	16ᵉ idem	1	6	6	
	70ᵉ idem	26	129	129	
	121ᵉ idem	5	13	13	
	1ᵉʳ de la marine	12	50	40	
	2ᵉ idem	6	40	37	
	3ᵉ idem	14	79	65	
	4ᵉ idem	9	45	40	
	132ᵉ de ligne	16	61	70	
	Total	127	550	527	
	Total à reporter	215	1109	981	

DÉSIGNATION		PRÉSENTS			Observations.
des DIVISIONS.	DES RÉGIMENTS.	Officiers.	Soldats	Comb.ts en ligne.	
RÉSERVE DE PARIS Général de Brigade LUCOTTE Commandant.	Report............	215	1109	981	
	65e de ligne.........	10	37	34	
	66e idem............	10	65	63	
	85e idem............	20	38	33	
	13e idem............	26	151	137	
	50e idem............	22	63	59	
	72e idem............	6	20	21	
	88e idem............	17	70	66	
	TOTAL............	111	453	417	
	TOTAL GÉNÉRAL de l'Infanterie.	326	1562	1398 (1)	

Le général Compans commandait deux divisions : l'une, sous les ordres du général Ledru des Essarts, comptait 769 combattants; l'autre, de la jeune garde, aux ordres du général Boyer, 1,167.

Nos deux divisions de cavalerie formaient un total de 1,843 sabres.

(1) Nous avons dû rectifier dans ce tableau les sommes totales.

APPENDICE 359

Versailles, 5 avril 1814.

(INÉDIT)

Situation sommaire des troupes composant le 6e Corps d'armée, le 5 avril au matin.

DÉSIGNATION		PRÉSENTS.			
		HOMMES.		CHEVAUX	
des DIVISIONS.	DES RÉGIMENTS.	Officiers.	S.-Officiers et Soldats	d'Officiers.	de Troupe.
6e DIVISION Colonel LAPORTE	1er Bataillon provisoire............	28	262	"	"
	2e Bataillon idem............	20	263	"	"
	3e Bataillon idem............	34	240	"	"
	4e Bataillon idem............	34	223	"	"
	TOTAL............	116	988	"	"
20e DIVISION Général JOUBERT	37e d'infanterie légère............	30	111	"	"
	1er d'infanterie de ligne............	6	31	"	"
	15e idem............	12	61	"	"
	16e idem............	11	20	"	"
	70e idem............	28	134	"	"
	121e idem............	7	63	"	"
	1er de la Marine............	15	65	"	"
	2e idem............	16	134	"	"
	3e idem............	16	104	"	"
	4e idem............	12	90	"	"
	132e d'infanterie de ligne............	13	86	"	"
	Bataillon des Gardes natles de la Somme.	13	320	"	"
	TOTAL............	179	1239	"	"
	TOTAL à reporter........	295	2227		

DÉSIGNATION		PRÉSENTS.			
		HOMMES.		CHEVAUX.	
des DIVISIONS.	DES RÉGIMENTS.	Officiers.	S.-Officiers et Soldats.	d'Officiers.	de Troupe.
	Report...............	205	2227	»	»
1re DIVISION DE RÉSERVE DE PARIS. Général LUCOTTE.	1er Bataillon de vétérans.........	22	631	»	»
	2e Bataillon *idem*.............	24	680	»	»
	43e de ligne, 2e bataillon (1)..........	29	162	»	»
	50e *idem* 2e *id*............	25	80	»	»
	65e *idem* 1er *id*............	12	38	»	»
	66e *idem* 1er *id*............	9	73	»	»
	72e *idem* 1er *id*............	11	47	»	»
	85e *idem* 3e *id*............	25	25	»	»
	88e *idem* 1er *id*............	15	81	»	»
	TOTAL................	172	1817	»	»
2e DIVISION DE RÉSERVE DE PARIS. Général SOUHAM.	1er d'artillerie de marine (2)..........	»	»	»	»
	3e *idem* 4e bataillon..........	10	340	»	»
	135e d'infanterie de ligne, 1er bataillon.	19	266	»	»
	28e d'infanterie légère, 1er bataillon....	20	286	»	»
	46e d'infanterie de ligne, 1er bataillon..	18	293	»	»
	145e *idem* 4e bataillon....	14	330	»	»
	Ille-et-Vilaine, Garde natle, 1er bataillon.	25	817	»	»
	TOTAL................	106	2349	»	»
	TOTAL GÉNÉRAL à reporter..........	573	6393	»	»

(1) Le général Lucotte n'ayant pas suivi le corps d'armée, ces sept bataillons ont resté avec lui.
(2) Détaché à Montreau.

: Ces notes de l'état de situation ont été conservées avec leur orthographe :

APPENDICE

DÉSIGNATION		PRÉSENTS.			
		HOMMES.		CHEVAUX	
des DIVISIONS.	DES RÉGIMENTS.	Officiers	S.-Officiers et Soldats.	d'Officiers.	de Troupe.
	Report...............	573	6393	»	»
	27ᵉ de ligne............	2	20	»	»
	8ᵉ et 21ᵉ idem...........	1	62	»	»
	54ᵉ et 130ᵉ idem.........	1	66	»	»
Divisions du Général LADAU-DESPESSART.	32ᵉ de ligne............	11	201	»	»
	86ᵉ idem...............	9	102	»	»
	133ᵉ idem..............	17	119	»	»
	Oise..................	4	34	»	»
	Calvados...............	1	38	»	»
	Eure..................	2	87	»	»
	28ᵉ de ligne............	1	57	»	»
	40ᵉ idem...............	11	138	»	»
	62ᵉ idem...............	15	56	»	»
	Seine-Inférieure.........	9	138	»	»
	Deux-Sèvres............	12	388	»	»
	Total............	99	1526	»	»
Artillerie Général DIGEON.	Artillerie à pied.........	19	419	»	»
	Artillerie à cheval.......	8	167	17	112
	Train d'artillerie........	14	534	29	791
	Total............	41	1120	46	903
	Total général à reporter....	713	9039	46	903

DÉSIGNATION		PRÉSENTS.			
		HOMMES.		CHEVAUX.	
des DIVISIONS.	DES RÉGIMENTS.	Officiers.	S.-Officiers et Soldats.	d'Officiers.	de Troupe.
	Report.............	713	9030	46	903
GÉNIE colonel PARIS.	Sapeurs Polonais...............	3	55	»	»
	3e Bataillon de sapeurs...........	»	24	»	»
	TOTAL..............	3	79	»	»
DIVISION de CAVALERIE légère Gl MERLIN.	1re Brigade, général Guyon.........	32	213	64	214
	2e idem, général Hubert..........	33	360	65	360
	3e idem, général Latour-Faussac...	48	238	106	231
	TOTAL..............	113	811	235	805
DIVISION de GROSSE CAVALERIE Gl Bordesoulle.	1re Brigade, colonel Dijon............	71	644	190	639
	2e Brigade, général Thiéry...........	53	388	122	387
	TOTAL..............	124	1032	312	1026
	4e Régiment de marche du général SOUHAM	13	182	30	186
	TOTAL GÉNÉRAL..........	966	11143	623	2920

Certifié conforme aux états particuliers.

Le Général Chef de l'État-Major général.

BARON **MEINADIER**.

Dans ce tableau nous avons conservé, nous le répétons, les noms propres d'hommes et de lieux tels qu'ils se trouvent écrits : *Ile-et-Vilaine* pour *Ille-et-Vilaine*, *Montreau* pour *Montereau*, *Ledru-Desessart* pour *Ledru des Essarts*, *Latour-Faussac* pour *Latour-Foissac*, etc.; nous avons enfin respecté les sept bataillons de Lucotte qui *ont resté avec lui*.

(INÉDIT)

Acte d'adhésion du 6ᵉ corps.

Rouen, le 19 avril 1814.

Nous, officiers généraux et supérieurs des corps et de l'état-major, composant le sixième corps d'armée, aux ordres de Son Excellence Monseigneur le Maréchal duc de Raguse, déclarons, en notre nom et en celui de nos subordonnés, adhérer entièrement aux actes émanés du sénat, du corps législatif et du gouvernement provisoire, ainsi qu'au rétablissement de la dynastie des Bourbons, nos anciens souverains, conformément à la charte constitutionnelle du 6 de ce mois, et nous promettons de prendre toujours pour base de notre conduite l'honneur et le bien de la patrie.

Suivent les signatures; nous relèverons seulement ici celles des généraux ou officiers supérieurs momentanément investis d'un commandement en chef :

Baron MEINADIER, général chef de l'état-major général.
Le général de division baron LEDRU DES ESSARTS.
Le général de brigade CHABERT.
Le colonel commandant la huitième division LAPORTE.
Le général JOUBERT.

Le général de brigade CLAVET.
Le général de brigade PELLEPORT.
Le général de brigade chevalier LANGERON.

Il est presque superflu de faire remarquer la signification toute particulière de ce document.

Au 19 avril 1814, un acte d'adhésion n'était plus nécessaire. Louis-Stanislas-Xavier avait été reconnu et proclamé roi de France depuis le 6 ; l'Empereur avait abdiqué depuis le 11 ; depuis le 12, MONSIEUR était à Paris où il occupait le gouvernement au nom du roi Louis XVIII, son frère. L'Empire n'était plus, la Maison de Bourbon était régulièrement rétablie. On adhère à un pouvoir contesté ; on n'adhère pas à un pouvoir désormais en possession du droit d'exiger de tous l'obéissance.

Il y a plus ; de tous les corps dont se composait l'armée française, il y en avait un pour qui un acte d'adhésion par écrit était chose tout-à-fait superflue ; le 6e corps, en effet, n'avait pas attendu les événements pour prendre parti ; il avait été le premier, et pour mieux dire, il avait été le seul à se soumettre au gouvernement provisoire enjoignant à l'armée de quitter les drapeaux de l'Empereur ; dès la nuit du 4-5 avril, il avait abandonné l'Empereur dont il formait l'avant-garde, et il s'était mis à la discrétion du gouvernement provisoire et de ceux qui disposaient de ce gouvernement. Certes, cette désertion qui détermina la chute de l'Empire constituait un acte d'adhésion qui n'avait pas besoin d'être exprimé de nouveau par de vaines paroles.

Toutefois, le duc de Raguse a voulu que son corps d'armée fît encore par écrit un acte d'adhésion, et que cette adhésion fût faite alors même qu'il n'y avait plus lieu d'adhérer. Pourquoi? A cette folle idée, il y avait deux motifs.

Le premier, c'est que le duc de Raguse avait toujours sur le cœur le mouvement de révolte par lequel le 6ᵉ corps avait tout d'abord réagi contre la défection. Cette révolte n'avait pas eu lieu sans une coopération quelconque de certains chefs qui s'y étaient prêtés, qui ne l'avaient pas empêchée, qui l'avaient peut-être approuvée tout haut. D'autres chefs avaient été absents au moment de la défection, et l'on pouvait les mettre à la suite de ceux qui l'avaient plus ou moins énergiquement blâmée. Le duc de Raguse résolut d'effacer la trace de ces oppositions, de rendre impossibles toutes les suppositions de contrainte, de surprise, de dissentiment, et pour cela, il imagina de faire rédiger une formule d'adhésion dans laquelle s'inscriraient les noms de tous les chefs du 6ᵉ corps qui avaient été étrangers ou contraires à l'acte de défection.

Un second motif avait conseillé cet expédient au duc de Raguse. Au mois d'avril 1814, les hommes politiques ralliés au nouvel ordre de choses, étaient déjà sourdement divisés en deux partis : les uns voulaient le rétablissement pur et simple, sans condition, de l'ancienne monarchie; les autres entendaient faire au rétablissement de l'ancienne monarchie une condition, et c'était l'acceptation ou la promesse préalable d'une constitution basée sur les principes que le Sénat avait proclamés par un de ses actes du 6 avril. Soit bon sens, soit entraînement, soit désir de colorer d'une apparence de passion politique la part qu'il avait prise aux événements, le duc de Raguse s'était rangé parmi les royalistes constitutionnels, et ce fut pour avoir occasion de le faire savoir au roi, à l'armée, à l'opinion, qu'il songea à mettre dans l'acte d'adhésion proposé au chef de son corps d'armée, ces mots significatifs : « Nous déclarons adhérer. . . . . . . au rétablissement de la dynastie des Bourbons, nos anciens souverains, *conformément à la Charte constitutionnelle du 6 de ce mois.* »

Le duc de Raguse proclamait en ces termes qu'il se rattachait à la constitution votée par le Sénat ; que, s'il avait fait défection, c'était pour assurer à la France la paix, et de plus des garanties libérales, un régime de liberté politique ; et l'on doit reconnaître que ce supplément de déclaration des intentions qui l'avaient dirigé, n'était pas tout-à-fait inutile : car le duc de Raguse avait fait sa défection deux jours avant que le Sénat n'eût voté son acte constitutionnel.

Faire un manifeste libéral au nom de tout son corps d'armée, produire ce manifeste au moment où le roi Louis XVIII quittait Hartwel pour se rendre en France, c'était là sans doute le but principal de l'acte d'adhésion proposé aux chefs du 6ᵉ corps. Mais en homme qui est condamné à songer encore à autre chose qu'à prendre rang et date pour les hautes questions de la politique, le duc de Raguse n'oublia pas de placer dans cet acte d'adhésion ce qu'il fallait pour satisfaire, autant que possible, les exigences les plus embarrassantes de sa position militaire ; il aurait pu se borner à faire adhérer à l'établissement d'une monarchie constitutionnelle : mais la défection ! que faire de la défection ? comment proposer d'adhérer à la défection, sans la nommer, sans trop la dissimuler ? Comment s'y prendre pour l'indiquer suffisamment sous un autre nom que le sien ? La plume du duc de Raguse ne manquait pas d'habileté : il eut soin de demander à ses subordonnés une adhésion tellement collective, qu'elle ne laissait rien en dehors, de tout ce qui avait pu se faire ; elle comprenai même les actes émanés du gouvernement provisoire qui n'existait plus depuis l'arrivée à Paris de MONSIEUR, en qualité de *lieutenant-général du royaume*. Or, il est trop certain que la défection du 6ᵉ corps s'était faite en conséquence des ordres du gouvernement provisoire. Le prince de Schwartzenberg avait ainsi proposé au duc de Raguse de faire défection : « J'ai l'honneur de faire passer à V. Exc... une invitation des membres du gouvernement provisoire à vous ranger sous les drapeaux de la bonne cause française .. » (Lettre du 3 avril.) Le duc de Raguse, répondant au prince de Schwartzenberg avait ainsi accepté et promis de faire défection : « ... L'armée et le peuple se trouvent déliés du serment de fidélité envers l'Empereur Napoléon, par le décret du Sénat... En conséquence, je suis prêt à quitter, avec mes troupes, l'armée de l'Empereur Napoléon... » (Lettre du 3-4 avril.)

Voici la série des actes émanés à ce sujet du Sénat, du Corps législatif et du Gouvernement provisoire.

« Le Sénat déclare Napoléon Bonaparte et sa famille déchus du trône et délie le peuple et l'armée du serment de fidélité. » Acte du Sénat du 2 avril, renouvelé le 3 avec de longs *considérants*.

« Le Corps Législatif, vu l'acte du Sénat du 2 de ce mois, par lequel il prononce la déchéance de Napoléon Bonaparte et de sa famille, et déclare les Français dégagés envers lui de tous les liens civils et militaires et de toute obéissance, adhère à l'acte du Sénat, etc. (Acte du 3 avril). »

« Le gouvernement provisoire aux armées françaises : Soldats ! La France vient de briser le joug sous lequel elle gémit avec vous depuis tant d'années... » Cette adresse, violent appel à la désertion qu'il serait pénible de reproduire en entier, se termine ainsi : « Vous n'êtes plus les soldats de Napoléon ; le Sénat et la France vous dégagent de vos serments. » (Acte du 2 avril).

Qu'est-ce que la défection du 4-5 avril 1814, sinon la mise à exécution, de la part d'un corps d'armée en particulier, de ces ordres répétés du Sénat, du Corps législatif, du Gouvernement provisoire? Qu'est-ce que cette défection, sinon un des actes émanés de cette triple et sinistre usurpation de puissance, surgie, un jour, de notre plus grand désastre national?

Tous les chefs du 6e corps n'ont pas signé cette adhésion où le duc de Raguse avait combiné de son mieux les exigences de sa position militaire et les convenances de ses visées politiques. Les uns, les principaux complices comme Souham, Bordesoulle, Digeon, ont cru sans doute inutile de le faire. D'autres auront reculé devant la ratification et l'approbation trop étendue qui leur étaient demandées. Quelques-uns seulement, en trop grand nombre, ont cédé, soit à cette indifférence propre aux hommes de guerre pour tout ce qui n'est pas un acte matériel et positif, soit à la crainte de compromettre leur carrière par une protestation que l'honneur commandait, mais qui pouvait paraître sans but contre un événement accompli.

Mission du colonel Galbois auprès de l'impératrice Marie-Louise.
(Extrait des pages 483—4, de la *Bataille* et de la *Capitulation de Paris*, par Pons (de l'Hérault).

« Le 6 avril 1814, l'Empereur Napoléon me fit appeler auprès de lui. S. M. me chargea d'aller porter une lettre à Marie-Louise : elle me donna des instructions verbales.

« Le lendemain j'arrivai de bonne heure à Blois. L'impératrice me reçut de suite. L'abdication de l'Empereur la surprit beaucoup. Elle ne pouvait pas croire que les souverains alliés eussent l'intention de détrôner l'Empereur Napoléon. « *Mon père*, disait-elle, ne le souffrirait pas ; *il m'a répété vingt fois, quand il m'a mise sur le trône de France, qu'il m'y soutiendrait toujours, et mon père est un honnête homme.* »

» L'impératrice voulut rester seule pour méditer sur la lettre de l'Empereur.

» Marie-Louise me fit appeler. Sa Majesté était très-animée. Elle m'annonça qu'elle voulait aller rejoindre l'Empereur. Je lui observai que la chose n'était pas possible. Alors S. M. me dit avec vivacité : « *Pourquoi donc, Monsieur le colonel? Vous y allez bien, vous! Ma place est auprès de l'Empereur, dans un moment où il doit être si malheureux; je veux le rejoindre, et je me trouverai bien partout pourvu que je sois avec lui.* »

» Je représentai à l'impératrice que j'avais eu beaucoup d'embarras pour arriver jusqu'à elle ; que j'en aurais bien plus pour rejoindre l'Empereur. En effet, tout était dangereux dans cette course.

» L'on eut de la peine pour dissuader l'impératrice. Enfin elle se décida à écrire.

» Je retournai heureusement auprès de l'Empereur. Napoléon lut la lettre de Marie-Louise avec un empressement extrême : il me parut très touché du tendre intérêt que cette princesse lui témoignait. L'impératrice parlait de la possibilité de réunir 150,000 hommes ; l'Empereur lut ce passage à haute voix, et il m'adressa ces paroles remarquables : « *Oui, sans doute, je pourrais tenir la campagne et peut-être avec succès; mais je mettrais la guerre civile en France, et je ne veux pas...... D'ailleurs, j'ai signé mon abdication, je ne reviendrai pas sur ce que j'ai fait.* »

La lettre suivante révèle une décision tout à fait inconnue de l'Empereur à Fontainebleau, une décision, au reste, qui n'a pas eu d'exécution. N'y a-t-il pas ici un de ces actes qu'il faut attribuer, dans les temps de crise, à l'initiative, aux intempérances du zèle privé ? Nous sommes porté à le croire.

(INÉDIT)

Fontainebleau, 5 avril 1814.

A Monsieur le général comte Duhesme.

Monsieur le général,

Des malveillants ont profité de la présence de l'ennemi à Paris pour manifester le désir de voir revenir sur le trône la dynastie des Bourbons. Déjà tous les journaux qui sont sous l'influence étrangère contiennent des adresses à ce sujet.

L'Empereur voulant connaître le vœu de l'armée à cet égard, je vous prie de réunir les officiers généraux et les officiers de tout grade de votre division et de leur demander leur sentiment.

Si, comme je le pense, ils ne veulent pas sacrifier vingt années de gloire et de travaux, il sera fait une adresse dans le corps d'armée qui sera signée de tous, et qui exprimera énergiquement qu'ils n'admettront jamais un Bourbon et qu'ils resteront fidèles à la dynastie actuelle.

Je vous prie, Monsieur le général, de me faire connaître le résultat de cette convocation qui devra avoir lieu au point du jour. On nommera dans chaque division et dans l'artillerie un commissaire pour la rédaction de l'adresse. Ces commissaires se réuniront de suite à mon quartier général.

J'ai l'honneur, etc.

Comte GÉRARD.

(INÉDIT)

Paris, le 7 avril 1814.

La ligne de démarcation arrêtée entre S. A. le maréchal prince de Schwartzenberg et les députés de l'armée française, MM. les maréchaux prince de la Moskowa et duc de Tarente, et M. le général de division duc de Vicence, sera établie de la manière suivante :

Elle commencera à l'embouchure de la Seine; elle suivra les limites qui séparent les départements :

de la Somme,	de la Seine-Inférieure,
de l'Oise,	de l'Eure,
de Seine-et-Oise,	de l'Eure-et-Loir,
de Seine-et-Marne,	du Loiret,
de l'Yonne,	de la Nièvre,
de la Côte-d'Or,	de l'Allier,
de Saône-et-Loire,	de la Loire.
du Rhône,	

De là, cette ligne suivra la frontière du département de l'Isère jusqu'au Mont-Cenis.

Il est à observer que dans les départements de la Seine-Inférieure et de l'Eure, la ligne de démarcation sera marquée par le cours de la Seine, de manière que les troupes alliées en occuperont la rive droite, tandis que la rive gauche sera occupée par l'armée française. Il en sera de même dans le département de Seine-et-Marne, où le cours de la Seine marquera également la ligne de démarcation, au lieu de la frontière dudit département.

Fait à Paris, le 7 avril 1814.

Maréchal prince de LA MOSKOWA, SCHWARTZENBERG.

IV

Les étrangers, maîtres de Paris, craignaient une attaque de l'armée de Fontainebleau, et si cette attaque avait eu lieu, il n'est point douteux qu'ils ne l'auraient même pas attendue, et qu'à la première annonce de l'approche de l'armée impériale, ils se seraient hâtés d'évacuer Paris. C'est là une vérité historique que nous avons déjà avancée et qu'il serait facile de démontrer de la façon la plus irréfutable. Nous nous bornerons à n'en rapporter ici que deux preuves.

On trouve le fait suivant, consigné à la date du 3 et du 4 avril 1814, dans le *Journal d'un prisonnier anglais*, déjà cité.

« A deux heures de l'après-midi, le général Sacken envoya au préfet de police l'ordre de mettre en réquisition toutes les barques qui se trouvaient sur la rivière, pour construire un pont au-dessus de la barrière de Bercy. Cet ordre fut mis sur-le-champ à exécution. A sept heures l'ordre arriva d'en construire un second, et à minuit celui d'en construire un troisième. Deux mille pontonniers et soldats, la plupart Bavarois, se mirent immédiatement à l'ouvrage, et travaillèrent jusqu'au mardi matin ; mais les travaux furent alors arrêtés ; il y avait un pont de construit et un autre qui l'était à moitié. Le général Mufflin, chef d'état-major de Blucher, me dit que c'était lui qui avait provoqué la construction de ces ponts, attendu que s'il y avait eu une bataille, le passage des troupes dans l'intérieur de Paris aurait produit beaucoup de désordre, et que, d'ailleurs, on ne pouvait, sans de grands dangers, y faire passer des caissons chargés de poudre.

Mais ce qui prouve encore mieux que les souverains étrangers n'auraient pas attendu l'Empereur à Paris, c'est la pièce que nous allons citer et où l'on voit le prince le plus puissant de la coalition ayant déjà pourvu, dès le 4 avril, à son départ de notre capitale par la nomination d'un plénipotentiaire chargé de le représenter auprès du gouvernement provisoire. Seulement on peut se demander si le gouvernement provisoire aurait persisté à maintenir son siége à Paris, dans l'absence des baïonnettes étrangères. Cela est pour le moins douteux. Voici cette pièce qui n'a pas d'ailleurs besoin de commentaire.

Lettre de créance de M. le Commissaire nommé par S. M. l'empereur de toutes les Russies, pour résider près le Gouvernement provisoire.

« En m'éloignant de Paris, j'ai pensé qu'il était nécessaire de pourvoir aux moyens d'établir les relations les plus suivies et les plus fréquentes avec le Gouvernement provisoire ; j'ai à cet effet nommé mon général-major, Pozzo di Borgo, pour résider auprès de lui en qualité de commissaire général. Je vous invite, messieurs, à ajouter foi à tout ce qu'il sera dans le cas de vous dire de ma part, et à me transmettre par son entremise toutes les communications que vous auriez à me faire. Il jouit de ma confiance et la justifiera sûrement encore, dans cette occasion, en ne négligeant aucun moyen de cimenter les rapports de paix et d'amitié si heureusement établis entre la Russie et la France.

« Recevez, messieurs, l'assurance de toute mon estime,

« ALEXANDRE. »

Paris, le 29 mars (4 avril) 1814.

Il résulte de la curieuse lettre qu'on va lire, que le Maréchal Marmont, en juin 1815, avant la bataille de Waterloo, avait écrit au duc de Wellington. A quel sujet, dans quel but? c'est ce que l'on ne saurait dire avec certitude, car on n'a pas la lettre même du maréchal Marmont; mais nous avons la réponse du duc de Wellington, et l'on peut faire au moins quelques conjectures.

Ainsi, le duc de Wellington, tout en accordant qu'un *galant homme* ne se bat pas contre son pays, s'efforce de prouver que la coalition européenne ne fait point la guerre à la France, et que, partant, un Français peut se mettre à la suite de cette coalition, sans craindre de manquer à ce qu'il se doit à lui-même et à son pays. Le maréchal Marmont avait donc écrit au duc de Wellington pour lui exprimer des scrupules et des répugnances fort honorables, que celui-ci prend à tâche d'apaiser et de tromper par ses ingénieux sophismes.

Mais pourquoi choisir un général ennemi, conduisant une armée contre la France, pour lui faire part des scrupules qu'un Français peut avoir à marcher contre son pays, à la suite de ses ennemis? Nous ne sommes pas des ennemis, se hâte d'affirmer le duc de Wellington. — Il fallait s'attendre à une pareille assurance.

Étonné lui-même d'être pris pour confident et pour juge de sentiments aussi délicats, le duc de Wellington, en habile homme, soupçonne sous la communication qui lui est adressée, une proposition secrète qu'on voudrait lui faire entendre, sans trop l'exprimer : et c'est que le maréchal Marmont lui demande son entremise officieuse pour obtenir du roi Louis XVIII un commandement important dans les opérations qui se préparent contre la France. Le duc de Wellington croit d'autant plus à cette demande indirecte, que le maréchal Marmont s'est plaint, dans sa lettre, du peu de cas qu'on a fait de lui pendant la première Restauration ; on n'a pas tenu compte de ses avis ; on a fait des fautes, dont il avait en vain prévu et prédit les résultats ; comme il ne peut se résoudre à porter les armes contre son pays, qu'il croit inutile de rester attaché à une cause qui ne veut point de lui, et qu'il ne saurait rester inactif à l'âge de 43 ans, il voudrait trouver à prendre du service auprès de quelque puissance non en guerre contre la France, peut-être dans les possessions coloniales de l'Angleterre, dans les Indes ; tel est probablement le sujet de sa lettre, et c'est là-dessus qu'il demande conseil au duc de Wellington. Mais le duc de Wellington n'est point dupe de ce désespoir ambitieux ; tout ce qu'il y voit, c'est que le maréchal Marmont éprouve un violent désir d'être employé par le roi Louis XVIII et par les alliés selon la haute valeur des talents militaires qu'il a, et de l'intelligence politique qu'il croit avoir. Seulement, sur ce point, le duc de Wellington se retranche dans une discrétion clairvoyante et froidement polie ; il a compris, il le fait entendre, mais il ne veut ou ne peut rien faire de ce que souhaite si ardemment le maréchal Marmont ; il ne lui convient pas d'ailleurs de s'apercevoir que celui-ci doute un peu du succès des alliés contre l'empereur Napoléon ; toutefois ce doute, dont il n'est pas flatté, lui dicte en partie sa réponse, et il conseille à Marmont de rester tranquille à Aix-la-Chapelle, d'y attendre les événements ; le roi Louis XVIII et les alliés n'ont point de commandement à lui donner.

En somme, le maréchal Marmont confie à un étranger ce qu'il pense de la politique du Roi, son maître, et ce qu'il en pense, c'est un blâme : il oblige cet étranger à lui donner une leçon de convenance, à lui dire qu'il s'exagère les fautes de la Restauration, qu'il se les exagère à cause de certains dépits, tout personnels. Il soumet en outre à un général ennemi dirigeant une armée contre la France, les scrupules qu'il a de porter lui-même les armes contre son pays, et il procure à ce général ennemi l'occasion d'émettre, sur la France, sur son armée, sur les intentions hostilement amicales des alliés, une théorie et des appréciations qui sont pour le moins une moquerie. Enfin, il s'expose à faire croire à cet étranger, à cet ennemi, qu'il a besoin de son secours, qu'il lui demande son entremise pour se remettre en faveur auprès du Roi de France, et tout ce qu'il obtient, c'est un refus poli et positif d'intercession. On n'est pas plus maladroit et plus malheureux que le duc de Raguse. C'est qu'il est des positions dans lesquelles on peut bien difficilement se maintenir avec quelque dignité; l'esprit n'y suffit pas ; il y faut encore du cœur. Mais il est vrai de le dire, les hommes de cœur ne tombent pas dans ces sortes de positions où l'on ne peut que s'agiter, d'une manière folle, entre les réprobations de ceux qu'on a trahis et les dédains de ceux pour lesquels on s'est perdu.

On remarquera encore dans la lettre suivante, dont nous avons soigneusement conservé les embarras de rédaction française, le caractère propre à l'éminent personnage qui l'a écrite. Celui que les Anglais ont nommé le *duc de fer*, n'avait pas cette raideur qui ne se prête pas aux obstacles et aux vicissitudes de la vie ; il avait bien dans l'esprit cette souplesse et ce tact qui s'allient à la fermeté pour la rendre plus habile et plus efficace. Le duc de Wellington, dans cette lettre, raille, éconduit le maréchal Marmont ; toutefois, il y reste noble et bienveillant, et il n'abuse pas de la confiance de l'homme qu'une démarche inconsidérée a mis à sa discrétion.

(INÉDIT)

Le duc de Wellington à Son Excellence Monseigneur le maréchal duc de Raguse.

A Bruxelles, ce 4 juin 1815.

Monsieur le maréchal, je suis bien flatté par la confiance que vous avez reposée en moi par votre lettre du 1er, à laquelle je vais répondre avec la même franchise dont vous vous êtes servi en l'écrivant.

Le principe sur lequel vous vous fondez est généralement vrai et bon : un galant homme ne peut pas servir dans les rangs des ennemis de sa patrie. Mais je ne crois pas que le cas existe.

La France n'a pas d'ennemis que je connaisse, et à ce que je sache, n'en mérite pas.

Nous sommes les ennemis d'un seul homme et de ses adhérents, qui s'est servi de son influence sur l'armée française pour renverser le trône du Roi, enfin (1) de subjuguer la France, et puis de faire revivre pour nous tous les jours de malheur que nous croyions avoir échappés. Nous sommes en guerre avec lui parce que nous sentons tous que nous ne pouvons pas être en paix.

C'est un malheur pour la France qu'elle devienne le théâtre de la guerre que cet homme nécessite et dont il est la cause et le but. Mais il ne faut pas croire que cette guerre soit dirigée

(1) Afin.

contre elle. Au contraire le Roi de France, celui que vous désirez voir restauré au trône et de servir, est l'allié de toute l'Europe dans cette lutte, dans laquelle je le crois aussi le vrai représentant des sentiments et des souhaits de la nation.

La situation où nous allons nous trouver ne peut pas donc s'appeler un état de guerre contre la France, mais bien une guerre de la part de toute l'Europe, y incluse la France, contre Buonaparte et contre son armée de laquelle la mauvaise conduite a donné occasion aux malheurs qui vont arriver et que nous déplorons tous.

Mais quoique j'envisage l'état où nous allons nous trouver tous au point de vue différent de celui où vous l'avez envisagé, je ne suis pas certain que je n'agirais pas dans le moment comme vous proposez agir. Je n'étais pas à Paris quand le malheur que nous regrettons tous est arrivé. Je n'en connais pas tous les détails et je n'en peux pas juger exactement. Je suis tenté de croire que la cause du mal était que le roi n'était pas et n'avait jamais été maître de l'armée dite la sienne; et qu'avec les meilleures précautions, les mêmes événements auraient arrivé un peu plus tôt ou un peu plus tard, avec très peu de différence dans leurs détails.

Mais un homme comme vous, connaissant les affaires et capable d'en juger, peut avoir raison de se plaindre, si ses conseils sont négligés dans le moment de crise, et surtout si les malheurs qu'il a prévus arrivent; et le dégoût de sa part et la retraite doivent être attendus comme la conséquence naturelle du manque d'égard pour ses conseils.

J'ajouterai aussi que dans le moment je ne vois pas que le Roi ait les moyens de vous employer d'une manière qui soit convenable ou à votre rang ou à vos talents, ou qui vous donne la facilité de rendre les services à votre Patrie dont vous êtes capable.

Mais quoique je convienne avec vous que vous faites bien de vous éloigner pour le moment, je vous conseille très-fort de ne pas le faire trop longtemps.

Quand les alliés entreront en France, la France ne peut pas

rester neutre entre Bonaparte et l'armée et elles (1). Tout donne lieu de croire que la partie saine de la nation se rangera sous les drapeaux du Roi du côté des bons principes, et si cette espérance s'accomplit et qu'un grand effort se fait, c'est alors le moment où un homme comme vous devrait se mettre en avant, pour lever, organiser, former et commander l'armée française qui doit remettre et contenir le Roi sur son trône.

Malgré donc que j'ai demandé permission au Roi des Pays-Bas pour que Votre Excellence passe et se rende en Hollande, je vous conseille de ne pas quitter Aix-la-Chapelle et de ne pas annoncer l'intention de faire votre retraite, jusqu'à ce que vous aurez des nouvelles positives sur ce qui se passera en France après l'entrée des alliés.

J'ai l'honneur d'être, Monsieur le Maréchal, votre très-fidèle serviteur.

WELLINGTON.

Dans ses *Mémoires*, tome VII, livre 22, le duc de Raguse revient à deux ou trois reprises sur cette rente annuelle de 50,000 livres qu'il n'avait presque pas demandée, que l'Empereur François lui avait accordée presque spontanément, en 1815, et dont il songea à réclamer le réglement quatre ans après seulement, en septembre 1819 : « J'eus la pensée, dit-il, d'aller solliciter moi-même à Vienne, et de presser par ma présence la conclusion d'une affaire si importante pour moi; entreprise hardie.... j'aurais éprouvé beaucoup de crainte si *alors* j'eusse connu, comme je l'ai fait *depuis*, les mœurs de l'administration de ce pays... » p. 262. Donc, en 1819, le duc de Raguse ne connaissait pas encore les lenteurs de l'administration autrichienne, et il en était sans doute ainsi parce qu'il n'avait pas encore demandé sa rente

---

(1) Les armées ou les puissances alliées.

d'Illyrie. Cela semble du moins résulter de son récit où il se montre à plaisir solliciteur candide et inexpérimenté. Mais cela n'est pas tout à fait conforme à la vérité. Il n'avait pas attendu l'année 1819 pour s'inquiéter d'être mis en possession de son revenu. Dès l'année 1817, nous le trouvons engagé dans une pressante négociation ; il n'est pas à Vienne de sa personne, mais il y a des amis qui sollicitent pour lui ; un d'eux a quitté un poste officiel pour mieux faire ses affaires, et on le tient au courant des démarches et des promesses.

Voici ce que nous lisons dans une lettre dont l'original autographe et inédit est entre nos mains. Nous citerons une partie seulement de cette lettre qui n'est pas toute relative à l'instance du duc de Raguse.

Vienne, ce 6 mars 1817.

Monsieur le Maréchal,

J'espère que M*** (1), vous a rendu compte de la position où sont vos affaires, et qu'il vous aura dit également combien les dispositions de l'Empereur et celles du prince de Metternich vous sont favorables ; je n'ai d'autre mérite que celui de chercher à les entretenir par tout ce qui peut fixer leur opinion sur vos droits, et je crois pouvoir me flatter que nous arriverons à une détermination aussi avantageuse que possible. Nous avons à combattre toutes les oppositions financières ; mais nous sommes fortement appuyés par les sentiments personnels de l'Empereur, qui sont entièrement en votre faveur. J'ai engagé M*** à prolonger son séjour ici jusqu'à ce que nous ayons pu obtenir une décision ; cela ne peut plus tarder, et j'espère que le duc de Richelieu approuvera cette mesure qui, en servant très-utilement vos intérêts, ne peut aucunement nuire au service du consulat de Venise que le neveu de M*** dirige pendant son absence. »

(1) Nous supprimons le nom.

Suit une appréciation de la situation politique de la France en 1847, tout à fait digne de l'esprit élevé et modéré du signataire de cette lettre : M. LE COMTE DE CARAMAN. La lettre se termine par le *post-scriptum* suivant :

« P. S. Le 7 à midi.

» L'Empereur vient de prendre une résolution tout-à-fait favorable aux intérêts de M. le maréchal; le prince de Metternich est chargé de régler avec le comte de Stadion la manière de remplir ses intentions, et il s'est déclaré formellement pour indemniser M. le duc de Raguse. Je suis charmé de pouvoir lui annoncer cette bonne nouvelle, et de l'assurer que je veillerai avec soin à l'exécution des intentions de l'Empereur. »

Cependant, deux ans après, en septembre 1819, rien n'était encore terminé. Le duc de Raguse, en parlant du voyage qu'il fit à Vienne à cette époque pour obtenir un règlement toujours promis et toujours différé, s'exprime ainsi : « Tout en m'amusant beaucoup, mes affaires se terminaient. *Chose incroyable! en vingt-sept jours, les décisions de l'Empereur furent prises et exécutées.* »

Dans le rapport de la commission de la chambre des députés chargée d'examiner la proposition de mettre en accusation les ministres signataires des ordonnances du 25 juillet 1830, on lit les assertions suivantes sur le duc de Raguse :

« Le maréchal duc de Raguse, dont le nom malheureusement célèbre ne pouvait inspirer confiance autre part qu'à la Cour, était de service comme major-général de la garde.

» Dès le 20 juillet, il transmet un ordre confidentiel aux divers chefs de corps, tel qu'on n'en donne guère qu'en présence de l'ennemi ou que dans les circonstances les plus critiques...

» Ainsi, cinq jours avant la signature des ordonnances, conséquemment avant que le plan en eût été définitivement arrêté, le duc de Raguse, mis dans la confidence du prince de Polignac, veillait déjà à contenir le peuple de Paris, et à étouffer par la force des armes toute tentative de résistance.

» ... Le même jour que les ordonnances furent signées, le 25 juillet, une autre ordonnance, contresignée par le prince de Polignac seul, confère au duc de Raguse le commandement supérieur des troupes de la première division militaire; les autres ministres n'ont encore aucune connaissance de cette mesure, si importante dans l'occurrence, et par son objet et par le nom si impopulaire de celui qui allait prendre ce commandement...

» ... La résolution était prise d'intimider les Parisiens par la terreur : aussi, dès le lendemain 26, le prince de Polignac écrit au maréchal : « Votre Excellence a connaissance des mesures extraordinaires que le Roi ... a jugé nécessaire de prendre pour le maintien des droits de sa couronne... »

Le rapporteur cite d'autres preuves de la participation du duc de Raguse aux premières mesures de rigueur : 1° un ordre écrit, dont les chefs de corps étaient porteurs, de tirer sans ménagement sur le peuple; 2° la distribution extraordinaire d'une somme de plus de 900,000 francs, faite aux troupes royales. Le rapporteur conclut ainsi :

» De la partie de l'enquête que nous analysons, il est difficile de ne pas induire que les ordres militaires étaient précis, qu'ils avaient la majeure partie du peuple pour objet, et que pour l'intimider, on était résolu à l'écraser avant toute provocation...

» ... C'était donc une sorte de guet-apens concerté entre l'autorité civile et l'autorité militaire, guet-apens constaté, dès le 20 juillet, par l'ordre du jour confidentiel du duc de Raguse; le 25, par la nomination de ce duc, contresignée Polignac; le 26, par la lettre que lui écrivit le président du conseil; et le 27, par la terrible exécution qu'il reçut... »

Poursuivant son appréciation de la conduite du duc de Raguse dans la journée du 28, le rapporteur le montre s'apprêtant à foudroyer Paris : « Un maréchal de France est chargé de cette horrible mission ; c'est encore le duc de Raguse!... Singulière destinée que celle de ce guerrier, qui, après avoir été longtemps associé à la gloire de nos armes, apparaît à chacun de nos déchirements politiques comme un génie malfaiteur pour sa patrie! »

C'est ainsi que parlait du duc de Raguse, au nom d'une commission de la chambre des députés, un de ces hommes en qui les passions politiques ne prévalent jamais sur la conscience de la vérité, M. Bérenger, aujourd'hui président à la cour de cassation.

Il n'entre pas dans notre sujet de nous occuper de la conduite du duc de Raguse pendant les journées de juillet 1830. Toutefois, il doit nous être permis de remarquer que, malgré les preuves authentiques citées ci-dessus par le rapporteur de la chambre des députés, le duc de Raguse a prétendu qu'il avait été surpris par les ordonnances de juillet, dont il ne savait rien, disait-il, ni le 20, ni le 25, ni même le 26. Le 26, les ordonnances étaient dans le *Moniteur* ; le duc de Raguse n'avait pas même lu, comme tout le monde, le *Moniteur* ; et il se trouva, ce jour-là, un lundi, à l'Institut, à la séance de l'Académie des sciences, où il manifesta, tout à son aise, son étonnement, son indignation, son anxiété douloureuse, car il prévoyait au moins qu'il serait chargé de combattre l'insurrection populaire. Cette scène avait lieu en présence de quelques amis de l'opposition libérale, qui ne manquèrent pas plus tard d'en porter témoignage. On lit dans la déposition de M. Arago, lors du procès des ministres : « Le lundi, il vint me voir à l'Institut ; sa vue produisit sur moi une douloureuse impression. Il me dit : Eh bien!

vous le voyez, les choses vont comme je l'avais prévu. Les insensés ont poussé tout à l'extrême Vous n'avez à vous en affliger, vous, que comme citoyen, comme bon Français ; mais combien n'ai-je pas lieu de me plaindre, moi qui, en ma qualité de militaire, serai obligé de me faire tuer pour des actes que j'abhorre, et pour des personnes qui, depuis longtemps, semblent s'étudier à m'abreuver de dégoûts. »

Toujours le même homme, toujours le même procédé de protestation contre les événements auxquels il se laissait aller. En 1814, il signe un traité avec le prince de Schwartzenberg ; il règle tout ce qui concerne la défection ; puis il se retire à Paris. Là, apprenant tout d'un coup que la défection s'accomplit, il s'écrie, devant témoins, qu'il donnerait un bras pour qu'il en fût autrement, qu'il veut se brûler la cervelle, qu'il va courir au devant du 3ᵉ corps pour l'arrêter dans son mouvement. Mais il n'en fait rien, et il court après le 6ᵉ corps révolté contre la défection pour le ramener dans la défection. De même, en 1830, dans des circonstances au reste fort différentes : depuis six jours, il a reçu des ordres extraordinaires qu'il a dû transmettre et distribuer aux chefs de corps placés sous son commandement; la nature de ces ordres, les dispositions du temps, l'état des esprits, une lutte flagrante entre le peuple et la royauté, tout l'avertit qu'il va être chargé d'assurer par le force la mise en vigueur de quelque mesure politique pour laquelle on s'attend à de grandes résistances. Le parti qu'il lui convenait de prendre devait avoir été résolument envisagé et arrêté par lui : il n'importe, quand les Ordonnances éclatent, il est surpris, et c'est en se plaignant, toujours devant témoins, de la fatalité, qu'il se laisse entraîner dans le parti d'avance accepté par lui après mûre réflexion.

APPENDICE

(INÉDIT)

Le général marquis de Puivert, gouverneur du château de Vincennes, à Monsieur le Maréchal duc de Raguse, commandant les troupes de la 1re division.

Château de Vincennes, le 29 juillet 1830.

Monsieur le Maréchal,

Les bruits les plus désastreux se répandent, on n'entend plus le canon, et ce calme nous alarme. J'envoie deux hommes sûrs, pour connaître votre position. Toutes nos mesures de défense sont prises et je vous réponds du courage et du dévouement de tout ce qui m'entoure. Le meilleur esprit anime ma garnison et elle fera bien son devoir.

J'ai assuré mes subsistances, mais je n'ai point de fonds. J'ai mis en réquisition les caisses publiques de la commune, et elles ne m'ont fourni que 2,300 francs, ce qui ne paye pas la moitié de mes approvisionnements, et je vous prie de m'envoyer le plus promptement possible les sommes nécessaires pour assurer la solde des troupes et mes autres dépenses indispensables.

J'ai l'honneur d'être avec respect, Monsieur le Maréchal, etc.

Le général marquis de Puivert,
Pair de France, gouverneur du château de Vincennes.

La lettre que nous donnons ci-après a été écrite par le duc de Raguse, en 1830, pendant qu'il accompagnait le roi Charles X de Rambouillet à Cherbourg. Cette lettre témoigne du profond découragement qui s'était emparé de Marmont après les événements de juillet. La destinée de cet homme était en effet bien étrange. En 1814, il s'était vu en butte à tous les ressentiments populaires pour s'être mis au service d'une révolution et pour avoir failli à tous ses devoirs de soldat. En 1830, il se voyait de nouveau assailli par les mêmes ressentiments populaires pour s'être opposé à une révolution et pour n'avoir pas failli à ses devoirs de soldat. Ainsi, la constance et l'inconstance, la fidélité et l'infidélité portaient pour lui les mêmes fruits. L'esprit de Marmont ne tint pas à cette contradiction des choses ; il crut, comme un joueur malheureux, à une fatalité attachée à sa poursuite. Mais si Marmont avait pu considérer les événements dont il était le jouet avec un autre sentiment que celui de ses mécomptes et de ses souffrances, il aurait vu que les arrêts de la conscience populaire et de l'histoire, bien loin de se contredire pour lui, se répétaient et se confirmaient. Marmont subissait en 1830 les dernières conséquences de la faute qu'il avait commise en 1814. En 1814, il avait trahi la révolution pour la contre-révolution. En 1830, cette contre-révolution à laquelle il s'était voué et qui succombait, le sacrifiait à son dernier effort de résistance et l'emportait dans sa défaite. Il n'y avait rien d'arbitraire, de fatal et de contradictoire dans ces vicissitudes de la destinée de Marmont. Le jour où Marmont, en 1814, avait fait son pacte de défection, ce jour-là il avait contracté l'irrémissible engagement de combattre, en 1830, dans les rues de Paris pour la contre-révolution ; à lui seul il pouvait imputer les désastres, les humiliations et les outrages inséparables de la défaite d'un de ces partis si bien condamnés par la loi d'un temps, par la force des choses, et si l'on veut, par les passions d'une époque, qu'il semble interdit de les défendre et qu'on fait presque de leur résistance une impiété.

Sans doute un homme tout à fait vulgaire se serait tiré d'embarras, en trahissant la contre-révolution après avoir trahi la révolution. Des exemples de cette versatilité ne manquaient pas à M. de Raguse et peut-être qu'il y aurait eu pour lui, comme pour d'autres, au bout de cette continuité de trahison, des mensonges d'approbation publique. N'a-t-on pas vu mourir embaumé dans un éloge d'un orateur de la Chambre des Pairs un des généraux complices de Marmont, celui-là même qui en 1830 livra l'avant-garde de l'armée royale devant Rambouillet, après avoir concouru le plus activement à livrer en 1814 l'avant-garde de l'armée impériale devant Fontainebleau? Mais Marmont, quelles qu'aient été les tentations dont on l'entoura en 1830, n'a pas commis à cette époque la faute d'être infidèle au parti qu'il avait embrassé. Or, il y a là le signe d'une nature égarée, mais supérieure, que l'histoire doit reconnaître, et que sans doute elle reconnaîtrait à l'avantage de la mémoire du duc de Raguse, si celui-ci ne semblait pas prendre à tâche de troubler tout examen impartial par son attitude pleine d'emportement dans son malheur mérité, par ses plaintes et ses colères contre les justices de l'opinion.

On trouvera dans cette lettre l'homme tout entier, ne comprenant rien lui-même à la destinée qu'il s'est faite, mais du moins préoccupé du jugement de l'histoire; éprouvant vivement ce besoin de l'estime qui est propre aux âmes vaines ou sympathiques, cherchant dans le sentiment du devoir une de ces compensations dont les coupables vulgaires peuvent seuls se passer; non pas, on doit le remarquer, humilié d'être vaincu, mais envahi d'une anxiété pénible sur la légitimité de la cause pour laquelle il vient de faire répandre du sang: tel enfin qu'un homme qui n'est pas tout à fait mauvais, se montre sous le coup et l'épreuve du malheur, c'est-à-dire meilleur qu'il n'était dans la prospérité.

Nous laissons en tête de la lettre de Marmont les réflexions qui la précèdent dans le journal où nous l'avons trouvée. Ces témoignages de l'esprit d'une époque intéressent l'histoire à plus d'un titre.

Extrait du journal LE TEMPS, *n° du* 16 *août* 1830.

« Nous avons sous les yeux la lettre suivante écrite par M. le duc de Raguse à une personne qui habite Paris. On y reconnaîtra le personnage qui n'a jamais balancé à étouffer le faible cri de sa conscience, lorsque son intérêt personnel le lui commandait. M. Marmont n'a jamais été avare de protestations d'honneur et de probité. Le 25, on avait pu l'entendre à l'Institut déclarer hautement à ses collègues combien il déplorait l'aveuglement de Charles X, et assurer qu'il combattait, autant qu'il était en lui, les mesures illégales qu'on venait de prendre; et le lendemain, M. Marmont commandait le massacre du peuple parisien; il obéissait avec empressement aux ordres sanguinaires des sept misérables dont il s'était fait l'instrument. Le duc de Raguse a tort de s'appesantir sur la fatalité qui le poursuit : ce n'est pas à une de nos vieilles gloires militaires qu'on serait venu confier la mission de fusiller le peuple : il est des noms qui repoussent les propositions déshonorantes; pourquoi M. le duc de Raguse ne s'est-il pas fait un tel nom ?

« Au reste, nous attendons avec impatience le mémoire que M. Marmont nous annonce dans sa lettre; quelle que soit l'étendue de son esprit et de son habileté, nous doutons fort qu'il parvienne à justifier les nouveaux méfaits ajoutés à une vie entachée déjà de tant de fautes; il faudrait qu'il employât des flots d'encre pour effacer tant de sang. »

Laigle, 6 août.

Chère amie,

Avez-vous vu jamais une fatalité semblable à celle qui me poursuit? N'est-ce pas une main de fer qui m'écrase? Vous qui connaissez mes opinions, mes sentiments, jugez de ce que j'ai dû souffrir, et de ce que je souffre aujourd'hui. La seule chose qui me soutient, c'est la pensée qu'il n'était pas en mon pouvoir de faire autrement que je n'ai fait.

Vous vous rappelez mes dispositions d'esprit le lundi 26, et quelle harmonie il y avait entre nos manières de voir et de sentir, en opposition avec une autre personne, et je ne devinais pas ce qui m'attendait. Le mardi, à onze heures et demie, le roi me fait appeler, me dit qu'il y a de l'agitation dans Paris, et qu'il désire que j'aille y commander pour y maintenir l'ordre. L'ordre, légèrement troublé, est rétabli sans grands efforts, et la nuit est tranquille. Mais à cinq heures du matin, les groupes se forment, deviennent hostiles; je fais prendre les armes aux troupes; il faut bien essayer de réprimer les désordres qui se font sous mes yeux, sous peine d'être accusé de les encourager; de là un engagement sérieux. Le soir, je réunis mes troupes, renonçant à toute offensive, puisqu'il n'est plus question d'une simple insurrection, mais bien d'une révolution. Dès les trois heures, mon opinion est fixée, je rends compte, et je demande plusieurs fois des ordres pour traiter. Le jeudi, je ne fais aucune hostilité, mais je renonce à ma position défensive, dans l'objet de conserver le château des Tuileries. On vient me tirer des coups de fusil, et je n'en rends que peu ou point. Je ne tire pas le canon, et j'envoie le maire que j'ai fait appeler pour annoncer que tout va être terminé, et calmer les assaillants. Tout paraît se ralentir lorsque des régiments tournent casaque. Une attaque est dirigée sur le Louvre, qui est un poste imprenable, et une terreur panique s'empare des Suisses qui le défendent; leur fuite entraîne celle des troupes du Carrousel et de moi-même qui n'ai que le temps de me jeter sur mon cheval. Des hommes sont tués à côté de moi en passant sous l'Arc-de-Triomphe. Je rallie

60 hommes pour donner aux troupes le temps de se reformer sous l'Horloge, et je me bats avec eux dans la cour même des Tuileries pour chasser au-delà de la grille ceux qui y étaient entrés, et je fais ensuite l'arrière-garde avec cette poignée de soldats.

Avez-vous vu rien de pareil : se battre avec ses concitoyens malgré soi; leur faire bien du mal et finir par succomber? Y manque-t-il quelque chose? Le malheur n'est-il pas au comble? Et l'avenir! Et l'opinion si injuste qui s'établit sur moi! Mon refuge est dans ma conscience.

Que de choses j'avais à vous dire. Que de turpitudes! J'accompagne le roi jusqu'à Cherbourg; une fois en sûreté, ma mission est remplie, mon devoir est consommé. Je vais quitter la France et voir ce que l'avenir me réserve; j'aurai le courage de le supporter quel qu'il soit. Vous m'aimerez toujours et vous me plaindrez. Quand je me serai séparé du Roi, je publierai une relation pour ce qui me concerne de ces funestes événements (1). Adieu, écrivez-moi à Cherbourg, poste restante, sous le nom de ***.

LA DÉFECTION DE MARMONT

JUGÉE PAR L'EMPEREUR NAPOLÉON

Nous réunissons ici sous ce titre, les divers jugements prononcés par Napoléon sur la défection de Marmont. Dans ces jugements qui ne sont pas tous connus, on trouvera peut-être quelques variations. Mais on y trouvera, surtout, le témoignage de cette vérité : c'est que l'Empereur ne savait pas haïr. Il n'a jamais douté de la trahison du duc de Raguse, et toutefois cet acte commis par un

---

(1) Nous donnons ci-après dans notre *Notice bibliographique* des fragments de cette relation ici annoncée, et publiée sous le titre de *Mémoire justificatif du Maréchal Marmont duc de Raguse*, Amsterdam et Paris, août 1830.

de ses lieutenants les plus aimés, n'a jamais excité en son cœur qu'une pitié douloureuse.

A L'ILE D'ELBE.

« Quant à ma dernière campagne, c'est à Marmont qu'il faut en attribuer la fatale issue. Je lui avais confié mes meilleures troupes et le poste le plus important, comme à celui de mes maréchaux sur lequel je devais le plus compter. Pouvais-je m'attendre à être abandonné par un homme que je n'avais cessé de combler de biens depuis l'âge de quinze ans ! Sans sa défection, j'aurais facilement chassé l'ennemi de Paris ; et dans cette ville comme dans les autres parties de la France, le peuple se serait levé pour moi, en dépit des actes du Sénat. Mais, même lui me restant, les alliés étaient trois contre un, et après sa défection, avec l'incertitude dans laquelle il me mettait, il n'y avait plus de chance de succès. J'aurais pu, sans doute, prolonger la guerre, mais je ne pouvais plus me flatter de la terminer heureusement contre toute l'Europe réunie. J'ai bientôt pris mon parti, pour éviter à la France une guerre civile, et je me regarde comme mort ; car mourir ou être ici, c'est la même chose. »

. . . .

J'ai toujours eu de l'indulgence pour les fautes militaires, ainsi que je l'ai prouvé en conservant Marmont après qu'il eût perdu son artillerie à Laon. »

(Revue Britannique, 1826, vol. VIII, p. 73. Conversation avec Lord Ebrington.)

EN FRANCE, 1815.

AU PEUPLE FRANÇAIS !

« L'élite de l'armée ennemie était perdue sans ressource : elle eût trouvé son tombeau dans ces vastes contrées qu'elle avait si impitoyablement saccagées, lorsque la trahison du duc de Raguse livra la capitale et désorganisa l'armée. »

A L'ARMÉE !

« Soldats ! nous n'avons pas été vaincus ; deux hommes sortis de nos rangs ont trahi nos lauriers, leur patrie, leur prince et leur bienfaiteur. »

(Proclamations du 1er mars 1815.)

On sait que ces deux hommes sont Augereau et Marmont.

A SAINTE-HÉLÈNE.

« Lorsque Napoléon passa la Marne et manœuvra sur les derrières de l'armée ennemie, si la trahison n'avait ouvert les portes de Paris, les places de cette frontière (de Suisse) allaient jouer un grand rôle ; l'armée de Schwartzenberg aurait été obligée de se jeter entre elles, ce qui eût donné lieu à de grands événements. »

(Note VIe de l'Empereur sur l'ouvrage du général Rogniat, intitulé *Considérations sur l'art de la guerre*.)

L'auteur du livre apocryphe, le *Manuscrit venu de Sainte-Hélène*, faisant parler l'Empereur, lui avait prêté ces mots :

« J'ai accusé le général Marmont de m'avoir trahi ; je lui rends justice aujourd'hui : aucun soldat n'a trahi la foi qu'il devait à son pays. »

A côté de ce passage, l'Empereur a écrit de sa main :

« Plût à Dieu qu'une pareille assertion fût vraie ! Le maréchal Marmont n'a point trahi en défendant Paris. L'armée, la garde nationale parisienne, cette jeunesse si brillante des écoles, se sont couvertes de gloire sur les hauteurs de Montmartre ; mais l'histoire dira que, sans la défection du 6e corps, après l'entrée des alliés à Paris, ils eussent été forcés d'évacuer cette grande capitale; car ils n'eussent jamais livré bataille sur la rive gauche de la Seine, en ayant derrière eux Paris, qu'ils n'occupaient que depuis trois jours; ils n'eussent pas violé ainsi toutes les règles, tous les principes du grand art de la guerre. Les malheurs de cette époque sont dus aux défections des chefs du 6ᵉ corps et de l'armée de Lyon, et aux intrigues qui se tramaient dans le Sénat. »

(Note XI sur le *Manuscrit venu de Sainte-Hélène*.)

Dans des *Mémoires* sur les Cent-Jours, il avait été dit : « Napoléon en 1814 ne pouvait faire ni la paix ni la guerre. »

A côté de ce passage l'Empereur a écrit de sa main :

« ... Comment dire que Napoléon ne pouvait faire ni la guerre ni la paix? Avec 50,000 hommes, Napoléon en combattait 500,000 qui ne seraient point entrés à Paris, ou qui du moins en eussent été chassés, vingt-quatre heures après y être entrés, sans les secours de la trahison. Il fit donc la guerre jusqu'au moment où le nouveau Judas livra son maître. Il a pu toujours faire la paix jusqu'au moment où la trahison a ôté à la France Paris et une partie de l'armée... »

L'auteur des mêmes *Mémoires* avait parlé de la désaffection de certaines classes pour la cause impériale. Napoléon a relevé ainsi cette assertion :

« La France tout entière, hors quelques milliers d'intrigants, resta attachée d'esprit, d'opinions et de cœur à Napoléon, au principe de la souveraineté nationale et à l'honneur français; elle se soumit à la nécessité que lui imposaient les anciens ennemis et les nouveaux Judas... »

D'après un autre passage des *Mémoires* sur les Cent-Jours, l'Empereur avait dit :

« Marmont est un misérable... Cette trahison n'est pas la seule. Il a intrigué avec Talleyrand pour ôter la régence à l'impératrice et la couronne à mon fils. Il a trompé et joué Caulaincourt, Macdonald et les autres maréchaux. »

L'Empereur a écrit à côté de ces paroles :

« Cela ne peut avoir été dit, puisque cela est faux. »

(Notes de l'Empereur sur l'ouvrage de Fleury de Chaboulon, intitulé : *Mémoires pour servir à l'histoire de la vie privée, du retour et du règne de Napoléon en 1815.* — Paris, 1817.)

« Marmont était neveu, disait l'Empereur, d'un de mes camarades à Brienne et au régiment de La Fère, qui me le recommanda en partant pour l'émigration. Cette circonstance m'avait mis dans le cas de lui servir d'oncle et de père, ce que j'avais réellement accompli ; j'y pris un véritable intérêt, et j'avais de bonne heure fait sa fortune. Son père était chevalier de Saint-Louis, propriétaire de forges en Bourgogne, et jouissait d'une fortune considérable. »

« L'Empereur disait avoir eu le cœur navré de sa défection, et remarquait que par ce qu'il connaissait de lui, il devait être parfois bien malheureux. « Jamais, observait-il, défection n'avait été plus avouée ni plus funeste ; elle se trouve consignée dans le *Moniteur*, et de sa propre main ; elle a été la cause immédiate de nos malheurs, le tombeau de notre puissance, le nuage de notre gloire, etc.

..... « Et pourtant, disait-il avec une espèce de ressouvenir d'affection, je le répète parce que je le pense, ses sentiments valaient mieux que sa conduite. »

« Et lui-même ne semble-t-il pas penser ainsi ? Les papiers nous disent qu'en sollicitant vainement pour Lavalette, il répond avec effusion aux difficultés du monarque, en lui disant : « *Mais*,

Sire, moi, je vous ai donné plus que ma vie. » D'autres nous ont livrés aussi, ajoutait Napoléon, et d'une manière bien autrement vilaine; mais leur acte, du moins, n'est pas consacré par des pièces officielles. »

« Ici, je dois dire (c'est M. de Las Cases qui parle), ici je dois dire que depuis que j'apprends à connaître l'Empereur, je ne lui ai jamais vu encore un seul moment de colère ou d'animosité contre aucun de ceux qui se sont le plus mal conduits à son égard (1). Il ne s'emporte pas contre ceux qui se sont rendus si coupables : il les avait en partie devinés; ils avaient cédé à à leur nature, etc.; il les peignait froidement, sans fiel, attribuait une partie de leur conduite aux circonstances, qu'il confessait avoir été bien difficiles, rejetant le reste sur les faiblesses humaines. Ainsi, la vanité avait perdu Marmont; la postérité flétrira justement sa vie, disait-il; pourtant son cœur vaudra mieux que sa mémoire. »

(Extraits du *Mémorial de Sainte-Hélène*.)

Napoléon, faisant dans ses *Mémoires* le récit de la première campagne d'Italie, vient à s'occuper de Marmont, et il en parle ainsi : il ne trace point son portrait comme il fait pour ses autres compagnons d'armes devenus depuis célèbres; il se contente d'exposer en ces mots ce que fut l'homme qu'il ne voudrait pas condamner et et qu'il ne peut pas absoudre : « Marmont, dit-il, était un des aides-de-camp du général en chef : il l'avait trouvé sous-lieutenant d'artillerie à Toulon et se l'était attaché. Il a été depuis duc de Raguse et maréchal de France. »

(1) « Sachez, avait dit un jour Napoléon dans une autre occasion, sachez qu'un homme véritablement homme ne hait point.. »

NOTICE BIBLIOGRAPHIQUE

AVEC DES ANALYSES ET DES EXTRAITS
DE QUELQUES LIVRES RELATIFS AUX ÉVÉNEMENTS TRAITÉS
DANS CET OUVRAGE
ET NOTAMMENT DES DIVERS ÉCRITS DU DUC DE RAGUSE
DE SES ACCUSATEURS ET DE SES APOLOGISTES.

—

En Allemagne, pays de sérieuse et sincère érudition, un écrivain n'est pas admis à traiter un sujet s'il ne fournit pas la preuve qu'il a consulté tous les ouvrages publiés par ses devanciers sur le même sujet. Un livre n'a point droit d'être s'il n'ajoute point quelque chose à la somme des notions déjà établies. Or, la première condition à remplir pour apporter quelque chose de nouveau, c'est de connaître ce qui a été fait, l'ensemble des ouvrages déjà composés et se référant à la même matière. Connaître ces ouvrages, ce n'est pas assez : il faut encore avoir apprécié le degré de confiance qu'ils méritent, les résultats dûment acquis, les lacunes et les imperfections. En France, les écrivains se dispensent ordinairement, en donnant un livre au public, de s'assurer si leur livre peut réellement offrir quelque utilité et s'il ne repose pas déjà sur les rayons poudreux de quelques bibliothèques. Pour nous qui approuvons fort l'usage des savants d'Allemagne, nous nous étions d'abord proposé de consacrer une partie de notre œuvre à une liste bibliographique de tous les écrits généraux et particuliers publiés sur l'époque dans laquelle se placent les événements qui font l'objet de notre récit. Mais, après avoir réuni les éléments de ce travail, nous avons été nous-mêmes effrayé du résultat auquel nous étions parvenu. Ce sont surtout des pamphlets, sous les formes les plus diverses, qui abondaient dans cette nomenclature. Il nous a paru inutile, fastidieux et même dangereux de conserver la mention de tant de livres qui sont trop justement tombés dans l'oubli.

Une raison nous a surtout déterminé à sacrifier cette partie de notre travail. Qu'on veuille bien le remarquer, nous n'avons pas emprunté à des livres les principaux arguments de notre démonstration historique; les livres ont pu nous fournir, çà et là, quelques traits de détail, plus ou moins caractéristiques, ils ont pu nous confirmer ou nous guider dans nos inductions (1); mais en général,

(1) Dans cette catégorie des ouvrages qui nous ont été utiles, nous devrions surtout mentionner : le premier volume de l'*Histoire des deux Restaurations*, par M. Achille de Vaulabelle, où, si l'on en excepte une appréciation de l'Empire faite au point de vue exclusif d'une école politique, tout est le travail heureux et fécond du patriotisme, du bon sens, de la droiture et du talent consciencieux; le quatrième volume de l'*Histoire de Napoléon*, par M. Elias Regnault, où l'on remarque le même point de vue exclusif, et dans un cadre plus restreint, une érudition choisie et non moins sûre, un sens politique très-élevé et très-ferme, le grand art du récit. Parmi les *Mémoires*, nous avons accordé une entière confiance à ceux de M. le duc de Rovigo, que nous savons être, quoiqu'on en ait dit, une œuvre authentique, et où l'on retrouve l'homme tel qu'il a été, son esprit passionné, sa vive entente des affaires, sa fidélité enthousiaste, son coup-d'œil hardi, violent et juste presque toujours. Les *Mémoires* de Bourrienne nous ont inspiré, et pour cause, moins de confiance; toutefois, comme cet ouvrage a été fabriqué sur des notes fournies par le personnage, nous avons cru pouvoir en emprunter, sinon les jugements et toutes les affirmations, du moins quelques témoignages de la compétence de Bourrienne. Les *Mémoires tirés des papiers d'un homme d'État* sont pareillement une composition de librairie : si nous en avons fait quelques

nous avons pris à tâche, dans tous les points essentiels de notre démonstration, de ne jamais nous appuyer sur d'autres témoignages que ceux des documents authentiques. Dès lors, il était pour nous superflu d'énumérer, de soumettre à une critique tous les travaux de nos devanciers ; à ces travaux, ensemble d'opinions plus ou moins fondées, diverses, superficielles, passionnées, nous avons préféré cet argument suprême de la vérité historique, l'étude elle-même des documents.

Ayant ainsi renoncé à donner une liste interminable de livres qui n'auraient prouvé que nos patientes recherches, nous nous sommes borné à réunir ici une notice bibliographique d'ouvrages qui se rapportent plus spécialement à nôtre sujet. Cette notice accompagnée d'extraits et d'analyses aura du moins l'avantage de faire connaître, sur le duc de Raguse et sur divers points de notre histoire, bien des particularités dont nous n'avons pas pu nous occuper. Nous recommandons surtout à l'attention du lecteur les extraits des divers écrits attribués au duc de Raguse.

Campagne de Paris en 1814, précédée d'un coup d'œil sur celle de 1813, ou précis historique et impartial des événements, depuis l'invasion de la France jusques à l'abdication de Bonaparte, inclusivement, etc., par P.-F.-J. Giraud, 6ᵉ édition. in-8º, Paris. 1814.

Cet opuscule, évidemment composé sur des renseignements fournis par la police étrangère, contient ce qui suit sur la défection du duc de Raguse :

citations, c'est que ces *Mémoires* ont eu pour rédacteur un homme, le comte d'Allonville, dont nous n'avons rien pu savoir qui nous permette de nous méfier beaucoup de sa véracité et de ses informations en ce qui concerne, sinon l'histoire de l'Empire, du moins celle des manœuvres, des opinions et des impressions de ses ennemis.

« En cessant d'obéir à l'*Empereur*, les guerriers qu'il a si
« longtemps sacrifiés à sa seule grandeur, continuent de servir
« leur *ancien compagnon d'armes*, et s'honorent par les soins
« qu'ils prennent de ses intérêts. Le maréchal Marmont, en
« traitant de la soumission du 6ᵉ corps au nouveau gouver-
« nement, qui lui offre le caractère d'une autorité nationale,
« stipule avec les Alliés, par une convention des 3 et 4 avril,
« que si les événements ultérieurs de la guerre leur livrent la
« personne de Napoléon, sa vie et sa liberté dans un lieu con-
« venable lui seront dès-lors garanties... » Pages 105—106.

Déclaration de l'Empereur de Russie aux Souverains réunis au congrès de Vienne du 1ᵉʳ—15 mai 1815, etc., par S.-F. Bruguière (du Gard), in-8°. Paris, mai 1815.

On voit dans ce curieux opuscule que l'empereur Alexandre représentait, même pour les partisans de la cause de Napoléon, le bon sens, la raison, la justice de l'Europe. C'est à lui qu'on prête toute une dissertation pleine de vues hardies et de sentiments élevés, sur les grandes questions politiques du temps. C'est par lui que l'on fait démontrer que le règne des Bourbons est devenu impossible en France, que l'Europe doit accepter la révolution française et la dynastie qui, seule, tout en satisfaisant cette révolution, la rend compatible avec la garantie du bon ordre dans les autres États. Tous les arguments que l'on a pu faire valoir contre le rétablissement des anciens rois de la France, se trouvent dans cette brochure où, pour leur donner plus de poids et de prestige, on fait parler l'empereur Alexandre lui-même.

Une année de la vie de l'Empereur Napoléon, etc., par A.-D.-B. M***, lieutenant de grenadiers, 1 vol. in-8°. Paris, 1815.

Cet ouvrage consacré à l'histoire du séjour de l'île

d'Elbe, contient dans ses premières pages quelques faits relatifs aux événements dont nous nous sommes occupé. L'auteur rapporte ce qui suit au sujet de la révolte du 6ᵉ corps à Versailles.

« Les habitants de Versailles n'ont point encore oublié avec quelle véhémence ce corps d'armée, trahi par son chef, exprima son indignation. Sans la prudence et le sang-froid de M. le chevalier Jouvencel, maire, la ville devenait le théâtre d'un combat entre dix mille Français, et à peu près trente mille Russes et Prussiens logés chez l'habitant, ou campés autour de la pièce des Suisses. (P. 6.)

Citons encore cette opinion d'un soldat du temps sur la défense de Paris :

« Les alliés avaient fait leur entrée solennelle dans Paris : quinze heures plus tard, ils s'éloignaient vaincus ou n'y entraient plus que domptés et captifs. Ils étaient coupés de leurs parcs de réserve, de leurs magasins; l'Empereur manœuvrait sur leurs derrières; et tout Paris attestera, j'entends tous les vrais Français, que l'on refusait des armes à de vieux soldats devenus d'honnêtes artisans et qui brûlaient de se défendre, aux habitants des faubourgs, au peuple enfin, dont le patriotisme n'eût pas été comprimé par la crainte de voir brûler ses habitations, et à qui l'on faisait payer jusqu'aux piques qui devaient lui être fournies, tandis que plus de cent mille fusils neufs furent livrés ensuite aux troupes ennemies. Le parc d'artillerie demeura presque entier au Champ-de-Mars; les pièces que servit la jeunesse guerrière de l'École Polytechnique, restèrent sans munitions; des obus furent envoyés pour des boulets, des boulets pour des obus; on trouva du son, du charbon pilé dans des cartouches et des gargousses; enfin des pelotons d'infanterie, qui gênaient par un feu trop bien nourri quelques corps russes qui se préparaient à tourner la butte Chaumont, reçurent ordre d'occuper des positions où ils ne pouvaient plus nuire à l'ennemi. Nombre d'officiers russes, une fois tranquilles dans Paris, avouèrent naïvement qu'il ne leur restait pas pour seize heures de munitions. Le comte Langeron, qui conserve encore l'âme d'un Français en servant la Russie, répondit à un de ces jeunes gens, que l'on vit depuis décorés de l'uniforme vert et de l'épaulette, et qui le félicitait, comme général russe, du peu d'efforts qu'avait exigés la soumission rapide de la capitale : « On voit bien que vous n'avez pas fait la campagne, Monsieur, moi qui l'ai faite et me vois à Paris, je suis encore étonné d'y être. » (P. 8—9.)

L'Empereur Alexandre à Bar-sur-Aube, en 1814, par P. Bérault, in-8°. Paris, 1816.

Relation sous forme de lettre de diverses paroles, fort remarquables, attribuées à l'Empereur Alexandre, et qui font connaître, dans leur expression la plus élevée, les intentions avouées de la coalition européenne contre la France. Alexandre dit notamment au sujet de la « Révolution si affreuse sous tant de rapports : »

« Elle a tout changé chez vous. Eh bien ! pourtant, ce qui est fait, est fait. Il est des maux de telle nature, que le pire serait de vouloir les réparer à la lettre. Votre ancien trône peut se relever encore ; votre ancien état ne le peut plus. Pour vous avoir, il faudrait bien vous prendre tels que vous êtes aujourd'hui, et tout oublier, pour vous conserver. » (P. 12.)

On ne pouvait pas plus finement indiquer l'impossibilité de soumettre aux représentants de l'ancien ordre des choses le régime du nouvel état de la France.

Journal d'un Français, depuis le 9 mars jusqu'au 13 avril 1814, par le comte J.-R. de Gain-Montagnac, in-8°. Paris, 1817.

Cet ouvrage d'un agent royaliste est le compte-rendu des menées mises en œuvre pour provoquer des manifestations en faveur des Bourbons. On y trouve un sentiment honnête, et des détails comme ceux-ci :

« Nous arrivâmes (11 mars) au village d'Athis, brûlé depuis le 11... L'ordonnance prussienne nous précédait. A la vue de sa lance, une famille du village qui était demeurée près des ruines de sa chaumière, courut se blottir derrière un pan de mur. Je ne saurais rendre l'impression que nous causa ce spectacle. Nous, Français, amis de notre pays, qui aurions volontiers fait tous les sacrifices pour la paix et pour le bonheur de la France, nous étions un objet de terreur pour une famille française; elle fuyait à notre aspect! Je sautai à bas du cabriolet, et je courus en criant : N'ayez pas peur, mes bons amis, nous sommes Français ! Quand ils eurent entendu ces voix françaises, timides encore cependant à la vue du lancier prussien, ils s'approchèrent, promenant tour à tour leurs regards sur nous et sur lui, et semblant dire : Mais comment êtes-vous ensemble? Et ce qu'ils pensaient, nous nous l'étions dit plus d'une fois!... » (P. 47—48.)

Journal des opérations du 6ᵉ corps, pendant la campagne de France en 1814, par le colonel Fabvier, in-8°. Paris, 1819.

Récit succinct et apologétique des opérations du 6ᵉ corps en 1814. L'auteur se montre très-favorable au duc de Raguse qu'il défend en toute occasion, et celui-ci n'a pas manqué d'insérer dans ses *Mémoires* des passages entiers de cet opuscule de son aide-de-camp, parfois sans le citer et comme s'il ne faisait que reprendre des phrases qui lui appartenaient. Au reste, le *Journal* du colonel Fabvier ne va pas au delà de la bataille de Paris et de la conclusion de l'armistice; il n'arrive même pas à la capitulation. On y trouve des détails fort curieux et touchants sur les jeunes conscrits de la campagne de France.

« Si, parmi tant de braves gens, j'osais faire une mention particulière, ce serait pour les plus jeunes ; levés et incorporés à la hâte, leur innocence, leur simplicité amusaient les vieux soldats ; leur habillement consistait en une redingotte grise et un bonnet de forme féminine. On les appelait les *Marie-Louise* (Ils avaient été levés par la régente). Ces enfants manquaient de forces et d'instruction ; mais chez eux l'honneur remplaçait tout, et leur courage était indomptable ; au cri, toujours répété mille fois : *en avant les Marie-Louise!* on voyait leurs figures se couvrir de la plus noble rougeur ; leurs genoux, affaiblis par la faim et la fatigue, se roidissaient pour voler à l'ennemi... »

M. de Raguse, dans ses *Mémoires*, a rendu justice, en des termes magnifiques, à l'héroïque courage des *Marie-Louise*.

Recueil de pièces officielles pour détromper les Français, etc., par Frédéric Schœll. 9 vol. in-8°. Paris, 1815-1817.

Nous extrayons de cet ouvrage, composé par l'inimitié la plus insigne, les pièces suivantes propres à faire connaître le langage et les prétentions des Alliés en 1814.

Proclamation adressée aux Français par le prince de Schwartzenberg le 21 décembre 1813.

Français,

La victoire a conduit les armées alliées sur votre frontière. Elles vont la franchir.

Nous ne faisons pas la guerre à la France ; mais nous repoussons loin de nous le joug que votre gouvernement voulait imposer à nos pays, qui ont les mêmes droits à l'indépendance et au bonheur que le vôtre.

Magistrats, propriétaires, cultivateurs, restez dans vos foyers. Le maintien de l'ordre public, le respect pour les propriétés par ticulières, la discipline la plus sévère marqueront le passage et le séjour des armées alliées. Elles ne sont animées de nul esprit de vengeance ; elles ne veulent point rendre à la France les maux sans nombre dont la France, depuis vingt ans, a accablé ses voisins et les contrées les plus éloignées.

D'autres principes et d'autres vues que celles qui ont conduit vos armées chez nous président aux conseils des monarques alliés. Leur gloire sera celle d'avoir amené la fin la plus prompte des malheurs de l'Europe. La seule conquête qu'ils ambitionnent est celle de la paix ; mais d'une paix qui assure à leurs pays, à la France, à l'Europe, un véritable état de repos. Nous espérions la trouver avant de toucher au sol français. Nous allons l'y chercher.

Au quartier-général de Lœrrach, le 21 décembre 1813.

Le maréchal prince de SCHWARTZENBERG.
Commandant en chef la grande armée alliée.

Ordre du jour de l'Empereur Alexandre à toutes les troupes Russes, le 6 janvier 1814.

Soldats,

Votre courage et votre bravoure nous ont conduits des rives de l'Oka aux bords du Rhin. Ils nous conduiront encore plus loin. Nous allons passer le Rhin pour entrer dans un pays contre lequel nous faisons une guerre opiniâtre et sanglante. Nous avons déjà sauvé et illustré notre patrie et rendu à l'Europe sa liberté et son indépendance. Il ne nous reste plus qu'à couronner ces faits éclatants par une paix, objet de tous les vœux. Puissent le repos et le contentement revenir sur la terre ! Puisse chaque État, protégé par les lois et par son gouvernement, voir renaître le bonheur ! Puissent dans tous les pays, la religion, les arts et les sciences, le commerce, fleurir de nouveau pour le bien général des peuples ! Tels sont nos vœux.

Loin de nous le vœu de la continuation de la guerre et de la destruction ! Lorsque les ennemis envahirent notre empire, ils nous firent beaucoup de mal, mais ils en reçurent un châtiment terrible : le courroux céleste les a frappés. Nous ne voulons pas faire comme eux ; l'inhumanité ne peut plaire à l'Être-Suprême. Nous oublions les actions barbares de nos ennemis. Nous leur tendons la main, non pour nous venger, mais en signe de réconciliation et d'amitié. La gloire des Russes consiste à vaincre leurs ennemis et à faire du bien aux vaincus et aux hommes pacifiques. Cette dernière pratique nous est enseignée par la religion sacrée à nos cœurs; elle nous prêche par la bouche de Dieu même : Aimez vos ennemis et faites du bien à vos adversaires.

Soldats, je suis persuadé qu'en vous conduisant avec douceur dans le pays ennemi, votre générosité vous assurera la victoire autant que vos armes, et que par votre bravoure contre les hommes armés, de même que par votre affection chrétienne pour ceux qui sont sans défense, vous arriverez bientôt au terme de votre carrière pénible, et vous acquerrez la réputation d'un peuple courageux et vertueux. Par là vous hâterez l'accomplissement de nos vœux, qui sont d'obtenir la paix générale. Je suis persuadé que vos chefs prendront les mesures nécessaires et les plus strictes pour que personne d'entre vous ne fasse rien qui obscurcisse la bonne réputation que vous vous êtes déjà acquise.

Fribourg, le 6 janvier.

ALEXANDRE.

Plus tard, on modifia un peu ce langage. Le 10 mars 1814, le prince de Schwartzenberg datait de Troyes une proclamation où il appelait *révolte* la résistance des Français aux armées ennemies : « *Français, on vous excite à la révolte !* »

Le feld-maréchal Blücher, abondant dans le même sens, commençait ainsi sa proclamation : « *Français, votre salut me force à vous adresser encore une fois la parole. On veut vous égarer*, etc. »

Réflexions politiques sur quelques écrits du jour et sur les intérêts de tous les Français, par M. de Châteaubriand, in-18. Paris, 1814.

Cet opuscule, bien supérieur comme forme et comme pensée à la fameuse brochure du même écrivain sur *Bonaparte et les Bourbons*, et non indigne, comme cette brochure, de Châteaubriand, contient une exposition de l'état de la France à la fin de l'année 1814 ; l'auteur répond aux objections des diverses partis ; il émet des idées libérales et montre en lui l'homme qui aura plus tard les faveurs de l'opinion. Châteaubriand avait déjà traité ce même sujet sous une autre forme dans un écrit intitulé : *De l'Etat de la France au mois de mars et au mois d'octobre de cette année* (1814). Nous n'aurions pas à nous occuper de ces *Réflexions politiques*, étrangères à notre sujet, si nous n'y trouvions pas quelques mots qui confirment avec beaucoup d'autorité ce que nous avons dit nous même des dispositions de la France en avril 1814 ; l'aveu suivant d'un royaliste témoin des événements mérite d'être rappelé :

« Au retour des Bourbons, dit-on encore, la joie fut universelle ; il n'y eut qu'une opinion, qu'un sentiment, etc. Nous avons été aussi témoin des premiers moments de la Restauration, et nous avons observé précisément le contraire de ce que l'on avance ici. Sans doute il y eut du bonheur, de la joie à l'arrivée des Bourbons, mais il s'y mêlait beaucoup d'inquiétude... La vérité est que la confiance ne fut point entière au premier moment du retour du Roi. Beaucoup de gens étaient alarmés, les provinces même étaient agitées, incertaines, divisées ; l'armée ne savait si on lui compterait ses souffrances et ses victoires : on craignait les fers, on redoutait les vengeances. »

Réponse du duc de Raguse à la proclamation datée du golfe Jouan, le 1er mars 1815, in-4°, Gand, (1er avril 1815).

Publiée de nouveau sous le même titre, dans le deuxième numéro du *Moniteur* (de Gand), le 18 avril 1815, et depuis reproduite, en tout ou en partie, dans plusieurs ouvrages.

Mémoire justificatif du duc de Raguse, une feuille in-8°. Paris, 1815.

Ce *Mémoire* porte en second titre : *Réponse du duc de Raguse à la proclamation datée du golfe Jouan, le 1er mars 1815.* Ce *Mémoire* n'est en effet qu'une reproduction sous un double titre de la *Réponse* publiée à Gand par le duc de Raguse, en avril 1815, dans une brochure spéciale et dans le *Moniteur de Gand*; mais il n'est pas certain que cette édition française ait été imprimée à Paris, malgré la désignation d'un imprimeur et d'un libraire de cette ville. Nous avons pris des informations auprès de ce libraire qui vit encore, et il ne nous a pas paru qu'il ait gardé souvenir de cette publication.

Justification du duc de Raguse. Rechtfertigung des Herzogs von Ragusa, in-8°. Strasbourg (1815).

Traduction du *Mémoire* qui précède.

Réfutation du Mémoire justificatif du duc de Raguse, par M. M***, in-8° d'une feuille. Paris, 1815.

L'auteur de cet opuscule n'entre pas en discussion avec le duc de Raguse; il se borne à reproduire son *Mémoire justificatif* et à le faire suivre : 1° des lettres échangées entre le duc de Raguse et le prince de Schwartzenberg, le 3 et le 4 avril 1814, lettres contenant la négociation du traité de défection ; 2° de la proclamation du duc de Raguse à son corps d'armée ou de l'annonce publiquement faite par celui-ci, le 5 avril 1814, des motifs qui l'avaient déterminé à quitter la cause de Napoléon. Les bibliographes trouvent que cette brochure ne justifie pas son titre ; ils se trompent ; on ne saurait offrir une réfutation plus péremptoire.

Réponse au prétendu Mémoire justificatif du duc de Raguse. — Paris. — Une demi-feuille in-8°, sans nom d'auteur et sans date. Mais il résulte du texte que cette brochure a suivi de près le *Mémoire justificatif* publié par le duc de Raguse en avril 1815.

L'auteur doute ou feint de douter que le duc de Raguse ait composé lui-même son *Mémoire justificatif*. Il lui reproche son injustice envers Napoléon, ses calomnies, son défaut de plan lors de la bataille de Paris, sa négligence à se servir des ressources immenses qu'offrait Paris, pour sa défense, en hommes et en matériel de guerre, sa connivence enfin avec les étrangers. Il cite un fragment de rapport russe montrant que les Alliés se sentaient eux-mêmes perdus si Paris résistait jusqu'à l'arrivée de Napoléon :

« L'ennemi, dit-il, a trouvé dans Paris deux cent quatre-vingt six pièces de canon, une grande quantité de poudre, de boulets et de cartouches confectionnées, des magasins de fusils et de piques ; cette immense cité pouvait armer, pour sa défense, plus de cent mille combattants ; mais les autorités vendues avaient paralysé leurs bras et enchaîné leur courage. (P. 4.)

Pardon accordé au duc de Raguse; questions que se permet de lui faire un officier de son corps d'armée, par Bellisle chef-d'escadron, in-8°. Paris, sans date indiquée, (1815, d'après le texte.)

Autre réfutation du *Mémoire justificatif* du duc de Raguse, sous une forme ironique.

L'Echo des Buttes Saint-Chaumont, ou Raguse en a menti. Nouvelle réplique, etc., in-8°. Paris, sans date indiquée, (1815, d'après le texte.)

Le titre de cette brochure en dit suffisamment le but et le ton.

Notice sur le duc de Raguse, par Revel.

Nous n'avons point pu nous procurer cet opuscule que nous avons trouvé cité, pages 4 et 6, n° 1er, d'un pamphlet intitulé *L'Hermite de la butte Saint-Chaumont* (Paris 1815). Mais à la littérature spéciale, propre à cet *Hermite*, qui erre, soldat déguisé, aux lieux où avait succombé le dernier effort de la défense de Paris, il est trop facile de deviner à quel genre d'accusateurs, animés d'une hostilité implacable, appartient l'auteur de cette *Notice* sur le duc de Raguse.

Extrait de la Gazette de Berlin, du 5 avril 1815, une feuille. Paris, 1815.

Cet *Extrait* contient : 1° une lettre du duc de Raguse au prince de Schwartzenberg, pour informer celui-ci de la réponse ci-après faite par le duc de Raguse à des propositions d'arrangement qui lui venaient, disait-il, de

Napoléon Buonaparte, 2° cette réponse adressée à M. de Caulaincourt.

Si cette dernière lettre était vraiment du duc de Raguse, il serait tout-à-fait oiseux de chercher à prouver qu'il a été coupable ; Marmont avoue tout en des termes violents et cyniques, mêlés à des professions de foi royalistes ; il va jusqu'à s'accuser d'avoir laissé la liberté et la vie à l'Empereur Napoléon.

On a dit qu'il faut voir ici un factum de la police. Mais cela ne semble pas admissible, car le gouvernement impérial en 1815 ne pouvait avoir aucun intérêt à s'adresser à lui-même beaucoup d'injures, à montrer qu'il était l'objet d'une haine furieuse de la part d'un de ceux qui l'avaient servi jadis, à confesser qu'il avait fait à cet ennemi implacable, pour se le réconcilier, des avances, à laisser voir que ces avances avaient été dédaigneusement repoussées, à constater enfin qu'un homme à qui l'on prêtait beaucoup d'esprit, n'avait pas hésité à préférer, pour les chances de son ambition, à la fortune de l'Empire rétabli, l'avenir de la monarchie exilée des Bourbons.

Quelle main a pu écrire cette lettre offensante pour le pouvoir des Cent-Jours, et telle, après tout, qu'elle faisait à Marmont, alors à Gand, une position de partisan enthousiaste dans les rangs du royalisme ? Nous l'ignorons absolument.

Mais nous devons dire qu'on n'aurait peut-être pas douté que cette lettre ne fût de M. de Raguse, si un journal du temps n'avait publié une protestation du colonel Fabvier, déclarant que le *duc de Raguse n'avait pas pu écrire la première de ces lettres, encore moins la seconde.*

Quoiqu'il en soit nous reproduisons ici toutes ces pièces qui sont aujourd'hui très-difficiles à trouver.

Au prince de Schwartzenberg.

J'ai l'honneur de transmettre à Votre Excellence la réponse que j'ai cru devoir faire aux insinuations de Buonaparte. Elle verra entièrement le fond de mes pensées. J'ai l'orgueil de croire qu'elle ne me trouvera pas indigne du commandement qu'elle a eu la bonté de me proposer. Je n'aurai pas la fausse modestie de refuser de donner à mon roi l'éclatant témoignage de ma fidélité et de mon dévouement. Heureux, en versant mon sang pour sa cause, d'effacer le souvenir des services que j'ai trop longtemps rendus au plus ingrat et au plus perfide des hommes.

- Je suis, etc.

MARMONT, DUC DE RAGUSE.

(Extrait de la *Gazette de Berlin*, du 5 avril 1815.)

A M. de Caulaincourt.

Monsieur,

Buonaparte, après m'avoir abreuvé d'outrages, vous rend l'intermédiaire des propositions qu'il croit devoir me faire. Il pense me rappeler à lui par des promesses et des flatteries. J'ai trop appris comment il savait allier le mépris et les faveurs pour être étonné de son dernier message. Puisque vous êtes chargé, Monsieur, de lui transmettre ma réponse, je vais vous faire connaître avec franchise mes sentiments, afin que celui que vous appelez votre *maître*, se dispense de faire auprès de moi de nouvelles instances. Vous savez, Monsieur, avec quel dévouement j'ai servi Buonaparte, tant que ses destinées ont été liées avec celles de la France. Depuis plusieurs années, je ne me dissimulais ni l'injustice de ses entreprises, ni l'extravagance de ses projets, ni son ambition, ni ses crimes; mais il était le chef de l'État, et ses succès quelque coupables qu'ils me parussent, me semblaient préférables pour la patrie à des revers qui, en augmentant les excès de sa fureur, pouvaient précipiter la France sous le joug de l'Étranger. Buonaparte ne peut nier lui-même l'importance des services que j'ai rendus à l'armée. Il n'a jamais été dans mon caractère d'établir mes faits d'armes; mais je puis dire que quelques journées de gloire recommandent peut-être mon nom à l'histoire. Une témérité, payée par les plus éclatants désastres, amena toutes les armées de l'Europe dans le cœur de la France. Je soutins avec honneur, quoique avec des forces inégales, le choc des armées qui me furent opposées. Buonaparte avait laissé Paris sans défense. Je courus couvrir la capitale. J'arrivai avec mon corps, au moment où une armée de cent vingt mille hommes se précipitait sur elle ; c'était fait de la première cité du monde. La valeur de la garde nationale de Paris n'avait fait qu'irriter les vainqueurs, lorsque le prince de Schwartzenberg et M. de Nesselrode me déclarèrent que la ville pouvait être sauvée par une capitulation. Je traitai d'abord pour le salut d'un million d'hommes, et j'eus le bonheur d'entrer en négociation pour le salut de la France entière.

Un juste ressentiment animait les Souverains alliés; ils le sacrifièrent au désir d'acquérir une gloire plus sublime que celle des conquêtes ; ils m'apprirent que, le tyran du monde une fois renversé, leurs ressentiments s'éteindraient. J'osai alors porter un coup-d'œil scrutateur jusque sur les secrètes pensées des Souverains ; j'osai dire qu'il existait une famille entièrement regrettée en France, que recommandaient des siècles d'une gloire pure, dont le nom, lié à tous les souvenirs de bonheur et de prospérité, retentirait d'un bout de la France à l'autre, aussitôt qu'une bouche l'aurait prononcé. Je vis à la réponse que j'obtins, que j'avais capitulé, non avec nos ennemis, mais avec nos libérateurs. Je fis alors une faute immense, et c'est la seule que je me reproche en ce moment : j'eus la faiblesse d'exiger la conservation des jours de Buonaparte. J'en arrachai le serment à nos ennemis, et je fis céder ainsi l'intérêt de ma patrie au sentiment mal éteint d'une ancienne amitié. Voilà le seul tort que ma conscience me reproche. La France a reconnu dans Louis son roi, son père, son sauveur: c'est Louis qui a sauvé la France des suites ordinaires d'un envahissement. La conquête donnait aux puissances le droit de se partager un pays qui, depuis vingt ans, leur arrachait toutes leurs richesses, toute leur puissance. Le nom de Louis les a apaisées ; à ce nom sacré, elles ont déposé leurs armes. Ainsi Louis, absent, sans armes, sans soldats, revêtu de cette seule force que donnent la vertu et l'ascendant d'un pouvoir légitime, a reconquis sur l'Europe en armes, la paix la plus extraordinaire dont jamais l'histoire ait conservé la mémoire.

Je me suis voué sans réserve à la défense de mon véritable souverain ; je l'ai honoré dans sa prospérité : je lui serai fidèle dans son infortune ; et dussent ses revers être aussi durables que je les crois passagers, ma vie s'éteindra à ses côtés, heureux de voir couler, pour sa conservation, la dernière goutte de mon sang.

Voilà, Monsieur, mes sentiments et ma justification. Vous savez si le règne du roi a pu en affaiblir l'essor : ce règne, si merveilleux dans sa brièveté ; ce règne, le sujet de notre admiration, de notre amour, de nos larmes ; ce règne, l'éternel objet de la méditation des princes, le désespoir du tyran, ira déposer dans la postérité en faveur de ceux qui contribuèrent au retour des BOURBONS et contre les coupables partisans de l'usurpateur. Je vous le dirai, Monsieur, avec toute la franchise qui fait le fond de mon caractère, je n'ai cherché et je n'attends l'approbation ni de Buonaparte, ni de vous, ni des hommes qui vous ressemblent. J'ai été étonné, je l'avoue, d'entendre le compagnon d'enfance du duc d'Enghien me reprocher d'avoir abandonné Buonaparte pour un BOURBON. J'excuse ceux qui ont admiré ce héros sanguinaire, jusqu'au règne de Louis XVIII ; mais je crois prévenir le jugement de l'histoire en vouant au mépris et à l'exécration quiconque a quitté le Roi pour s'attacher à Buonaparte.

Je vous déclare, Monsieur, que les lâches ennemis de la patrie sont, à mes yeux, indignes de pardon et de pitié. Je pense que la nation doit, pour éviter un reproche éternel, les repousser pour toujours de son sein. Vous voyez, Monsieur, par la franche énonciation de mes principes, si Buonaparte peut encore songer à me séduire. Dites à l'assassin du duc d'Enghien et de Pichegru, dites au perturbateur de l'Europe, dites à celui qui plonge la France dans le sang et dans les larmes, dites au violateur du droit des gens et de tous les traités, dites au plus parjure, au plus perfide, au plus coupable des mortels, que le serment que j'ai prêté à mon Roi sera, dans peu de jours, scellé du sang des traîtres; qu'il n'y a plus rien de commun entre moi et le persécuteur de ma patrie; que mon bras va bientôt conduire l'étendard du lys jusque dans la capitale; que ma vie est désormais consacrée à rallier autour du drapeau blanc les sujets fidèles et les sujets égarés. Annoncez-lui, de la part de l'Europe entière, que le sang versé par les assassins va retomber sur leurs têtes, et que le jour de la vengeance approche.

MARMONT.

Paris, 11 mai 1815.

Monsieur le rédacteur,

J'ai lu la lettre imprimée ayant pour titre : *Extrait de la Gazette de Berlin du 5 avril*; elle contient deux lettres, l'une au prince de Schwartzenberg, signée Marmont; la seconde, une réponse du maréchal duc de Raguse à M. de Caulaincourt.

Je déclare que le duc de Raguse n'a pu écrire la première de ces lettres, encore moins la seconde.

Les faits qu'elles contiennent sont faux.

Les sentiments qui y sont exprimés ne sont pas ceux du duc de Raguse, que rien ne pourra jamais engager à porter les armes contre son pays.

Le duc de Raguse a toujours eu la plus grande estime pour M. le duc de Vicence. Calomnier l'homme absent, insulter au malheur, sont des choses trop reçues pour qu'on puisse s'en plaindre; mais calomnier un homme par sa propre bouche en lui prêtant des sentiments infâmes, c'est suivant moi, l'action la plus révoltante du monde.

Le colonel Baron FABVIER,
Au rédacteur du *Journal de l'Empire* (*Journal des Débats*).

Réponse à la lettre écrite par le duc de Raguse à M. de Caulaincourt, pour justifier sa conduite envers Napoléon et la France, par ***. in-4°. Paris, (1815.)

En 1815 on ne doutait guère en France de l'authenticité de la *Lettre du duc de Raguse à M. de Caulaincourt*, que nous venons de reproduire. De là, cette *Réponse* où l'écrivain anonyme, en prenant à partie le duc de Raguse, croit s'adresser au vrai auteur de la *Lettre* en question.

De la Bataille et de la Capitulation de Paris, etc., par Pons (de l'Hérault), 1 vol. in-8°. Paris, 1828.

L'auteur qui a suivi Napoléon à l'île d'Elbe, a été présent aux événements qu'il rapporte ; il en a connu les acteurs et recueilli les relations orales ; consciencieux d'ailleurs et bien intentionné, il mériterait une entière confiance, s'il n'était pas malheureusement sujet à illusion. On ferait une page vraiment curieuse et remarquable si l'on tirait de ce volume quelques pensées qui s'y trouvent, hardies, élevées, originales. Mais on serait bien étonné si, à côté de ces marques d'une haute intelligence, on produisait d'autres citations. M. Pons (de l'Hérault) est un de ces hommes que la Révolution a faits et que l'Empire avait commencé à discipliner. Quand l'Empire est tombé, leur éducation n'était pas encore achevée, et ils se sont trouvés en présence des choses nouvelles, dans un état moral tout imparfait et troublé. En somme, cet ouvrage où l'on rencontre des vues excellentes mêlées à des préventions et à des erreurs dont quelques-unes sont fort blâmables, ne saurait être considéré comme un guide sûr ; mais il est utile à consulter pour ceux qui ont déjà une connaissance du sujet, notamment en ce qui concerne l'histoire glorieuse de la garde nationale dans les derniers événements de la campagne de France.

Lettre du duc de Raguse aux Parisiens, in-8°, Paris, (1830.)

Nous n'avons pas pu nous procurer ce factum que nous avons trouvé cité. D'après les conjectures que nous avons pu faire, le duc de Raguse dans cette *Lettre* s'efforcerait de démontrer aux Parisiens leur ingratitude envers lui : il les a sauvés en 1814 ; il aurait voulu pouvoir les sauver encore en 1830, si d'impérieux devoirs ne l'avaient mis dans la nécessité de soutenir contre eux une lutte dont il a été le premier à souffrir. Nous ne saurions rien dire sur l'authenticité de cet opuscule.

Mémoire justificatif du maréchal Marmont, duc de Raguse, in-8°. Amsterdam et Paris, 1830.

Avec cette épigraphe :
« *Patriæ totus et ubique.* »
Devise des armes du duc de Raguse, par Louis XVIII.

Nous n'hésitons pas à attribuer ce *Mémoire* au duc de Raguse, bien que celui-ci, à notre connaissance, ne l'ait jamais ni avoué ni désavoué. Voici les raisons de notre sentiment.

On trouve, il est vrai, dans ce *Mémoire* des erreurs sur la date des distinctions obtenues par le duc de Raguse. Mais ces erreurs sont telles qu'elles semblent faites avec intention ; le moindre faussaire aurait pu les éviter ; or le faussaire qui a fabriqué cet écrit, si faussaire il y a, se montre fort habile ; qui sait imiter le ton, le style, les habitudes d'esprit, peut à plus forte raison ne pas se tromper sur quelques dates. Ces inexactitudes ne semblent se placer ici que comme un témoignage d'ignorance non imputable au duc de Raguse : si celui-ci avait voulu se ménager la ressource d'un désaveu, il n'aurait pas mieux fait.

On trouve encore, il est vrai, dans ce *Mémoire* des mots bien compromettants pour le duc de Raguse au point de vue des événements de 1814. Mais le *Mémoire* ne traite qu'incidemment des événements de 1814; il a uniquement pour objet de défendre le duc de Raguse au point de vue des événements de 1830. Or, sous ce rapport, rien ne manque, ce nous semble, à l'habileté de l'apologie. Quels sont d'ailleurs les mots compromettants ? Un aveu déjà fait par le duc de Raguse, en des termes équivalents, dans une lettre authentique écrite par lui au roi Louis XVIII et que nous avons rapportée dans la troisième partie de notre ouvrage; un aveu qui lui est échappé, dans les mêmes termes, d'après les témoignages du temps, lorsqu'au début de la Restauration, au jour d'une de ses bonnes actions, il entreprit de sauver M. Lavalette. On lit dans le *Mémorial*, c'est Napoléon qui parle : « Les papiers » nous disent qu'en sollicitant vainement pour Lavalette, » il répond avec effusion aux difficultés du monarque, en » lui disant : *Mais, sire, moi je vous ai donné plus que la* » *vie!* » Pourquoi le duc de Raguse n'aurait-il pas répété ces mots dans une circonstance où il prenait à tâche de démontrer l'ingratitude de la Restauration à son égard! Un homme très-passionné est toujours tout entier au besoin du moment, et placé dans une difficulté, il sacrifie tout au désir d'en sortir avec éclat.

Si les deux objections que l'on peut faire contre l'authenticité de ce *Mémoire* n'ont pas réellement, comme nous le croyons, beaucoup de valeur, les preuves en faveur de cette authenticité abondent, on peut le dire ; elles se montrent dans la forme de cet écrit, où l'on retrouve le duc de Raguse tout entier, son ton amer, son intelligence élevée et troublée, son désespoir, sa colère nerveuse, sa connaissance spéciale et technique des vicissitudes militaires de Paris en 1830. On peut se demander pourquoi le duc de Raguse n'a pas avoué cet écrit qui n'aurait certes pas déparé ses *Mémoires* posthumes. Mais on doit se rappeler que, composé dans un moment de colère contre la Restauration, cet écrit ne convenait pas à la position de royaliste dans laquelle il s'est depuis décidé à passer le reste de ses jours.

Nous citerons de ce *Mémoire justificatif*, de 1830, les passages qui se réfèrent à notre sujet.

Amsterdam, 20 août 1830.

« Pour la seconde fois dans une période de moins de seize années, je me vois, par l'injustice et l'acharnement des passions humaines, forcé de prendre la plume pour justifier ma conduite aux yeux de l'Europe.

Quelle cruelle destinée est donc la mienne! Pour moi seul, l'ordre des événements, les fruits de l'expérience, l'équité des jugements semblent intervertis. Chez moi l'amour de la patrie s'appelle trahison, le dévouement au prince vénalité; on me fait un crime capital même de la passive obéissance militaire.

La postérité sera-t-elle injuste à mon égard comme les contemporains? Je n'ose le croire; je ne le crains pas.

Toutes les voix s'élèvent cependant pour m'attaquer, pour me flétrir, et de ce concert unanime d'accusations résulte pour le vulgaire une prévention plus difficile peut-être à déraciner que la conviction même.

Certes, pour tout homme impartial, le simple exposé des faits serait, quant à moi, une justification complète; cet exposé, je vais le présenter, naturel, clair, vrai.

Je ne demanderai ici au lecteur ni intérêt, ni indulgence: je ne veux de lui que de la bonne foi : qu'on me juge sans me tenir compte d'une carrière de quarante ans qui ne fut pas sans gloire ; mais qu'on me juge sur des faits et non sur des dires. Dans les questions politiques surtout, les passions sont mauvaises conseillères. Que le lecteur songe bien qu'ici il s'agit de prononcer sur une question où l'honneur, le premier des biens, se trouve intimement engagé.

Depuis 1815, je vivais en quelque sorte dans la retraite. Après avoir, vingt-cinq ans durant, servi mon pays de mon bras sur vingt champs de bataille, j'avais cru pouvoir lui être utile encore, en consacrant ma fortune entière à l'accroissement de son industrie. On a su quels malheurs de tous genres renversèrent les magnifiques établissements que j'avais créés à force de peines et de sacrifices : là encore, la fatalité qui s'acharne à moi dérouta toutes les prévisions, renversa tous les calculs. Je voulais accroître les richesses industrielles de la France ; je sacrifiai tout dans ce but généreux ; ma ruine a été complète :

Des chagrins domestiques vinrent aussi fondre sur moi : la main du malheur semblait me poursuivre partout.

Une seule, mais bien noble consolation me restait ; elle me donna la force de supporter tant de revers accumulés : c'était la confiance, l'estime, je dirais presque l'affection du monarque français, de l'auteur de la Charte.

Lorsque la France perdit ce prince, à qui elle dut à la fois la paix et la liberté, son frère qui montait sur le trône me continua la même faveur, dont me rendait digne mon dévouement sincère à cette dynastie qui a sauvé la France d'un démembrement.

On m'a représenté partout comme un ambitieux ; on m'a fait avide d'honneurs, de places, de richesses. Et cependant, quelle fut ma conduite depuis la Restauration ? Quels avantages ai-je tirés d'une faveur puissante ?

En 1830, je suis duc, maréchal et pair de France : mais dès 1804 j'étais maréchal (1). C'est Napoléon qui m'a fait duc de

---

(1) Marmont n'a été nommé maréchal qu'en 1809.

Raguse. C'est lui encore qui m'a placé sur les bancs de la Chambre haute des Pairs (1). J'ai reçu des marques d'estime, aucune de munificence ; et les Bourbons m'avaient bien jugé : la sympathie a plus d'empire sur mon cœur que la gratitude. Ai-je été en reste avec eux ? Je leur ai sacrifié plus que la vie.

Telle était ma position à la Cour de Charles X. Traité par ce monarque avec cette bienveillance qui caractérisait ses moindres paroles, je ne hantais guère le château hors des devoirs de mon service. Je ne sache pas que l'on ait jamais dit que j'eusse été appelé à donner un conseil, à prendre part à une délibération. Les projets, les plans du gouvernement m'étaient tout-à-fait inconnus. Le roi savait pouvoir compter sur ma fidélité ; au jour du danger il m'a demandé d'agir ; c'est à d'autres qu'il avait demandé de le conseiller.

(Suit l'historique des événements de 1830, où le duc de Raguse n'a pas de peine à se montrer tel qu'il a été réellement, résigné à la fatalité que lui faisaient les circonstances, inutilement prévoyant, humain autant qu'il a pu l'être sans manquer à son devoir militaire, toujours brave, et désormais invariablement fidèle) ; le duc de Raguse termine ainsi son récit :

« J'ai voulu démontrer que tout, dans ces deux cruelles journées, a été imprévu, forcé ; j'ai voulu faire jaillir cette vérité bien constante que, de mon côté, il n'y a eu ni prévision ni sévérité. (Le duc de Raguse entend dire ici qu'il n'avait pas prévu les ordonnances, occasion ou cause de l'insurrection de 1830). Je n'entends pas ici récuser la part que j'ai été obligé d'accepter dans les événements des 28 et 29 juillet, ce serait une lâcheté ; je déclare seulement qu'il était impossible d'agir autrement que je n'ai fait. Un autre eût fait plus dans l'intérêt mal entendu de la Cour ; personne n'eût pu faire moins contre la population parisienne.

Le résultat, quant à ce qui me concerne, ne l'atteste-t-il pas ? Les feuilles publiques ont raconté l'accueil que me fit, le 29,

---

(1) C'est Louis XVIII et non l'Empereur, qui a nommé Marmont Pair de France.

S. A. R. Monseigneur le duc d'Angoulême (1); j'ai dû oublier, quoique un injuste reproche soit bien sensible après un si cruel dévouement.

Et la Cour, de quels reproches ne me chargea-t-elle pas ? Ce n'est que près du roi, juge plus équitable, parce qu'il fut abusé lui-même, que j'ai trouvé des paroles de consolation et d'encouragement ; et je le déclare ici, quelque tort que puisse faire cette protestation à ma défense, Charles X avait des intentions pures, il voulait le bonheur de son peuple ; déjà quelques voix éloquentes ont proclamé cette vérité à notre double tribune, et cette vérité sera reconnue par l'impartiale histoire.

Pour moi, qu'elle me juge !..... Par deux fois j'ai sacrifié tout ce que l'homme a de cher et de sacré à la rigide exécution de ce que j'ai cru mon devoir.

Éloigné de ma patrie que j'aime, incertain de tout avenir, je n'ai plus d'appui, de consolation que la voix de ma conscience. Mais cette voix du moins me rassure et me crie que je n'ai pu faillir en servant mon roi.

MARMONT, DUC DE RAGUSE.

Vie et Mémoires du maréchal Marmont, duc de Raguse, (sans nom d'auteur), 4 vol. in-12. Paris, 1830.

Cet opuscule, publié dans l'effervescence des passions de 1830, se compose d'une biographie du maréchal-duc, suivie de nombreux extraits de divers ouvrages, mémoires, articles, etc. Nous n'avons pas besoin de dire que le duc de Raguse est fort maltraité dans cet écrit, qui toutefois manque souvent son but par son défaut de mesure.

---

(1) On racontait en 1830 que le duc d'Angoulême, entre autres paroles offensantes, avait dit au duc de Raguse : « *Vous nous avez traités comme l'AUTRE ; vous êtes un traître......* » Il est juste de rappeler que le duc d'Angoulême a fait des excuses au maréchal, et que le roi Charles X a noblement réparé l'injure dont son fils s'était rendu coupable dans un moment d'extrême emportement.

Les Trahisons de 1814, par Dineur, administrateur de l'ancien département de Rhin-et-Moselle, in-8°, de 48 pages. Paris, juin 1834.

Nous reproduisons ici quelques passages de cette brochure, qui n'est plus dans le commerce, qu'on ne trouve même pas à la Bibliothèque Impériale, et dont un hasard obligeant a fait venir un exemplaire entre nos mains.

Selon M. Dineur, la trahison de Marmont remonte aux derniers jours de l'année 1813. A cette époque, le maréchal Marmont, placé avec son corps de Spire à Coblentz, a trompé l'Empereur sur la présence de l'armée russe aux bords du Rhin, qu'elle s'apprêtait à franchir pour entrer en France. A la même époque et quelques jours avant l'invasion, il est venu à Coblentz pour ordonner le mouvement de retraite de son corps; il a désarmé devant la Lahn, par où l'ennemi pénétra en France de ce côté, tous les points fortifiés par lesquels on aurait pu s'opposer à son passage; il n'a pas laissé un obstacle, pas une force de défense devant l'invasion.

« ... Pourquoi le maréchal Marmont abandonnait-il à l'ennemi les dix-huit lieues du Rhin confiées à son armée? Pourquoi les avait-il quittées partout au même instant, trois jours avant le passage de l'ennemi, sans être aucunement attaqué? Enfin, pourquoi, s'il savait, avant de se retirer, comme on ne peut le révoquer en doute, le mouvement prochain des Russes, le laissat-il ignorer à l'Empereur, le trompa-t-il dans ses rapports, ne l'informa-t-il pas même de sa retraite?... Les Russes, les Prussiens, les Hessois, les Bavarois avaient déjà franchi notre frontière, que le maréchal Macdonald, ainsi tourné, tenait toujours et défendait la rive du Rhin depuis la Nette, près de Coblentz, jusqu'à Cologne et Juliers. Ce ne fut que plus de quinze jours après l'invasion, et à la dernière extrémité, que le maréchal Macdonald se retira, ayant derrière lui le débordement des armées que je viens de citer, et devant lui celles de Suède et de Germanie. Sa position était devenue des plus critiques. Il s'en est expliqué avec franchise. On lui a entendu dire bien des fois, qu'il n'avait quitté le Rhin que parce que sa droite avait été entièrement dégarnie. C'était celle abandonnée par Marmont. Si l'on avait donné à Marmont l'ordre de se retirer devant l'ennemi avant d'en être attaqué, assurément le maréchal Macdonald l'aurait également reçu... »

Nous laissons à M. Dineur la responsabilité de ces assertions. Voici d'autres particularités.

Selon l'auteur de la brochure que nous citons, retarder seulement l'entrée des étrangers en France, c'était peut-être la prévenir et dissiper la coalition : car il y avait dès-lors, entre l'Angleterre et l'Autriche notamment, sur le but de la guerre, des dissidences qui ont éclaté deux mois après l'invasion. A ce sujet, l'auteur se rappelle avoir lu, en mars 1814, dans la *Gazette de Liége*, les lignes suivantes, textuellement traduites en français :

« Lord Castelreagh ayant demandé à l'empereur d'Autriche son consentement pour détrôner l'Empereur Napoléon, la réponse de François II avait été celle-ci : « Qu'il ne consentirait jamais à ce que son gendre cessât de régner en France; que sa volonté sur ce point était absolue. » — Et alors, l'Angleterre fut obligée d'avouer publiquement qu'elle avait dû céder à cette volonté, qui était inflexible, parce que ce monarque, par un seul mouvement de cent mille hommes, pouvait faire changer les destins, et qu'en conséquence l'Angleterre avait dû laisser continuer les négociations de paix à Châtillon. »

M. Dineur, qui ne s'en tenait pas à ses fonctions civiles, avait été fait prisonnier. Placé au milieu des étrangers, il assistait à leurs impressions durant la guerre de 1814.

Le 6 février, on vint lui dire : « On va bientôt faire la paix avec Napoléon, qui probablement gardera le pays de la rive gauche du Rhin. » Un autre jour, des militaires prussiens qui revenaient blessés, disaient avec désespoir que leurs camarades « ne reverraient plus leur patrie, qu'ils mourraient tous en France. » Ce qui suit est plus significatif, et nous montre le contre-coup parmi les alliés des mouvements de l'Empereur dans les derniers jours de mars.

« Mais ce qui nous confirma dans l'idée que la coalition avait éprouvé de grandes pertes, dit M. Dineur rappelant ses souvenirs de prisonnier en Prusse, ce fut de voir arriver inopinément des ordres expédiés du quartier-général de l'empereur de Russie et du roi de Prusse, datés de Vitry-le-Français et portant l'injonction à tout ce qui était sur les derrières, d'évacuer la France sur-le-champ. Les ordres annonçaient formellement que toutes les armées étrangères allaient se retirer de l'autre côté du Rhin : leurs administrations militaires et autres, même celle de Justus Gruner, devaient immédiatement repasser le Rhin; on avait déjà emballé tous les papiers; c'était chez eux une désolation générale. »

Ainsi le mouvement de l'Empereur sur Saint-Dizier et sur les derrières des armées envahissantes, avait bien produit l'effet qu'en attendait le grand capitaine : les armées envahissantes s'étaient décidées à battre en retraite et elles allaient évacuer le territoire français. Nous savons pourquoi cette marche rétrograde ne s'est pas effectuée : les souverains alliés ont été appelés sur Paris par les conspirateurs, qui promettaient de leur livrer la capitale de la France.

Revenons à notre auteur. Selon M. Dineur, ce fut Marmont qui provoqua chez les alliés ce changement de résolution, et les décida à marcher sur Paris au lieu de revenir en arrière. Il s'était déguisé en villageois; il avait passé secrètement dans le campement des Russes; et là, il avait eu, avec les chefs ennemis, une conférence, à la suite de laquelle de nouveaux ordres furent donnés, et tout s'ébranla pour le mouvement vers Paris. Mais sur cet événement mystérieux il faut entendre les explications et le récit de M. Dineur :

« J'ai dit que les ordres officiels pour l'évacuation de la France avaient été expédiés de Vitry-le-Français à Coblentz,... dans la nuit du 21 au 22 mars 1814. Le 23 mars l'évacuation commençait à s'exécuter. Le 24, Marmont se rendait, déguisé en villageois, auprès des généraux russes... Voici, sur ce déguisement, des détails certains.

Marmont était descendu chez les frères Lancelot, cultivateurs au village de Soudé-le-Grand. Là il se dépouilla de ses habits et de ses insignes de maréchal; il y laissa aussi son cheval tout équipé, pour prendre une blouse et une casquette de paysan. Puis, il pria ces deux cultivateurs, une heure avant la pointe du jour, de le conduire dans la ligne de ses avant-postes, voulant s'assurer, disait-il, si le service se faisait bien. Ayant dépassé la ligne française, ces deux cultivateurs lui firent observer qu'il y avait danger à aller plus loin, parce que les vedettes ennemies étaient en face. « Vous vous trompez, leur dit-il; d'ailleurs vous pouvez vous en retourner, je saurai à présent regagner seul le village. » Il ne revint plus! Ces cultivateurs, étonnés d'être ainsi renvoyés, eurent la curiosité de le suivre des yeux. A son approche, les vedettes présentèrent les armes; elles le reconnurent donc malgré son déguisement? Leur surprise redoubla lorsque survint vers lui tout le poste avancé de l'ennemi, qui se mit sous les armes pour laisser passer le maréchal ainsi travesti. Environ une heure après, les troupes que Marmont avait abandonnées se trouvèrent attaquées par les Russes, qui s'emparèrent du village de Soudé-le-Grand, où un piquet de cavalerie russe se dirigea avec précipitation directement sur la maison des deux cultivateurs, quittée par Marmont à peine depuis une heure ; ces cavaliers y prirent, comme butin, l'habit, le chapeau et le cheval tout équipé, que le maréchal avait laissés chez ces deux cultivateurs, lesquels peuvent encore déclarer que les Russes venus chez eux étaient si bien aux ordres de Marmont, que ces mêmes Russes lui ont aussitôt remis son habit, son chapeau et son cheval, avec lesquels il reparut et revint se mettre, à quelques lieues en avant de Vitry, à la tête de l'armée française qui ignorait d'où il venait... »

Que faut-il penser de ce récit? Nous répondrons à cette question par une observation générale.

Un fait a été depuis longtemps constaté : c'est qu'aux époques grandes, héroïques, populaires, comme celle de l'Empire, où tout ce qu'il y a d'imagination chez les hommes s'est ébranlé au spectacle de tous les prodiges et de toutes les vicissitudes, l'histoire ne suffit pas, il faut encore la légende, des récits vagues, incertains, naïfs, tels qu'il s'en échappe des bivouacs, des chaumières, des ateliers, des souvenirs, des illusions, des colères, des tendresses, de l'âme émue de tout un peuple.

Or, la légende n'est pas toujours *réelle;* mais presque toujours elle est *vraie;* quand elle accuse, elle peut manquer d'habileté, elle ne manque pas de justice; elle peut se tromper sur la détermination de l'acte incriminé ; le crime peut être imaginaire; la culpabilité ne l'est pas.

Le récit de M. Dineur est une de ces légendes par lesquelles le peuple s'est expliqué ce qui est inexplicable, c'est à savoir pourquoi la France qui voulait maintenir l'Empire, et l'Europe qui avait intérêt à le conserver, ont l'une et l'autre détruit et laissé tomber l'Empire. A des événements en contradiction avec toutes les données d'un temps la saine logique du peuple ne peut supposer que des causes tout-à-fait anormales, des trahisons, des crimes particuliers.

Nous trouvons dans une bibliographie la mention suivante, dont nous ne garantissons pas la vérité : « M. Dineur a reçu pour sa brochure des lettres de félicitation de M. Doazan, préfet de Rhin-et-Moselle en 1814, de M. le comte Muraire, ancien président de la Cour de cassation, de la reine Hortense, du prince de Canino ; dans une de ces lettres, celle de M. Muraire, on lit cette phrase, répétée en des termes équivalents dans la lettre du prince de Canino : « La France et l'histoire doivent vous tenir compte de cette terrible, mais instructive révélation.... »

Le maréchal Marmont, d'après la *Galerie des Contemporains illustres,* par un homme de rien, in-12. Paris, 1843.

Cette élégante biographie peut être considérée comme une apologie. L'auteur l'a composée alors que le maréchal vivait encore, exilé et malheureux. La pitié, le respect pour l'infortune ont inspiré le biographe ; si l'indulgence produite par de pareils sentiments avait besoin d'être excusée, nous dirions qu'en 1843 on ne prévoyait pas tout ce que Marmont mettrait dans ses *Mémoires* posthumes de calomnies, de vengeances et d'orgueilleuse obstination.

Mais l'auteur de cette biographie ne s'est pas contenté de ne pas sévir contre un homme malheureux : il semble avoir consenti à accepter les faits tels qu'ils ont dû lui être livrés par des amis du maréchal. Si Marmont lui-même avait informé son biographe de 1843, il n'aurait pas mieux arrangé les événements de son histoire.

Ainsi, d'après le biographe, quand Marmont livra la

bataille de Salamanque ou des Arapilès (22 juillet 1812), le roi Joseph lui avait répondu « que l'envoi de tout renfort était impossible » et lui avait « ordonné de livrer bataille » (p. 17). Ce qui n'est pas exact : tout au contraire, le roi Joseph avait promis l'envoi de renforts et commandé d'attendre, pour livrer bataille, l'arrivée de ces renforts promis, annoncés, et déjà expédiés.

Ainsi encore, d'après le biographe, au 30 mars 1814, Marmont reçut, avant de l'avoir demandée, l'autorisation de traiter avec l'ennemi (p. 25). Or, nous avons vu que cette autorisation avait été demandée avant d'être reçue.

Dans le récit de la défection d'Essonne, tout est à l'avantage de Marmont. Il n'y est pas même fait mention de la correspondance du maréchal avec le prince de Schwartzenberg, correspondance contenant le traité de défection. Ce sont les généraux du 6e corps qui ont tout fait en l'absence du maréchal, sans ses ordres et contre ses ordres. Marmont est donc innocent? Sans doute. Toutefois le biographe lui fait une part de culpabilité, et voici comment : Marmont avait appris le mouvement de défection, quand il était temps encore pour l'arrêter. Or, en l'apprenant, il avait voulu tour-à-tour se brûler la cervelle et courir au-devant du 6e corps non encore arrivé à Versailles pour le faire revenir à son poste. Mais il n'en a rien fait, après s'être entretenu, un moment, avec les souverains alliés : « Tel est, dit le biographe, le fait qui pèsera sur la mémoire du duc de Raguse ; par son inaction, son silence et ses actes postérieurs, il a assumé sur lui toute la responsabilité de la défection des chefs du 6e corps, etc. » Aussi, ajoute-t-il, non sans beaucoup de logique, à la suite de ce récit : « Il est impossible de voir dans ces fluctuations de Marmont le caractère d'une trahison préméditée. » (P. 30-32.)

Nous négligeons de relever d'autres inexactitudes moins importantes.

Toutefois, on trouve dans cette biographie un passage où parle la sévère justice. L'auteur réprésente le duc de Raguse triomphant aux beaux jours de la Restauration :

« C'est surtout, dit-il, cette partie de la carrière du duc de Raguse qui justifie le mot de Napoléon sur lui : *La vanité qui a perdu Marmont*. On eût dit, en effet, à cette époque, que le maréchal avait conquis tous ses grades à Coblentz. Oubliant tout son passé, hormis sa naissance patricienne, enivré de ses liaisons de cour et d'aristocratie, on le voyait se pavaner dans les salons les plus hostiles à nos souvenirs nationaux, écouter de sang-froid certaine duchesse du faubourg Saint-Germain foulant aux pieds la gloire de l'Empire et se livrant aux philippiques les plus fougueuses contre cette *canaille bonapartiste* qui avait prétendu faire la loi à l'Europe. L'ex-aide-de-camp du général en chef de l'armée d'Italie, devenu chevalier du Saint-Esprit, souriait gracieusement à ces invectives, comme si ce n'était pas aussi sa gloire à lui que l'on outrageait. En le voyant déroger ainsi, une femme du monde se rencontrait déjà avec Napoléon, car elle disait de lui : *«Marmont, c'est la dignité sacrifiée à la vanité.»* (P. 32—33.)

Est-il nécessaire de dire ici le nom de l'auteur de cette biographie ? *Un homme de rien !* sous ce voile plus provoquant encore que modeste, l'estime du public a découvert, depuis plusieurs années déjà, un écrivain d'un mérite très-distingué : M. Louis de Loménie.

Notice biographique sur le Maréchal Marmont, duc de Raguse, par M. Lapérouse, in-8°. Châtillon-sur-Seine, 1852.

M. Lapérouse est un de ceux qui ont prononcé des discours sur la tombe du maréchal Marmont, et cette

Notice a été publiée quelques jours avant la cérémonie funèbre, pour rappeler aux habitants de Châtillon-sur-Seine les titres du duc de Raguse à la reconnaissance de ses compatriotes. C'est assez dire qu'on trouve surtout dans cet écrit une apologie. Mais si nous nous en tenions à ces mots, nous n'exprimerions pas suffisamment ce que l'on doit d'attention à cet opuscule, remarquable par l'élévation des pensées, l'honnêteté exquise des sentiments, la parfaite harmonie de la composition. M. Lapérouse s'honore d'avoir été l'ami du maréchal duc de Raguse; nous ne savons pas de plus solide argument de justification que l'amitié hautement avouée d'un de ces hommes qui joignent à la distinction de l'esprit la distinction du cœur. L'amitié des gens de bien est presque toujours infaillible, et elle le serait toujours si les âmes généreuses pouvaient conserver leur perspicacité lorsqu'elles ont à juger le malheur; mais alors, elles ne jugent pas, elles cèdent à la pitié, à leur répugnance naturelle pour les brutalités du vulgaire, au besoin de venir en aide à ceux que tout accable et abandonne. L'exil, les longues souffrances de M. de Raguse, c'est là ce qui a troublé, ce nous semble, le discernement de M. Lapérouse. Cet écrivain n'examine pas ou plutôt il ne contrôle pas les récits qui lui ont été faits; dans sa préoccupation de fidélité à l'infortune, il ne saurait mettre en doute la véracité de l'homme qui s'est confié à lui. Nous ne discuterons pas avec l'auteur de cette *Notice*; nous respectons trop pour cela le sentiment qui l'a inspiré. Mais nous lui ferons quelques emprunts.

M. Lapérouse apprécie ainsi les entreprises industrielles du duc de Raguse et ses qualités privées les plus aimables; il est bien entendu qu'on va lire des éloges aux quels, pour nous, il y aurait çà et là quelque chose à retrancher.

Le maréchal Marmont n'était pas seulement un homme de guerre plein d'expérience, un homme d'État distingué, c'était encore un grand citoyen. Le temps qu'il ne donnait pas aux affaires publiques, il le consacrait à son pays natal : un attrait puissant le ramenait sans cesse à Châtillon, objet de sa constante et filiale affection, et cette ville devint pour lui, pendant la paix, l'objet d'un intérêt tout spécial. Il voulut y donner le salutaire exemple d'un homme qui, placé dans une position élevée, utilise sa fortune et ses loisirs au profit de la prospérité agricole et industrielle de son pays.

Dès l'année 1844, il se complut à augmenter et embellir l'habitation de ses pères, connue sous le nom du *Châtelot*, située à l'une des extrémités de la ville et rebâtie au xve siècle par le chancelier Rolin (1). En même temps que le duc de Raguse, par de nouvelles constructions, en faisait une élégante demeure, il y ajoutait, au prix des plus grands sacrifices, toutes les propriétés morcelées qui l'environnaient et qui, sous son habile direction, ont formé le parc magnifique, dessiné avec tant de goût et traversé sur une longueur de plus de trois kilomètres par les belles eaux de la Seine et de la Dwi réunies. C'est là qu'il venait se dérober, autant que ses devoirs publics le lui permettaient, aux sujétions de son rang, cherchant son bonheur dans l'affection de ses compatriotes et dans le bien-être qu'il répandait autour de lui. C'est là que, joignant la plus touchante simplicité à sa magnificence habituelle, il se reposait de ses longues fatigues au milieu de la société des personnes du pays qu'il admettait dans son intimité, et souvent environné des hommes les plus illustres dans la guerre, dans les sciences, dans les lettres, qui venaient partager momentanément avec lui les douceurs

(1) Ce n'est pas au Châtelot que le maréchal est né, c'est dans la maison située rue de l'Orme, entre la petite rue de l'Orme et la rue derrière la Prison, habitée aujourd'hui par M. Beauvais. (Note de M. Lapérouse.)

de sa retraite. Il avait reçu plusieurs fois, chez son père, Bonaparte, lorsque celui-ci, encore simple officier d'artillerie, venait du siége de Toulon, ou lorsque, fait général, il allait prendre le commandement de l'armée d'Italie. C'est au devant de cette maison paternelle qu'il avait, en 1796, exposé aux regards de la population châtillonnaise, heureuse et fière de ses premiers succès, les trente-cinq drapeaux pris à l'ennemi qu'il était chargé de porter au Directoire.

Quand, dans le cours de ses campagnes, il lui était possible de prendre quelques moments de repos, il venait les passer au milieu de sa famille, et chacun de ses retours était célébré par des réjouissances publiques.

Après la funeste journée des Arapilès, en 1812, il était venu à Châtillon rétablir sa santé altérée et soigner les graves blessures dont il était couvert, et il n'avait jamais oublié les témoignages d'intérêt qui l'avaient accueilli à son arrivée. En 1814, il avait fait les honneurs de son habitation au comte d'Artois, qui régna depuis sous le nom de Charles X. Tant de souvenirs ne faisaient qu'augmenter sa prédilection pour sa ville natale. Aussi, était-il constamment préoccupé de tout ce qui se rattachait à sa prospérité. Que de fois nous l'avons vu, désireux de répandre dans la jeunesse une émulation salutaire, visiter l'école mutuelle, dont il avait fait les premiers frais et qu'il subventionnait, assister aux distributions de prix du collége et réunir à sa table les élèves qu'il venait de couronner de ses mains victorieuses. Sa sollicitude s'étendait surtout sur les ouvriers auxquels il procurait des travaux considérables. Il donnait des secours au bureau de bienfaisance ; et, si sa fortune n'eût pas trompé ses projets, il aurait réalisé l'intention qu'il a si souvent exprimée de fonder au collége des chaires pour les sciences, et de créer un hospice pour de vieux militaires invalides. C'est lui qui, en faisant à la ville l'avance des premiers fonds, a rendu possible à l'administration départementale et municipale l'acquisition de la sous-préfecture, de l'hôtel-de-ville, du jardin public et de la place centrale où se tiennent les marchés. C'est à lui que nous devons ce quartier neuf, qu'il a tracé lui-même.

qui forme aujourd'hui la partie la plus élégante et la plus animée de la ville, lui donne une extension considérable et lui ouvre des communications que les besoins de la circulation réclamaient.

Même dans la retraite, un homme aussi actif que le maréchal n'aurait pu se condamner à l'oisiveté. Il appliqua son esprit novateur et infatigable au développement de l'agriculture et de l'industrie dans son pays, et l'on peut dire qu'il y a ouvert une nouvelle ère de prospérité. Avant lui, la culture y était encore dans l'enfance ; il la fit sortir des vieilles routines. Il n'y a pas de nouveaux procédés ou d'instruments aratoires dont il n'ait fait l'essai, pas de méthodes dont il n'ait fait l'expérience. Il réunit à la terre qu'il tenait de sa famille des domaines considérables, où il élevait des troupeaux de l'espèce la plus rare. Il établit dans son parc un haras d'où sortirent les plus belles races. Il y avait aussi fondé des établissements de tous genres : une vermicellerie, une fabrique de sucre indigène, etc., etc. Enfin ces différentes propriétés rurales étaient devenues autant de fermes-modèles où nos cultivateurs intelligents ont puisé des exemples qui se sont rapidement propagés.

Mais c'est surtout vers l'industrie métallurgique qu'il avait tourné tous ses efforts. Il y consacra ses principales ressources. Aux anciennes forges qu'il possédait à peu de distance de son habitation, il a substitué cette grande usine à laminoirs qui porte son nom, l'une des premières forges anglaises construites en France, où un si grand nombre d'ouvriers trouvent un utile labeur, et qui a procuré à l'arrondissement de Châtillon une prospérité commerciale jusque-là sans exemple. En un mot, sous la direction féconde du maréchal, l'agriculture prit parmi nous un essor inconnu ; l'industrie des fers fit d'immenses progrès ; le pays subit une véritable transformation.

Il est douloureux de dire qu'au lieu de recueillir le fruit de ses vastes conceptions, le duc de Raguse y a trouvé sa ruine. Il a eu en cela le sort de la plupart des fondateurs de grandes entreprises. Mais s'il a vu sa fortune s'engloutir dans des dépenses imprévues et dans des expériences trop chèrement payées, il a eu au moins la consolante pensée que tous ses sacrifices n'ont pas été perdus, puisqu'ils ont contribué à la richesse et à la prospérité de son pays. »

Nous aimons à penser que le duc de Raguse est mort dans des sentiments chrétiens, nonobstant les vengeances posthumes déposées dans ses *Mémoires*. Voici quelques nobles paroles qui permettent de l'espérer :

« ... Les douceurs de l'hospitalité que le duc de Raguse recevait à l'étranger ne pouvaient effacer dans son cœur le souvenir de la patrie absente, et souvent il reportait ses regards vers la France. Un coin de terre de cette France était particulièrement l'objet de ses regrets : c'était celui où il avait reçu la naissance et laissé la cendre de son père. Ceux qui l'ont vu dans l'exil ne l'ont jamais entendu parler de Châtillon, sans que le nom du pays natal ne vînt mouiller les yeux du vieux guerrier. En 1841 et 1842, il avait entrevu la possibilité de rentrer dans le château paternel; des négociations auxquelles nous avons pris part avaient été ouvertes à ce sujet; mais les circonstances vinrent encore cette fois déjouer ses projets et détruire ses espérances. Il nous écrivit alors, à nous qu'il avait initiés à ses vues et qu'il honorait de sa confiance, une lettre qui prouve avec quelle résignation cette âme fortement trempée savait accepter la rigueur de sa destinée :

« J'avais, nous dit-il, rêvé le bonheur de vivre pendant
» mes dernières années dans le lieu où je suis né et où j'ai
» passé mon enfance, lieu qui, pendant tant d'années, a été
» l'objet de mes soins et des préoccupations de mon esprit :
» je vois qu'il faut renoncer à cette idée consolante. J'abaisse
» beaucoup mes prétentions et les réduirai de manière à me
» persuader que le vœu que je forme sera rempli avec exac-
» titude.

» Puisque je ne puis finir ma vie à Châtillon, je désire au
» moins que mes restes y reposent après ma mort. M'occuper
» d'assurer l'exécution de ce projet, n'a rien qui doive alarmer
» votre amitié; mes pensées, dans l'isolement où je vis, sont

» naturellement tristes et me forcent à envisager ma fin sans
» répugnance; et c'est une idée consolante pour moi que de
» m'occuper d'un avenir sans limites qui correspondra aux sen-
» timents qui ont rempli mon cœur toute ma vie.

» J'ai vu si souvent que des idées arrêtées avec complaisance
» pour une époque postérieure à la mort restaient comme non
» avenues, par suite de l'obscurité de l'avenir et de cette con-
» fiance aveugle qui nous fait ajourner sans cesse les arrange-
» ments qui doivent assurer leur exécution, que j'ai cru conve-
» nable de m'occuper sur-le-champ de ce dont je vais vous
» parler.

» Je désirerais donc que mes restes reposassent à Châtillon,
» et, à cet effet, je voudrais faire construire un caveau destiné
» à les recevoir... »

Nous avons rempli avec un scrupule religieux les volontés dont le maréchal avait confié l'exécution à notre dévouement pour lui. Un monument modeste et simple, de forme antique, conforme au plan qu'il en a lui-même dressé, a été construit en pierre de granit tirée des carrières du Morvan, sur un terrain que les membres du conseil municipal, fidèles interprètes des sentiments de leur concitoyen, lui ont concédé gratuitement. Il est érigé dans le cimetière Saint-Vorles, qui renferme les cendres de son père, de sa mère et de plusieurs autres membres de sa famille.

Cette tombe ouverte depuis plusieurs années attendait le dépôt qu'elle devait recevoir un jour; le moment est arrivé où elle va se fermer. Le maréchal allait accomplir, dans quelques mois, sa 78e année. L'âge n'avait apporté aucune altération dans ses traits; il avait conservé ses épais sourcils, son regard perçant, sa figure martiale brunie dans les camps, sa stature imposante. Il avait applaudi à l'acte énergique du 2 décembre 1851 qui, en délivrant la France de l'anarchie prête à l'envahir, sauvait aussi la civilisation européenne menacée. Mais, à mesure que les années se succédaient, le désir de revoir sa patrie devenait chez lui plus impérieux. Malgré toute la force de son âme, le mal du pays s'empara de lui, et, après quelques jours d'une maladie dont les progrès furent rapides, il succomba, le 3 mars 1852, à neuf heures et demie du matin, à Venise, dans le palais Lorédan. Ce guerrier dont le malheur n'avait fait que fortifier le caractère, qui, en 1842, nous écrivait : « J'envisage ma fin sans répugnance » ; ce guerrier vit en effet sa fin s'approcher avec ce courage qui ne l'a jamais abandonné. Il a conservé jusqu'au dernier moment toute sa présence d'esprit, et a expiré avec le calme du chrétien qui prévoit depuis longtemps le terme de sa vie, et qui accepte avec soumission les décrets de la Providence.

Le duc de Raguse n'avait pas attendu ce moment suprême pour manifester son respect pour le culte de ses pères ; on trouve la preuve de ses sentiments dans la relation de son voyage en Palestine. Il exprime ainsi les pensées qu'a fait naître dans son âme la vue de Calvaire, « ce rocher où coula le sang du juste. » « Il est impossible, dit-il, de visiter froidement
» ce sanctuaire du Christianisme. C'est de ce point que jaillit
» cette éclatante lumière qui devait éclairer le monde ; c'est de
» là que s'est propagée une religion fondée sur une morale su-
» blime et sur un esprit de paix et de charité inconnu aupa-
» ravant ; religion qui rendit à l'homme la place que Dieu lui
» avait assignée dans la création, et dont la pensée et le but
» furent tout au profit de la faiblesse et du malheur. Nouvelle
» époque, nouvelle ère, nouveau monde moral que créa le sang
» de Jésus-Christ. » Quand, il y a dix ans, le maréchal s'occupa des détails de sa sépulture, fidèle à ses convictions, il fit en même temps une fondation pieuse pour l'anniversaire de sa mort, et de celles de son père, de sa mère, et de Mme de Gissey, sa tante, l'une des fondatrices du Bureau de bienfaisance de Châtillon. Cet homme illustre, mourant sans patrie, sans famille, s'est du moins endormi dans les bras de la religion, entouré des soins de quelques amis dévoués.

On ne lira pas sans intérêt les détails suivants sur le tombeau dans lequel ont été déposés les restes mortels du Duc de Raguse.

Le tombeau, où le duc de Raguse doit reposer désormais, présente, sur la face antérieure, une inscription qui rappelle les titres principaux dont le maréchal était revêtu; elle porte :

Auguste-Frédéric-Louis Viesse de Marmont, duc de Raguse, pair et maréchal de France, grand-cordon de la Légion-d'Honneur, membre de l'Institut, académie des sciences, chevalier du Saint-Esprit, grand-croix de l'ordre de Saint-Louis, chevalier de Saint-André, Saint-Alexandre et Sainte-Anne de Russie, etc, né à Châtillon-sur-Seine le 20 juillet 1774, mort à Venise le 2 mars 1852.

Sur le côté opposé, on lit cette autre inscription qui dit en peu de mots sa gloire et ses malheurs :

**Gloriæ studium, patriæque charitas
Vitæ suæ actionibus incitamentum fuere.
Vitam si inlustrem ærumnis tamen
Plenam egit;
In secundis moderato et benevolenti in adversis rebus
Placido patientique animo se tulit (1).**

À l'une des extrémités du tombeau, se trouvent deux bâtons de maréchal, signe de la plus haute dignité du duc de Raguse; et, à l'autre, l'écusson de ses armes où figure un drapeau, en mémoire de l'acte de courage par lequel il se signala à la prise de Malte en enlevant le drapeau de l'Ordre. On y lit aussi sa devise, si juste et si vraie : *Patriæ totus et ubique*.

Le maréchal Marmont, duc de Raguse, par M. Sainte-Beuve, de l'Académie Française. (1re édition dans *Le Constitutionnel* des 5, 12 et 19 avril 1852; 2me édition dans les *Causeries du Lundi*, tome VI. Paris, 1854.)

Cette étude, éloquente, ingénieuse, est le meilleur résumé que l'on puisse lire des *Mémoires* du maréchal

---

(1) La passion de la gloire, l'amour de la patrie ont été le mobile de toutes ses actions. Sa vie, qui fut illustre, a été tourmentée par le malheur; modéré et bienveillant dans la prospérité, il a été dans l'adversité résigné et calme.

Marmont. Nous sommes mal placé pour apprécier, comme il conviendrait, un ouvrage dont nous n'avons pas adopté les conclusions sur le point le plus important. Mais si opposé que nous soyons aux vues de l'auteur, nous savons reconnaître le sentiment élevé qui l'a dirigé. Il est deux manières de considérer les événements politiques : l'une qui est propre à la politique elle-même ; l'autre, plus intime, qui ne sort pas du domaine de la psychologie. Quand on s'introduit dans le secret de la conscience d'un homme, on est étonné de voir quels peuvent être les commencements des actes les plus coupables, et combien ces actes peuvent prendre naissance au milieu de passions, sinon vertueuses, du moins tout d'abord inoffensives, avouables et mêmes plaisantes. Or, quand on se met à ce point de vue de la psychologie et que l'on s'y arrête, comme on ne saurait avoir de sévérité pour ce qui n'est pas encore le mal lui-même, on étudie avec indulgence les causes qui le produisent, et qui sont, seulement à leur principe, des erreurs, des illusions. On ne les qualifie pas ; on se les explique. Un célèbre naturaliste a découvert qu'entre les monstres et les êtres de formation normale, il n'est point d'autre différence qu'un arrêt ou un excès de développement. Dans les conditions ordinaires, un homme qui se trompe, ne nuit qu'à lui-même et l'on remarque à peine cet arrêt de développement. Mais dans une crise décisive et publique, l'erreur d'un homme peut être une catastrophe nationale, et l'on donne un nom à cet excès de développement : on l'appelle crime, forfait, attentat. Toutefois, pour le savant qui observe le phénomène en soi, en dehors des effets qui l'ont suivi, dans l'un comme dans l'autre cas, il n'y a qu'une erreur, une variété de l'erreur. Nous ne savons si nous sommes parvenu à rendre intelligible notre pensée. Mais il nous semble que M. Sainte-Beuve s'est surtout proposé pour but de s'expliquer et d'expliquer cette nature si curieuse, si riche et si complexe de Marmont, où tant de qualités généreuses et brillantes se mêlent à des vices. Il a montré cette nature se développant au contact des événements, d'une façon anormale, il est vrai, mais sans cesser, un instant, de représenter en elle ce conflit d'éléments contradictoires dont elle était le composé turbulent. M. Sainte-Beuve qui a certainement réussi à faire son étude avec beaucoup de pénétration et d'éclat, a-t-il été également heureux dans les jugements qu'il a portés sur les circonstances politiques entre lesquelles Marmont a été agité? Nous ne le croyons pas. Mais là n'était pas le but du savant et profond analyste. Nous ne ferons plus qu'une réflexion. Pour les esprits sérieusement voués aux considérations spéciales de la politique, il n'est pas sans avantage de voir juger les hommes autrement qu'ils ne sont accoutumés à le faire. Les sévérités de l'histoire se tempèrent utilement à la comparaison de ces critiques intimes où l'on apprécie un homme, non d'après les conséquences que ses actes ont pu avoir, mais bien en lui-même, dans ses sentiments et ses intentions. Les circonstances, à l'heure surtout des catastrophes, ont une puissance d'entraînement qui leur est propre; peut-être, pour être entièrement juste, ne faudrait-il pas toujours charger un homme de sa part de responsabilité et de celle qui appartient aux circonstances.

ÉCRITS SUR LE MARÉCHAL MARMONT

POSTÉRIEURS A LA PUBLICATION DE SES MÉMOIRES.

Réfutation des Mémoires du maréchal Marmont duc de Raguse, par M. Laurent (de l'Ardèche), 4 vol. in-8°, 1857. Paris, chez Henri Plon.

Cet ouvrage, écrit avec éloquence, est digne de l'auteur d'une des histoires les plus populaires de l'Empereur Napoléon. Quant à l'esprit dans lequel il est conçu, nous emprunterons pour le dire une formule de la philosophie allemande. — Il y a dans Napoléon Ier, une *thèse*, une *antithèse* et une *synthèse*. — La *thèse*, c'est la Révolution par laquelle Napoléon a son droit d'être, qu'il représente, qu'il a établie et organisée; l'*antithèse*, c'est l'ancien régime, dont Napoléon a remis en vigueur tout ce qui pouvait en être conservé. Mais ces deux entités, la Révolution et l'ancien régime, Napoléon ne les a pas juxtaposées d'une façon contradictoire : il les a conciliées entre elles et les a réunies dans un ordre de choses vivant d'une seule et même vie; et c'est là ce que l'on peut nommer la *synthèse*, l'œuvre éminente et spéciale du génie de Napoléon. — Or, cette formule ne donne pas seulement la raison de ce qu'il y a de complexe dans l'histoire impériale : elle explique encore les considérations fort diverses dont cette histoire est l'objet. Les révolutionnaires se reconnaissent et ne se reconnaissent pas en entier dans l'œuvre napoléonienne ; les hommes de l'ancien régime y passent tour-à-tour de l'admiration au blâme ; seulement, ce qui fait le blâme de ceux-ci fait l'approbation de ceux-là. En somme, pour comprendre réellement et dans sa plénitude l'œuvre napoléonienne, il n'y a qu'une sorte d'esprits, ceux qui sont initiés à tout le travail traditionnel de la France depuis les premiers temps de son histoire, ceux pour qui la Révolution de 89 est beaucoup moins une réaction qu'une conclusion. Et notons-le à ce propos, c'est là ce qui fait la grande importance des études historiques; pas une erreur dans l'histoire de France qui ne soit une perturbation imminente des conditions actuelles de notre existence politique ; Napoléon Ier le sentait bien, lui qui, à l'apparition d'un nouveau livre d'histoire, s'inquiétait et laissait là ses affaires les plus graves et les plus urgentes, pour voir ce qui survenait dans cette notion de la tradition française de laquelle il tirait toute sa force de légitimité. — Nous nous sommes un peu éloigné de l'estimable ouvrage au sujet duquel nous venons de faire ces réflexions, mais pas autant qu'on pourrait le croire. M. Laurent (de l'Ardèche), partisan presque exclusif de ce que nous avons nommé la *thèse* napoléonienne, est un de ces esprits tout modernes qui se plaisent surtout à voir et à montrer dans l'histoire de l'Empire l'établissement et l'organisation des principes de 89 ; et M. Laurent (de l'Ardèche) a eu beau jeu avec un contradicteur comme Marmont, pour qui la Révolution de 89 et ses principes ont toujours été lettres closes.

Le maréchal Marmont, duc de Raguse, devant l'Histoire, examen critique et réfutation de ses Mémoires, d'après des documents historiques la plupart inédits, (sans nom d'auteur), 4 vol. in-8°. Paris, 1857, chez M. Dentu, 2e édition.

Conçu dans un tout autre esprit que le précédent, cet ouvrage représente assez bien, s'il nous est permis de continuer à nous servir de notre formule philosophique, l'*antithèse* napoléonienne, ou ce qu'on pourrait appeler d'une façon plus intelligible, le légitimisme rallié. Il nous serait même possible de trouver dans cet ouvrage plus d'un aperçu, plus d'une appréciation historique, où le légitimisme se montre dans l'intégrité de ses préventions contre l'histoire, de l'Empire. Mais l'auteur du moins est fort instruit des faits, il en connaît les sources originales, et il a un vif sentiment de l'honneur; à tous ces titres, il juge avec beaucoup de compétence le duc de Raguse, et l'histoire devant laquelle il le fait comparaître, s'exprime fort dignement par sa voix. — On doit surtout rechercher dans cet ouvrage les documents relatifs au roi Joseph, la rectification de faits importants, la justification de quelques-uns des hommes calomniés par le duc de Raguse. Nous empruntons à cette partie de l'ouvrage les pages suivantes, qui intéressent un des hommes les plus honorables de notre ancienne armée.

« Le général marquis de Grouchy avait à peine fait paraître au *Moniteur universel* la réfutation citée plus haut, que le fils du général du Taillis venait à son tour réclamer dans le même journal contre les perfides et fausses assertions du duc de Raguse. Nous donnerons place d'autant plus volontiers à la lettre du comte du Taillis, qu'il nous sera très-facile de la faire suivre de pièces officielles, prouvant d'une façon irrécusable la vérité de ce qu'il avance sur l'existence de son père, existence calomniée avec tant de perfidie par le maréchal Marmont. »

« *A Monsieur le Directeur du Moniteur.*

Monsieur le Directeur,

« Dans son parti pris de rabaisser la gloire de tous ses compagnons d'armes, le maréchal Marmont n'a point épargné le général du Taillis. Permettez-moi de recourir à mon tour à la voie du *Moniteur* pour repousser une odieuse calomnie. Si j'arrive tard, c'est que mon état de souffrance ne m'a pas permis de connaître plus tôt l'outrage fait à la mémoire de mon père. Les lignes suivantes, où le duc de Raguse a consigné à la fois l'injure et la basse jalousie qui l'a inspiré, ne me permettent pas de garder le silence.

» A la bataille de Castiglione et aux combats précédents, de nombreux drapeaux avaient été enlevés à l'ennemi ; il fut question de nommer un officier pour les porter à Paris, et j'eus à cette occasion un *grand chagrin*. Le général Bonaparte fit choix du premier aide-de-camp du général Berthier, nommé du Taillis, officier *extrêmement médiocre* et passant pour *peu brave*. En le désignant, le général Bonaparte avait eu le désir de faire quelque chose d'agréable à son chef d'état-major, dont il était content. Je ne fis pas ce calcul, et je *fus outré*. (*Mémoires du duc de Raguse*. Tome 1er, page 213.)

» Pour confirmer cette épithète de *peu brave* dont le maréchal Marmont gratifie l'aide-de-camp du Taillis, il raconte un peu plus loin un prétendu duel entre mon père et Comeyras, représentant de la République française près des Grisons, dans lequel il fait jouer aux deux adversaires un rôle ridicule.

» Tout est faux dans ce passage des *Mémoires du duc de Raguse*. J'en ai pour garant l'attestation formelle des militaires survivants qui ont connu mon père. Ce duel et tous ses accessoires sont une pure invention dont Marmont avait besoin pour satisfaire sa vengeance.

» En effet, une pareille calomnie ne se comprendrait pas si le duc de Raguse n'avait pas eu soin de raconter lui-même la cause de sa haine. Du Taillis lui est préféré pour une mission glorieuse ; il ne l'a jamais oublié, et comme il n'a point osé se venger de son vivant, il attendra pour le faire sans danger que la tombe se soit fermée sur lui comme sur ses victimes. Heureusement les *Mémoires* de Marmont ne sont pas l'histoire, et les faits de cette grande époque parlent plus haut que tous les artifices de la calomnie.

» A qui fera-t-on croire qu'un militaire, honoré de toute la confiance de Napoléon et de son illustre chef d'état-major, ait jamais eu la réputation de manquer de bravoure? Si, parmi les qualités qui ont honoré la longue carrière du général du Taillis et lui ont mérité les sympathies de ses glorieux compagnons d'armes, il en est une à l'abri de toute attaque, c'est incontestablement cette bravoure à toute épreuve qu'il poussait même souvent jusqu'à la témérité. Sa vie est un tissu d'actes de courage ; il suffit d'en citer quelques-uns.

» Après avoir pris part aux batailles de Valmy, de Jemmapes et à plusieurs combats mémorables où il fut blessé, du Taillis fit, comme premier aide-de-camp du général Berthier, toutes les campagnes d'Italie. Lors de la révolte de Pavie, ce fut à sa fermeté et à sa présence d'esprit que la petite troupe française dut de n'être pas égorgée. Le courage qu'il montra à la bataille de Castiglione lui valut l'honneur d'être envoyé à Paris par le général Bonaparte pour porter les drapeaux pris sur l'ennemi et de recevoir du Directoire des pistolets d'honneur.

» De retour à l'armée, il eut son cheval tué sous lui à Rivoli, un autre à Arcole. Après le passage du Tagliamento, il porta l'ordre au général Joubert d'attaquer Balzano et Brixen, combattit aux côtés de ce brave général et repartit immédiatement pour rendre compte de ces deux glorieuses affaires au général en chef. Un corps de Tyroliens voulant lui fermer le passage, du Taillis monte le cheval du postillon qui le conduisait, et, avec six hommes de bonne volonté, il traverse l'ennemi et arrive au quartier-général, lui troisième, avec son cheval et ses habits criblés de balles. Ce trait d'héroïsme lui valut un sabre d'honneur.

» Il était déjà colonel à Marengo, où il eut un cheval tué sous lui. Après avoir fait partie du camp de Boulogne comme chef de l'état-major du maréchal Ney, qui, certes, se connaissait en bravoure, il fut présent à toutes les batailles de la Grande Armée et se distingua entre autres à celles d'Elchingen, d'Ulm, d'Iéna, etc. C'est lui qui reçut la capitulation de Magdebourg, où

25,000 Prussiens avec 800 pièces de canon se rendirent à un faible corps d'armée qui n'avait que deux pièces de siège.

» Le général du Taillis eut encore un cheval tué à la bataille d'Eylau et le bras droit emporté au combat de Gunstadt en désignant l'emplacement d'une batterie. A peine guéri de sa blessure, il retourna à l'armée avec le grade de général de division. L'Empereur le nomma successivement comte, commandant de la Légion d'honneur, puis gouverneur à Munich, Erfurth, Varsovie, Torgau. Le siège de cette dernière ville fut long et opiniâtre ; la défense du gouverneur héroïque. Il eut à lutter contre la famine et la peste, qui enlevèrent près de 20,000 hommes sur 22,000 dont se composait la garnison, et contre un corps assiégeant de 60,000 hommes.

» Le général prussien qui le commandait ayant appris que le général du Taillis avait fait miner le fort qui protégeait la ville, lui écrivit qu'il le rendait responsable, *sur sa tête*, de la conservation du fort. Le général du Taillis lui répondit que le fort devait sauter le lendemain à six heures du matin, mais qu'après une pareille menace, il sauterait à minuit ; et le soir même le brave général Durieu, sur l'ordre du général du Taillis, faisait sauter le fort.

» L'approbation de l'Empereur récompensa le général du Taillis de son intrépidité. Dans une réception aux Tuileries, Napoléon lui dit : « Général, j'ai été content de votre défense de Torgau. » Une autre fois, Napoléon l'interpellant au milieu d'un cercle d'illustrations de l'Empire : « Etes-vous marié, général ? — Non, Sire, répondit du Taillis. — Eh bien, il faut vous marier et nous faire des braves ! » L'amiral Thévenard, témoin de ce compliment, dit au général du Taillis : « Ces paroles de l'Empereur, vous devez les mettre dans votre généalogie. » — « Et en lettres d'or ! » ajouta l'amiral de Bougainville.

» Voilà cependant l'homme que le duc de Raguse a l'impudence de présenter comme manquant de bravoure !

» Au reste, il n'est aucune des illustrations de l'Empire que Marmont n'ait tenté de flétrir, et, malgré ma juste indignation, je ne puis m'étonner de voir mon père en si glorieuse compagnie.

» Agréez, monsieur le Directeur, l'assurance de mes sentiments les plus distingués.

» Comte du Taillis. »

Paris, le 10 avril 1857.

« La cause de l'injuste appréciation du duc de Raguse sur la vie de soldat du général comte du Taillis, est tellement transparente, que nous croyons inutile d'en parler. Jalousie et orgueil, le général Marmont a tout sacrifié dans son ouvrage posthume à ces deux passions, mauvaises conseillères pour qui veut écrire l'histoire avec impartialité.

» Le prétendu duel raconté par le maréchal n'a jamais eu lieu. Il est permis de croire que le duc de Raguse a fait confusion en attribuant à l'ancien aide de camp du prince de Neufchâtel, un fait qui a pu se passer réellement mais beaucoup plus tard qu'à l'époque assignée, et auquel le général du Taillis a été complétement étranger ; c'est là une histoire fort amusante sans doute, mais qu'il n'eût pas fallu attribuer à un officier général qui n'y a même jamais été mêlé.

» Quant aux épithètes d'officier *extrêmement médiocre* et *passant pour peu brave*, dont le duc de Raguse gratifie avec un si grand laisser-aller le général du Taillis, la réponse est dans les documents officiels suivants. Après des recherches consciencieuses, voici les pièces que nous avons trouvées, pièces dont nous avons les originaux sous les yeux.

» Né à Nangis, le 12 novembre 1760, M. du Taillis commence dès 1779 son apprentissage militaire dans les volontaires du corps de Nassau, où il est admis comme cadet. Nommé capitaine adjudant-major au 3ᵉ bataillon de la 6e division de la garde nationale parisienne, le 1er septembre 1789, il est incorporé le 3 août 1791 dans le 14e bataillon d'infanterie légère. Il fait les campagnes de 1792 et 1793 à l'armée du Nord, et reçoit une blessure, étant à l'avant-garde de Dumouriez. Envoyé comme aide de camp du général Berthier en ventôse de l'an III, il fait en cette qualité les campagnes d'Italie, et il est nommé chef de bataillon le 27 germinal de la même année, puis chef de brigade le 23 brumaire an VI. Il est désigné après la bataille de Castiglione pour porter les drapeaux pris à l'ennemi, et quoiqu'en dise Marmont, le général Bonaparte ne chargeait pas habituellement des officiers *peu braves* de pareilles missions. Le 17 nivôse an X, il est promu adjudant commandant. Il fait la campagne de Marengo et a un cheval tué sous lui à cette grande bataille. Le 12 fructidor an XII, il est envoyé comme chef d'état-major des troupes réunies au camp de Compiègne sous le commandement de Ney.

» Voici la lettre de service qu'il reçoit à cette occasion du ministre de la guerre :

« Le général Bonaparte, premier Consul de la République Française, ayant à nommer un général de brigade pour remplir les fonctions de chef d'état-major des troupes réunies au camp de Compiègne, et prenant une entière confiance dans LA VALEUR, l'expérience et la fidélité dont a donné des preuves le général de brigade du Taillis, l'a nommé, par décision du 10 fructidor, chef d'état-major des troupes rassemblées au camp de Compiègne et commandées par le général en chef Ney. »

» Le 10 vendémiaire de la même année, le ministre de la guerre fait, sur le général du Taillis, le rapport suivant aux Consuls :

» L'adjudant commandant du Taillis a rempli pendant plus de huit années auprès de moi les fonctions d'aide-de-camp avec distinction. Avant de faire les campagnes d'Italie, il a fait celles de

1792 et 1793 où il avait reçu des blessures. Fait prisonnier avec Songis par les insurgés de Pavie, menacé souvent du massacre, il eut longtemps la mort devant les yeux. Son salut et celui des autres prisonniers fut en partie le fruit de sa *fermeté* et de sa présence d'esprit. Après le passage du Tagliamento et la prise de Gradisca, le général en chef l'envoya dans le Tyrol, porter au général Joubert l'ordre d'attaquer Balzano et Brixen, en lui recommandant de venir, sans délai, rendre compte du résultat de ces attaques qu'il importait de connaître pour les opérations ultérieures. Arrivé près de Joubert, il fut présent aux attaques et repartit sur-le-champ pour annoncer leur succès. Un corps du Tyrol attaquant nos derrières lui fermait le passage et venait de repousser cinquante Français, commandés par un officier qui avait eu trois hommes tués et plusieurs blessés. Instruit de ces faits par l'officier lui-même, du Taillis n'hésite pas un instant. Il prend le cheval du postillon qui le conduit, réunit à lui quatre militaires et les deux dragons d'escorte. Avec ces six hommes, il entreprend de forcer le passage, en perd quatre et arrive lui troisième à Balzano, son cheval et ses vêtements criblés de balles. Depuis cette époque il a fait avec moi la campagne de l'an VIII et a eu un cheval tué sous lui à Marengo ..... etc. *Je demande pour cet officier un sabre d'honneur.* »

» Ce sabre lui fut donné ainsi qu'une paire de pistolets qui, dans une autre occasion, fut envoyée par le ministre avec la lettre suivante au général du Taillis :

« J'ai décidé le 13 de ce mois, citoyen, qu'il vous serait accordé une paire de pistolets de la manufacture d'armes de Versailles, en récompense de vos services. Je me félicite de pouvoir vous décerner cette marque de satisfaction *pour la bravoure que vous avez manifestée en diverses circonstances, et dont vous avez donné des preuves multipliées sous mes yeux.* »

» On voit que Berthier et Bonaparte, assez bons juges en

matière de bravoure, étaient loin de considérer le général du Taillis comme un officier peu brave.

» Continuons l'examen de cette belle et longue existence militaire.

» Le général du Taillis fait la campagne de 1805 en qualité de chef d'état-major du 6ᵉ corps (maréchal Ney). Il est désigné à Ulm pour recevoir les armes déposées par l'armée autrichienne faite prisonnière.

» A la suite de cette campagne, le maréchal Ney, également assez bon juge en pareille matière, écrit au major-général la lettre ci-dessous :

« Klagenfurth, le 28 décembre 1805 : Monsieur le maréchal, je dois témoigner à Votre Excellence combien j'ai à me louer de la manière de servir du général du Taillis, qui n'a cessé pendant toute la campagne de se conduire avec la plus grande distinction. Ses services comme chef d'état-major n'ont été ni moins satisfaisants pour moi, ni moins honorables pour lui. Je vous prie, Monsieur le maréchal, *et je vous demande comme un acte de justice*, de supplier S. M. d'accorder au général du Taillis le grade de général de division. C'est une récompense due *à son courage, à ses talents et à son zèle.* »

» Promu général de division le 29 juin 1809, du Taillis fut employé à l'armée d'Allemagne en 1809, 1810 et 1811. Il eut le bras droit emporté par un boulet à Gunstadt en 1807, et ne voulut pas cependant cesser le service actif.

» En 1812, il eut pour mission de rester comme gouverneur à Varsovie. Il rendit dans cette position de grands services à l'armée dans sa marche sur Moscou et dans sa fatale retraite. Grâce à sa fermeté, à son énergie, il procura des vivres et des ressources de toute nature. On l'accusa de dureté ; il prouva qu'il avait agi au contraire comme il devait le faire, fut regretté à son départ et sortit victorieusement de cette épreuve. »

» L'Empereur avait une telle confiance dans la bravoure de du Taillis, qualité que lui dénie le duc de Raguse, qu'en 1813, il le chargea du commandement de la place importante et de la défense de Torgau. Tout le monde connaît l'admirable résistance que fit cette ville. Voici une lettre qui lèverait tous les doutes, s'il pouvait en exister encore sur les qualités militaires et l'énergie du général accusé par Marmont.

» Le 26 janvier 1814, Berthier écrit de Vitry à l'Empereur :

« Sire, l'aide-de-camp de V. M., le colonel Bernard, vient de me remettre les dépêches qu'il apporte de Torgau, contenant le journal du siége et la capitulation de cette place. J'ai l'honneur de mettre sa lettre sous les yeux de V. M. Elle annonce que, dans la défense de cette place, *le dévouement, l'opiniâtreté et la fermeté morale ont été portés à leur comble.* 14,000 hommes, depuis le 20 octobre jusqu'au 31 décembre, et 19,138 hommes en tout, depuis le 1er septembre 1813 jusqu'au 10 janvier, époque de la capitulation, sont morts. Malgré l'extrême faiblesse de la garnison, elle a défendu la place jusqu'au moment où elle *a eu consommé en totalité ses subsistances et ses chevaux.* La garnison est sortie avec les honneurs de la guerre. »

» Nous ne citerons qu'une phrase de la lettre du colonel Bernard, la voici :

« *Je désire du plus profond de mon âme que S. M. soit servie partout comme elle vient de l'être à Torgau. Le dévouement, l'opiniâtreté, la fermeté morale ont été portés à leur comble.* »

» Or, on sait que dans une ville assiégée par l'ennemi,

le caractère, les talents et la bravoure du chef sont d'une influence capitale pour la défense.

» Le général du Taillis avait été créé commandant (1) de la Légion d'Honneur *à la création de l'ordre*. Il fut fait comte sous l'Empire, pair de France sous le Gouvernement de Juillet. Lorsqu'il mourut, il comptait cinquante années de service, vingt campagnes, des blessures graves; il avait eu quatre chevaux tués sous lui et avait assisté à onze grandes batailles. Le maréchal Berthier l'aimait et l'estimait à tel point, qu'il écrivit à trois reprises différentes, en 1814, sous la Restauration, au ministre de la guerre. Voici deux de ces lettres :

« Paris, 8 août 1814

» Mon cher comte, je réclame votre intérêt particulier en faveur du général comte du Taillis. Vous connaissez comme moi ses services, et surtout ceux qu'il a rendus dans la campagne dernière, comme gouverneur de Torgau.

« Paris, 1er septembre 1814.

« Mon cher comte, je vous recommande avec instance la demande du général du Taillis. Cet ancien camarade à nous, a bien servi ; il a eu un bras emporté ; il *s'est couvert de gloire* par sa belle conduite au siége de Torgau, etc. »

» Après la production de titres pareils, nous croyons superflu de revenir encore une fois sur les allégations mensongères du duc de Raguse. La belle défense de Torgau suffirait seule pour illustrer un soldat.

» Marmont semble oublier que, sans être un grand capitaine comme Turenne, Frédéric ou Napoléon, sans être même un bon chef de corps d'armée, on peut encore

(1) L'appellation de commandeur remplaça plus tard celle de commandant.

être un militaire brave, zélé et chef intelligent, comme le général du Taillis et tant d'autres, dont la France s'honore et qu'il cherche en vain à dénigrer. »

LE PRINCE EUGÈNE. *Réfutation des Mémoires du duc de Raguse, en ce qui concerne le Prince Eugène*, par le COMTE TASCHER DE LA PAGERIE, ancien aide-de-camp du prince. — *Moniteur* du 5 mars 1857. Réimprimé à part, in-8°, même année, typographie Panckoucke.

LE PRINCE EUGÈNE EN 1814. *Réponse au Maréchal Marmont*, publiée par M. PLANAT DE LA FAYE, ancien officier d'ordonnance de l'Empereur. In-8°, Paris, 1857, à la Librairie Nouvelle. — Une deuxième édition du même ouvrage porte le titre qui précède un peu modifié : *Le Prince Eugène en 1814 ; documents authentiques en réponse au maréchal Marmont*, etc., et contient outre les 33 lettres de la première édition, 32 lettres nouvelles, en tout 65 documents inédits. En préparation à l'imprimerie de Thunot, Paris, rue Racine.

De toutes les calomnies posthumes du duc de Raguse, celle qui a le plus vivement ému l'opinion publique, c'est l'imputation dirigée contre la mémoire du prince Eugène. Mais cette mémoire du moins n'a pas manqué de défenseurs. Et si l'on considère seulement les deux ouvrages qui ont été produits à cette occasion, de plus, les débats si éloquents qui ont retenti devant la justice, ainsi que le jugement qui a été prononcé, on doit se réjouir d'une agression qui nous a valu tant de précieux enseignements et tant d'avertissements salutaires sur les droits et les devoirs de l'histoire en général, et en particulier sur quelques-uns des événements de 1814.

M. Planat de la Faye a composé son ouvrage de plusieurs lettres inédites, accompagnées, avec beaucoup de réserve, de quelques notes explicatives. L'auteur a pris à tâche de n'invoquer que le témoignage de documents irrécusables; il n'a point discuté; il a laissé parler l'histoire elle-même : on ne saurait faire à la calomnie une réponse plus péremptoire et plus définitive.

La publication de M. Planat de la Faye doit avoir une seconde édition qui contiendra un plus grand nombre de documents. L'auteur ne peut rien ajouter à ce qu'il a déjà si bien démontré. Mais c'est avec une pieuse reconnaissance que l'on accueillera cette surabondance de témoignages; toute l'histoire de 1814 s'éclaire par un côté à cette évocation de la correspondance, restée jusqu'ici inconnue, du prince Eugène, de la princesse Auguste, du roi de Bavière, de Napoléon, etc.

M. Planat de la Faye est cet officier d'ordonnance dont l'Empereur, à Sainte-Hélène, a consacré le nom par des paroles bien flatteuses et touchantes.

M. le comte Tascher de la Pagerie a suivi une autre méthode de démonstration. Les documents s'adressent surtout aux historiens. Il faut au public des résumés tout faits. Les calomnies du duc de Raguse contre le prince Eugène se fondaient sur deux sortes de falsifications : des antidates et des suppositions de documents. Or, ces diverses falsifications ne résistent pas à la discussion animée, vigoureuse que M. Tascher de la Pagerie a su mêler à un récit des faits présenté par lui d'une manière vive et frappante de vérité. On doit recommander cet écrit à quiconque veut avoir une notion nette et précise de la position et de l'attitude du vice-roi d'Italie pendant la campagne de France.

Mais l'on ne saurait approfondir ce sujet historique, si l'on ne consultait pas, après les deux ouvrages que nous venons d'indiquer, les graves et éloquents débats auxquels a donné lieu devant la justice la plainte portée par les augustes héritiers du prince Eugène contre l'éditeur des *Mémoires du maréchal Marmont duc de Raguse*. Ces débats ont occupé plusieurs audiences de la 1re Chambre du Tribunal de 1re Instance de la Seine, sous la présidence de M. Benoit-Champy : le 17 juin 1857, exposition par M. Dufaure, avocat des héritiers plaignants, de la demande en rectification ; le 24 juin, réponse à la demande précédente, par M. Marie, avocat de l'éditeur, M. Perrotin ; le 1er juillet, réplique de MM. Dufaure et Marie ; le 17 juillet, conclusions du ministère public, par l'avocat impérial, M. Descoutures ; le 24 juillet, prononcé du jugement en faveur des héritiers plaignants. On trouve le compte-rendu de cette mémorable affaire dans les journaux judiciaires, la *Gazette des Tribunaux* et *Le Droit*, des 18, 25 juin, 2, 18 et 25 juillet 1857.

QUELQUES OBSERVATIONS SUR LES MÉMOIRES DU DUC DE RAGUSE, par M. le COMTE NAPOLÉON DE LAURISTON, publiées dans le *Moniteur*, et imprimées à part, avec cette épigraphe

> ...... Ab uno
> Disce omnes .....

In-8º. Paris, 1857, chez M. Dentu.

L'auteur de ces *Observations* venge noblement la mémoire du général de Lauriston d'une des calomnies du maréchal duc de Raguse. Comme celui-ci n'a point pu préciser l'objet de son accusation et qu'il s'est borné à émettre, sans preuves, un jugement défavorable, l'auteur s'est trouvé, pour répondre à la calomnie, dans cet embarras dont a parlé Pascal, un jour qu'il fut accusé par un de ses adversaires d'être une *porte d'enfer*. Comment prouver, en effet, qu'on n'est pas une *porte* et une *porte d'enfer?* Mais l'auteur s'est tiré de la difficulté en opposant au jugement de Marmont les témoignages de confiance et d'estime que le général de Lauriston a reçus, dans des occasions très-importantes, de l'Empereur lui-même. L'histoire n'hésitera pas beaucoup, nous osons le prédire, entre le jugement de Napoléon et celui de M. de Raguse. — Ce qui fait l'originalité de cet écrit, c'est qu'il a été composé par un homme du monde ; on y trouve les habitudes de pensée et de langage qui sont propres aux salons, des allusions à peine indiquées, des traits retenus aussitôt que lancés, tout le feu de la malice qui pétille sous une décente réserve. Evidemment, M. le comte de Lauriston n'a pas dit tout ce qu'il savait des relations du général son père avec le maréchal Marmont et des causes de l'inimitié et de la jalousie de ce dernier personnage. Mais nous, qui ne comprenons pas à demi mot, nous souhaiterions encore quelques explications. Il faut avouer que les gens du monde ont un grand charme ; avec eux, on n'est jamais tenté de dire : c'est assez ; on aime ce qu'ils donnent ; on désire encore plus ce qu'ils ne donnent pas.

Lettre de M. le général marquis de Grouchy.

Cette lettre a paru dans le *Moniteur* du 4 avril 1857. Nous la donnons ci-après à titre de renseignement :

« Paris, le 3 avril 1857.

» Monsieur le Directeur,

» Déjà de nombreuses réclamations contre les *Mémoires du duc de Raguse* ont trouvé place dans votre journal.

» Permettez-moi de vous demander le même accueil favorable pour mes protestations contre les assertions calomnieuses et mensongères contenues dans cet écrit posthume.

» Recevez, monsieur le directeur, l'expression de mes sentiments distingués.

» **Général marquis DE GROUCHY**, *sénateur*. »

« J'ai attendu pour répondre aux calomnies et assertions mensongères du duc de Raguse, que les derniers volumes de ses Mémoires posthumes eussent paru. Sa haine et sa jalousie débordent dans chaque chapitre contre tous ses anciens compagnons d'armes ; pouvait-il en être autrement pour mon père ?

» Déjà de nombreuses et énergiques réclamations, appuyées de pièces authentiques, ont fait justice de ces mémoires calomnieux : je viens encore donner de nouvelles preuves de la mauvaise foi de leur auteur.

» Ainsi, dans le VI° volume, on lit textuellement :

» Le général Grouchy, dont la cavalerie était restée à Champaubert, vint de sa personne me demander à souper, ce qui était bien fait ; j'avais sur ma table l'épée du prince Ourousoff ; le général Grouchy me pria de lui en faire cadeau, pour remplacer son sabre qui le gênait par suite d'une ancienne blessure.... Mais quel fut mon étonnement quand je lus quelques jours après dans *Le Moniteur* un article ainsi conçu . »

« M. Carbonel, aide de camp du général Grouchy, est arrivé à
» Paris, et a remis, de la part de son général, à S. M. l'Impéra-
» trice, l'épée du prince Ourousoff, qu'il a fait prisonnier à la
» bataille de Vauchamps. »

» Si le commencement de cette anecdote est vrai, la fin est un mensonge.... La preuve en est donnée par *Le Moniteur* et le général Carbonel, cités par le duc de Raguse ; depuis la date de la bataille de Vauchamps, 14 février, jusqu'au 1ᵉʳ avril 1814, le journal ne contient point le fait inventé si insidieusement ; il mentionne seulement la remise par le ministre de la guerre, à S. M. l'Impératrice, des drapeaux pris aux batailles de Montmirail et Vauchamps (*Moniteur* du 27 février 1814.).

» Voici la déclaration du général Carbonel, qui n'était plus aide de camp de mon père depuis 1812 :

» Mon cher général, je n'ai pas encore lu les *Mémoires du duc de Raguse;* mais si mon nom est cité dans le VI° volume de cette publication, comme ayant été chargé par votre père de porter à l'Impératrice l'épée du général russe Ourousoff, fait prisonnier à Eloge, vous pouvez, mon cher général, démentir avec assurance une semblable assertion ; car, après avoir été assez heureux pour faire, à si bonne école, et sous le patronage d'un aussi remarquable chef, les campagnes de 1807, 1808, 1809 et 1812, en Allemagne, en Espagne, en Italie, en Pologne et en Russie, j'ai été nommé en 1813 aide de camp de M. le général comte de Narbonne, mort à Torgau ; et, après son décès, j'ai été appelé, à la fin de cette campagne, à remplir les mêmes fonctions près du général comte de Flahaut.

» Recevez, etc.,

» Général CARBONEL.

« Pau, le 20 mars 1857. »

Dans le VII° volume, chapitre XXI, on lit encore :

« Grouchy avait reçu, quatre jours avant la catastrophe (du 20 mars), le cordon rouge, et avait renouvelé les assurances de sa fidélité ; mais à peine le duc d'Angoulême eût-il marché sur la Drôme....

» Ici encore un fait cité par le maréchal Marmont, qui est dénaturé sciemment par sa date, et toujours dans le but de déconsidérer, s'il est possible, tout ce qui n'était pas lui.

» En 1814, mon père était colonel général des chasseurs, lorsque Louis XVIII, contrairement à un article de la Charte constitutionnelle, qui assurait à l'armée la conservation des grades, honneurs et pensions, nomma à sa place le duc de Berry..., mon père crut devoir protester, et fut exilé dès le lendemain.

» En le rappelant de cet exil au mois de janvier 1815, on lui donna le cordon rouge... Sa nomination est du 17 janvier, bien qu'elle ne soit insérée au *Moniteur* qu'à la date du 29. Toutefois, mon père, peu satisfait de cette espèce de compensation, retourna en Normandie, où il est resté jusqu'au 17 mars 1815.

» De retour à Paris, seulement la veille de l'arrivée de l'Empereur Napoléon, il fut appelé par lui au château des Tuileries dans la nuit du 20 au 21 mars, et ne partit pour le midi que le 1er avril.

» Ces dates et ces faits rectifiés, la meilleure réponse aux insinuations du duc de Raguse est la lettre ci-jointe de l'empereur Napoléon à mon père :

« Mon cousin, je vous écris pour vous faire connaître ma satisfaction ; les services que vous avez rendus, l'attachement que vous avez montré pour moi et la patrie, joints aux belles manœuvres, aux talents et au courage que vous avez déployés dans tant de circonstances, et notamment à Friedland, à Wagram et dans les plaines de la Champagne, m'ont porté à vous nommer maréchal de France.

» NAPOLÉON.

» Paris, le 3 avril 1815.

VI⁰ volume. — En lisant la relation faite par le duc de Raguse de la bataille de Vauchamps, on y trouve la preuve de cet excessif amour-propre qui le portait en toute occasion à s'attribuer le plan, l'exécution et le succès des opérations militaires.

» Il oublie volontairement que l'Empereur était présent sur le champ de bataille ; qu'il a donné lui-même tous les ordres dans cette journée. Il passe sous silence que le duc de Dantzick et le prince de la Moskowa ont été constamment à la tête des troupes.

» Il ne fait nullement mention de la présence de la garde impériale, et enfin insinue que le commandant en chef de la cavalerie était sous ses ordres, ce qui n'était pas vrai.

» Pour ces rectifications, voir le Bulletin de la Grande Armée inséré au *Moniteur* du 16 février 1814.

» Les bornes d'un article de journal ne me permettent pas de relever ici plusieurs autres assertions injurieuses du duc de Raguse, notamment de répondre à ses appréciations mensongères sur la campagne de 1815. Dans une prochaine publication, appuyée de documents officiels, il me sera facile de démontrer que toutes ses calomnies reposent sur des faits dénaturés, des dates fausses, des instructions et des ordres supposés, qui, s'ils ont été donnés, ne sont jamais parvenus...

» On éprouve un sentiment pénible et de répulsion en lisant les *Mémoires du duc de Raguse*... Quoi de plus triste que de voir un maréchal de France qui, dans le but d'une justification impossible, voudrait flétrir les réputations militaires les plus honorables et les mieux acquises, et faire douter des dévouements les plus absolus..., qui ose refuser tout talent militaire aux généraux ses contemporains, et va même jusqu'à nier leur courage!

» Général marquis DE GROUCHY.

« Paris, ce 31 mars 1857. »

Lettre de M. le général comte de Flahaut.

Nous donnons ci-après cette lettre qui a été publiée dans *Le Moniteur* du 9 avril 1857.

« Londres, ce 6 avril 1857.

» Monsieur le Directeur,

» Déjà plusieurs réclamations soulevées par les *Mémoires* du maréchal duc de Raguse, ont été publiées dans *Le Moniteur*, et j'espère que vous voudrez bien accorder la même faveur à celle que j'ai l'honneur de vous adresser.

» Recevez, Monsieur le Directeur, l'assurance de ma parfaite considération.

» Comte DE FLAHAULT. »

« Le maréchal Marmont dit à la page 121 du tome VII, en rendant compte de la bataille de Waterloo :

» Pendant le cours de la journée, Napoléon s'était trouvé si éloigné du champ de bataille, qu'il n'avait pas pu modifier l'exécution de ses projets, et particulièrement faire soutenir à temps ce mouvement de cavalerie qui aurait pu produire un effet si utile et si décisif; prématuré et exécuté d'une manière isolée, il devint inutile; et cependant si, quand il commença, on eût fait donner la garde, on aurait remédié au mal.

» Au moment du désordre, la terreur s'empara de l'esprit de Napoléon; il se retira au galop à plusieurs lieues, et à chaque instant (il était nuit), il croyait voir, sur sa route ou sur son flanc, de la cavalerie ennemie, et il l'envoyait reconnaître. »

» Il est impossible de ne pas remarquer la haine qui perce dans tout ce récit, que le maréchal prétend tenir du général Bernard; ce qui est impossible, car le général Bernard était un brave et honnête homme, et par conséquent incapable de lui avoir raconté un tel tissu de faussetés.

» L'Empereur s'est placé, pendant la bataille, sur un mamelon, au centre de la position d'où son regard embrassait l'ensemble des opérations et d'où il aperçut le mouvement de la cavalerie qu'avait ordonné le maréchal Ney, qui lui parut en effet prémamaturé et intempestif; aussi s'écria-t-il : « Voilà Ney qui, d'une affaire sûre fait une affaire incertaine; mais maintenant, puisque le mouvement est commencé, il n'y a plus autre chose à faire qu'à l'appuyer. » Et il m'ordonna de porter l'ordre à toute la cavalerie de soutenir et de suivre celle qui avait déjà passé le ravin qui la séparait de la position occupée par l'ennemi. Ce qui fut fait. Malheureusement le moment n'était pas encore arrivé pour qu'un tel mouvement pût réussir, et l'Empereur l'avait bien senti; mais on ne pouvait pas arrêter et rappeler les corps déjà engagés; et il y a à la guerre des fautes qu'il n'y a moyen de réparer qu'en y persévérant.

» Je laisse au maréchal Marmont, sans le lui envier, l'honneur du parallèle (voyez page 125) qu'il cherche à établir entre les chefs des deux armées et la part qu'il fait à chacun dans le résultat de la bataille; il se complait à faire le panégyrique du général anglais aux dépens de l'Empereur; mais au lieu de prendre tant de peine pour l'accuser de fautes auxquelles il attribue l'issue funeste de cette journée, il aurait pu sentir que l'arrivée inattendue sur notre flanc d'un corps de 30,000 Prussiens, dont l'artillerie traversait et labourait de ses boulets notre ligne d'opérations, a été la véritable cause de la perte de la bataille et de ses suites désastreuses. Dans son rapport à son gouvernement, le duc de Wellington a la justice d'en convenir.

» Quant à la terreur que le maréchal prétend s'être emparée de de l'esprit de l'Empereur au moment du désordre, je ne puis mieux faire pour réfuter cette assertion mensongère, que de raconter les faits tels qu'ils se sont passés sous mes yeux, et par conséquent personne n'est plus en état de le faire que moi.

» Après avoir assisté à l'attaque de la cavalerie et à celle de la garde, et lorsque le mouvement de retraite se fut prononcé, je suis revenu chercher l'Empereur. Il était nuit; je l'ai retrouvé dans un carré et je ne l'ai plus quitté; après y être resté quelque temps, et la bataille étant perdue sans ressource, il en est sorti pour se porter sur la route de Charleroi.

» Nous avons suivi cette direction, *non pas au galop*, comme on a l'infamie de le dire dans ces *Mémoires*, mais au pas, et aucune poursuite de l'ennemi n'a pu inspirer à l'Empereur les craintes que le maréchal, dans sa haine, voudrait lui attribuer. Loin d'avoir l'esprit troublé d'aucune crainte personnelle, et bien que la situation ne fût pas de nature à lui inspirer une grande quiétude, il était tellement accablé par la fatigue et le travail des jours précédents, qu'il n'a pu s'empêcher plusieurs fois de céder au sommeil qui s'emparait de lui, et il serait tombé de cheval si je ne l'avais pas soutenu.

» Nous sommes arrivés le lendemain matin à Charleroi où nous avons pris la poste pour nous rendre à Laon; il s'y est arrêté pour écrire le bulletin dans lequel il rend compte de cette fatale journée et s'est ensuite mis en route pour Paris. Voilà la vérité; qu'on la compare avec le récit haineux et mensonger du maréchal Marmont et qu'on juge.

» Mais quel sentiment d'indignation et de dégoût n'éprouve-t-on pas en voyant un homme, dont tous les efforts auraient dû tendre à se faire oublier ou au moins pardonner, venir ainsi attaquer celui qui avait été son bienfaiteur, et, après l'avoir trahi vivant, le calomnier après sa mort!

» Comte DE FLAHAULT. »

APPENDICE

Lettre de M. Ternaux-Compans.

La protestation suivante a paru dans le journal *Le Siècle*, du 11 février 1857. Nous la donnons ci-après à titre de renseignement.

» Paris, le 9 février 1857.

» Monsieur le rédacteur en chef du *Siècle*.

» Dans le dernier volume de ce qu'il appelle ses *Mémoires*, le duc de Raguse rejette sur le général Compans, mon beau-père, une partie de la responsabilité de sa propre conduite sous les murs de Paris en 1814 ; il ose même attribuer la retraite d'Essonne à des motifs de crainte personnelle.

» Qui peut-on accuser de lâcheté, de l'homme que, dans un document officiel, l'Empereur Napoléon 1er a qualifié de *général de bataille de premier mérite*, ou de celui qui prend ses mesures pour que les insultes qu'il prodigue à une foule d'hommes honorables, ne soient publiées que quand la mort l'aura soustrait, sinon à la honte, du moins au châtiment ? Quel est celui des deux que, depuis quarante ans, la France entière a qualifié de traître ?

» Je ne puis répondre à des calomnies posthumes que par le mépris. Mais s'il existait quelqu'un qui voulût accepter la solidarité des assertions mensongères du maréchal, je lui donne ici le démenti le plus formel.

» Veuillez agréer, Monsieur le rédacteur, etc.

» TERNAUX-COMPANS,
» *Ancien député de la Loire-Inférieure.* »

Les *Mémoires* du duc de Raguse ont donné lieu à d'autres réclamations de la part des représentants de quelques familles de la Restauration. Comme ces réclamations n'intéressent pas l'histoire de l'Empire, elles seraient ici hors de propos, et nous mentionnerons seulement deux lettres de M. le prince de Polignac et de M. le duc de La Rochefoucauld-Doudeauville.

La *Notice bibliographique* que nous nous sommes proposé de placer dans cette partie de notre ouvrage, serait incomplète, nous manquerions surtout à la justice, si nous omettions d'insérer ici au moins une indication des articles publiés par les journaux sur les *Mémoires* du maréchal Marmont. La presse quotidienne est aujourd'hui le refuge d'un grand nombre d'esprits distingués, actifs, éminents, dont le monde subit l'influence sans trop en savoir les mérites. Les écrivains dont nous allons citer les noms, se sont d'ailleurs, pour la plupart, fait connaître par d'importantes compositions. C'est avec un sympathique respect que nous rappellerons les travaux suivants, conçus parfois pour d'autres conclusions que les nôtres, mais presque tous diversement remarquables par des qualités de pensée, de style, d'étude ou de passion.

Gazette d'Augsbourg, neuf articles non signés : en 1856, nos 328 et 348; en 1857, nos 17, 32, 55, 74, 75, 86, 87.

Journal des Débats, quatre articles de M. Cuvillier-Fleury, 23 décembre 1856, 4 janvier, 5 et 15 mars 1857.

L'Union, quatorze articles de M. Théodore Anne, 27 novembre, 19 décembre 1856, 25 février, 3, 19, 20 mars, 2, 3, 10 avril, 13, 17, 21, 26, 28 mai 1857.

L'Assemblée Nationale, aujourd'hui *Le Spectateur*, cinq articles de M. Lerminier, 12 décembre 1856, 16 janvier, 25 février, 15 mars, 24 avril 1857.

Le Constitutionnel, deux articles de M. Paulin Limayrac, 29 décembre 1856 et 15 février 1857.

Le Siècle, deux articles de M. Peyrat, 21 mai et 9 juin 1857.

Le Pays, deux articles de M. de Forville, 10 décembre 1856 et 21 janvier 1857, et ceux de M. Albert Bizouard, 12 avril 1857, etc.

La Presse, un article de M. Nefftzer, 17 mai 1857.

Nous regrettons de faire ici quelques omissions involontaires et de ne pouvoir notamment citer des travaux importants que nous nous souvenons d'avoir lus dans le journal *La Patrie*, sous la signature de M. Pierre de Lacour, et dans plusieurs journaux des départements.

TABLE ANALYTIQUE

DES MATIÈRES

PRÉFACE.

Pourquoi ce livre a été écrit — On s'apprêtait à glorifier Marmont. — Appréciation du caractère de ce personnage : Marmont ne mérite pas d'être amnistié.—L'indulgence pour les grands coupables est un danger pour la morale publique.. . . . . I — XVII

CONSIDÉRATIONS GÉNÉRALES SUR MARMONT ET SES MÉMOIRES.

De l'esprit de Marmont ; de son défaut de sens moral et d'intelligence politique. Comment il juge le code civil ; il s'oppose au Concordat. — Son origine. quelques traits de son histoire. — Deux de ses inventions : il ne vole pas en Italie malgré les occasions qui lui en sont offertes par le général en chef lui-même, et il signale en vain à l'Empereur l'avenir de l'invention de Fulton. De l'inflexible probité de Napoléon Bonaparte. Lettre de l'Empereur sur Fulton dont les propositions sont rejetées par une commission de savants. —

Conduite de Marmont à Znaïm (1809); aux Arapiles (1812). Lettre de l'Empereur sur cette affaire. — Haine de Marmont pour l'Empereur — *L'homme d'honneur, l'homme de conscience* et Marmont. — Indices généraux de sa culpabilité. Lettre inédite de l'Empereur Alexandre 1er à Marmont sur sa réponse, en 1815, à la proclamation du golfe de Jouan.. 1—67

ÉVÉNEMENTS DE 1814.

PREMIÈRE PARTIE. — BATAILLE ET CAPITULATION DE PARIS.

Marche de l'Empereur sur Saint-Dizier; son plan stratégique. — Effroi des Souverains alliés. — Les conspirateurs de Paris; le mouvement sur Paris est résolu. — L'Empereur renonce à son projet pour venir au secours de la capitale. — Conseil de Régence à Paris; le départ de l'Impératrice est commandé; glorieuse et inutile résistance d'une partie du conseil; belles paroles de Boulay de la Meurthe. Dernières hésitations. Opposition de la reine Hortense. Le départ a lieu. — Les Alliés attaquent Paris. — Défense improvisée; inertie de Marmont; son courage de soldat. Lettre du roi Joseph pour autoriser les pourparlers avec les ennemis; date précise de cette lettre, prouvée par plusieurs témoignages. — Annonce de la marche de l'Empereur au secours de Paris; son arrivée prochaine. — Entrevue pour l'armistice, dans un cabaret de la Villette; l'armistice est conclu entre Marmont et les plénipotentiaires étrangers; les hauteurs de Paris livrées aux ennemis. — L'Empereur à la Cour de France; dispositions énergiques du peuple de Paris. Ardeur des soldats pour continuer le combat; Ordener et Chastel. Mission de M. Peyre. Les Souverains alliés craignent une plus longue résistance. Possibilité de prolonger la lutte. — Une soirée chez le duc de Raguse; le général

Dejean, Lavalette et les intrigants. M. de Talleyrand ; séduction. — La capitulation de Paris est signée : caractères honteux de cet acte. — De la vraie opinion des habitants de Paris à l'entrée des Alliés. — Dernière entrevue de Marmont et de l'Empereur ; l'Empereur laisse Marmont à Essonne et lui confie l'avant-garde de l'armée impériale... 74—121

SECONDE PARTIE. — DÉFECTION D'ESSONNE.

L'intrigue à Paris ; la présence des étrangers l'exalte : ses manœuvres pour faire croire à la chute de l'Empire. — La déchéance de l'Empereur prononcée par une minorité de Sénateurs et de membres du Corps législatif. — Le Gouvernement provisoire. Les journaux sous la main de la police étrangère. — Incertitude du triomphe des ennemis de l'Empire tant que l'armée reste fidèle. — Marmont est gagné et s'engage à livrer l'avant-garde de l'armée impériale. Rédaction par écrit du traité de défection ; proposition. Lettre du prince de Schwartzenberg. Acceptation et conditions du traité ; réponse du duc de Raguse. Les conditions stipulées sont accordées : nouvelle lettre du prince de Schwartzenberg. — Marmont n'a pas consulté les généraux du 6ᵉ corps avant de s'engager, mais il en a mis quelques-uns dans la confidence de son traité conclu. Preuves de cette assertion. — Quelques réflexions sur le caractère politique du traité de Marmont.. 123—143
Abdication conditionnelle de l'Empereur sous réserve des droits de Napoléon II. et du maintien de la Régence. — Les commissaires chargés de porter ces conditions à Paris, passent à Essonne. — Duplicité de Marmont : il se joint aux commissaires sous prétexte de les seconder dans leur mission ; sa ruse se découvre en vain à Petit-Bourg, chez le prince royal de Wurtemberg. — Arrivée à Paris de Marmont et des commissaires.............. 143—154
Aperçu de l'état de la question dynastique au 4 avril

1814 : Les Bourbons et Napoléon II. Inconsistance des démonstrations royalistes ; les Souverains alliés, un moment séduits à leur entrée à Paris, reviennent de leur illusion et doutent de la possibilité de rétablir les Bourbons. Objections d'Alexandre. Les gardes nationaux de Fère-Champenoise. Le parti de Napoléon II ; avantages et force de ce parti. Effroi des promoteurs des derniers événements contre l'Empire. — Réception par Alexandre des commissaires chargés de proposer l'abdication conditionnelle de l'Empereur. Considérations que font valoir le duc de Tarente, le prince de la Moskowa, le duc de Vicence. Impression favorable de l'Empereur de Russie. — Bon résultat probable de la conférence. — Annonce vers la fin de la conférence de la défection du 6ᵉ corps. — Changement subit des dispositions d'Alexandre.................................. 154—172

Ce qui s'était passé à Essonne, dans la nuit du 4 avril. — Trouble et peur des généraux mis dans la confidence du traité de défection. Inquiétude et soupçons des soldats. Symptômes de révolte. Un message de Fontainebleau, mal interprété, fait craindre aux généraux qu'ils soient dénoncés à l'Empereur. Ils se décident à exécuter le mouvement de défection. Les soldats, trompés sur la direction qu'ils prennent, s'apaisent et s'engagent dans les lignes ennemies. Leurs soupçons pendant la route ; indices de la présence d'une armée sur leurs flancs. Leur indignation à la découverte de la défection. Leur révolte à Versailles, et leur résolution de rejoindre l'Empereur à Fontainebleau. — Effet de la révolte du 6ᵉ corps sur les meneurs de Paris ; ce qui peut sortir de cet événement : un conflit entre les armées, une insurrection générale et populaire. — Marmont se décide à tout braver pour apaiser la révolte du 6ᵉ corps. Les généraux chassés du 6ᵉ corps. Allocution de Marmont. Émotion et soumission des soldats. La défection est consommée. Triomphe de Marmont.................................. 172—188

TROISIÈME PARTIE. — MARMONT DE 1814 A 1830 : SES EFFORTS DE JUSTIFICATION.

Marmont après la faute. Aucun parti n'ose l'avouer. Ses entreprises industrielles; sa ruine; ses procès scandaleux. Il songe à rétablir sa réputation devant l'histoire, et s'efforce d'accréditer sur la défection d'Essonne un récit controuvé ; légende des salons. — Système de défense de Marmont. — Arguments non examinés dans ce livre : Les fautes de L'Empereur; la désobéissance du prince Eugène. — Arguments examinés : 1° Il n'est point vrai que la défection d'Essonne n'ait pas eu, sur la chute de l'Empire, une influence décisive ; développements et preuves. 2° Il n'est point vrai que le traité de défection ait été rédigé après coup et antidaté; preuves par des témoignages authentiques du temps, dont un émané de Marmont lui-même. 3° Il n'est point vrai que Marmont, en s'éloignant d'Essonne au moment de la défection, ait donné aux généraux du 6° corps l'ordre de ne point faire de mouvement jusqu'à son retour; du témoignage contradictoire du général Bordesoulle. Belle conduite du général Lucotte. — Du désintéressement du duc de Raguse. La dotation de son duché d'Illyrie lui est exceptionnellement conservée. Marmont et la cassette du roi. Opinion du public sur la vénalité du duc de Raguse : en 1830 on propose de l'acheter. — Expiation. La prophétie de l'Empereur. .... 189—256

APPENDICE.

Deux calomnies de Marmont : *Du massacre d'une garnison turque à Jaffa ; de l'empoisonnement des pestiférés de Jaffa* .... 261—268
Fulton en 1804, extrait d'un rapport de M. le baron Charles Dupin, sur les anciens et premiers essais

de la force motrice de la vapeur appliquée à la navigation.. 269—274

Marmont au camp de Zeist (en Hollande); fragment d'une lettre inédite du premier Consul........... 276

Marmont comptable; lettres inédites de l'Empereur sur les irrégularités financières du duc de Raguse. 277—281

Instructions et reproches divers; lettres inédites de l'Empereur.. 281—287

Des amitiés de M. de Raguse; lettre curieuse et inédite de M. Victor de Broglie; autres lettres inédites et non moins curieuses du duc de Reggio et de M. Fabvier... 287—292

Sur le Conseil de Régence, tenu aux Tuileries, dans la nuit du 28 au 29 mars 1814, pour décider le départ, de Paris, de l'Impératrice Marie-Louise et du roi de Rome. — Lettre de l'Empereur ordonnant le départ, en cas d'impossibilité de défendre Paris. — Récit de M. Meneval sur les dernières circonstances du départ; autre récit de M. Meneval sur les mêmes faits (document curieux et inédit). — De ces deux récits, lequel est le vrai? — Fragment d'un écrit de Napoléon III sur la conduite du roi Joseph en 1814... 293—310

Chanson pour engager les parisiens à ne point se défendre contre les étrangers en 1814............. 310—312

Le cabaret du *Petit-Jardinet*. Inscription au sujet de la suspension d'armes signée en ce lieu le 30 mars 1814.. 312

Journal d'un prisonnier anglais a Paris (Extraits). — Paris, mars—avril 1814. — Les paysans aux barrières. — Départ de la Régence. — Bataille et capitulation. — Les cocardes blanches dans les rues. — Dispositions des Alliés pour la Régence. — Les journaux sous la main de l'agent Morin. — Les soldats étrangers à Paris, leur aspect. — Premiers symptômes de réaction populaire..................... 313—328

Mission de M. Peyre; documents authentiques; récit de cette mission par M. Peyre.................... 328—335

Extrait du journal du général Pelet, commandant les Chasseurs à pied de la Garde en 1814 (Inédit). —

L'armée à Fontainebleau. L'Empereur annonce à l'armée son intention d'attaquer les étrangers sous Paris. Paroles de l'Empereur. Attitude et dispositions de l'armée. Observation héroïque de l'auteur. Suite du récit.................... 337—342

Autres extraits du même *journal* (inédits) sur la *politique de l'Autriche* envers la France............ 342—344

Texte authentique et inédit de l'*abdication conditionnelle* de l'Empereur, le 4 avril 1814......... 344

Paroles de l'Empereur sur son abdication du 4 avril, d'après une relation du général Koch............ 345

Sur la défection du 6e corps, récit par le capitaine Magnien qui s'était soustrait du 6e corps pendant le moment de défection. Combes, autre officier, échappé à la défection.................... 346—349

Questions adressées par le général Gourgaud au général Fabvier, et réponses de celui-ci sur quelques particularités de la défection d'Essonne (document inédit). Arrivée des commissaires de l'Empereur à Essonne. — Visite à Petit-Bourg. — Arrivée à Paris. — Conférences avec les Souverains. — Annonce de la défection. — Quelques noms des généraux défectionnaires.................... 349—353

Composition du 6e corps, du 30 mars au 5 avril 1814. Avant la bataille de Paris; état du général Kock.— Après la bataille; état du général Fabvier. — Après la défection, 5 avril, Versailles; état du général Meinadier (document inédit). — Acte d'adhésion des officiers généraux et supérieurs du 6e corps (document inédit)...................... 353—368

Mission du colonel Galbois auprès de l'Impératrice Marie-Louise, 6—7 avril 1814................. 368—9

Une décision inconnue de l'Empereur à Fontainebleau (inédit)......................... 369—370

Ligne de démarcation entre l'armée impériale et les armées alliées, 7 avril 1814 (document inédit).. 370—371

Dispositions des Alliés pour quitter Paris à l'approche de l'armée impériale, le 4 avril 1814........... 373—375

Lettre du duc de Wellington au duc de Raguse, Bruxelles, 4 juin 1815 (inédite). — Une demande du duc de Raguse. — Curieux jugement du duc de Wellington sur les événements en 1815........ 375—380

Lettre de M. le comte de Caraman au duc de Raguse, Vienne, 6 mars 1817 (inédite). — Sur les difficultés de l'administration autrichienne à régler la dotation exceptionnellement conservée au duc de Raguse sur son duché d'Illyrie.................. 380—382

Marmont en 1830. — Comment il est jugé par une commission de la chambre des députés. — Lettre du marquis de Puivert (inédite). — Lettre de Marmont sur les événements de 1830......... 382—394

La défection de Marmont jugée par Napoléon. — A l'île d'Elbe. — En France, 1815. — A Sainte-Hélène. .... 394—396

NOTICE BIBLIOGRAPHIQUE.

(ANALYSES. — EXTRAITS.)

Notice bibliographique. — Pourquoi cette *Notice*, p. 397-399.

OPUSCULES DU TEMPS, RÉCITS HISTORIQUES.

Déclaration de l'Empereur de Russie, p. 400. — *Une année de la vie de l'Empereur Napoléon*, p. 400. — *L'Empereur Alexandre à Bar-sur-Aube*, p. 402. — *Journal d'un Français*, en 1814, p. 402. — *Journal du 6ᵉ corps*, en 1814, p. 403. — *Proclamations des Alliés*, en 1814, p. 403—406. — *Réflexions* (de Châteaubriand), p. 407.—*De la Bataille et de la Capitulation de Paris*, par Pons (de l'Hérault), p. 416. — *Les Trahisons de 1814*, par Dineur, p. 423—428.

JUSTIFICATIONS DE MARMONT, EN 1815.

Éditions de son mémoire justificatif, p. 408.—Réponses polémiques à ce *Mémoire*, p. 408—410.

ÉCRITS ATTRIBUÉS A MARMONT POUR SA JUSTIFICATION.

Extrait de la Gazette de Berlin, du 5 avril 1815; lettre à M. de Caulaincourt ; réponse du colonel Fabvier, etc.; p. 410—416.—*Lettre aux Parisiens*, p. 417.—*Mémoire justificatif*, de 1830, p. 417—422

BIOGRAPHIES DE MARMONT

Vie et Mémoires du maréchal Marmont, anonyme, 1830, p. 422. — *Le maréchal Marmont*, par M. Louis de Loménie, 1843, p. 428—430. — *Notice biographique sur le maréchal Marmont*, par M. Lapérouse. Châtillon-sur-Seine, 1852. p. 430—438.—*Le maréchal duc de Raguse*, par M. Sainte-Beuve. Paris, 1852, 1854, p. 438—440.................. 397—440

ÉCRITS SUR MARMONT POSTÉRIEURS A LA PUBLICATION DE SES MÉMOIRES.

Réfutation des Mémoires, par M. Laurent (de l'Ardèche). Paris, 1857. p. 441—442. — *Le maréchal Marmont devant l'Histoire*. Paris, 1857. p. 442—443. — *Réclamation de M. le comte du Taillis*. Paris, 1857. 443—453.—Publications sur *le prince Eugène*, par M. le comte Tascher de la Pagerie et M. Planat de la Faye. Paris, 1857. p. 453—455. — Procès des héritiers du prince Eugène contre l'éditeur des Mémoires. p. 455. — Quelques observations par M. le comte de Lauriston. Paris, 1857. p. 455—456. — Lettres de M. le général marquis de Grouchy. p. 456—460 ; — de M. le général comte de Flahaut. p. 460—462 ; de M. Ternaux-Compans. p. 463. — Articles de journaux sur les Mémoires de Marmont. p. 464—466................. 441—466

FIN.

www.ingramcontent.com/pod-product-compliance
Lightning Source LLC
Chambersburg PA
CBHW050605230426
43670CB00009B/1277